# 浙江大学新闻传播学科发展口述史

何扬鸣　主编

ZHEJIANG UNIVERSITY PRESS
浙江大学出版社

**图书在版编目(CIP)数据**

浙江大学新闻传播学科发展口述史 / 何扬鸣主编. —杭州:浙江大学出版社,2017.5
ISBN 978-7-308-16953-0

Ⅰ.①浙… Ⅱ.①何… Ⅲ.①浙江大学－新闻学－学科发展－概况 Ⅳ.①G649.285.51

中国版本图书馆 CIP 数据核字(2017)第 096449 号

## 浙江大学新闻传播学科发展口述史

何扬鸣　主编

| | |
|---|---|
| **责任编辑** | 傅百荣 |
| **责任校对** | 宋旭华 |
| **封面设计** | 杭州林智广告有限公司 |
| **出版发行** | 浙江大学出版社 |
| | (杭州市天目山路 148 号　邮政编码 310007) |
| | (网址:http://www.zjupress.com) |
| **排　版** | 浙江时代出版服务有限公司 |
| **印　刷** | 嘉兴华源印刷厂 |
| **开　本** | 710mm×1000mm　1/16 |
| **印　张** | 21.5 |
| **字　数** | 375 千 |
| **版 印 次** | 2017 年 5 月第 1 版　2017 年 5 月第 1 次印刷 |
| **书　号** | ISBN 978-7-308-16953-0 |
| **定　价** | 68.00 元 |

# 序 言

吴 飞

想编写浙江大学新闻传播学科发展史的想法由来已久。因为 1989 年,我到杭州大学读研究生时,常向老师们问学科的发展脉络,除少数的老师讲得比较详细之外,大多数老师语焉不详。不是这些老师们没有热情,而是因为他们中不少人来学校工作的时间不长,对学科的发展情况也不甚了解。我自己留下来做老师后,也会有一些学生问我,我自然也回答不了多少问题。

1998 年,四校合并,原杭州大学新闻与传播学院与老浙江大学的传播研究所合并成为浙江大学新闻与传播学系(对外仍然可称新闻与传播学院),而老浙江大学的人文学院在四校合并后,成立了国际文化系(只有少数的几位老师转入合并后新成立的人文学院)。

2006 年,新闻与传播学系与国际文化系合并成为今天的浙江大学传媒与国际文化学院。如此一来,学科背景更融合了,科学的传统也就更复杂了,我更迫切期望能撰写一部学科发展史。后与张梦新、张大芝、王兴华几位已经退休的老师前辈谈及此事,他们也大为赞同并表示会全力支持,王兴华老师甚至提到可以帮助联系几位老前辈。不过,因为我自己越来越忙起来,这事就拖了下来,未得到实施。这段时间,我原打算去访谈的几位前辈(包括杭州大学新闻系科的创立者)相继去世,更让我觉得此事必须马上实施,于是在 2014 年的学院党政班子联系会议上,我正式提出此事,与会者一致认为这个事应该做,并讨论决定由王玲玲副书记负责,由何扬鸣教授和刘翔副教授两位老师出马,分别撰写学院现有两大主要学科的口述史。可惜的是,在我们的工作即将开展的时候,王兴华和桑义燐又不幸离世了。痛失两位先生,没能留下他们的口述史材料,是极为遗憾的。

口述史学在英文中叫 Oral History,或者称 History by Word of Mouth。这个术语最初是由美国人乔·古尔德于 1942 年提出来的,之后被美国现代口述史学的奠基人、哥伦比亚大学的艾伦·内文斯教授加以运用并推广。口述历史是受访者与历史工作者合作的产物,利用人类特有的语言,通过传统的笔录、录音、录影等现代技术手段,记录历史事件当事人或者目击者的回忆而保存的口述凭证。口述史并非如一些人所理解的那样,就是一人说,一人记。而是一种将记录、发掘和认识历史相结合的史学形式。即通过调查访问,用录音设备收集当事人或知情者的口头资料,然后与文字档案核实,整理成文字稿。一般认为,判断口述史书是否靠,有两个基本的标准:一是要有原始录音,以供核对;二是要符合史学的基本原则,排除幻想乱编的内容。

英国埃塞克斯大学社会历史专业的高级讲师保尔·汤普逊在其撰写的《过去的声音——口述史》(覃方明、渠东等译,辽宁教育出版社 2000 年出版)写道,口述史是用人们自己的声音记述自己的历史。他认为,口述史拓宽了历史研究的范围,证实英雄不仅出自领袖,也可以出自平民。它把历史引入群体,同时把群体引入历史,使各阶层的人们建立了联系。同时,口述史也向某些历史的假设和公断发出挑战,对曾被忽视的实质性群体重新认识、在历史学中产生一种积累式的运动着的变化过程。历史在这里更丰富,社会使命也随之变化——历史变得更民主了。这是口述史的意义所在,也是口述史研究在世界各地方兴未艾的原因。

何扬鸣老师经过专业的史学训练,而且他自己就有记日记的习惯,学院许多大小事,他都有详细的记录。所以,由他主编的口述史的质量,是有保证的。现在呈现在大家面前的这本口述史,就是何扬鸣教授的辛苦力作,他带领学生团队,走访全国各地,采访到了 19 位新闻学科的老师。其中华祝考、洪晨洋、章采贤、朱林、俞月亭老师,我都没有机会谋面。可能由于时间紧,还有许多老师没有采访到,只能等到下一本口述史时再写了。

透过这本口述史,让我们知道了学科发展的一些细节。如华祝考老师介绍说,1958 年,杭州大学新闻系办起来的时候,复旦大学支援了 3 位老师,一个教授叫胡其安,研究国际新闻的,一个讲师叫朱振华,还有一个助教叫陈裕祥。华祝考老师当年正好从复旦大家新闻系毕业,他和他的一位女同学随着三位老师一起到了杭州,被分配到杭州大学新闻系当老师。而据洪晨洋老师回忆说,他与《浙江日报》的办公室主任于光也是 1958 年调进杭州大学新闻系工作的。1960 年左右张大芝来了,同年北京大学新闻系毕业的赵贯东分配到了系时。当时系里的党总支书记叫陈树棠,总支秘书叫周斌。系主任是杭州大学副校长林淡秋兼任的。后来不久又派来一个女同志叫李文芳任系主任,李文芳老师的先生时任北京建设工程部部长。再后来,江牧岳从《浙江日报》的社长调到杭州大学当副校长,兼新闻系主任。杭州大学新闻系首届学生范育华在她的口述史中讲到,1958年杭大新闻系是在地市报纸大量发展的背景下创办的,顺应时代,在单位需求和个人需求下应运而生。

在史学圈,也有一种担忧,那就是口述史往往容易变成口述者个人的荣耀史,也就是说,很多口述史的讲述者,会过高评估自己的历史地位,美化自己的经历,缺少历史资料的客观性。但我精读了这本口述术材料后,有一个基本判断,那就是讲述者基本克服了这一方面的问题,每一位访谈者,都很客观地讲述,相关的评论也比较中立,可以说,这是一本值得信任的历史著作,有很高的史料价值。我愿借此机会,向每一位访谈者表示衷心的感谢。

本书的主要负责人何扬鸣教授近两年来,将主要精力放在这本口述史的采访、记录、整理和审核上,他还花了不少时间到档案馆查找佐证材料,用功甚伟。参与口述史工作的几位同学,也都是在繁重的课业之余来做这一份工作,辛苦自不待言,我也一并表示感谢。

我相信本书的出版,不但是浙江大学传媒与国际文化学院的一件大事,也是中国大学学科史的一件大事,愿我们继续将这一工作做好。

是为序。

2017 年 4 月 12 日<br>于浙江大学西溪校区

# 目　录

# 华祝考:新闻系初创时的元老

华祝考,1949 年考入杭州新闻学校,毕业后在於潜县县委宣传部任通讯干事,1954 年考入复旦大学新闻系,1958 年毕业后在杭州大学新闻系任教,1962 年杭州大学新闻系撤销后去浙江师范学院工作,1976 年,调到浙江中医学院(浙江中医药大学),负责编辑《浙江中医学院通讯》,直到离休。

**问:请你谈谈你的经历,进新闻系以前在哪里工作,为什么到新闻系工作?**

我是浙江富阳人,我自己父母很早就没有了。读书的时候,日本鬼子刚刚侵入中国,富阳在 1937 年年底的时候就沦陷了。我有书读的时候就读书,没书读就务农,有时候日本鬼子下乡扫荡还要逃难,直到 1944 年的时候才去读高小,哥嫂姐姐都支持我去读。1946 年,我考到了富阳中学,毕业以后好不容易考进杭州高级中学,读了 1 年不到,1949 年 5 月 3 日杭州解放。当年掀起参军参干的高潮,7 月份我就报考了杭州新闻学校。这是一个培养新闻干部的学校,我不少同学考进这个学校。这样学习了一段时间后开始分派工作,我就去搞通讯报道工作,业务上是属于浙江日报社领导的,组织关系是属于县里的,那时候叫於潜县,在宣传部当通讯干事,搞了 5 年。1954 年全国高校招生生源不够,领导看我读过点书就让我去考大学,一开始我不想去考,因为自己连高中都没毕业,领导说你去考考看,考取了就去读书,考不取就回来工作。于是我就去考复旦大学的新闻系,当时考的作文题目是《你是怎样确定你的第一志愿的?》,这个题目对我来讲驾轻就熟,我本来在杭州新闻学校学过的,又加上搞了 5 年的通讯工作,于是考入了复旦大学的新闻系,录取的红榜在《浙江日报》上公布。当时我作为调干生(1949 年 10 月 1 日以前参加工作的,享受供给制待遇的)去复旦的,年龄偏大。我一共读了 4 年,毕业后到省府人事厅报到,说杭州大学办新闻系,你去当老师吧。

　　复旦大学当时支援杭州大学新闻系有 3 个人,一个教授叫胡其安,研究国际新闻的,一个讲师叫朱振华,和一个助教陈裕祥,再加上我和一个女同学。我们 5 个人作为教师人员,被分配到杭州大学新闻系当老师。后来因为胡其安是搞国际新闻的,在当时来讲发挥不了大的作用,领导就用他去换人民大学新闻系的孟还和王旦凤俩夫妻。胡其安后来调到《世界知识》杂志编辑部里了。1960 年左右,张大芝来了,又分派了一个北京大学新闻系的赵贯东。当时的教研人员就是这么一个班子。当时系里的党总支书记叫陈树棠,个子高高的,总支秘书叫周斌,他走掉以后来了一个叫孙洁的女同志。系主任是杭州大学副校长林淡秋兼任的。后来不久又派来一个女同志叫李文放任系主任,她行政级别很高,老公是北京建设工程部部长。她算是新闻系第一任的系主任,不过她大概到第二年的下半年就调回北京了。后来领导叫江牧岳,是《浙江日报》的社长调到杭州大学当副校长,兼新闻系主任,我认为他是新闻系能够办成两届的关键人物,系秘书叫洪晨洋,是从《浙江日报》调过来的。系里面行政方面就 4 个人,总支书记及其秘书,系主任及其秘书,再加上 5 个教研人员。资料室的管理员是倪凤英,《浙江日报》副总编高光在其右派未摘帽之前也曾在资料室工作过一段时间。1958 级的谢禹文毕业以后也在资料室任过资料员。

摄于 1959 年师生郊游活动,灵隐大殿前,前排左一为陈树棠,左二为林淡秋,左三为朱德熙,左四为李文放,左五为洪晨洋,左七为江牧岳,左九为胡其安,左十一为周斌。第二排左四是华祝考。

**问：你还记得新闻系在哪一幢楼吗？**

在上宁桥那边的浙江教育学院那里，当时里面只有两三幢房子，楼上历史系，楼下就是新闻系，我们好像是在 2 楼，那幢楼就是正对大门的那幢楼，朝西的。我们有总支办公室、系主任办公室、资料室，还有一个教研室，共 5 间房子。

当时的学制是 2 年，我们办了 2 年，一共有 2 届毕业生。那个时候不是大跃进么？基本是各县县报和地区报社报送上来的，这批人素质相当好，大部分是共产党员，共青团员比较少的，在县报里是骨干，到大学里面来提高提高，学习还是蛮刻苦的。所以我认为虽然新闻系是大跃进产物，但是确实符合当时对于新闻人员培训的需要。到第三届（1960 年下半年）的时候我们开始招高中生，但是 1962 年院系调整以后新闻系被撤销了，第三届刚刚招来的学生调到中文等系去。

1960 年首届新闻系学生毕业照，摄于新闻系大楼前，一排左二华祝考，一排右七孟还，一排右五朱振华，中间是林淡秋、党委书记陈烙痕。

关于我的去向问题，当时《东海》文艺杂志在招人，浙江师范学院中文系也需要人，林淡秋告诉我《东海》杂志弄得不好也会调整撤掉，叫我还是到浙江师范学院当老师去，做点学问，我听他的话就去了。但是没有想到 1965 年浙江师范学院迁到金华去了，作为第一所面向农村的大学，之后"文化大革命"就开始了，黄金时间中碰到政治运动了。到 1976 年粉碎"四人帮"后，我调到浙江中医学院（后来改叫浙江中医药大学），领导蛮重视我的，知道我是搞新闻出身的,让我办学报。1976年调进时,《浙江中医学院通讯》是内部的,到1978年就改成学报了,一开始季刊,后来就改成双月刊。我为这事去北京跑了2趟,因为学报要国内外公开发行必须去北京报批,当时江牧岳已经在北京外文出版社当副社长了,我就去他家请他帮帮忙。批准不是他批准的,他是外文出版社,不过他认识能够批准的相关领导,能够帮忙,因为我和江牧岳、林淡秋的关系都很好的。后来我们的学报《浙江中医学院通讯》成为全国第一家国内外公开发行的学报,搞得蛮有名气的。

1982年打算恢复新闻系时征求过我的意见,系主任叫邬武耀,问我愿不愿意回去。当时一方面我学报办得蛮有起色,全国有名气,第一次全国学报研究会在浙江莫干山开的;另一方面学校领导也不放,说我工资已经连升3级了,是学报编辑部主任,我自己也觉得对不起他们,而且我年纪大了,怕到时候去新闻系又遇到变动什么的,也不愿意去。

**问:请你谈谈当时系里的情况,好不好?**

我现在重点讲讲林淡秋。林淡秋是30年代有名的作家,这个人很潇洒的。他原在《人民日报》文艺部做主任,调到杭州来以后做杭州大学副校长,兼管我们新闻系,一边做领导一边上课。他兼了一门《毛泽东文艺思想》的课,是一门新开的课,学生听得蛮认真的,因为他一贯来搞文艺工作。后来他需要一个助教,因为我笔杆子还可以,挑了我去做他的助手,这个课是新开的,我需要帮他到图书馆借资料,帮他辅导,他很器重我。我记得有一次他在课上讲30年代的革命,说每天晚上把裤子折折好放在枕头底下压一压,每天早上穿起来两条线笔挺的,学生们都哄堂大笑。后来"文化大革命"中浙江省第一个监狱叫林夏监狱,林就是林淡秋。"文革"期间被打倒时我去看过他,他说:"我打是被打倒了,但是名气还是很大的。他们要来调查材料的时候,我要摆架子,说你们先要登记好,时间预约好,不到时间预约的话,我不接待的,人实在太多了。"这是个革命乐观主义的人啊!他爱人是杭大幼儿园的原主任,叫唐康,曾经送我一本很厚的《林淡秋文集》,到"文化大革命"结束后他当了省委宣传部副部长。

第二个要讲江牧岳。他原来是浙江日报社社长,1959年反右倾的时候被打倒,在临安农村里劳动,后来调上来做杭大的副校长兼新闻系系主任,刚刚是国内困难时期。他这个人有一点很突出,很强调调查研究,经常亲自下乡去搞县报调查。有一次他带我去《萧山报》调查,我是一个月才50多块工资,他是省一级干部,但是他对下级很好,他下去食堂都是小灶照顾,我因为买不起就去大灶买买,他就让我与他一块儿吃。我觉得他是领导,一开始有点作怠不敢吃,后来他发现了就吃得快点，把好菜都留给了我吃。还有一次很滑稽，他有一天拎了两只小鸡来让我养养大，让我3个小孩可以补一补。他作为领导能够做到这点，真的非常感人，五六十年过去了我依然不会忘记他对我无微不至的关怀。

总的来讲，学生素质好，又有这么好的领导，我们的教学基本上是正常的，两年后这批学生毕业出去，要么就是报社骨干，要么当行政办公室的主任，都很不错的。比如叶乃禄后来当了金华广电局的局长，现在退休了。我们既有业务学习又有实践的，我曾带一个小组去《绍兴报》实习，杭州市开运动会我还带了一批学生去运动会采访，有些文章在杭报上发表。

其实当时我刚毕业没资格开课的，我后来先后开了两门课，一门是新闻理论与实践，还有一门是中国新闻史，另外还要辅导林淡秋的毛泽东文艺思想。这课程怎么开呢？可以说是赶鸭子上架的。

对于新闻理论与实践课，我就把我在复旦大学的笔记拿过来讲，再加上自己的体会。我的毕业实习是在上海新华社分社做的，由穆青带，也积累了不少经验，就这样理论讲讲，实践讲讲。新闻史论则根据《中国新民主主义时期新闻事业史》，这是复旦大学的教授李龙牧编写的。我的毕业论文就是关于新闻史，他寄了一本给我，因为书还没有正式出版，只允许我自己参考。系领导做我的工作，问我能不能翻印发给学生，我开始不同意，后来还是翻印了，不过书面上没有任何作者信息，只有"杭州大学新闻系翻印"几个字。我后来几次搬家，这本书能保留到现在很不容易。所以这两门课就这样讲下来了。

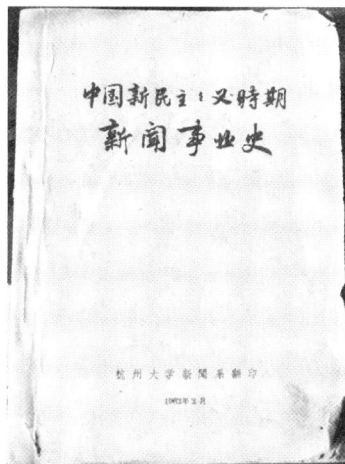

这是华老师当年使用的教材，现已捐给学校校史馆。

我在杭大新闻系的时候还讲过专题，其中一个专题就是毛泽东早期报刊活动。1982年,邬武耀把我请去又讲了一次这个专题。《新闻研究资料》1984年创刊5周年时,出了纪念号,这集的第一篇文章是《毛泽东同志早期报刊活动》,是我写的,就是我根据当年上课的专题而整理总结成的,中宣部文史研究室也收录了这篇文章。这集《新闻研究资料》后面的《毛泽东同志报刊活动表》也是根据我这篇文章列的。当年,《新闻研究资料》编辑部寄给我很多本,复旦大学也要去了一本,现在就剩下了一本。

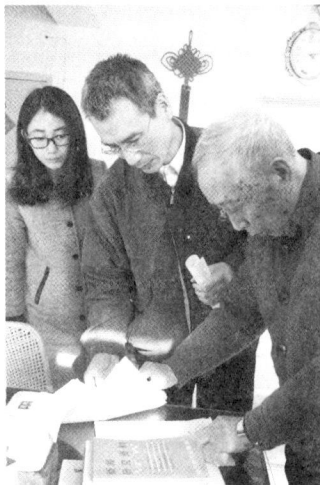

**问:华老师,你刚才讲得很好,不光对我们学院有价值,对整个学校都很有价值。**

你们这次采访有一个小故事。我的小辈们想让我把文章收集起来出个集子,但是因为要校对,我身体不太吃得消。整理文章的过程中,我发现有篇翻译文章在"文化大革命"的时候遗失掉了,是在复旦大学读书的时候和一个安徽的同学联合翻译的,一共有6讲。我就叫我的外孙女婿帮我在网上查查,但是没找到。那个小伙子很热心,就打电话到新华社浙江分社去问,分社又打到总社去问,联系到了马昌主任。马主任也很热心,帮我找到了稿子,只缺了一讲。他了解到我是最早一批来杭大新闻系的老师,在询问我的意见之后,联系了学院的沈爱国老师。王玲玲后来打电话给我,说希望让你们来采访。我后来还就此事写了《两个热心的年轻人》这篇文章。

**问:我们最初建系的时候刚好碰到三年困难时期,这对我们的教学有没有什么影响?**

我刚才说了,基本没有什么影响。另外还有几点,一个是我们师生一起去挖蕨根,可以磨成粉,我之前提到过的江牧岳老师送我小鸡的事也是发生在这个时期,还有师生中得浮肿病的人比较多,因为营养不良。主要就是对生活的影响,对教学影响不大,还是能够坚持下去。

问:当时办新闻系是很郑重其事的,我们的老师和学生有荣誉感吗?

有的。我也说过我们的学生素质都是比较高的,老师和浙报那边联系紧密,可以说大家都很齐心协力想把新闻系搞好。

问:那其他系的老师和学生是怎么看待新闻系的老师和学生的? 你们是否略微有高人一头的感觉?

不太清楚。没有的。

问:我们知道办学期间有很多政治运动,对我们的教学是否有影响?

主要是大炼钢铁,1959 年的反右倾,江牧岳在浙报当社长的时候被下放到农村(到临安去劳动),但对教学基本没有影响。我记得我当时还带着学生去兰溪的上华公社去采访、锻炼,主要作用是体验生活。

问:那我们新闻系停办之后老师和同学是否有情绪?

我们当时的思想比较简单,党需要我们到哪里去就到哪里去,没有什么情绪。我当时到金华去的时候两个孩子在杭州,我也就一个人户口一迁就去了。

问:你刚才提到反右倾,那么反右倾对我们系里有没有影响?

朱振华老师被贴了几张大字报,具体原因不记得了,大概是因为他的年纪大一点。朱振华后来也调到浙江师范大学中文系当老师了,他早就去世了。

问:我们以今天的观点来看,在当时的政治环境与经济条件下,我们新闻系值不值得办?

办新闻系与当时的大跃进有关系,连人民公社都要办大学。虽然说我们也是培了很多学生,有一定的成绩,但以今天的眼光来看,那种一哄而上一哄而下的做法实际上是"折腾",太轻率了。我第二次不敢再回杭州大学也因为经不起折腾了。

问:你在"文革"期间有没有受到冲击?

我"文革"期间在金华,还比较年轻,轮不到我,但是大字报还是被贴了几张,被说成"臭老九"。另外,我本来详细记录林淡秋的讲稿,造反派要批林淡秋,曾经来找过我,我就有点慌,偷偷把讲稿都销毁了,要不整理出来非常珍贵。

问:后来新闻系停办之后,你们师生之间有没有保持联系?

开始一段时间是有的,后来联系逐渐就少了。我们这些离休干部去疗养

院的时候,我还碰到过孟还夫妇。另外,前几届的学生开始的时候每年都要聚

摄于1959年朱德熙办公室。朱德熙是北大中文系教授,语法修辞学的专家,当年暑假时候李文放请他来给新闻系学生上课。华老师陪他游览了杭州的名胜古迹。电风扇在当时是高档电器了。

一聚,都会请我一起去吃饭,后来我年纪大了,他们的活动我也不了解了。我们的师生关系还是很好的,大家年龄相差也不大,现在大家都80多岁了。"文化大革命"的时候停课,我还去杭州一个中学里代课,当一个班的班主任,现在当年教过的学生偶尔还会来看看我。

(何扬鸣)

# 洪晨洋:时刻听从组织安排

洪晨洋,1948 年 10 月起在四明山游击区负责《四明简讯》的电讯工作,1949 年 6 月进《浙江日报》工作,1958 年调入刚创办的杭州大学新闻系,任新闻系秘书,1962 年调省委统战部工作,"文革"期间调手工业局(后为省二轻集团公司)工作,直到离休。

**问:请你先谈谈你的经历好吗?**

我是宁波定海人,1927 年出生。我的祖父是个地主,爸爸是个职员,我在"文化大革命"也是吃了苦头的,我不属于无产阶级出身,不过审查来审查去没东西,家里是家里,我是我,而且我年轻时候就开始工作了,经过多次审查没有问题,我还是保持了原来的工作。

小的时候接触一个同学,同学姐姐是地下党,她说我这个人是可教育的,经常和我联系。后来我和她在定海一个"植云小学"当小学教师教书,小学校长是我们地下党的支部书记,叫胡阿棠。后来因为我们地下党活动很多,比如与群众联系搞夜校,搞电讯班,为四明山提供人员,所以被国民党发现了,把我们一个同志抓走了,我们党支部决定有关人员撤退,先到宁波再进入四明山。那时候是在 1948 年 10 月,我在四明山游击区负责在《四明简讯》中发电报,里面的头头叫梅寒白。后来很快就分开了,因为工作需要分成两个队伍,我进入另外一个队伍,头头儿叫徐严,还有一个后来到省委宣传部工作的同志叫周青,在山坳里搞工作。

1949 年 6 月,我们从四明山下来就进入《浙江日报》了。那时候浙报刚刚创办,报社中大多数人员是南下的,也有一部分《东南日报》的人员留下工作,有几个人挺勤恳的,我们很重视他们,他们工作也很好的,比如谢狱、严芝芳、方福仁等等,我印象都很深。

**问：你后来是如何去了杭州大学新闻系的？**

我在《浙江日报》里工作了好多地方，刚刚进入是在电台，搞的时间不长，后来去印刷厂当政治指导员，两男一女，他们是正的我是副的，主要是组织会议，搞一些文娱活动唱一些革命歌曲，这些都是我的工作。后来我去人事部门具体管《报人生活》的出刊，搞了一段时间之后，又去编辑部的农村报道组，完了以后又去党的生活组，最后在《浙江日报》编辑部资料组当组长。

1958年组织上告诉我要办新闻系了，新闻系嘛跟新闻有关，省委要求浙报来办新闻系，浙报需要配备力量做这个事情，所以出于工作需要领导派了我和《浙江日报》的办公室主任于光过去，人事关系也转过去了，编制也属于杭大的了，我做新闻系的秘书工作，于光是头儿了。

**问：当时新闻系的教师的来源怎么样？**

开始的时候于光带着我一起到上海复旦大学去请新闻系的教师，那时候请了姓吴的教授和讲师朱振华，还有几个助教一个姓陈，一个姓丁，一个姓华的，华祝考，教师队伍就是这样慢慢组成的。当时的系主任是于光，后来上面派来一个女的来当系主任，叫李文放；总支书记叫陈树棠，还请来一个孟还。当年还有资料员倪凤英。系里成立了两个教研组，一个叫做新闻理论教研组，一个是新闻业务教研组。新闻系招生对象都是各个地区县市报社的在职干部，因为1958年是大跃进的形势，各地都在办报，缺乏新闻工作人员，专业业务知识缺乏，需要培训。我们那时候学生叫做在职调干生，学制两年。新闻系就这样开始办学。

1959年6月1日在莫干山看望李文放

1960年4月与孟还、孙翔、陈裕祥、倪凤英等合影

**问：新闻系的工作是如何开展的？**

在新闻系我本来搞秘书工作的，主要是了解学生情况，系主任说要开会了，我就通知召集一下会议，别人搞支部活动我会去参加，听听他们的内容，了解他们的思想动态。

后来因为工作需要，两年后又叫我搞新闻业务，做新闻业务教研组的组长，真的是滥竽充数啦。我自己真的不懂，我是初中没有毕业的人啊，被推上讲台讲新闻业务的课。我上什么课呢？我只能东看看西摘摘，一边学习一边备课。在新闻业务方面也做了一些东西，懂得了一些东西。我的一批老同学都知道我这个水平，反正我上课都是被逼着上的，没办法的，他们也都理解我的情况。教材具体怎么弄我不知道。

我知道自己一点水平，初中没有毕业，思想很单纯，叫我干啥我就干啥，不懂我就学。至于个人什么理想，当时是没有的。那现在回想起来，办这个新闻系也不是很容易的事，因为要有一定的教师资源，这样才能保证学生的质量，我们当时请来的讲师、教授和助教都是尽力的，不过学生意见还是有的。对这个复旦调来的朱振华老师好像有点意见，他年纪比较大，学生反映他水平不怎么样。但从当时来看，总体都是还可以的，总比没有新闻知识的人好一点吧？不能以现在的标准去要求。

**问：当时学生的情况如何？**

那个时候学生政治素养很好，业务水平比较一般，因为都没有经过专业学校的学习，多数都是半路出家的。那个时期我们这辈人，党的需要就是我们自己的志愿，党叫你干什么你就干什么，自己没有什么想法，即使自己有什么想法也不太可能去做的。我们这些学生年龄与我相差无几，我现在都是七八十岁的人，想当年的学生现在也差不多这个年龄了。学生学习都是比较用功的，没有特别调皮的。

师生之间的关系一般，同学们经常以支部为单位活动，师生之间特别好没有，我们联系是有的，邬武耀、章贤采、张广富我们都合得来在一块的，谈谈心交流交流思想。

4年当中学生没有发生过大的政治问题，没有听到什么大的意见不合与争论问题，反右过程中对新闻系没有太大影响。对于章老师认为学生偏左的看法，我不这样认为的，觉得会有一点偏激而已。

1962 年 3 月与新闻系同学翁来德、谢禹文合影

**问：你离开新闻系后去哪里工作了？**

新闻系这样办了 2 届，到 1962 年，困难时期各方面都困难，报纸的纸张都很紧张，所以那个时候各地都想不办报了，1962 年新闻系就不办了。停办后，把我调到省委统战部。统战部准备办《华侨报》，后来因为纸张紧张，《华侨报》也不办了，我就在统战部那里搞通讯工作了，分配在党派处工作，就是搞民主党派学习活动，再后来搞"文化大革命"了。我最后是在原来叫做手工业局，现在叫做"省二轻集团公司"的单位离休的。

总的来讲新闻系的大致发展是这样的，开始与大跃进有关，后来和整个形势有关。你说政治运动当中有什么影响，我觉得没有什么影响，没有弄到我们新闻系里来，年轻人组织和参加一些活动是有的。我现在联系的同学没有几个，朱林我仍在联系，范育华我知道但是没有在联系，还有章贤采也有联系，有些都已经过世了，像邬武耀和台州的一个同学徐达会。

1987 年与杭大新闻系金苗新、邬武耀、朱林、张广富合影

1987 年与杭大新闻系范育华、倪凤英、卢绮芬、万波合影

1987年与杭大新闻系部分同学聚会合影

**问：今天你对新闻系开办与停办的看法如何？**

我没有什么想法，那个时候想法单纯，要办了就去，不办了就不办了，没有觉得可惜。当初是想过新闻系为什么不办了，后来就觉得整个形势是这样，对我个人而言无所谓。不过我觉得那个时候还是需要办新闻系的，新闻系办起来还是有意义的，因为形势需要。如今的事情都是这样的，政策都是根据形势的发展而制定的。你说大跃进期间如果不办新闻系，下面需要人，你怎么办？后来没有这个条件了，那就不能办了。

**问：新闻系工作的经历对你有什么影响？**

对我而言是个新的工作，自己开始也有点不适应这个工作，给我的教训是什么工作都要从头学，不好好学是不行的。虽然之前我在《浙江日报》做事，有过实践，但是理论确实没有学过，这个得从头学。特别是让我做新闻业务教研组组长的时候，真的很苦的，自己一边总结实践中得到的知识，一边要学理论，边学边干对付，我一辈子都没有再碰到过这样的事情。这个工作与其他工作不一样，你要上台讲的，新闻业务这个东西吃进去要吐出来的，反映你的水平。

（何扬鸣）

# 章贤采:岁月峥嵘不惧风流

章贤采,1950 年华东革命大学浙江分校学习,1953 年任平阳县委通讯干事,1956 年进《平阳报》工作,1958 年进杭州大学新闻系学习,1960 年毕业后留系工作。1962 年新闻系停办之后,去浙江文联任秘书。"文革"期间,先后在省革委会政工组、省公安厅工作。"文革"后在浙江化工学校办公室工作,后在今天的浙江工商大学退休。

**问:章老师,你是新闻系的第一届的学生,请你谈谈你们同学的情况。**

我们的同学当时有两种情况,一种是从正式报社调来的,搞过新闻工作的;还有一种是没有搞过报社工作,准备调到报社里来的,县委里面决定了的,然后把他送过来的。像柳洪芳、方文石、陈岩森,这批都不是搞报社工作的,数量呢,我现在没办法统计,人呢,我都是知道的,原来 80 来个人吧,两个班吧,有一半人,包括仇德盛,都不是来自报社。报纸工作有些人是刚开始搞的,比如范育华,实际上还没有搞新闻工作,是《杭州日报》送来的,是杭州师范学校毕业了之后到《杭州日报》,再送到杭大来了。那么搞报纸工作时间较长的,有哪些人呢?徐达会,原来《温岭报》的主编,方明祥是《常山报》的主编,时间最长的还是我,因为我当时在《平阳报》工作 3 年了,在《平阳报》之前当过县委通讯干事,通讯干事之后,去过地方记者站,严格地讲,我是 1953 年开始当通讯干事的。所以我 1958 年到杭大学习的时候,新闻工作的时间已经 6 年以上了。邬武耀也是搞报纸的,朱林也是搞过的,当时在《浙江日报》也已经好几年了。金苗新也是的。

与《平阳报》同事在一起

学生生源有两种情况，讲讲是调干生，其实呢，就是一批是搞过报纸工作的，一批是没搞过报纸工作的。那么在报社搞领导工作的只有两个人，一个是徐达会，一个是方明祥，两个主编，所以徐达会一来，就是我们学生的总支委员，我们学生的头儿，一直是班干部，以后留系后也是总支委员，一直到调整为止。我当时留下来之后，就在西湖区办报，回来之后，我是支部委员。徐达会的地位比我还高一点。我还有职务，是教研组组长，是教学秘书，教学工作都是我安排的。其他人都不知道这点。

与同学在一起

在新闻系 4 年中,两年读书,两年工作。新闻系 4 年中没有离开的就是两个人,一个是徐达会,一个是我。其他人呢,讲讲在新闻系工作的,其实没有完全做到,比如邬武耀,一共是 4 年时间,人大进修了两年,回来工作当教师,其实是一年不到一点。我和徐达会两年读书都没有出去过,读完两年毕业之后,一直在新闻系工作。进新闻系之前,徐达会在《温岭报》工作,是主编。新闻系停办后,徐达会到台州,回到老家去了,先后在台州宣传部、台州教委呆过,大概也就是在教委退休的(教委或者电大),他现在已经去世了。朱林、范育华也是两年,没有留下来,后来两年的情况他们是不了解的。另外有些人呢,也是不了解的,陈岩森、柳洪芳、方文石说说都在新闻系工作过,但实际上并没有。柳洪芳和陈岩森,报上的毕业计划当中是要留校的。陈岩森老婆是在温州的,她不愿意陈留下来,坚决要他回去,所以放假以后,他就没有回来,以后关系也就转过去了。柳洪芳那个时候还没有结婚,对象在温州,她也不愿意来杭州,那么他也坚决回去,放假以后,他是来过的,来办了下手续就回去了。方文石也没有工作过,毕业了之后,他也是当时计划留下来。我呢,当时分配的时候是计划去省委宣传部。

我还没毕业的时候,新闻系在西湖区搞了一个实践基地——办了张报纸,叫《西湖公社报》,那个时候是人民公社嘛。那时王芳兼公社第一书记,省委秘书长陈冰兼指导员,陈冰是搞新闻工作出身的,搞实践基地的点子是陈冰出的,一方面是毛主席要这样做,王芳兼书记。搞西湖人民公社,公社要办个报纸,陈冰在那里当指导员,于是叫我们新闻系在那里搞个实习基地,这个点子是非常好的。新闻系搞个实习基地,学生分配去那边实习,就跟医大办医院一样的。《西湖公社报》没有编制,人都是我们新闻系的学生,所以学生都是我带过去的,因为我是实习组长,也是《西湖公社报》的负责人,所以西湖区开会我都是去参加的,我是负责人嘛。我毕业之后,实习基地还在,报纸也还在的,所以我离不开。省委宣传部当时要人,没有办法,就把方文石调到宣传部去了,我么,就留下来了。那个时候,江牧岳已经来杭大参加工作了。我在西湖区办报的时候,是跟陈冰的,他当时不肯让我走,要我留下来。因此,方文石实际上也没有在新闻系工作过,毕业放假之后,他就去宣传部报到去了。

**问:《西湖公社报》你现在还有没有?**

没有了,我发表文章很多的,"文化大革命"的时候,我有个剪报册。我发表文章木佬佬了,我跑到哪里,发表到哪里,文章会抓问题,而且抓得准,我在县里很有名的。这些文章后来都发煤炉烧掉了,《西湖公社报》等剪报也都被我丈母娘发煤炉烧掉了。范育华那里不知道有没有？照片是有的。所以我从事新闻工作其实是很长的，是老前辈啊。当时，我那些稿子，烧掉真的很可惜。

与同学在绍兴实习中

问：当时对新闻系，要求很严的，你们能进新闻系读书，感到光不光荣，高不高兴呢？

当时新闻系在杭大来讲，是特殊的。因为都是党员嘛，原来说都是骨干，都是刚刚反右派的时候从各地县委抽调上来的。我们这批人呢，有优点，也是缺点，就是比较左的。优点缺点都比较明显，反右的就是积极分子，都算是骨干，不管你原来在报社也好，不在报社也好，都是属于培养对象。当时的同学大多数都是党员，只有两三个不是党员。我们都是解放之后的新干部，解放前的都是老干部了，我们都是属于新干部，新干部当中呢，我们这批人都是党龄比较老的，都是属于培养的人才、培养的干部，像我当时去杭大的时候，已经有将近10年的党龄了。我之前是"华东革大"的，"革大"之后去平阳工作的。杭大其他系都是统考生，基本上没有党员的。所以学校党委对我们很重视。

**问:章老师,你先是新闻系第一届的学生,后来又留下来当老师,对新闻系十分了解,你能不能谈谈当时新闻系的情况?**

中央在杭大下放的都是 9 级干部,一个是林淡秋,《人民日报》的,一个是江牧岳,后来管我们新闻系的,还有一个叫叶克,他原来是农业学校的,被安排到中文系,3 个人都是 9 级干部,比学校党委书记陈烙痕还要高,都是副部级吧,都是高级干部,下放的。

还要强调一下,新闻系最重要的是要尊重历史的事实,事实不好搞错的。有这么一本书(指《杭州大学校友通讯录》),里面的信息不知道是谁提供的,是不准确的。如果连新闻系当时的领导班子人员等情况都搞不清楚的话,那就闹笑话了。江牧岳没有当过新闻系主任,他调来就是副校长,管新闻系。我先把要纠正的事情弄灵清。

新闻系老师是倒霉的,老师靠边,是不了解情况的。我们学生是当家的,都是学生说了算,徐达会说了算的,再加上新闻系没有系主任,洪晨洋在《浙江日报》管资料的,很老很老的老同志,原来在四明山打游击的。洪晨洋是个女同志,她也是不容易的,当时把我们这批党员管得蛮好的。当时新闻系是没有系主任的,后来来了一个李文放,她来了以后没有工作过,待了几个月后就走掉了。她来新闻系也只是挂个名，她老公以前是中央的建设部长，很有名气，陈冰当时想把她老公调到浙江来，但是那边不肯放人，于是先把李文放调过来，然后再想办法把她老公调过来。但是最后没有成功，所以李文放也就离开了。她来了之后，没有给我们上课，也没有给我们开过会议，也没有讲过话，住是住在杭大，见面是见过的，但实际上是没有工作。当时总支书记叫陈树棠，是绍兴调来的，他讲讲是总支书记，权呢是在洪晨洋手里。洪晨洋的职务是行政秘书，又是总支委员。徐达会、洪晨洋、陈树棠都是总支委员，实际上呢，徐达会和洪晨洋掌权的，陈树棠待了一年不到，觉得没啥意思了。他是农村调来的区委书记，教育工作不懂，新闻工作也不懂。徐达会以前是报社主编，洪晨洋在《浙江日报》也待过的，所以教育工作之类的都是由他们两人安排。陈树棠人是蛮好的。他走了之后空了一段时间，后来辛航来了，他原来是我们杭大宣传部部长。

**问：章老师，你讲得很好，别人都没有说过。**

他们不了解情况的，金苗新、邬武耀都是不了解的。邬武耀在我们同学中是非常好的一个人，非常优秀，学习也很好，但是他对新闻系的情况不了解，因为他在新闻系只待了一个多学期，就送到人大去培养了。他培养的时间最长，洪晨洋他们都是提早回来了，他是结业回来的，等他结业回来的时候，我们好像也快关门了。

杭州西湖留念 1964.9.

**问：章老师，你们进了新闻系之后，读书用不用功呢？**

我们当时在新闻系，读书是很用功的。那个时候随便什么，劳动啊，搞卫生啊，我们样样都比人家好，其他人可能有惰性，但我们都是很勤奋的，晚上学校是9点钟关灯，我们就到楼道中、厕所里去看书的。我们当时学生宿舍在3楼，走路都是很轻的，怕影响别人，统考生就没有我们这么勤奋刻苦。

**问：那么当时大家也很喜欢自己这个专业吗？**

我们首届毕业生，老实跟你讲，其实专业课是没有上过的，就是上了点技术课，因为没有开课啊，所以讲讲是新闻系，首届毕业生的新闻业务水平，实事求是地讲，除了原来办过报纸的这批人，他们还有点懂，没有办过报纸的人，就根本不知道新闻是搞什么，只晓得一个什么概念。那个时候我们搞运动，就觉

得新闻是宣传工具，要听党的话。新闻是宣传工具，这个观念我们是非常牢固的，一定要服从党委的领导。服从党委的领导呢，不是说听党的方针政策，而是说在县里听县委书记，省里呢就听省委书记，单位听第一把手，所谓党的领导，就是第一把手领导。这个观念是很强烈的，从某种程度上说，就是比较愚痴，如果领导是对的，那么你照做是没有错的，如果这个领导对中央的方针政

策路线理解是扭曲的，那么你听他的，就会做错。当时这批人是南下干部，是战争年代的功臣，打仗很厉害，但是搞建设呢，却没什么文化的。你不能怪他们本质不好啊，这批老同志，我们都很了解的。我也是从小参加革命，跟随在首长身边，就听领导的。但是有时候，比如大跃进的时候，这批人是乱来的啊，空话乱讲的啊，你也不能怪他们，因为他们没有文化嘛，没有知识嘛，对毛主席，对中央的指示，他们理解不了嘛，或者理解很片面，劲头很足，就干些乱七八糟的事情。如果听他们的话，那就要糟糕透了。你可以翻一下报纸，大跃进出事情，报纸有很大责任，报纸在那里乱吹啊，空话乱讲啊，都是套话啊。

**问：章老师，你能否再介绍一点当时新闻系的情况？**

我再回到新闻系。当时我们没有上过业务课的，新闻系的老师有个叫朱振华，从复旦调过来的。这个同志呢，我们当时杭大没有用他，他在复旦是一个蛮好的讲师，人也相当好，很老实的。他就是讲课的口才比较差，但编报啊什么的，都是很不错的。很好一个老师，没有用他。朱老师和学生关系也很好的。我当时在新闻系同学中属于二类的，一类呢就是比较左的，二类呢就是比较西方，读了点书的。徐达会、洪晨洋派出去是任副职的。正职呢，是要搞思想工作，要搞运动的，副职呢，是管业务的。我呢，是搞业务的，所以我和朱振华是比较要好的。他喜欢喝老酒，我也喜欢喝老酒，一起约着老酒喝喝。他搞了个每周的读报活动，全国报纸我们资料室都有的。他让我们读报纸、评报纸，看报纸，写心得，这个是一直坚持的。这个对别人来讲，可能不起作用，但是对我来说，是非常有用的，看报纸，写心得，对于报纸的情况，写评论什么的。他把我们学生的读报心得拿去看，看了以后，编了一个《读报札记》，是不定期的，是铅印出来的一个刊物，是朱老师在那里搞的，其他人都不重视。读报活

动是他提出来的。毕业之后我们也一直有联系,包括"文化大革命"期间。我和朱老师关系很好,他曾来找我诉过苦。他后来去了浙师院,去了之后境遇就不是很好了。那个时候我在公安厅工作,他来杭州,我都接待的。这么好的老师一直单身,40多岁都还没有结婚。

那时候我们新闻系还有个老师叫赵贯东,是北大新闻系毕业的,跟戚本禹是同班同学。戚本禹你知道的吧?"文化大革命"期间很有名的"红旗手"。他这个同志呢,和我是老乡,是温州人。他普通话也是讲得不准的,但读书非常用功,基础非常好。原来是在空军部队的,从空军部队转业到北大新闻系。他是离休的,写文章写得非常好,文字功底很好,好得不得了。他写的文章,《人民日报》都可以发。所以新闻系不是没有人才,都是没有用啊。赵贯东后来去了武汉大学,离休之后就在上海定居。赵贯东与我也很好,我们也一直保持着联系,一直是来往的。

**问:章老师,那么当时新闻系的老师对你们要求严不严格的呢?**

当时新闻系的老师对我们没有要求的,我说过,新闻系是总支领导的,老师都是靠边站的。学生叫老师做什么,老师就做什么。

**问:章老师,当时新闻系的老师是不多的吧?**

当时新闻系的老师说多不多,说少也不少的。

**问:你们学生当时是如何看待新闻系的老师的呢?**

我的看法嘛,就是我对老师都是很尊敬的,但是像我这样的人是很少很少的。

**问:那么其他同学怎么看呢?**

有些同学则是认为这批知识分子是没用的。

**问:学生也是这么看待他们的吗?**

学生么,就是我们这批同学呗,大多数同学都是看不起他们的。看得起老师的没几个,像我这样和老师还保持好关系的,不多的。

**问:那么他们一般都有什么表现呢?**

他们都是不搭理老师的。什么表现的话,下面讲个故事说明一下,我和江牧岳关系是最好的,他来了之后,为什么会对我好呢?因为我当时在办《西湖公社报》,办报的时候我们是没有见过面的。我们第一批办报的同学,包括范育华、陈岩森、沈本善这批人都回去了,都毕业了。第二批呢,1959年这级的过来了,一个学生在我那里实习,那个时候我已经不是学生了,已经是助教了,变成辅导老师了,还是《西湖公社报》的负责人。虽然身份变了,实际上也算是同学,只差一年嘛。来的这批人当中,有一个叫杨成兴,现在是已经去世了,是从金华报调过来的,是跟过地委书记的。这个学生很左的,蛮红的,他怎么看待老师的呢？

他那个时候是我的下一届,杭大新闻系当时有两个助教,一个叫陈裕祥,复旦来的,和华祝考他们是一起的；还有一个是王旦凤,孟还的老婆,现在还在杭大。这两个人当时下放到西湖区去劳动,叫我代管一下。他俩是交给西湖区区委宣传部的,区委宣传部和我关系很好,我当时是《西湖公社报》的负责人,开会我们都是一起的。那个时候公社领导开会,王芳、陈冰都是一起来开会的,我也参加的。西湖区有什么劳动呢？后来叫王旦凤到龙井去搞茶叶,春天里要采茶叶,平时就搞搞管理,也没什么劳动的。水塘劳动,都在古荡、黄龙洞那里。王旦凤原来是上海人,上海小姐的样子,说她是资本家,其实也不是的,也就是以前家里条件比较富裕,所以被人说成什么资本家之类的。她从小参加地下党,是我老师啊,我对老师是很尊重的。西湖区又没什么劳动,我就跟老师说:"没什么事就可以回去了。"其实劳动不劳动也无所谓的,王旦凤就回去了。陈裕祥的家属不在这里,他也是上海人。我把陈裕祥老师调到我这里来,调到《西湖公社报》来,帮忙编编报纸。当时我是负责人,要负责签报,我定的下来的话就我签,我签不了就要区委书记签。我让学生把稿子交给陈老师,陈老师负责看学生的稿子,编一编,他是复旦大学毕业的,是本科生啊,文字水平都不错。如果学生的稿子有什么毛病,就请陈老师给学生们指导指导,上上课什么的。这不是蛮好的吗？但是这个事情是没有向新闻系党总支汇报过,是我自己的主张。

我们新闻系学生基本都是党员嘛,所以有支部的,那我们也当然要参加支部会议。一次,有人突然在支部会议上向我发难。发什么难呢？讲我投降,说我向资产阶级知识分子投降,把陈裕祥调过来,把学生的稿子拿给他看,给他去编。一发难,当时新闻系大多数同学很左的啊,都跟上来,说陈老师是下放劳动,领导没有批准他可以改稿子、搞辅导。可是我没有违反原则啊,最后稿子都是到我这里来的啊。稿子发不发,最后是我定的啊。我看陈老师编的稿子很好啊,编得比我还好,文字水平也比我好。我讲的是实话。但是我比他红,我有红帽子,他没有红帽子而已。一发难,这件事情就被西湖区知道了,就是现在园林管理局的地方,那边印象就很差了,啪啦啪啦开大会,然后就惊动了西湖区委,也惊动了陈冰,因为这个报纸是陈冰搞的。陈冰、王芳两个人都对我蛮好的。当时班里很多党员同志,都反对我,都说我是右倾,我当时还是有点慌的，因为我自作主张了嘛，虽然，西湖区委是同意的，但是新闻系领导还不知道。事情闹大了。江牧岳就是这个时候来新闻系的，他做的第一件事情就是处理这个事情。陈冰后来也发火了，说新闻系这批党员向我发难是胡闹，他还讲了个故事。

高光，《浙江日报》副总编，是右派，后来被摘掉帽子了。当时浙江有一本刊物叫《求是》，是陈冰兼主编的，他当时主要负责秘书长的工作。他把右派高光调到《求是》杂志，让编辑编好的稿子都给高光看过，再由陈冰自己看、签字。他说，高光我都是这么用的，有什么错呢？权还是在我手里嘛，高光是有这个能力啊，以前是《浙江日报》副总编，虽然文化程度不高，但是人是很聪明的，文字水平是很不错的，报告文学写得很不错，与于冠西差不多（于冠西的文采当然要比他好一点）。陈冰说："章贤采有什么错呢？陈裕祥看看稿子，有什么不好的呢？给学生辅导辅导，有什么错呢？为什么要发难呢？"

**问：你说你与江牧岳关系很好，有哪些表现呢？**

这样一来，新闻系学生本来要我吃苦头的了，陈冰讲话了，江牧岳就把那批学生调回去了，并在支部会议上狠狠地进行了批评，具体情况我就不是很了解。江牧岳非常欣赏我，所以我和江牧岳关系很好，说我是江牧岳的亲信，也就是这么来的。除了这个原因以外，还有一个原因。之后不是大跃进吗？没有饭吃，饿死人了，毛主席让田家英去搞调查。田家英一个人怎么调查呢？于是就向陈冰、江华要人。因为我是跟陈冰、江华、王芳的，江华我是不熟悉的，陈冰就让我带上两个学生，参与田家英到浙江的调查。调查是在嘉善干窑公社进行的。这个调查报告后来送到毛主席，毛主席就决定把人民公社停掉，以后中央就发了一个文件，恢复原来"三级所有，队为基础"，把"政社合一"的人民公社撤掉了。田家英的这个调查报告，在调整国家政策方面是起了很大作用的。究竟大跃进正不正确？当时也不光田家英一个人调查，毛主席还叫很多人也去调查，包括彭德怀还有其他很多人都是去调查的。我带了两个学生，一个是叶承垣，还有一个学生可能是吴文谦（是不是记不清楚了），叶承垣我是记牢的，因为叶承垣比

较能干,后来粉碎"四人帮"之后,当了宁波地委书记,是副省级干部。他就是因为参加田家英的调查,粉碎"四人帮"之后,那就不得了了嘛。参加调查的还有杨源时,原来是金华地委书记,后来被定为右派,被撤销职务,下放基层锻炼。

后来我回到新闻系。因为这件事,江牧岳当然很重视,很多县委书记、地委书记都来拍我马屁,小章小章地叫我吃老酒,来我这里打听消息。但是我们有规定的,田家英是毛办主任啊,一点风声都不好透露的。怎么搞调查,调查什么内容,不好讲的,一点信息都不好透露的。调查的东西交给田家英,田家英向毛主席汇报。

**问:那么你对田家英的印象怎么样?**

我对田家英的印象,当然是很好的,不得了的好。同时,这件事情对我的教育也是很大的。怎么大呢?因为原来我们系的调查报告,是有一个公式的,有一个八股文,即成绩要讲透,要有典型例子,成绩一定要归到毛主席,一定要归到阶级斗争。这个东西呢,就是一个套路。什么毛泽东思想,阶级斗争之类的,总是要把它归到这里来的。讲缺点就是笼统地说,没有典型例子,一笔带过的。成绩与缺点的关系,就是十个指头和一个指头的关系。原来我们搞新闻工作,搞秘书工作也就是这么一个套路。这是共产党跟你讲的,如果你不懂这个套路,是没饭吃的,你是跟不牢的。这次调查呢,田家英给我们布置:看到什么写什么,一条一条地记,不要什么陈旧的格式。因为我们搞老套路搞惯了的,田家英就让我们看到什么讲什么,不要讲什么观点,不要讲分析。当时就说要办食堂,怎么个办法呢?我们去调查,老百姓没有一个同意的,都是干部强制性命令的,把灶台敲掉,就这样做的。最后么,饭也没得吃。我们在那里28天,我们的嘴巴都这样凹进去了,我们一天就吃这样的一杯稀饭,食堂一天只供应一餐稀饭。我们去时老百姓都饿坏了。小孩生下来,两三岁了,哭也不会哭的。女同志生了小孩,把奶拿出来,一点奶水都没有,走路都走不动,我们叫她们开会,都是爬着去的!饿成这副样子了,大跃进!你没有看到啊!啊哟,原来的鱼米之乡啊!嘉善多少红都不晓得。于是我们就把这种情况都写下来。原来你敢写、敢讲的啊?后来就发点粮食,是战备粮调来,是黄豆,老百姓没有粮食了嘛。我们国家战备粮有两种,一种是备荒,防止灾害的,还有一种是打仗用的。战备粮不好全部动用啊,不能随便动用的,都是要领导批准的。这件事情对我们教育是很大的。

我回来之后,江牧岳让我再搞府志调查,是新闻系和历史系的学生联合搞府县志调查,响应毛主席号召,主要是调查农业问题。我们从历史上、古县志里搞调查，很多灾害，比如水利灾害问题对农业影响很大，我们把全部浙江省的府县志都拿来调查，找材料，哪年丰收，哪年灾害，把这些材料收集起来，给省委做参考。这个对我们国家调整农业政策作用很大。这是江牧岳叫我们搞的。我们把两个系的人员并起来，把学生老师调来，我们搞了个府县志调查领导小组，共5个人，江牧岳是我们的组长，新闻系是我参加的，历史系是姓张的教授（平阳人，与我是同乡），还有个历史系的副书记（女）。这个对当时的新闻系来说，也是很重要的。江牧岳这个还是搞得不错的，他非常重视这些实事求是的东西，没有半点搞腐化、搞乱七八糟的东西，而且为人也是非常平易近人，所以江牧岳这个人是很好的。

**问：当时政治运动很多的，那你们经常参加政治运动吗？**

当然参加的，当时政治运动很多，大家都是参加的。政治运动么，讨论一下就过去了，表个态，也没什么东西的。我们联系杭大的实际呢，就是批原来的教育厅副厅长，以前当过杭大的前身浙江师范学院党委副书记焦某某，当时就要批他。

**问：那么我们新闻系的同学是怎么批他的呢？**

新闻系全部人都要参加，党员都要参加的，都要表态，小组讨论，认为他有什么不对的，这个是政治运动，都要表态的。就算有人不了解情况，也还是要表态，不管你思想通不通。政治运动么，就是要表态，不表态思想就通不过。

**问：哪像我们新闻系的表态，有什么特点？**

就小组讨论，那个时候也没什么东西，就是开个会，讨论了，大家表个态，不就好了吗？

**问：那我们新闻系的同学又是如何看待这些政治运动的呢？**

大多数人认为是正确的，少数人认为是烦的。当时新闻系很多学生，还是很接受这种政治运动的，少数人么，像我这种，就是很厌烦的。大部分同学还是赞成的，特别是徐达会，徐达会很左的，不左怎么当总支委员吗？当然徐达会这个同志是非常好的，后来去台州宣传部去当副部长了，再后来当电大党委书记或者校长去了。

**问：他是不是王兴华的同学？**

王兴华是统考生第三批，是最后一批，是我的学生辈，徐达会后来给王兴华他们上过课的。徐达会之后留下来上课的。王兴华很迟的，与王则信他们同班。

**问：新闻系创办的时候，刚好是大跃进，对学生的影响大不大？**

新闻系创办的时候，刚好是大跃进，对学生的影响当然是很大的。大跃进，就是搞浮夸，搞吹牛嘛，所以我们好多学生都是靠吹牛的。

**问：章老师，你刚刚提到，大跃进对学生影响很大，你能举几个例子吗，怎么样的影响？**

就是"左"啊。大跃进那个时候，还爱喊口号，都是一些虚假的口号啦。新闻工作是非常非常重要的，是舆论导向，如果弄不好，观点不正确，起的破坏作用是很大的。以前我搞媒体，我有个习惯，把中央电视台的新闻记下来，进行点评。现在年纪大了，搞不了。

**问：章老师，当时你们学生又是怎么样看待大跃进的呢？**

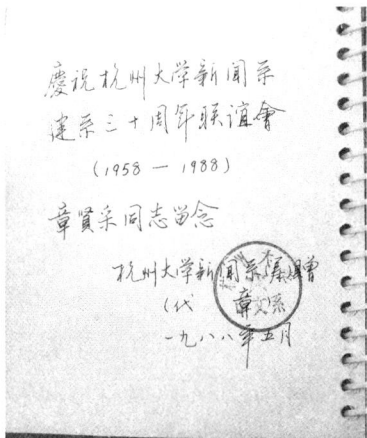

大跃进么，都是好的呗，哪有不好的？当时学生都是觉得好的，因为毛主席让搞的嘛，后来出了事情，我们这批学生毕业也就走掉了，走掉么，也就不晓得了。于冠西和江华一起去临安去，成立临安人民公社。于冠西在那里马上挥笔题词："鼓足干劲生产，放开肚皮吃饭，人民公社好。"回来后，《浙江日报》套红头版头条登出来。那时多少红啦！我们都要学习，冠西同志题词好啊，不得了。江牧岳下放到《浙江日报》当社长一年不到，组织了省委农业检查团，他是丽水温州地区检查团副团长（团长是林乎加，省委副书记），他回来之后就写了6条意见给新华社作内参，谈了对大跃进时小株密植、劳逸结合、亩产吹牛等问题等看法。结果，在省委扩大会议上，有人发难，说江牧岳错了，省委扩大会议开始批江牧岳的6条。之后，江牧岳就被批判，他被下放到临安一个公社当副书记。实际上一点事情也没有的，把他放在那里改造嘛。当时我并不知道这些。"文革"后期我出事后，江牧岳跑来安慰我，在讲党内斗争的情况时，他向我讲了大跃进时期他给新华社写内参之事。因此，1958年江牧岳还在临安劳动，他是1960年来杭州大学的，1960年的暑假8月份嘛，他当时来学校当副校长了，是从临安调回来的，《浙江日报》回不去了。

**问：三年困难时期，学生遇到了哪些困难？**

三年困难时期，学生没遇到什么困难，我们新闻系也是很好的。我们杭大伙食还可以,林乎加给我们杭大出了点钞票。最先出现了浮肿病,之后省委就采取了措施,我们用钱向舟山的人民公社买鱼,那个时候买这批东西是要鱼票的,那我们买就不要鱼票了,尽管鱼票我们学生还是有的。我们的伙食还是不错的,我们新闻系、历史系在分部的食堂吃饭。困难时期,我粮票还有得多呢,20多斤粮票,我还吃不完。那个时候我们到西湖区采访的话,在古荡公社搞点菜油、搞点鱼(古荡鱼塘很多)给杭大食堂。那个时候我们学生都不错的。困难时期,对我们杭大学生来讲,影响不大。一开始出了点浮肿病,外语系书记(陈伟成的爱人)晕倒了,后来向省委反映,林乎加就想办法从舟山调配鱼给我们,我们学生总体困难不大。

**问:章老师,你们是1960年毕业的,你们对毕业分配感到满不满意呢?**

我们是1960年毕业的,当时毕业分配很火的,像我,几家日报要我,县里要我,《浙江日报》要我,宣传部要我,学校也要我,3个地方通知我去拿工资。我一个人怎么可以去3个地方拿工资呢?我怎么选呢?宣传部叫我去拿工资,杭大叫我拿工资,我们平阳县委叫我回去当办公室主任。我当时就选了平阳县委。为什么我选平阳县委呢?因为我是平阳县委给我报上来的,平阳县委叫我回去,我不能不回去啊。叫我选择的话,我还是会回平阳,一个人怎么能忘恩呢?是平阳培养我的啊。毕业了之后,我在平阳拿了9个月工资。后来我们县委书记去省里开会,找了林乎加,省里就要我回杭州,说共产党员什么回去不回去的,都是基层来的,现在杭州有任务,就在杭州干。我们县委书记被批了一顿,一句话也讲不出来。我后来工资也就不发了。当时对于我们这批人,社会上都是抢的。新闻系停办了之后,也是3个地方要我,《浙江日报》要我,杭州市委要我,杭大要我。其他同学也很不错的,都是骨干。我们这批同学,不管去到哪里,都是不错的。现在看来,县里当过局长都不错的。办公室主任什么的,在县里都是骨干啊。现在学生分配哪有这么好的,没有的。我们留在省里当干部也有,吕根土(1959级)不是也当过民政厅厅长?吕根土也在我那里实习过的。在我那个《西湖公社报》里实习过的人都不错的。

**问:那你们听到新闻系停办,有什么看法?什么感觉?**

也没什么感觉的。对于新闻系,我们觉得也没什么花头。讲讲是新闻系,实际上是中文系的一部分,我们就是读了一点中文系的东西。中文系给我们上课的老师都是不错的,现在来讲都是名牌,比如王驾吾、孙席珍、刘操南等,王驾吾、孙席珍还是三级教授,都是很有名的。我跟这些中文系老师关系都很好的。我去孙席珍那里,他很小气的,他老是让我去买酱油、买老酒,都不肯给我钱的,还让我抱小孩子。我跟他们关系好,我那个时候是调干生,每个月都有工资的,59块钱,生活得很不错。而他教授工资一个月有200多块。

**问:那么其他同学,听到这个消息,怎么样?**

其他同学听到这个消息,也差不多,都毕业很久了,停办是在1962年,我们这届也毕业了。我们首届同学没有什么看法不看法的,也就我们几个留校的同学最先知道这个消息。

**问:那从当时的政治经济条件来看,你觉得新闻系值得办吗?**

就当时的政治经济条件来看,我觉得办新闻系没什么花头的,一点必要没有。让学生去县报,乱七八糟。那个时候搞浮夸啊,那个时候如果县报不停掉,同学们去办县报的话,肯定还是要鼓干劲、宣传浮夸,听党的话嘛。但是在同学中大多数人是不同意我这个观点的。现在开同学会,我说我们的新闻系阿弥陀佛的,他们也是不同意的,他们说不管是不是阿弥陀佛,有个文凭总是好的。文凭有啥用场?你要实事求是啊。我们当中很多同学,是不会写文章的啊,搞运动是有一套的,当官也是可以的,文章是一点也不会写的。我跟你讲的是实话,有几个会写文章的?

做新闻工作,确实是有些人适合,有些人不适合的,它是一种特殊的行业。这是我的体会。比如说写作采访,政治敏感,看问题敏感是很重要的,政治思想水平是很重要的,如果你木西西的,领导怎么讲你就这么记,没用场的,独立看问题的能力很重要。我讲个故事给你听,我们到《杭州农村报》去实习,那个时候快过年了。我们几个学生,没几个会写报道的,文章改来改去,写不出东西来,一塌糊涂。我跟一个副乡长,路过一个凉亭,风雪很大,我们就进了凉亭。副乡长讲,解放前,有人在这里讨饭,有人在这里过夜,有人在这里冻死。就是这样一句话,使我突然来了灵感。我问:"解放前有人在这里过夜,那么现在乡里有没有人就是在这过夜了?"他不能确定,回到乡政府,他找其他乡干部,问过去风雪夜,有没有人在凉亭那里过夜的。名单排来排去,还真找到一个人。我立马就让他带我去采访这个人。我后来就写了篇通讯,叫《风雪夜访老农》,他是解放前在凉亭里过夜的。写东西也要靠运气的。刚好我去采访老农的那天,他儿子回来看他,他儿子是解放军。现在他家里条件好了,去了之后，招待我们。我写了那篇通讯，就是对比嘛，对比解放前和解放后，有人物，有细节，有情节，就是好稿子。所以搞新闻的人，听到一句话，灵感就来了，如果脑袋很麻木的，那就不行。当然，灵感来了，你还要思想深刻啊，肚子里要有数的啊。好多同学去采访，笔记本一大本带回来，资料一大本带回来，翻来翻去写不出来。应该写什么东西，用不着翻的啊！我在西湖区办报的时候，写西湖龙井18棵御茶树，后来发在《中国日报》英文版，还拿了120块钱的稿费，很高的了，不得了。我写的是中文，他们翻译成外文。我这篇文章，为什么他们要发呢？写18棵御茶树的文章资料很多的，什么乾隆来过，赐了18棵御茶。我写的是什么呢？当时是五一劳动节，工人疗养院里一批劳动模范在虎跑喝茶，就是龙井茶、虎跑水。他们以前都没喝过的龙井茶、虎跑水，我就从这个茶水说起，然后讲到18棵御茶，再讲到龙井茶的来历。那么这样子，这个文章就通顺了，就不是一般的资料文章了。所以搞新闻工作的人，思想思路要和别人不一样。如果没有这样一个角度，就没意思了。光写资料性的东西，就没什么意思了。角度很重要，不一定从正面，可以从侧面，这样就有趣。原来《浙江日报》还有几篇好文章，比如王亮，原来中文系毕业的，文笔不错的，他写过有关绍兴三条街的报道，写得不错。

**问：章老师，新闻系停办以后你到哪里工作了？**

杭大新闻系停办了之后，有3个地方叫我选择。中央不是下放在杭大3个省级干部吗？叶克当时平反了之后要去省文联当主席，要带一个秘书去，江牧岳就把我推荐给了他，后来我就跟着叶克去了省文联，当秘书，他要培养我当作家。人物通讯我写得蛮好的，有人物，有情节的，这些东西呢，跟文学蛮接近的。所以我在省文联工作的时候，接触了很多作家。后来搞运动了，情况也就变化了。我跟巴金等众多作家关系很好的，他们来浙江，都是我接待的。我再讲个故事。

粉碎"四人帮"之后，巴金写了一本《十年一梦》，他就送了我一本。人家送书给我，我都是马上看的，看完之后，我就给他写了首诗，他看后哈哈大笑。他说，《十年一梦》这本书写的是"文革"期间被迫害。巴金在"文革"期间就是被迫害的，很苦的。这是事实。问题是，粉碎"四人帮"之后，像他这样的大人物呢，不应该老是围着个人的遭遇而斤斤计较，应该考虑到"文化大革命"对国家和对民族造成的灾难。不应该仅仅考虑到个人，你个人的话，就搞得自己受迫害，老是在那里发牢骚，写点回忆录。当然很多人都是说巴金好的，我个人的想法就是巴金不应该写的，没意思，你是大人物，是有影响力的，你不要老是围绕自己个人的迫害写,要写对国家对民族的灾难。你写这个,比你个人的东西有意义。个人呢,恩怨无所谓。我给他写了首诗:"美梦噩梦都是梦,醒来那是一场空。一年三百六十天,哪天不是在做梦?"巴金一直叫我"小鬼",讲我很聪明,很有见解,说我这个见解和别人不一样的,他很佩服的。他还说,我为什么不早点与他讲,如果早讲,他这本书也就不出了。当时,我就想:你没有给我这本书,我怎么知道你要写这个?又怎么给你评价呢?巴金还真是老糊涂了。

蔡义江是我们新闻系的,他来到我们新闻系就研究《红楼梦》。2013年他回杭州时,《钱江晚报》专门作了报道(编者注:《红学家蔡义江评价〈红楼梦〉姑娘 当女朋友都不合适》,《钱江晚报》,2013年3月22日)。他很喜欢喝老酒。江牧岳欣赏两个人嘛,一个是我,一个是蔡义江,他研究红楼梦的,我不研究的。我对他研究红楼梦的注解还有评价的,我就给他一句诗:"满纸频飞荒唐言,红楼看破哪有泪?"曹雪芹没有看破红楼,所以他有泪,有一把辛酸泪。有恩有怨,有盛有衰,有爱有恨,《红楼梦》无非是这些东西,看透了的话,还有什么辛酸泪,还有什么荒唐言呢?我这个看法跟其他红学家的观点都是不同的,没有一个红学家认同我的观点。

**问:章老师,你除了在文联工作,后来还去了什么地方?**

在省文联工作,就接待作家,那段时间是1962年到1964年,就两年时间,我们培养了好多作者,薛家柱等都是我们培养的,杭大中文系的吕洪年,经常来我家里,帮我抱过小孩。吕洪年是我帮忙调过来的,写文章也是我介绍的。平阳我有一大批老乡,包括省社会科学院院长啊,什么豆腐干的文章,要参加作家协会,也让我送给林淡秋看,也是通过我介绍参加作协的。这批小青年都是找我的。老的这一批,马骅、孙席珍等跟我差不多的。以后就搞运动了,毛主席那个批示嘛,什么裴多菲俱乐部、什么才子佳人,我们文艺界就搞整风啦。当时宣传部长金涛来文艺界搞整风,搞到一半就参加"四清"了。搞"四清"的时候,我在省委"四清"办的文教部,我们搞了两年多,"四清"回来之后就搞"文化大革命"了。

**问:那么你是哪一年离开省文联的呢?**

我在搞"文化大革命"的时候就离开省文联了,后来就去了公安厅,主要还是办刊物、批文件,还是搞新闻工作,编公安内参,向公安部、省委反映抽象性的东西。后来就去化工学校,在文二街,就是现在的工商大学。后来我就是从浙江工商大学退休。

**问:那么,章老师,你在化工学校做什么工作呢?**

我在化工学校搞行政,因为化学我又不懂的。

**问：章老师，你后面跟新闻工作渐行渐远了？**

原来在省文联的时候，还是接近的，联系联系作家，搞搞文章，在公安厅也至少搞搞文件，编编刊物，编编内参之类的，后来身体不好，还有其他原因，就不怎么搞了。到化工学校之后就基本不上班了。

**问：那么章老师，你为什么要离开省文联呢？**

"文化大革命"中，文化系统的革命比其他单位来得要早，还要猛烈一点，"文革"是从文化界开始的，文艺尖子抓起来了。我先去搞"四清"，我回来是很晚的了，我是 1966 年 8 月 29 日回来的，文联的"文化大革命"开始其实比 5 月 16 日还要早。5 月 16 日是"文革"全面开始。我当时在"四清"工作团，"5·16 通知"以后，我是从工作团派到县里去搞"文化大革命"的，当工作组的组长。毛主席从外地回到北京以后，我们变成反动路线了，我们工作组就都撤掉了，我就回来了。根据"5·16 通知"，我原来在慈溪搞"文化大革命"，搞文艺界的"文化大革命"，搞工作组的。我一贯比较右倾，在杭大读书也是业务干部。那时候，有 3 个组，一个负责教育系统的，主要搞重点中学、高校之类的；一个负责医院和卫生系统的；一个负责文化系统的，我就在这一组，因为我原来是省文联的，我是文化组组长。3 个组长中，我是右倾的。我们变成反动路线了嘛，左派就起来造反，把我们的笔记本啊什么的，都抄家抄掉了。这批人本来要斗我的，但是实际上并没有把事情做那么绝。我回到杭州以后，他们后来还来看我。但是运动还是要搞的，因为这是中央的命令，不执行不行。我在"四清"蹲点，这里批他们搞资本主义，那里送粮票、钞票给他们。"文化大革命"中，他们说我是"两面派"，白天批斗一个人，晚上给他送粮票。其实，他们是很可怜的，有的家里饭都没得吃，我就弄了张粮票、5 块钱给他们，表示一种态度嘛，这样子人家也不会对我有意见。那么人家老婆就会跟老公讲：章同志来过了，看我们锅盖，看我们米缸，米也没有，什么东西也没有，他看我们这么可怜，还送了张粮票给我们。开会我还是要批他们的，实际上我就是搞"两面派"的。我就是这么一个人。

文化局原来有工作组，工作组因反动路线都撤销后，群众把我选上去了。文化系统共有两种人，一种是学生，大学生毕业分配来的，都不是党员；一种是老的人，他们大多有政治历史问题，比如说在国民党搞过什么事情，不那么清白，清白的人不多的。我是清白的人，又是大学里出来的，年纪也很轻，又是老党员，又是搞工作组，搞领导的，有组织工作能力的。当时文化局、文联的党组领导都靠边了，让我出去当头头，把我选上来。"文革"中有两派，两派都要找我当头头。我就说，左派叫我当头头，我不去，右派叫我当头头，我也不去。我说,你们联合起来,我就可以当头头。后来周恩来总理接见我,问我浙江文化局有没有两派,我就说,我把他们联合起来了,联合起来之后,在联合兵团中我就当头头,就一个头头,后来人家又不服,说我有野心。总理听了笑了起来:"当头头也好嘛!有野心也不错嘛!"总理当场表扬了我。

"文革"期间在北京

我的经历蛮坎坷的。浙江"文化大革命"第一个文件"十条",是我代表浙江代表团成员,在总理接见我的时候签订的。这个文件是解决什么问题呢?把浙江军区司令员龙潜(原军管会主任)调到武汉,把南萍调到浙江来。这件事情现在看来是不对的。当时在解决这个问题的时候,总理找我谈这个事情。我们有13个代表,我是其中一个代表,我是机关干部。所以我那个时候还是不得了的。周恩来总理第一次接见我,是关于解决浙江问题——"十条"。参加接见的人是谁呢?那个时候"四人帮"还在上海,还没有到北京,是谭震林(副总理)等一起参加的,南京军区政委杜平也在。总理第二次接见我们,是解决浙江省委问题,就是哪些人可以出来工作,哪些人现在不出来工作,讲话时我们在京西宾馆。我们就一起讨论。以后就叫曹祥仁、赖可可、沈策等出来工作,江华先到北京养起来。陈伟达当时被总理批评了,浙大有些学生不同意,因为陈伟达当时兼浙大校长。所以我回来之后,也算是代表人物了。"文化大革命"时期我也是蛮风光的。当时我们新闻系这一级学生中,我是老大啊,第一个风光,第一个被总理接见,总理是表扬我的。我呢,就是一个好,讲话实事求是的,自己怎么想就怎么说,不考虑后果的,不像有些人,讲话说谎的。所以总理就讲我有野心,又讲我"两面派",总理都笑起来了。总理问我外面去不去搞的?我说我外面不去搞的,我死保着家里,家里管牢的,别人都叫我看门狗。总理就说,这个看门狗也很好嘛。所以总理表扬是表扬我这个东西。然后他问我这批作家怎么处理,我就说这批作家我们都没有处理,都养着。"战斗队,他们有没有填表格啊?"我说他们愿意参加我们这个战斗队,都算的,愿意参加就参加,不愿意参加就不参加。他们是自由的。这些东西,总理都是蛮佩服我的。

我回来之后,就成立革委会了。文化局、省文联不是砸烂了吗?那么就要成立革委会了。革委会有政工组等4大组,政工组下面有一个文艺办公室,分管文化局,我是文艺办公室的副主任,是革委会的干部,副厅级。所以我们这级同学中,我是第一个(当时是30多岁)当到副厅级。不过,这也为我以后因此犯错误埋下了伏笔。

自结合进革委会,矛盾就来了。省革委会中,张永生是革委会副主任,分管我们文艺,他要比我大,他是省革委会副主任啊,我是他下面的。我与他闹矛盾了。演样板戏、看内部电影,他批条子要票,我不给他的,我说:"新干部,革委会副主任怎么可以批条子要票的?"我说内部票都要登记的,不好乱来。你张永生是可以看的,其他人怎么可以顺带呢?他说你是什么新干部,比走资派还要厉害,我只要几张票。于是他就要搞我了。不过搞我也不是那么好搞的,因为我也是新干部,我那个时候还有个红帽子,总理也是表扬过我的,文字也蛮好的。我内部搞得很好,搞得很团结,我文化系统里18个团级单位,1800多人,我能够控制牢,所以我还是不错的。我那个时候也就30多岁,要把大家团结起来,也是不容易的。内部是有两派的,观点是不一样的,但是我要把大家协调好啊。

以后,张永生就派杭钢工宣队进驻文化系统来搞我。那个时候他没办法搞我,但是工人阶级,那个时候藤帽铁棍,厉害啊!他们不讲道理的啊!你没有看到过、没有接触过,杭钢藤帽铁棍出来,人家是要吓坏的。他们批我的反动观点,我那时反动观点蛮多的。那个时候不是有句话叫"造反有理"?我说你们对毛泽东思想的理解是错的,乱造反,有道理才好造反,没有理由的怎么能造反呢。无缘无故被大字报批斗,今天打倒这个,明天打倒那个,你要讲出道理来的啊,要有理由啊,造反有理啊!他们就说我反毛泽东思想,我当然有错啦。我这些不三不四的言论蛮多的,就被他们揪住。他们还骂我们是"臭老九",我就说,你们骂我们"臭老九"是反毛泽东思想的。他们就说这是毛泽东讲的,我就说你们错了。"臭老九"是怎么来的呢?清华大学有个"井冈山兵团",它有个报纸叫《井冈山报》,红卫兵在上面写文章,把知识分子放到黑九类的第九类,这是红卫兵骂人的话。毛泽东看了之后,哈哈大笑,说了一句:老九也不能走嘛——样板戏《智取威虎山》中的话。他实际的意思不是对知识分子看不起啊,他还是重视知识分子的。所以我说,你们根本不懂毛泽东思想,就在瞎说,你们才是反毛泽东思想。所以报纸很重要,有时候报纸也乱宣传,报纸上写的东西一定要准确。

整了我一半的时候,革委会知道了,军管会知道了。这没道理的,说我保江华,说我是谭震林干将。我说我怎么会是他的干将呢,总理接见我们,谭震林也参加的。我同谭震林又没什么接触的。工宣队轰了我一炮。革委会知道了,革委会把整我的这些人调回工宣队办学习班去,并做我工作,叫我正确对待。后面我头头也就不当了。我们机关都回干校,以后就去农村宣传队。回来之后,文办撤销,要恢复文化局,革命领导小组,安排我当核心小组成员(党组成员),革命领导小组副组长。当时,张永生还在那里的,讲我"二月逆流"想把我打倒,打嘛又打不倒,于是又想搞我,"三结合"的时候不给我结合。我也不愿意,文化系统我吃不消当了。唯一的办法呢,就是在公布名单之前,把我调离文化系统,把我调到人保组,调到公安机关。调离之后,他们宣布成立革命领导小组。我因为工作需要,调离单位,官是没有了,副厅级这顶帽儿没有了,但是我还是很高兴的。文化系统那边,一批老同志叫我不要走,明明是人家在搞你,你不要走。我讲我还是走,我是个小干部啊,吃不消啊,那么复杂的,我烦煞了,我不喜欢高级干部。什么当官不当官,工资又没得加的,苦么苦得要死。这种官好当的?我还是离开的好。后来林彪爆炸了,谭启龙来了,谭启龙的老婆到文化局当局长,文化局干部都解放了。张永生那个时候又要插手了。文化局的干部讲:张永生很难对付的,对付张永生有什么办法呢?原来有个新干部,叫章贤采,对付张永生的,现在让张永生调到人保组去。那么,谭启龙老婆打报告到省委。过去副厅级要省委常委讨论的,就给谭启龙讲,要求我回到文化系统去,还是老样子,当领导小组副组长。省委常委就讨论了,铁瑛知道了,他是分管公安机关的,他叫我小章。我当时在人保组当党委秘书,和他有接触,他们都不知道我原来在文化系统干过。因为我没说过,所以公安系统里没有一个人知道我以前是文办副主任,副厅级的。我当秘书蛮好的。秘书么,苦一些而已。他们不同意,不同意我回去。人保组要撤销,公安机关又要找人,那么就把我留在公安厅了。把我留在公安厅,公安厅里造反派闹起来了:他又不是公安厅的群众组织,他也不是老干部,怎么到我们公安厅来结合呢?我到公安厅里来结合,公安厅里就要少一个人当官了。他们东弄西弄,也没有结果,我是省委决定的啊。他们也没有办法。

烦煞了！你不知道啊,"文化大革命"中当干部没意思啊。我说我到农村搞调查去,我专门到农村去调查了一年,待在机关里烦煞了。回来之后"四人帮"就粉碎了,我们结合在公安厅的新干部,通通被审查了,"文化大革命"的新干部都被审查了。我讲讲两次结合了,在文化局结合了,在公安厅结合了,都是厅一级的。查来查去的,有错误,什么花头? 头头是当过的,职务是蛮高的,却没啥事情,这样就把我的职务拿掉。新干部、结合的干部统统去劳改。粉碎"四人帮"之后,我们厅一级的新干部 21 个人,除两三个人外,其他人都是通通被开除党籍的。我是保留党籍的,就调到化工学校当办公室主任,保留科级干部的待遇。所以我的经历是蛮坎坷的。

**问:那么章老师,你是离休的吗?**

我不是离休的,离离休只差几个月,我是 1950 年参加工作的。

**问:你在平阳参加工作之前,你是干什么的呢?**

在去《平阳报》之前,在平阳最大的酒厂同春酱园里当学徒。解放以后就去平阳县委,平阳县委成立了以后把我送到"革大"去读书,"华东革大"浙江分校,在临安,读了 9 个月,还是留在省委宣传部。那个时候年纪小,只有 16 岁啊,普通话不会讲的。留在省委宣传部,一个人留下,我不肯。我也算是个小孩子,其他人毕业之后都走了,我算是被挑来的。但是我不肯,我要回去。他们不肯放人,有人就教我一个办法:不吃饭。实际上我也不是不吃饭,我晚上不去食堂,有人偷偷把馒头啊菜啊带给我。这样子闹情绪之后,他们就找我谈话了。"革大"他们不管的,因为分配工作是省里组织部来挑人的,宣传部的人就来问我为什么不愿意。我就实事求是地跟他们讲,一来我年纪小,普通话又不会讲,省里工作我吃不消,我还是回到县里面去。他们就笑了说,好的好的,就让我回去了。那个时候年纪小,不懂什么领导,什么干部。我讲的全是实话,我很直的啊。没其他理由,就是说胜任不了。

(何扬鸣)

# 范育华：做平凡人干平凡事

范育华，1953 考入杭州师范学校，1955 年进《杭州日报》工作，1958 年进杭州大学新闻系学习，1960 年毕业后仍回《杭州日报》工作，并一直负责科教部的采编工作，直到退休。范育华曾任第三届杭州市政协委员。

**问：请你先简单地介绍一下自己，好吗？**

我这个人蛮简单的，考虑问题简单，处事简单，生活也简单。先和你们讲一下我简单的经历。1955 年，我从杭州师范毕业进入《杭州日报》工作，那时候《杭州日报》刚刚筹备，我进入其中工作以后就从一而终了，从家门到学校门再到机关门，那时候《杭州日报》还是机关单位，受宣传部管辖。

我一生被采访过两次。当时电视台来采访我，我把门关了，对方在门外等了 20 分钟，我说真的没什么好采访的，就拒绝了。第二次是我们报社搞的金婚活动，报社搞了一个版，当时副总编说范老师你还是讲讲吧，我就接受了小记者的采访，但最后稿子出来有点问题，所以对接受采访有顾虑。

**问：请你谈谈当时杭州大学新闻系创办的情况。**

1958 年，在浙江师范学院的基础上创办了杭州大学，师范学院是师范类的，杭州大学是综合性的大学，综合性以后办起了新闻系。我觉得那个时候办新闻系非常需要。

杭州市是 1949 年 5 月 3 日解放的，《浙江日报》在接受了东南日报社的设备后于 5 月 9 日创办。当时杭州报纸很多，民营的也很多，都叫它们去登记。登记以后，当时杭州市批准了两家报纸，一家是《当代日报》，一家是《工商报》。《当代日报》的总编叫李士俊，是个地下党员，该报里面有 6 个党员，他写申请的时候估计将其报告上去了，所以批下来了，当时申请时挂的是工商联名头来办报。《工商报》办报的人大概是解放后对政府移交有功，但是办了一段时间办不下去了。我们市委没有机关报,市里面从 1953 年开始办报,1955 年 5 月 30 日《当代日报》停刊,《杭州日报》接受了它的设备,人员选了一部分留下来,11 月份创刊。等到 1958 年的时候,报纸已经很多了,就好像雨后春笋一般。地区报很多,县里面都有,党报很多很多。党报里面呢,人员基本是工人里面会稍微动动笔杆子的通讯员,真正科班出身的很少,真正学过新闻理论、受过系统教育的非常少,县报就更不用说了。像我们报社就 2 个人正儿八经科班的,一个是南京中央大学的,一个是复旦大学的,复旦大学那个是读了 2 年后就去参干了。所以当时杭大成立新闻系我觉得是需要的,你看县里地市报雨后春笋来了,这方面是有需求。再一个像我这样向往在新闻战线里好好干的人,有机会圆大学梦。我是杭师毕业的,当时保送去考浙江师范学院,结果没考取感到很遗憾;分到《杭州日报》后,1956 年国家号召机关干部考大学,当时有 4 个高中学历的人申请,批准 2 个,领导说你安心工作,不批准去读大学,以后有机会你再去读。当时批准的 2 个,一个考进上海同济大学,一个没考取。所以,当时杭大办新闻系对我而言是非常需要的,领导问我要不要去,我说太好了要去读。杭大新闻系就是在地市报纸大量发展的背景下创办的,顺应时代,在单位需求和个人需求下应运而生。

从当时大学的生源来看,一般是要考试的,但我们新闻系是保送的。我的想法是,报纸是党的喉舌和工具,所以对人的要求比较高,特别是政治方面的要求,所以我们第一届同学 90％是共产党员,那些同学都有相当的阅历和工作经验,有的原来就是区委书记(比如徐达会,温岭人,当时是总支副书记),有个同学当过志愿军,叫金崇柳,这个人一到冬天就一件军大袍,写了长篇小说,还找我们校长林淡秋提意见,校长还真给他看;还有一个叫仇德盛,晚了两天来,是我们小组讨论的时候来,穿的是水兵的迷彩服,后来成为《温州日报》的总编。郑梦熊也来过的,后来一会儿就走了,是《浙江青年报》保送来的,后来可能单位需要又把他调回去了,换了一个吴绍荣,江西景德镇人。所以我感觉那帮同学都蛮了不起的,大多数很有来历,而我就是一个很一般的同学,是高中过来的。

我们那时候一共两个排,有排长,排里面再分班。我们班一共 3 个女的,一个是桐乡的党员,她丈夫是省级机关事务管理局的局长,后来到省委组织部;一个是文工团出来的,新登的;再一个就是我。当我们坐下来讨论的时候,同学们都一套套的,真当是很不错的,我是系里最小的,他们都是大哥哥大姐姐。

与同学游览西湖

我们的生源基本由报社人员或者是准备去报社的人员构成,我们的系主任是江牧岳(《浙江日报》总编),后来是高光(《浙江日报》副总编),所以这样一个新闻系和其他学校的新闻系是不一样的。我认为当时的新闻系办得是对的。这些学生后来回去都很不错,像仇德胜当《温州日报》总编,我们排长朱林后来当《浙江工人报》的副总编等等,这些人无非是新闻理论、文学理论不是很好,而实践经历是很丰富的。有人觉得当时新闻系挺可怜,我觉得是蛮好的。

**问:当时学校的政治空气怎么样?**

1958年,反右刚刚结束,我当时背着铺盖进女生宿舍报到,到楼梯口时碰到有学生在擦扶梯,我一看是我的小学同学,她叫黄惠罗,我和她打招呼。她问我怎么在这,我说我来读书呀,她说:"哎!你不要跟我讲话!"我问她怎么回事,她说:"我被划为右派了。"我当时挺奇怪的,后来一想也合理,我1957年、1958年跑文教线的时候,在学校里经常看到大字报贴来贴去,我们报社也把浙大、农大教授请到莫干山开座谈会,请他们鸣放。所以政治运动中学校是一个重要场所。我们进学校以后,政治活动也不少,但是没有像反右那么紧。我们一进去就大炼钢铁,弄小高炉,去捡废铜烂铁,还有在校园边边角角种菜,我们系种黄瓜和番茄,也不是经济困难。后来,批来批去的东西也有,有一次好像排长观点不正确,走上去批,不过都是他们党员发言,我也没有怎么参与,我也不知道批来批去批什么东西,就是一种批评精神吧。我也被批评过,起因忘了。我在西湖公社办报的时候,有一次叫我们4个人去开会,开会的时候要批我,我说批我干嘛,他们说你怎么不听区委书记的话,因为我是跑工业的,我说听徐书记的话干嘛要批评我,徐书记也是书记,张书记也是书记。他们就说张书记大,他是管我们的,你就是要听张书记的。所以这种批来批去也挺可笑的,不知道批什么东西。我说就随你们批,无所谓的,你们3个是共产党员么,我就讲一条,你们共产党员做到的东西我肯定做得到。其实,心里想的是我发的稿子比你们多了,我写的东西比你们多啊,捐的粮票布票也比你们多了。当时批来批去好像也不是什么运动,但确实挺多的。

**问:请问当时新闻系教学情况怎么样？**

我觉得当时读书还是读的,杭大新闻系算小系,中文系力量很强大,有名的教授很多,我都去采访过的,当时他们都叫我小鬼。数学系也很好的,陈建功、徐瑞云等等。新闻系排不上,教授没一个的,但是我们上中文这方面课的时候都请中文系的老师上,我们跑校本部(现在天目山路那里)和中文系的同学一起上课,我有些杭师和小学同学在那里。我们语法课请的是北京朱德熙,他讲语法很不错,政治课也不错的。新闻业务课方面,师资比较弱,开始就一个讲师叫朱振华,这个人很有学问,在复旦时候就是个老讲师,来我们这里讲编辑,后来北京的孟华来了也讲编辑。助教就是华祝考、丁沂(女)、赵贯东等等。我觉得这些老师非常敬业,助教有些比我们学生年纪小,像丁沂老师从复旦大学来,她原来在《杭州日报》实习的,当时她看到我说:"哎,范育华你在我们这里读书啊!"我说:"哎,丁老师!"她说:"我原来在你们《杭州日报》实习咧!"所以那个时候我们师生关系挺好的。我们有的学生工资比老师高多了,那个时候有的老师还不是党员,我们这里区委书记啊什么的党员很多。但是这些老师非常敬业,我觉得他们上的课很好,新闻系是实践性很强的学科,你说那些考试 100 分的人,也不一定能当好记者,只要他们能够把基本的 ABC 教好、加上中文系的文化部分就好。我自己觉得读不读书是不一样的。我回到报社后,同事就说:"哦哟,范育华你去读了来是不错的。"所以我对那 2 年是很有感情的,觉得好像没有亏,虽然没有很有名的老师,但是这些老师都是和我们打成一片,上课要求我们写文章然后帮我们分析。

新闻系最让我难忘的就是很重视实践实习,当时实习很多到各个地区如嘉兴、宁波等等。我实习去过 3 次,一般同学去过 2 次。我一次是去《宁波大众》,一次是在《宁波报》实习,这两次我觉得还是蛮有收获的。实习的指导老师都是很好的,我在《宁波报》工商组实习的时候,组长姓石,带我的老师姓戴,非常非常好。戴老师晚上叫我一起去江东区采访,我骑个自行车翻桥过去,上面有个坡我就拼命骑,戴老师就在后面喊停下来停下来,我问他为什么,他说这个桥是浮桥,不是你骑的桥啊!后来又带我去九峰纱厂实习,当时住在那里,采访报道写了好几篇,其中有 2 篇《浙江日报》转载了。有一篇是采访了一个女工,然后用日记的形式写出来,《浙江日报》转载了,我们组长很高兴,给我插了个红旗。

1960 年 5 月在《宁波报》实习时与该报工业组同志合影

1960 年前后,全国大搞人民公社化,一大二公。杭州西湖区变成西湖人民公社,时任省公安厅长的王芳同志任公社第一书记。当时公社要办一张报纸,4 开小报,报名为《西湖简报》。办报任务交给杭大新闻系,系里派 4 名学生办报,章采贤任组长,我是组员之一。

以前几次实习都是安排在市县报社,有老记者带教,有领导把关。这次实习是"菜鸟"当家,定点子、采访、编辑、校对都由我们自己搞定,最后由分管宣传的副书记审定签发。这种全方位的实习使我受益匪浅,有些事终生难忘,比如省市领导活动,在报社都派资深的政法记者前往,实习生沾不到边,而在西湖公社,廖化当先锋,我们上阵了。有一次,王芳同志来公社,我接受采访任务,跟在领导身边忙前忙后。王芳同志和蔼可亲,不时和我这个小记者聊几句。他问我叫什么名字,我回答了,还解释了一下:"模范的范,教育的育,中华的华。"王芳同志笑着说:"育华,你好大的口气呀!"说得我怪不好意思的。

石蓬亭边有一家西湖香料厂,小厂志高,从花卉中提炼香精制成香水。我得到信息后马上赶去采访,写了一则消息,标题为"西湖香水问世压巴黎"。这条消息加框登在一版上,我看了蛮得意的,有点沾沾自喜。谁料,公社赵书记(即市委组织部赵部长)把我叫去,他指着报纸上这条消息,严肃地说:"西湖香水压巴黎,谁给的评价?这种评价不是你自己说说的……"经他一说,我有点紧张了。是呀,课堂上老师不是教导我们"新闻要真实、准确",怎么写稿时忘记了?赵书记见状,安慰我说:"以后注意就行了,要懂得分寸。不过你这条消息写得不错,很有文采。"多好的领导,我至今还记着。这件事还说明这个领导在大跃进的时代背景下头脑很清醒。

在西湖公社期间,我们跑街道,跑工厂,跑学校,跑茶园(龙井、梅家坞、梵村、翁家山等茶区,我都去转过),亲近了农民,身上多了一点泥巴味。一次,我在龙井大队采访,住在支书老高家里,晚饭后他陪我到村里转转。天上月亮很圆,老高挺风趣的,说作家峻青也来过龙井,自己也陪他月夜在村子里散步,后来峻青写出散文"狮峰月下",文章中的龙井大队真美啊。"你这次采访写什么?"说实在的,我这个实习生能写条新闻就不错了。

第二天,我准备去梅家坞,心里想好去乘公交车,可老高说,这么走费时又费钱,你翻十里琅珰过去,山那边就是梅家坞。没办法,我硬着头皮,独自翻琅珰岭,一个人沿着两边茅草的山路,走呀走,走了两小时,终于到了梅家坞。在那里采访了妇女主任陈午云、采茶能手沈顺招,并交上朋友。后来,沈顺招和我都当上第三届杭州市政协委员,会场上相逢时特别亲热,她还拿出龙井新茶让我品茗。

在《西湖简报》实习的同学

回想起来,在西湖公社实习,是我们独当一面工作,培养了工作能力,新闻业务水平也有提高。当时管我这条线的徐书记,对我很好,有什么东西就叫上我跟他走。后来到毕业的时候,张书记一定要我留下来,我们《杭州日报》在西湖区有个记者站,他要用科长和报社调,我吓死了拼命赶回报社里。

总的来讲,新闻系重视实践这点是很不错的。体育锻炼方面也搞的。当时,学校正在模仿苏联的"劳动卫国制"(目的为增强体质,保家卫国。根据不同的标准,分设一级"劳卫制"证章和二级"劳卫制"证章)全系的同学都要求达标,要冲二级,每天练。有些同

学要练长跑,长跑不行要练负重。这就是我在新闻系学习得到的这一证章。

**问：你们同学毕业后的去向怎么样？**

我们学生有一批是去省级机关,如省委宣传部、组织部等,有一批是留校,比如金苗新,这个老大哥真的很不错的,我记得我有一次慢性阑尾炎发作,他在办黑板报,他一看我不行就马上打电话给校本部派车,你看这同学多老练！他们这些人毕业以后到人大进修然后再回来。大多数同学都是哪里来回哪里去,一部分依旧办报纸,还有一部分当干部去了,比如民政局局长,党校校长,宣传部部长,有的去法院当法官庭长等等,真正留在报社办报写稿的不是很多,像我、朱林、仇德盛（《温州日报》总编）、柳洪芳（温州电视台副台长）等。这些同学毕业以后去向都很不错的,有一次我去玉环采访,有个党校校长来看我；去温岭采访,一下长途车就看到徐达会在找我,基本到每个地方都能够遇到老校友,挺好的。

我1960年回报社后,我们报社又派了2个人过去学习,当时杭州一共派了3个人,另外一个是电视台的,这批人最后都不能回到原单位,好像国家有收缩政策,我们《杭州日报》大报变小报了,对开变四开了,人员减少了,县报撤销的很多,可能和经济困难有关,整个报界都收缩。他们3个人中一个到西湖文化馆,电视台的到了农科院,还有一个他们那届的支部书记章锦钰,是我们报社派出去的,他是工人出身,后来到丝绸公司,丝绸公司派他到香港去,之后私人做生意做得很大,现在是香港杭州同乡会的常务副会长,是香港浙江大学同学会会长,他说浙大校长一年总要到他们这里来一次。

我个人觉得新闻系的开头是好的,虽然困难,但是西南联大时候更困难,问题是好的师资,还有就是学生要学。当时我们对新闻工作就是情有独钟,真的是非常热爱。我们现在退休下来就有一个采编联络组,有一次搞一个调查,问我们一生中最幸运的是什么,我填的是一辈子干的是自己喜欢的工作。《浙江老年报》让我去,我就过去了,从60岁退休做到70岁。70岁以后不做了,我要留点时间给自己。

（何扬鸣）

# 朱林:熟悉工业界的专家型记者

朱林,1950 年进浙江干校学习,1953 年任
鄞县大嵩区委秘书,1954 年在《浙江日报》宁
波记者站当记者,1956 年在《浙江日报》总编
办公室工作,1958 年进杭州大学新闻系学习,
1960 年毕业后仍回《浙江日报》工作,1983 年
调《浙江工人报》任副总编辑。

**问:朱老师,首先请你谈谈你的经历,比如进新闻系之前,你是从事什么工作的?**

那我把经历讲一下,我是这样子的,为什么我要去读新闻系呢?当时是我
自己要求的。为什么要读新闻系呢?因为过去读书没有好好读,1954 年到报
社,到《浙江日报》。在这之前,开始的时候,我在上海,我爸爸在我 3 岁的时候
去了新加坡,后来呢,日本鬼子打进来了。那个时候,我家里很困难。读小学
的时候,在上海,宿舍对面有一个很好的学校,很贵,读不起。读一个义务小
学——四明义务小学,师资比较差,没人愿意来读。我爸爸走了之后,靠我大
哥哥打工来维持生活,大哥哥在南京当店员,在五金店,就是卖建筑材料的五
金店,当会计的。当时南京的生活水平比上海低,大米比上海便宜,于是叫我
们一起去南京生活。去了南京之后,我考进了南京第二中学,这个学校是比较
有名的,在当时的中央大学旁边。中央大学,现在改为金陵大学,那时我的学
校就在旁边。当时,动乱啊,后来就是解放战争,一步步逼近南京,南京人人心
惶惶,学校里也是反战啊,时不时游行、停课,又没有好好读书。后来解放战争
打到南京,过长江的时候,大家都逃难,我们也逃到家乡来。我老家是宁波的。
一开始到家乡,家里还是很困难,什么也没有,我就到一个卖纸的地方工作。
解放之后,我当了一个学期的小学老师。当小学老师呢,不安心。我家乡当时
是属于宁波慈溪县,文教科的同志了解我的情况之后,送我去培训。那个时候

是 1950 年，要搞土地改革，要招一批知识青年去培训，搞土改。当时在杭州上天竺灵隐办了一个浙江干校，现在就是省委党校，当时叫浙江干校。我在干校培训以后分配到鄞县（现宁波鄞州区），联系搞土改。土改搞了两年，留下来当大嵩区委秘书。当区委秘书的时候，经常要写总结报告。写总结报告积极性很高，那时报纸威信很高的，宁波就有个《宁波大众》报。那时写个小稿子，投到《宁波大众》报，有时候登出来，一块小豆腐干，也很高兴。

在浙江日报宁波记者站与同事李山合影

一直到 1954 年，《浙江日报》要人了。《浙江日报》在每个地区都要搞记者站，一个记者站配两个人。宁波记者站要两个人，宁波市要一个，宁波地委要一个。我是属于宁波地委的，宁波地区的。当时有几个条件，第一要是共产党员，当时报纸威信很高，记者地位也很高，记者要参加宁波地委常委会的，一定要党员；第二文化程度要高中，当时没有大学生，大学生很少的，高中已经很好了；第三要年轻，要 25 岁以下。宁波地委选来选去，说在鄞县找一个，鄞县选来选去，说让我去。我是党员，1954 年 5 月份入党的，又年轻，当时 22 岁或 23 岁的样子，又是高中学历。我在南京读到高中二年级上学期。虽然登块小豆腐块是可以的，但是真要当记者，真的要参加地委会议什么的还是比较吃力的。

在《浙江日报》宁波记者站工作了一年多，不到两年，就去了《浙江日报》总编办公室写内参，每天出一期，叫"每日情况"，叫我具体编，由办公室主任审稿。当时我还小，名字也还不是这个名字，不叫朱林，叫朱智裕。后来我说改名字，不要这个名字了，因为觉得有点自吹自擂，既智慧又富裕，我妈妈姓林，我爸爸姓朱，所以就改成朱林。

1958 年大跃进。我听说杭州大学要办新闻系。我当时跟一个叫于光的副总编到嘉兴去采访。第一任系主任叫江牧岳，第二任系主任叫于光，山东人。

与浙江时报工商组同事合影。背景
为老浙江日报大门。

与浙江日报工交财贸组同事在杭州
竹竿巷 77 号小洋楼前合影

**问：朱老师，有不少人讲到于光，都没有介绍，你能不能说说他？**

于光是《浙江日报》的副总编辑。我当时跟着他采访，他为什么后来到了杭大新闻系呢？也有个故事。这个之后讲。

当时刚好大跃进，大办钢铁。在长兴，到处是理钢铁啊，拆钢铁啊。县委书记叫我们去看，什么时候出矿了，我们就一道去看。于光就基本住在湖州招待所，每天上午，一个劳动模范到他那里，接受采访。一次要采访夏阿奇，他是劳动模范，上午约好的，在那个招待所，然后采访。我就在于光旁边。了解到杭大要办新闻系，我就跟于光讲，我要读书。我跟他说，以前没有好好读过书，小学没好好读，到了中学的时候时局又比较乱，当时南京第二中学在中央大学旁边，受其影响很大的。到报社之后我感到很吃力，我想去新闻系读书。我提出要求后，于光就帮我去讲了，说朱林想去读书去，就同意了。那个时候读书的条件是很好的，带职带薪，我还是《浙江日报》的干部，拿《浙江日报》的工资，有和其他大学生不一样的待遇。当时分配名额，省委很重视的。当时省委宣传部部长陈冰，也是搞报纸出身的，和我们的总编辑于冠西一起从山东《大众日报》出来的，后来在部队里面搞新闻工作。办新闻系，名额分配下去，一个县来一个，一个报社来一个。当时《浙江日报》就我一个人。名册里面第一个不是郑梦熊吗？他当时是《浙江青年报》的一个编委，不是《浙江日报》的。当时，《浙江日报》、《浙江农民报》、《浙江青年报》都是有名额的，各地区报纸，如《宁波大众》报，也都是有名额的。要去新闻系读书的人，要求也很高，大部分是党员。当时新闻系对政治的要求是蛮高的。

浙江日报中层以上干部合影

与浙江日报公交财贸组同事合影

**问：朱老师，第一届新闻系的同学除了你以外，其他同学是正常考试进来的呢，还是保送进来的？**

全部是保送进来的，1957 年的时候有没有统一高考的，我是不大清楚了。反正我们全部是带职的，带工资的，全部是保送的。

**问：1958 届的，一共有多少新闻系学生？**

最后毕业的时候，我记得我去办离校手续的时候，一共大概有 71 个人，郑梦熊不在里面，他去新闻系大概只有一个星期，他就回去了，具体什么原因，我不是很清楚。他离校手续没有办，所以毕业照里也没有他。其他同学年纪很轻，一直学习到毕业。

我昨天看了一下毕业照片，黑白的。照片上，我写着："1958 年秋至 1960 年夏，本人带职带薪，到杭州大学新闻系学习两年，取得大专毕业文凭。"当时是两年专科，这是全系同学毕业留影，第三排右一人为本人，是全系同学学习班的班长，第二排右一人是徐达会，是全系同学学习班的支部书记，当时他是第一把手，我是第二把手。徐达会是支部书记，后来在台州地委当宣传部副部长，现在已经过世了。我今年 84 岁了，他年纪比我大。第一排右七人是江牧岳，杭大副校长兼新闻系主任；第八人是丁毅，是复旦大学来的助教，最早的助教；第九人是洪晨洋，是总支委员；第十人是李文放，是新闻系副主任；第十一人是朱德熙，我对他印象很深，北大教授，全国有名的。在当时新闻系的师资力量还比较弱。

**问：那时分成几个班呢？**

开始的时候分两个班，两个支部。第二年的时候，我是第二班的班长，第一班的班长好像是姓高的，高正生。一年下来之后，说是取消两个班的设置了，并成一个班，一个支部，当时选举，叫我当班长。高正生不当班长了，徐达会么，还是总支书记，为什么合并，我也不知道什么具体原因。

我们几个在杭州的同学，一直有联系的，联系的话，就大家一起聚会。全省各地的同学聚会的话，精力太大。杭州同学呢，过去都是一年会两次面。在杭州的一共有十五六个同学。我们一年会两次面，都是由我来组织的。并约定这次是谁两个人做东，下次是谁两个人做东。半年一次，后来呢，一年一次。从去年开始停下来了，大家都 80 多岁了，有些人走不动了，有些人耳朵不好，有些人眼睛不好。

**问：朱老师，你是班长，那你对班里的情况是比较了解的。请你谈谈当时班级里学生的大致来源有哪些？**

学生来源呢，大概有十二三个是报社的，原来就搞新闻工作的，搞记者编辑的，当时报社少，省一级有报纸，地区一级有报纸，县里面没有的。现在县里面有报纸了。另外都是其他单位的，基层干部啊，小学老师啊，当时老师蛮多的。都要有文化的，没文化的读不了新闻系，对文化程度还是有要求的。其他就来自文化馆。

**问：朱老师，当时女同学多不多？**

女同学也不少，当时《杭州日报》的范育华，她最小，当时她不是党员。女同学有 20 来个吧。

**问：那时候同学们的业余生活丰富吗？**

我想想是不大丰富的，当时主要搞政治。我当时去学校报到，系里都没什么人的。大跃进，要大干快上，说办就办。学生都来报到了，我印象最深的系总支委员，管学生思想，管学生生活的，就是洪晨洋，具体负责管管资料什么的。老师呢，好像当时还没有的。系是办起来了，老师还没有的，大概过了一段时间以后，来了一个讲师、三四个助教。这个讲师，是从复旦大学来的。当时向复旦大学要人，复旦大学新闻系质量是比较好的。复旦大学好像也不是很愿意，只派来了个讲师，这个讲师是属于埋头搞业务的，有些东西是不大关心的。他是个很大年纪都没有成家的老讲师，好像在解放之前也是搞新闻系的。另外助教呢，就是丁毅、华祝考等等，刚刚大学毕业没多少时间的。所以一开学没什么人的，那我们干什么呢？就让我们去挑铁矿石，就在杭大校园里面大炼钢铁，而且不是一个系搞，我们一个系当然也是搞不起来的，很多系一起搞，就分配我们挑铁矿石，去船码头挑到学校，那个船码头好像就是在保俶路旁边那条河。全民大办钢铁，就算是大专院校也不能例外，杭大也搞，设计的有人设计，把炼钢炉搞起来。

**问：大概在学校哪个范围呢？**

好像把跑道都占据了，在体育场，别的地方都有房子的，就在空地上搞。当时，炼钢压倒一切，操场还算什么？炉子蛮小的，高也不高。当时有的人搬砖头，我们呢，就搬铁矿石，女同学也参加，挑不动就两个人抬，抬少一点。不会强迫你的，吃不消么少抬一点。大学生困难时期还是有被照顾的，困难时期国家还会分配粮食，大学基本上还是保证基本需求的。因为大学是培养人才的嘛。

问：朱老师你有没有组织同学搞过活动？

游山玩水是有的，照片也是有的。支部委员去风景地区玩一玩，因为有些同学是外地来的，杭州没来过，全省各地嘛，有些是山沟沟里来的，那么我就陪他们一起去玩玩。其他活动倒是不大搞的，没有像现在活动那么丰富多彩，现在的活动丰富啊。

问：你对当时上课的印象深刻吗？

怎么讲呢？新闻系办是办起来了，但是老师很少，开不了多少课，这个情况大概持续了蛮长一段时间，大家就大炼钢铁，搞了

学生党支部成员在活动

几个月，后面才开了点课。印象最深的是第二阶段。就是江牧岳当了系主任以后，李文放是个女的，当了系副主任，那么李文放是哪里来的呢，刚刚集体照里有一张，是《中国青年报》的编委，是从北京来的，在北京有关系，所以把朱德熙，那个北大的教授，全国有名的语法教授，请过来。请了朱德熙等老师，放暑假的时候（假期他们跑得出来），给我们一起上课。我印象很深，就是他给我们上语法修辞，我们新闻记者，语法表达要准确，文字修养要好。另外就是请杭大中文系的老师来给我们上课，中文系有很多好的教授。林淡秋来给我们上课，讲一个故事，从开头，一节课45分钟，到下课的时候，故事刚刚好结束。每次一到点就下课，讲课很生动，同学们都意犹未尽，老师水平是高。朱德熙给我们上课的印象也很深，每天上午来，一本书一挟。

问：你们读书的时候有没有实习过？

我们一共实习了两次，所以这里有两张实习的照片。一次呢，是叫我带了四五个同学，到《临安报》去学习。《临安报》的总编辑也是以前《浙江日报》调过去的，我是认识的，叫丁子斌。去了之后，一般都是有指导老师带去的，我们呢，没有指导老师带去的，就我们几个人去了。总编辑见到我，就跟我说，哎呀，你来了之后，你就自己带他们搞。于是，我们几个人就跑到临安青山水库，当时这个水库刚刚在挖，叫我们去采访。我们几个学生就去了，写了稿子就登在《临安报》上。我们写好后，好像也没怎么改就登出来了。去《宁波大众》报要好一点，总编办公室给我们介绍情况，学习他们总编办公室怎么拼版面什么的，要好一点。

在新闻系学习期间曾两次去处地实习，这是实习同学在办公室、乡间合影。

**问：你对新闻系怎么评价？**

总的来说，在杭大新闻系学习了两年，进了大学门，是过去梦寐以求的。想读大学，过去没有条件，现在给我们这么好的条件，省委也很重视，给我们读书。我们也学了一点东西，但是对新闻印象不深，为什么呢，开课开的不多，当时老师也少，学了文史知识，学了语法修辞，也学了一些怎么写评论，也是很好的。总的感觉，新闻系要办，办的质量要好，要越办越好。

为什么要办呢？我自己当时的想法是想进大学读书，后来，两年结束之后，大家基本上回到原单位，学校也留了不少人，因为当时新闻系新办起来，没什么人，调人也比较困难。新闻系要我留下来的话，就要征求本单位的同意。《浙江日报》让我回去，那么新闻系也没办法的，我也只能回去。支部书记徐达会当时也是留下的，后来呢，大概内部搞得不愉快吧，他就去台州地委宣传部去了。同学在新闻系留下了将近 10 个人，一直到江牧岳走了之后，于光来了以后，好多人送去人大新闻系培训，人大新闻系他们也去了两年。

**问：1978 年的新闻班是怎么回事情？**

新闻专科班实际上是 1978 年浙江日报社办的，不是杭大办的。浙江日报社为什么这么迫切要办一个新闻班呢？因为报社很多人出了问题，人手很紧张。像我们工交财贸组组长出问题了，"文革"时到上面去找张永生攀关系，要直接提干、入党什么的。下面也有很多人出问题，不搞业务，一天到晚乱搞啊。报社当时要求是很纯洁的，这些犯了错误的人是不好留在报社，有的就被清理回家了，有的就被调走了，有的参加学习班。我们那个组长，一开始还被开除党籍，后来恢复党籍，去印刷厂做工人了。一批人呢，出问题了，一批人呢，要搞运动，当时杜加星，"文化大革命"当中是比较正确的。"文化大革命"中有两派，一个是保守派，一个是造反派，杜加星是保守派中红卫兵的司令，所以他是正确路线，之后升得很快。

我当时是工交财贸组副组长，支部书记，要挑重担。当时我就到湖州去，让他们把好的通讯员的名单给我，我来审查，挑几个；到绍兴去，好的通讯员，政治上、业务上都好的，挑几个；宁波我也去挑了几个。把他们召集到《浙江日报》办通讯员学习班，名义上是通讯员学习班，实际上是找人办报。当时，一是人手少，一是工作很紧张。为什么呢？当时省委直接抓《浙江日报》的工作，粉碎"四人帮"之后，每天要上头条。当时杭州8个大厂，如杭钢、浙麻、杭氧、齿轮箱厂、杭一棉、杭二棉、华丰等。邓小平出来之后，要抓生产，省委就要抓这8个厂。我们组的任务，每天要报道它们，要上头条。

与浙江日报工交财贸组同事合影

我记得那天还是礼拜天。当时来了两辆车，说："叫朱林马上带两个人到报社。"午饭吃好，我就立马赶过去。《浙江日报》最初不在体育场路，在竹竿巷。体育场的房子是师范学院因停课闹革命空着，报社借用的，借用借用就一直借着。复课之后，我们按规定是要退出的。当时省委就把钱给杭大，又另划地皮给杭大，这个事情就由省委解决了，否则的话，《浙江日报》没地方了，因为《浙江日报》在竹竿巷的地方已被广播电视厅占用了。当时我带了丁奎年、戈学清两个人，两辆小汽车把我们接到报社。到了报社以后，总编辑厉德馨对我说："走，马上走。"杭二棉是8大厂之一，省委点名第二天要头条。厉德馨带着我们，两部车到了杭二棉。当时杭二棉工作组组长是省手工业局的局长，我们马上谈情况，谈了一两个钟头，谈完情况，我们4个人就写稿子。厉德馨讲一句,我讲一句,另一个人笔记写下来,写完之后,旁边一个人马上抄好。抄好之后,吃了个晚饭。吃完晚饭,我们立马到北山路84号陈冰家里。省委常委、省委书记都住在北山路84号。陈冰住在小别墅,在楼上看完稿子。我和厉德馨立马赶回报社,版面已经预留出来了,第二天登报。厉德馨就是后来的杭州市委书记。我对他印象蛮好的,魄力很大的,粉碎"四人帮"之后,他来领导报社,他原来是省委办公厅副主任,能力很强。

当时我们组,每个厂要派一个人,24小时在厂里。8个大厂,每天晚上要开会,汇报情况,明天谁上,谁写稿子。每天一个头条,所以当时,人手很紧张,任务又很艰巨。只能从下面调通讯员上来。当时报社各个组都存在着这种情况。所以要办新闻班。

当时新闻班就办在浙江日报社里,负责人叫谷云冰。这里写的还是跟杭大合办的。这我不太清楚,反正我知道的是一开始是浙江日报社办的。新闻班招了40个人,今天不少一、二把手都是从这个班里出来的,现在的浙江日报社社长高海浩也是从这个班里出来的,第二把手,总编辑李丹,也是这个班里出来的。我们当时都去那个班里讲课,各组的组长都去讲课。浙江日报社办新闻班有好处,因为有很多老记者,将自己的工作体会告诉他们,带他们去实习。当时40个人,现在都是蛮厉害的。

粉碎"四人帮"以后,我们组内也是自己去招人,整个报社呢,就办了个班。花了很大精力的,吃啊,住啊。当时都是统考上来的,浙江日报社去挑了一些文字水平比较好的,挑了40个人。所以你看,当时是《浙江日报》先恢复办新闻班的。

从新闻班来看新闻系,我更觉得要办新闻系,因为现在新闻的需求很大啊,现在有文字的,有互联网,电视台,记者需求也很大,就更加需要一个新闻系。浙江就是新闻事业比较发达,要办也一定要办好。现在我看了看,力量强了很多,有新闻专业,广告专业,还有广电专业。

**问:你们读书的时候,同学和老师的关系好不好?**

关系都很好,因为老师也少,再加上办事情都是通过我们几个班干部。老师我讲过了,一开始是一个讲师,几个助教。还有一个讲师叫朱振华,照片里面有的,名单里面也有的,后来他调走了。杭大新闻系撤销之后,他好像到金华的浙江师范学院去了。现在有没有过世不知道。他调到金华去之后,我们也经常去看他,每次他都一定要留我们吃饭。他一定要烧菜给我们吃。一个人,单身汉,很长时间都没结婚。他有时候到杭州来,就住在我家里。晚上睡觉打呼噜，很厉害。那个时候，我家在竹竿巷，还没有搬到体育场路，他经常住我家，所以我与他关系很好。华祝考和我的关系也蛮好的。华祝考今年年纪应该也蛮大了。

我们和老师的关系都蛮好的。我和江牧岳关系也很好。反右的时候，《浙江日报》编辑部百分之十八是右派，出问题了。为什么江牧岳到浙江来呢，他当时是全国总工会的一个部长，是为了加强《浙江日报》的领导来的。于冠西被批是只抓业务，不抓政治，所以中央把江牧岳派来了。他来了之后待遇很高，是省委常委，当了社长，于冠西当总编辑。当时还是社长最大。江牧岳后来也出了问题。他这个人作风蛮好的，与同志关系很好的。他去写了几个调查研究，什么上虞养猪的调查，什么养猪存栏数下降的原因，大跃进什么什么的，结果他犯了右倾的错误。把他浙江日报社社长、省委常委都免去了，让他去当杭大的副校长，兼新闻系的主任。于光也是这样的情况，大跃进的时候，讲了"什么大办钢铁，豆腐渣"的言论，这个话我听到过，我们是在一起的。他是山东人，人很爽，别人不敢讲的，他讲了。大跃进确实也是"豆腐渣"！于光后来也被反右倾反掉了，《浙江日报》副总编辑也不当了，去杭大当新闻系系主任了。江牧岳"文革"后平反了，去当中国日报社第一把手。我们当时浙报有三四个人去北京，要参观中南海（中南海曾经开放过），我们没办法，就去找江牧岳，他马上找政治部主任帮我们解决，弄了票子，进中南海参观。他很平易近人的。于光后来没碰到过，有一次，我给他打电话也没打通。于光后来就回到山东去了。

**问：于光的儿子，叫于小文，上世纪 90 年代曾在我们系里工作过。朱老师，你今天讲的很多东西，我们都不知道。**

于光当时也是受委屈的，当时政治运动太多了。所以现在好，现在情况好。

**问：当时新闻系的老师是不多的，大家是怎么看待新闻系的老师的？**

对老师我们都是没有意见的，老师嘛，讲师就是讲师，助教就是助教。老师当时和我们年纪都差不多的。当时省委说是大干快上，一下子调剂不足，这是可以理解的。后来停办了，为什么停办？我也不清楚原因。因为我后面回到报社了，报社任务还是很紧张的。

**问：当时政治运动很多，同学们经常参加政治运动的，作为班长，你组织过什么样的政治活动呢？或者你谈谈当时的政治活动。**

那几年困难时期，政治运动就停了下。那个时候，毛主席要听大家意见。

当时大家吃不饱饭,怨声载道,政治运动也就不大搞了。歇了几年之后,后来又搞起来了。

问:当时的政治运动,对学习影响大不大?

当时政治运动,好像也不是很多。有个女同学和男同学关系超出范围,当时我们支部里就一次次批判。当时对于这个东西看得还是蛮重的,徐达会和我们商量:"这个不行的,这个不严肃。"就一次次让他们检讨,过不了关。后来是党内警告处理,男女同学都是党员。毕业之后,他们都回到各自单位了,我们情况也就不了解了。最后他们也没有在一起。

问:同学们当时是如何看待这些政治运动的,反感吗?还是很热心参加?

同一个支部内的同学们,我们要他们怎么样怎么样,大家都是很积极的,这方面的政治热情很高的。当时礼拜天的时候,大家一起逛马路,肚子里油水少,钱也有点,就去吃宁波汤圆,宁波汤圆里面有油水的。吃排骨,糖醋排骨,到饭店里吃饭。

问:朱老师,你们读书的时候正好赶上大跃进,大跃进对你们有哪些影响呢?

大跃进就是炼钢铁,花了很大精力,没收获,时光都荒废了。就算让我们自学,那也能学点东西。大家就自学,什么时候学哪几篇文章,都有个计划,文学书、新闻书也可以买一点,但是大跃进一来,时间就没了。

问:大跃进之后,就三年困难时期了,学生碰到哪些困难呢,能不能吃饱?

食堂里饭是能吃饱的,杭大这方面是可以的,杭大当时是浙江最重要的综合性大学,当时浙江大学好像不属于浙江省的吧。饭能保证的,就是菜没有,油没有,以前扔掉的老菜叶也要利用起来了。

问:同学们怎么克服这些困难?

当时我们工资照发的,但是东西买不到,我很长时间,工资是 59 块,我老伴 40 多块。

问:当时 59 块钱很不错了。你是 1960 年毕业的,对毕业分配满不满意?

毕业分配的时候,同学基本上都回到原单位,也有个别留在学校。有些被重用了,以前不是报社的,进了报社,以前不是广播电视系统的,也进了。大概有 10 个多人。以前不是新闻单位的,是当老师的啊,文化馆啊什么的,毕业之后,就也去办报纸了。毕竟新闻系读过了嘛。

问:后来新闻系停办了,你们是怎么想的?

好像没什么想法,觉得困难时期,应该下马、调整了。后来也有人调到中文系去了。我们有几个同学很好,从《宁波大众》报调来的邬武耀,后来到中文系去了,他是毕业后留在新闻系的,他是总支委员,文字也蛮好的。很可惜,他在上课的时候掼倒了,去世了。我们还去医院看望过他。陈岩森打电话给我,说邬武耀掼倒了在医院里了,但不知是浙一还是浙二?这个人很好的。后来没有抢救成功。他可能原来是在《宁波大众》报办公室的。

**问:朱老师,以 1958 年当时的政治环境和经济条件来看,你觉得新闻系值不值得办呢,应不应该办?**

我觉得太过匆忙,准备工作应该充分一点再办,准备工作太少。老师也没有的,我报到的时候,只有洪晨洋在,没老师的,浪费学生时间。那我还是报社里面当当记者好了,锻炼锻炼,进步还快点。太过匆忙,要准备好了以后再办。要打有准备的仗,准备不足就通知学生来了,不合适。当时大跃进的气氛就是这样的,不管三七二十一,说干就干。要有一定师资,有一定计划了,有一定力量了,你再办,可以晚几年。当时领导同志一句话,就执行了,难道还能打折扣的?

**问:当时办新闻系的想法,到底是哪个领导想出来的。**

这个我还真不是很确定,当时好像主要是陈冰,林乎加也是蛮主要的,他当时是省委副书记,林乎加,管意识形态的。估计主要是他们定的,要搞个新闻系。当时民主作风不行,一言堂是比较厉害的,谁说要办,就不折不扣地执行了,就通知下去了。当时领导说的要办,就立马执行了的。当时保送的,又不用统考,又不用你负责什么东西。

**问:说到保送,朱老师,你们 70 多个人当中,文化层次是不是参差不齐的?**

肯定不齐的。我们 70 个人当中,虽然都是保送的,但文化层次肯定不齐的,我属于中上程度,差的同学文字都不大行。县里虽然也是挑好的上来,但是水平还是不一致的。

**问:那么这些差的同学,学习成绩,提高得快不快?**

有的是默默无闻的,现在也不知道去干什么了。差的同学进步也不是很大,文字这个东西,没那么快的,不是一年两年就能有很大提升的,都要有基础,要有适当的文学基础,各种题材都能处理,新闻啊,特写啊,通讯啊,散文啊,文学基础很重要。这是我为什么觉得小学、中学、大学都要把基础打下去的原因。

**问：你后来为什么去《浙江工人报》了？**

后来我为什么到《浙江工人报》去了呢？名册当中，有 3 个人注明是《浙江日报》，实际上我也是《浙江日报》的。金苗新大概当时是新昌报道组的，郑梦熊当时是《浙江青年报》的，我是《浙江日报》的。为什么我 1980 年去了《浙江工人报》呢？浙江省解放以后，第一个办起来的是《浙江日报》，第二个办起来的是《浙江工人报》，因为解放初期，工人很厉害。"文化大革命"中，很多报纸都停办了，《浙江工人报》停掉之后，人都散掉了。粉碎"四人帮"之后，省委决定要恢复《浙江工人报》，要《浙江日报》调人过去。所以《浙江工人报》的总编辑也是《浙江日报》调过去的，第一任总编辑叫詹文元，副总编是我。我先去的，我先早去了一会儿。当时是省委组织部下命令的，任命我为浙江省总工会宣传部副部长，筹备恢复《工人报》。我当时找了很多复旦新闻系的人，还找了很多其他学校新闻系的人。我 1980 年去的，1982 年元旦报纸复刊。我和詹文元都是从《浙江日报》调过去的。去了之后呢，一直搞到退休。詹文元年龄还比我大 1 岁。

1982 年元旦，《浙江工人报》正式复刊，朱林与编辑部人员合影

**问：詹文元写过一本关于浙江新闻史的书，他在介绍时说他是全国第一个提出来打破铁饭碗的人，是不是？**

打破铁饭碗么，这个事情怎么讲呢？这个事情现在也说不清，最近《浙江日报》登了，说步鑫森去世了。步鑫森，为了这个事情，我们当时和《浙江日报》打官司打得很厉害的。《浙江日报》当时表扬步鑫森，我们《浙江工人报》却批评他。为什么呢？他当时把海宁衬衫厂工会主席开除了，他的老婆受牵连也开除了,都不经过正常手续的。开除也要有规章制度的,要经过工会合议的啊。说开除就开除,那就不行的啊。当时国家的《工人日报》打电话来,说他们明天要登这个稿子。我当时刚好值班,詹文元去出差了,我就跟他们说,让他们把稿子传过来我看看。当时商定,《工人日报》第二天登,我们第二天就去举报步鑫森。结果呢,稿子拿到以后,我把稿子给省工会领导拿去看。改革是对的,规章制度不好乱来的,职工利益也是需要维护的,哪能动不动就开除一个人呢?我们第二天把稿子登出来了,但是《工人日报》变卦了,没有把稿子登出来。《浙江日报》就把这件事情告状告到了省委,省委开常委会,省工会副主席去参加的,批评了《浙江工人报》。《浙江工人报》不服气,一直打官司。最后,步鑫森自己被开除了,他自己把厂办得一塌糊涂,亏本亏得一塌糊涂,家长制啊什么的。到厂里去,他这个人是找不到的,他躲在房间里面,不接待人的。浙报的周荣新文采是可以的,陈冠柏是我从宁波调来的,北大毕业的,这两个人,写文章,写步鑫森,表扬他。《浙江日报》是表扬他,我们是批评他,我们和浙报就搞得很僵。当时《浙江日报》是通报表扬的,评上华东什么奖。

**问:那么现在看起来,说明《浙江工人报》没错。**

现在看起来,实事求是,我们没错啊,当时他改革怎么讲呢,要打破铁饭碗。你说打破铁饭碗的提法?这个事情我印象不大清楚了。

**问:詹文元我见过几次,因为他也是搞新闻史的。我对打破铁饭碗这个事情一直蛮好奇的。**

詹文元这个人呢,人是满直爽的,就是讲话有点过头,《浙江日报》的人是了解他的,浙江新闻界的人也都了解他的。他是山东人,南下干部,解放初期,担任过台州椒江区委书记,后来去了省委办公厅,与薛驹他们在一起的,再后来调到《浙江日报》理论部,写理论文章的。

**问:在《浙江工人报》时,你们两人都是领导,合作愉不愉快?**

我们两个在《浙江工人报》共事的时候,两个人一个办公室,面对面。他这个人有个特点,虽然是总编辑,但是报纸业务不管的,经常到外面转来转去,自己想写什么就写什么。《浙江日报》的时候也是这样的。我们每天要开谈版会议,他也要参加,我也要参加,我是工交组,他是理论组,总编辑厉德馨在上面讲话,他也不听的,就管自己搞,有点傲的,管你是不是总编辑,讲话有点过头,有这个特点,人是好的,老同志,南下干部。

**问:朱老师,毕业之后,你就回《浙江日报》了?**

毕业之后,我就回浙江日报了,原来不是在《浙江日报》记者站吗,后来就去了办公室,去农村组工作过一段时间。杭大毕业之后呢,一直在工交组,那时叫工交财贸组,一直在从事新闻工作。

**问:朱老师你新闻工作一直没断过,"文化大革命"的时候呢?**

"文化大革命"的时候去"五七干校"干了好多年。当时报社呢,是工农兵进去了,学生当家了,解放军当家了。当时我们的第一把手是空五军的一个副政委,姓遗的,是党的核心小组的组长。20军的军代表也是报社的主要领导成员。当时我们在萧山"五七干校",住在草棚里。上午刨刨地,也吃得消的。下午就政治学习,大家吹吹牛。原来是叫"五七干校",后来叫"斗批改"干校,搞了好几年。

浙江日报"五七"干校一期学员在萧山田边合影

**问:浙报为什么要搬到体育场路?**

为什么《浙江日报》搬到现在的体育场路呢? 就是因为当时要办"斗、批、改"干校,需要地方。师范学院呢,又停课闹革命,房子空在那里,省委就让我们用起来。每天早上跑步,操场很大的。后来呢,《浙江日报》要造印刷厂,就把操场弄掉了,造了个印刷厂。后来又造了宿舍,就是现在体育场路上的宿舍。后来中央要求复课闹革命,大学的东西一定要还给他们。之前《浙江日报》在众安桥,那里的房子在解放之前是杭州最好的房子,可是这栋房子已经给省广播电视厅、省电视台了,我们搬不回去了。那怎么办呢? 当时复课闹革命,很多学生都来闹了,要房子。于是省委出面,说浙报就不搬了,给杭大钱、给杭大地皮,造新房子。当时办这个事情的时候,浙报宿舍这块地还有很多杭大的员工住着,他们就要求浙报一起吃了去,杭大就可以给他们盖新房子。浙江日报社核算来核算去,觉得户数太多了,都要报社解决有困难,于是就打了个围墙,所以现在浙报宿舍跟杭大老宿舍还是有连接的。邬武耀原来也住在这里。

**问：朱老师，在新闻系学习的两年，对你以后的工作，有哪些影响？**

在新闻系学习的两年，对我之后是有好处的，语法修辞方面，朱德熙给我们讲的，全国比较有名的，北大教授，受益很多。"的"、"地"都要用得很准确。他都讲得很好，前面是动词要用"地"，前面是名词，要用"的"，不要用错。报纸记者用词要准确，否则要被别人笑话。什么修辞，什么语法，讲得很仔细。文学上，一些老师讲课，增加了我的文学知识，文学功底。这些东西都是终生受用的。就算是搞其他工作，也是需要的。我后来参加其他活动，比如省级机关老干部的交谊舞协会，一进去，他们叫我写些东西。这些东西，都要用到的，并不是单单办报纸要用到。文字功底，这些课上学的都是要用到的。文字功底好，终生受益。读书虽然碰到大跃进、困难时期，书读的有点少，但是至少也是进过大学门了。杭大有个同学，叫吕根土，是第二期的，也是蛮有名的，出了一本书，写了他的心得体会，现在老同志出书蛮多的，自己出钱去印，印了还一本本送给人家，寄给人家，也蛮花精力的。

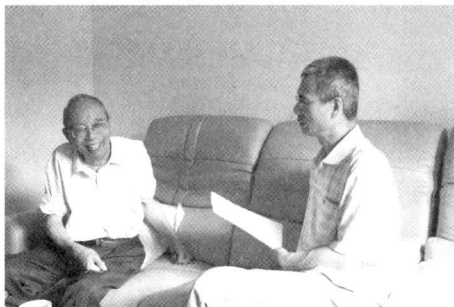

**问：他有没有提到他读书时候的情况？**

讲得比较笼统，讲得比较少的。他文字功底不怎么样。在"文化大革命"的时候，他是较有名望的一个人，也是走正确路线的。他不是浙报的，他从杭大新闻系毕业之后，就去省委办公厅了。

（何扬鸣）

# 郑梦熊:情系农村的土记者

郑梦熊,1958 年开始从事新闻工作,先后在《浙江青年报》、《浙江日报》、《人民日报》等单位任职长达 47 年。他是中共第十五次全国代表大会的代表、全国政协第九届委员。曾任中华全国新闻工作者协会常务副主席、党组书记。1958 年,他曾进杭州大学新闻系学习过一段时间。1988 年,杭州大学新闻系恢复后,他担任了新闻系的兼职教授。在北京工作时,也曾任中国社会科学院研究生院新闻系的兼职教授。

**问:郑老师,杭州大学 1958 年创办新闻系的时候你是不是来过的?**

就那年。

**问:那么,1958 年之前你是从事什么工作的呢?**

我是这样子的。1949 年 10 月我参加工作,在江山中学参加了青年团。这是我第一个参加在江县刚建立的青年团组织。城镇里是工会,农村里是农会,学校里就组织青年团。杭州 1949 年 5 月份解放的嘛,江山是 10 月份解放的,我就参加了中国新民主主义青年团,就是后来的共青团。我是学校里第一个青年团员,还当选了第一届的团支部书记、学生会主席。

**问:那是一个什么中学?**

江山中学。当时我在中学里带领学生勤工俭学,到火车站那边给铁路里面打石子,一颗一颗地打石子。手掌都打出血泡的,就是攒点钱嘛。勤工俭学很辛苦。学校里面大家也搞宣传,演戏,演王秀鸾、演大生产。王秀鸾是延安大生产时期的劳动模范。解放初期,我们就这个样子。

1950 年的冬天,我去参加江山县的土改宣传队。土改宣传队里,我当团支部副书记。那个时候到下面演《白毛女》。演的时候,很多农民十分激动,往台上扔东西。农民是深受教育的。我还在农村里面跑了一圈,去宣传队宣传土改。1951 年 5 月,在团县委动员下,我参加工作。县团委还动员我到衢州工作,先后在衢州地委、县团委做宣传干事。当时刚刚解放不久,地委从各个部门把我们抽出来组织农村工作组,后来我就在农村工作组里工作,去开化县龙山底山乡甸村蹲点。我们工作组大概有十几个组员,在一个乡,每个人分包一个村,发动群众。

**问:每个人包一个村?**

每个人包一个村,我也包了一个村。那个时候我们这些学生刚刚到农村里面,对农村对农民不适应,开始是很不舒服的。农民去劳动了,我们坐在祠堂里,坐在农民家里,很没有意思。思想出现包袱,我想回去考大学,不想工作了。工作组领导就对我做工作,学毛主席知识分子要和工农相结合的语录。毛主席的语录学了以后,我们就听了进去。跟农民一起劳动以后就有事情干了,我每天用半天跟他们到田里面插秧。我拜一个老农民为师傅,让他教我学插秧。我们学生不会插秧,我读到高中从未插过秧。老农民教我站起来,这里插两株,这里插两株,这里插两株,一行就是 6 丛。我就这样学会了插秧。老农民再教我耕田、割稻,田里的农活我都学会了。这样,农民去劳动了,我也跟着去劳动了,休息的时候一起喝点水,过去不像现在这样还可以吃点水果,那完全没有的。在山村里,妇女在家里磨豆腐,我就帮她磨豆腐。对抱孩子的妇女,她们要干活,我就帮她们抱小孩。我坐在田塍上、坐在门槛上与他们说话。所以我跟农民打成了一片。还有呢,那个时候,我们那个群众关系很好呀,虽然我是一个团员在那里作报告,但是他们都在认真地听着。这样,我在农村里工作了 7 年。

**问:那你后来又怎么搞新闻工作了呢?**

当时受家里环境的影响,喜欢写东西。我爸爸是个语文教师,我从小很喜欢看书。我很小时候就看过四大名著。读书的时候,老师在台上讲课,我经常在下面看课外书。我数学不好,而语文很好的。因为语文好,我就写稿。还有,也受农村老作家作品的启发和影响,觉得能在农村的报纸上登了自己的名字,有点自豪感、荣誉感。刊登了一篇,心里高兴,高兴了就再写。我一般是在下雨天或者晚上这两个时间段写稿的,白天是要劳动的。

写什么呢?老百姓有什么新人新事呀,我就写稿,投稿给《浙江日报》《建德大众报》《浙江青年报》。我稿子经常被采用,写作的兴趣也越来越深厚。就这样文章一篇一篇地写出来和刊登出来。那时我的文章没有长篇大论,也写不来通讯和报告文学。我是当了记者以后才写通讯。当时主要写的是农村的新事,农村的感受,短小精干,贴近农村的实际,报纸也容易刊登。

我有一篇稿子,还得了奖,1956年出版的《浙江民间歌谣散辑》还把它编进去了。我那首民歌叫《来了亲人毛泽东》,我自己创作的,我用的是对比手法,我现在还记得几句:这个旧社会,我这个农民呀,解放以前多苦呀,吃的是苞谷糊(玉米糊),住的是破茅铺(茅房),走的是野猫路(没有公路,没有大路,只有野猫走的路)。哎,前面还有一句:穿的是八卦裤。这个多形象呀!来了亲人毛泽东后,那就变了,吃的是白米饭,穿的是咔叽布,住的是砖瓦屋,走的柏油路。这些东西我是记得很清楚的。这个是我根据农民的回忆对比把它讲出来的。来了亲人毛泽东后怎么样呢?那后面还有各种各样的变化。结果,《浙江民间歌谣散辑》就把它选进去了。

由于写多了,慢慢地,我这个写农村新闻报道稿子的通讯员变为一个特约通讯员:《浙江日报》特约通讯员、《浙江青年报》特约通讯员、《建德大众报》特约通讯员。后来,我又被《浙江青年报》发现了:哎,还有这么一个通讯员,文章写得那么好,很多报道写得好。好,他们打了一个报告给团省委,向团省委要人。结果,团省委向建德地委(我后来从衢州地委调到了建德地委)发了一个调函,把我调到《浙江青年报》。调我的时候,因为我在农村工作比较好,已经是党员了,我是1957年入党的,入党了就任团地委宣传部副部长。

到《浙江青年报》以后,我先当记者,后来当编辑,做夜班编辑。做夜班编辑时,画版(过去一张报纸一个版样,先画版,工人再根据画版来拼排一张报纸)、处理新华社的通稿,我都学会了。从记者到编辑到夜班编辑,一套我都学会了,这样,我就当了组长,提拔为编委。所以,是《浙江青年报》发现了我这个通讯员,并把我送上了新闻工作岗位的。我没有大学毕业,我高中毕业就参加工作的。

**问：你后来怎么来到杭州大学新闻系了呢？**

我要说一下，实际上，我到新闻工作岗位以后没有几天，团省委组织部就下了一个通知，叫我作为调干生，去杭州大学新闻系学习。在农村工作时候，我是供给制，每个月发 10 块钱，就是买买香烟、牙膏牙刷等，其余是供给制，吃饭是大灶。我没有收入，怎么到大学读书？所以我是保送的，是团省委、《浙江青年报》保送我到杭州大学新闻系读书。

报到的时候，接待我们的是个女的，叫洪晨洋，班主任也是她。当时一到学校里，人家就认识我。到学校报到以后，大家就先开始去劳动。到什么地方去呢？到杭钢去劳动。在杭钢劳动也是很艰苦的。夏天大家也还要到农村里。那个时候当学生，那个劳动是很艰苦的。劳动了一段时间以后，大家就回到学校里上课。大概还没有上了多少课，突然洪晨洋找我谈话，说你们团省委来电话，叫你回去，不要再在这儿读书了。她说这是你们团省委书记李式琇的意见。什么原因？开始我还不晓得的，是保密的，就说是工作需要。他们怕影响我情绪呀，学生怎么进来一个多月就要回去了？怕影响其他人。

回到报社后，我知道了大概的情况。李式琇书记下乡去温州，不知到什么地方，下乡去了。组织部长调我去杭州大学学习的时候，没有向李式琇请示过。组织部长本以为叫我去学习是件好事情，不需要请示。李书记回来以后，不知什么原因，发脾气了，说这个郑梦熊到哪里去了？那么，组织部告诉他：郑梦熊到杭大新闻系读书去了。李书记不同意，说叫他回来，他是从农村基层调来的，应该在团省委机关单位工作，他有经验，以后再去学习。其中，李书记与组织部长过去有什么过节，我就不清楚了，反正李书记是这个理由，那我就回《浙江青年报》去工作了。

**问：郑老师，当时在我们新闻系大概学习了几天？**

一个多月。所以我跟你说一下，我们都老老实实的，因为我考虑到我这个时间比较短,也没有详细的学习。所以我开始的时候,我都不承认的。到后来就讲学历了,我们班那个金苗新,他就讲:"你那个同学录,我都给你报上去了。"所以,刚开始我都没有讲这个东西,我一个多月,何必填一个杭大新闻系已念。后来有的报纸报道我,有一家报纸就这么个题目《没有上过大学的总编辑郑梦熊》,实际上,我是实事求是的。后来也有人问我:"听说你是杭大同学的嘛,你这个浙大校友都承认你的。"我说承认是承认我的,但是我自己不要吹这个东西了,吹自己的学历很高。我就是高中生毕业,我参加革命的嘛,是不是啊?每一个人的想法不一样,是不是啊?我没有真正地在这里毕业,我就不愿意提这个东西。

**问:郑老师,你离开以后,你有什么感受?你感到惋不惋惜?**

我开始是感到惋惜的,后来呢,在《浙江青年报》学了很多东西,这个时事处理、新华社电讯稿处理、画版,这些东西,我都学会了。所以说有得有失的。失掉的东西是,学习的机会失掉了,毕业证书失掉了。后来,事实证明,在《浙江青年报》工作 3 年,我学了很多东西,编辑版面那套,我学会了。

**问:郑老师,你到《浙江青年报》后,对办报的那一套,从陌生到熟悉,中间肯定花费不少时间和精力,你能否较为具体地说说?**

当时,《浙江青年报》在长生路后面的未央村,团省委也在那里。《浙江青年报》自己没有印刷厂的,《浙江日报》在众安桥,它租给我们一间房子,作为我们的编辑部,我晚上就到《浙江日报》上班,上夜班。我跟《浙江日报》电讯组联系,用他们的稿子,所以我跟《浙江日报》电讯组的夜班编辑也熟悉了。这样,我就开始研究《浙江日报》的电讯,它在新闻上是怎么用的,标题又是怎么做的。我慢慢对电讯熟悉起来。那个时候,从长生路要到众安桥来回走,晚上回来还要跑一段路。

**问:郑老师,你从长生路要到众安桥来回走的?那比较艰苦的。**

是的,来回走,是比较艰苦的。新华社有个规定,每天晚上会发通知:今晚截稿,就没有稿子了。接到这个通知后,你就可以画版、拼版了。为什么呢?因为如果截稿之前就画版、拼版,那第二天,其他的报纸用了后来发来的稿子,而你没有用,如果有重要东西遗漏,那就犯错误了。当时中央有规定,重要新闻不过夜。这一段时间对我的锻炼和帮助是很大的,稿子怎么处理,什么样的稿子是重要的,哪个稿子放一版,哪个稿子放二版;时事和重要新闻要放一版,这个怎么处理?这里体现各方面的东西,像政治观点、读者的喜爱以及中央的宣传。第二天还要跟其他报纸比较,他们为什么要放头条,我们这个报纸应该怎么放？这里面就很有学问，因为各个报纸都不一样的。党报与青年报的要求是不一样的。

我有一个习惯，认为做事要万无一失。有的句子，特别是标题，尤其是头条新闻的标题，我在回来的路上还在想：这个标题有没有问题？如果觉得这个标题还有问题，那个小标题还有点毛病，我又回去修改。因为大样有我的签名，以后出问题是要受到处分的。有时候报纸快要开印了，我就叫工人们停下来，对文章再修改。有时候已经回去睡了，躺下后脑子还在想，瞬间想起来哪个地方还不行，又爬起来了，回到原来夜班的那个地方去修改。不仅在《浙江青年报》是这样，即使后来在《浙江日报》《人民日报》（特别是在《人民日报》），这种情况不知道发生过多少次了。我已经习惯成自然了。所以，现在报纸出现错字、错别字，出现不准确的标点符号，我看了就很不舒服。

**问：郑老师，从《浙江青年报》调到《浙江日报》，也就是从小报调到大报，之间会有不少不一致的地方，你适应吗？**

《浙江青年报》当时有20多个人，全部调出新闻单位了，只有《浙江日报》看中了我，调了我一个人。当时，我也不知道能调到哪里去，因为三年困难时期，县报和行业报全部停办了。省级只剩下《浙江日报》。《浙江日报》怎么看上我，我也弄不清楚。我在《浙江青年报》时就已经是编委了。我进《浙江日报》的时候，已经是青年报的副总编。管人事的张雪梅同志找我谈话，她说：你在那里是编委，我们《浙江日报》是省委机关报，级别不一样的，所以你来了以后，先在农村组干一段再说。她把话讲明了：你那里编委，我这里不能给你什么职务，连部主任都不能给你。因为浙报的部主任是处级干部，你们青年报是处级单位，团省委是厅级单位，所以你来了，级别不一样，你来了先干起来。这个说法我能接受，这是很自然的事情。问题出在其他方面。我在农村工作了7年，一直在当通讯员，后来到了《浙江青年报》又当编委，我自认为自己的笔头还是可以的。哪里晓得，我写的几篇稿子，有的编辑把它们改得一塌糊涂。有的组里的主编，比如农村组的主编，还把我有些稿子直接给枪毙了，因为稿子写得不好。这样的事情对我刺激太大了，因为本来我认为自己笔头是好的。我的思想波动起来了，我想回去，回到团省委然后再到其他单位。我还想去读大学，没有读杭大之前，我就在想读大学。现在你们说我不好，我去读大学好了。我要去考大学，我认为我是可以考上的。不过，这些情绪我没有跟领导讲过，我只是跟我老伴发发牢骚。我感到委屈，老伴看到我委屈，就劝我：你刚刚去总要干一段时间，开始总是生疏的，大家都一样。那时到党报工作不容易，党报思想性、建设性,各方面要求都比较高的。还有,毕竟办小报跟党报是不一样的。后来想想,我自己也觉得不好意思:《浙江青年报》的人全部调到外面去了,你一个人到浙报工作,你还要拣三挑四,这个不行啊。

**问:后来你是如何适应在《浙江日报》的工作呢?**

后来,我想既然不回去就要在这里干下去,要干下去的话还得要靠自己。所以我就想起毛主席给广西省委书记韦国清的一封信,信中说:你要领导报纸你就要先学习起来,就要用报纸来作比较,要研究它们,这样才能在比较中认识报纸。我在农村组就采取一个办法,先学《人民日报》的导语,了解它的导语怎么写,然后再看《浙江日报》的导语又是怎么写的。一篇稿子一般分三层写,一步步深入的,导语就把最重要的事情说在前面,第二就展开具体化,最后是结尾。一般的新闻就这个三部曲。一件事情,标题是如何告诉读者它是件什么事情,正文又是怎么展开的,怎么结尾的,我就是研究这些东西。我就选了《人民日报》、《浙江日报》这两家报纸。《人民日报》是中央机关报,《浙江日报》是省委机关报,它们是怎么弄的,我就是这样子慢慢学进去。我还分析《浙江青年报》跟党报有什么不同地方。《浙江青年报》的写法跟党报不一样,党报比较严肃,党的方针政策要扣牢。我对现在有的记者(包括我孙子,他是记者)——我不是批评他们,我有个感觉,他们对党的方针政策,对中央领导的讲话学习不透。我经常说你要看看中央领导的讲话,学学啊,他跟我说不要学的,这个电脑里都有的,一查就有的。电脑里是什么都有,问题你有没有看过?我现在都还有个习惯,领导讲话,我要把几点都看过、看懂、记牢。我们宣传的时候,党的政策,中央那些文件表述是很严谨的,你少一个字都不行的。因为这是党报,每一篇讲话都仔细琢磨,中央文件、中央领导怎么个提法,我要把这个提法在文章中用出来,把精神在文章中体现出来。现在我们办报纸也是一样的,要群众办报。当然今天有不少新的提法了,比如现在提以人为本了。我在北京时,中国传媒大学每年开一次党报论坛,请了一些学者领导去的,我就写了一点,即坚持以人为本,报纸也要坚持以人为本。为什么要以人为本?要跟群众办报路线结合起来。中央精神学好了,贯通了,可以让你的思想开阔。所以,我在《浙江日报》之所以站住了脚,一个就是学习《人民日报》和《浙江日报》的写法，再一个，要把中央的精神学懂学透。所以，我后来写出来的稿子能体现中央精神。这样，过了一段时间以后，我这个稿子就渐渐地好了起来。

1963年，毛主席有个"五九批省"，是针对我们浙江干部而批示的，要求干部参加劳动、改变作风。我在《浙江日报》第一篇文章，是报道毛主席的"五九批省"，就要改变作风，就批示干部参加集体生产劳动。《浙江日报》农村组有一个"干部参加劳动"栏目，我就是这个栏目的负责人，专门负责写干部参加劳动的报道。这个栏目前后发了200多篇稿子，其中我大概写了约20篇的报道和言论，结果，收到很高的人气，领导认为我还很努力的。曾有2000干部在一个公社参加大讨论，我把他们讨论的群众言语都用进去了，比如一个群众把因参加劳动太阳晒黑的干部叫着红脚杆干部，把不参加劳动的干部叫着白脚杆干部。我就在文章把这些比喻写进去，表明群众对干部参加劳动的认可。这是我写的一篇有名气的稿子，是一篇大通讯。一炮打响。1961年我到《浙江日报》，3年以后我就提拔了，当上农村组的副主编。3年以后，《浙江日报》出了两个专栏全国闻名的，一个是"必要的一课"，当时全国唯一的言论，还有一个是"干部参加劳动"。这个是靠自己努力的。说实话，如果我不努力的话，我在《浙江日报》是站不牢的。"文化大革命"中，我不参加造反派，我是反对的，我是所谓的"保皇派"。虽然我只是个副主编，他们也给我戴高帽、游街、扫厕所，把我打了一通。我到《浙江日报》就是这么个过程。我当总编前在那里干了30年，30年才当上总编，不容易的。

如果当年有学校好老师教我的话，我可以早点成才的。那时候没有那个条件，没有这个条件只能自己努力。所以，我说我干了半个多世纪的新闻工作，如果要总结经验，就两个字"拼搏"。我高中毕业，没有工作过，直接跟农民打成一片了。写稿子也是偶然的机遇啊，因为我写的几篇报道，被人家发现了，被团省委的《浙江青年报》发现了，把我调去，我去这个岗位也是偶然的机遇，也要靠自己努力的。如果你不拼搏，那你就跟农民一起吃吃饭，劳动劳动就算了嘛，你何必要写报道呢？是不是？

**问：你离开杭大新闻系，有没有继续关注我们杭大新闻系啊？**

我是你们的兼职教授，是吧？在杭州的时候，我是上课的，后来调到北京以后,我事情多了,我成了中国社科院研究生院新闻系的兼职教授,你们学校的课就顾不上了。我在那边当兼职教授,这边我就想不到了。后来,你们校友会、你们学校好像是认可我的,事先我也不知道,包括现在你们学院的改名,现在这个名称叫做"传媒与国际文化学院",这个名字我也没听说过,我是今天才知道这个名字,这个名字比较拗口的,字数也比较多,像我这样的人记不住。"传媒学院"4个字就好记了。

**问:郑老师,还有一个问题啊,你后来当了《浙江日报》的总编,你有没有关注某个记者或编辑是不是杭大新闻系毕业的?有没有特意地留心?比如他的业务好或不好,你都会去跟杭大新闻系去想、去挂钩,有没有这种想法?**

我们同学之间是经常见面的,像金苗新,他当年当过老师。我们住在一道的嘛。有时候,空的时候,他就跟我讲,同学录里,我都看到你在那里。我听他的意思呢,同学录里面有我的名字。这个校友会,他好像也提供不少情况,不然学校里也不知道我在中华全国新闻工作者协会当常务副主席、党组书记。

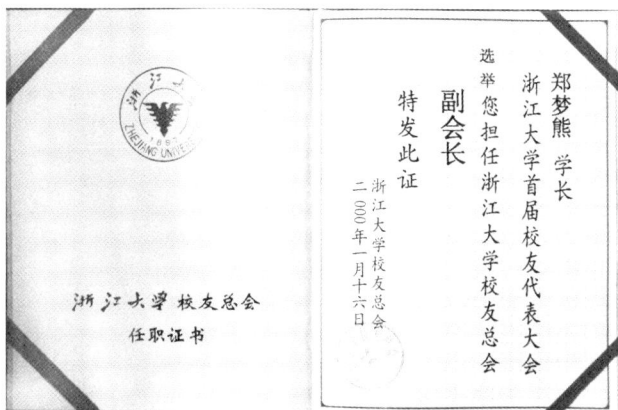

杭大呢,学校的房子啊都跟我们《浙江日报》还有点纠纷的。当时你们那里的体育系曾经因为房子和我们有过一段纠纷,这件事情跟新闻系是没有关系的。杭大的学生进来,我也不是每个人都把学历查一边,是不是?但是如果碰到有杭大来的同学什么的,这个我肯定也是关心的,因为我也这个母校出来的嘛,虽然我离开学校很久了,离开浙江也很久了。

**问:再以后,你与杭州大学有过怎样的联系?**

再后来,我调往《浙江日报》。开始浙报只有我一个人去过杭州大学。以后,《浙江日报》又调来朱林、金苗新、韩林夫。他们都是我的同学,其中金苗新曾经还在杭州大学新闻系当过教师。金苗新前一段时间摔了一跤,去世了。

离开新闻系以后，我就跟学校里失去联系了。大约30年之后，我已经当了《浙江日报》的总编辑。《浙江日报》创办了《钱江晚报》，我还是有点贡献的。也就在这段时期，我评为高级记者（那时算副高）。后来呢，到了全国选评的时候，我评上了高级编辑。那么这个时候就正高了。

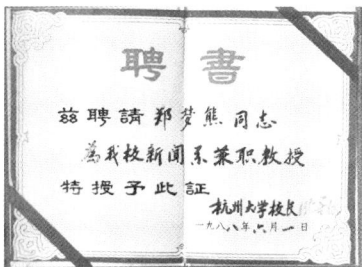

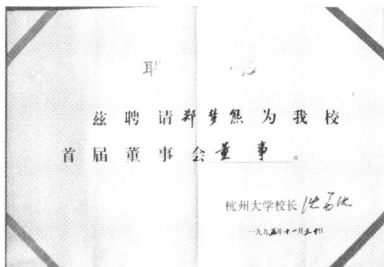

一天，杭大的校长沈善洪打电话给我，聘请我当新闻系的兼职教授。后来，杭州大学成立董事会，又聘请我为杭州大学的校董和杭州大学的兼职教授。当了兼职教授，我不太经常上课，因为我工作忙，总编嘛，我大概是每个学期，只上了一两次或两三次课，开学我一定去上课。上课我上什么呢？因为我有实践的东西，所以，我上课都讲新闻的指导思想、中央目前的精神、宣传报道要注意的一些问题，都是有关新闻理论与实践的东西。具体业务，比如这个语言什么结构，那我没有必要上的。我是一个老新闻工作者，一直在新闻单位。每个学期都是这样子的，那几年，我基本上在杭州。我是1981年当《浙江日报》的副总编，1983年当了《浙江日报》的总编，一直到1990年，中央叫我到北京。

"文化大革命"结束以后，《浙江日报》的干部，青黄不接，人才缺少。这是有原因的。一方面，一批老编辑、老记者在"文化大革命"中，被调到其他单位去了，另一方面，一部分编辑和记者犯错误，受处分，调离岗位了，再加上还有一部分人员退休了。就这3个原因造成了《浙江

日报》的青黄不接。我们怎么解决这个党报的人员问题呢？当时在想，我们无法一下子从外面调进那么多人，当时各个单位都缺少人啊，"文化大革命"中斗

来斗去的,人才都走失了。我们就想自己培养人才。怎么培养呢？我们人员是有的,经费也是有的,但是读书要有块招牌,人家才会来读书,不然没有学历,人家不肯来的。所以,我们就跟杭大领导商量,我用你们杭大、杭大新闻系的牌子,办一个新闻班,杭大新闻班由《浙江日报》编委会负责办,经费我们自己解决;学历你们杭大要承认的,你们要盖印的,毕业文凭要你们发的;还有,我要你们帮助一下,有些课程,比如马列主义,或者其他的历史什么课啊,请你们帮我们来讲;业务课,新闻业务课,我们自己来。学生住在我们报社里面,跟编辑记者一起生活和工作。那么,学生从哪里来呢？我们去省招办,在没有录取的落榜生里面,我们直接去挑,挑了 40 个人,要挑文笔好的,其中有一个人,大概数学零分,但他的文笔很好,我们把他录取进来了。你们杭大给我们的帮助也很大,牌子给了我们,另外,有些课程,由你们杭大的老师来上。我们上新闻课。

新闻课我们怎么上呢？跟你们的课堂教学不一样,比如说,我上课,一开始,我跟学生讲,我今天不是报社领导,也不是你们这个课堂的老师,我是一个厂长,我今天把我工厂情况介绍给你们,你们听,记下来,下课以后,你们每个人写一篇对这家工厂的报道。他们讲,这个好的。我事先准备了一个讲稿,讲我工厂多少人,我工厂是一个什么工厂,生产什么产品,这个工厂我是怎么管理的,我工厂有什么样的模范先进人物。我边讲他们边做记录,因为他们要写稿子,这等于是采访。结果,40 个学生写的五花八门,各种各样的写法都有:有的选角度,有的写工厂管理得好,有的写工厂里的模范人物。我们再来给他们稿子进行批改、点评。我是这样来教学的,完全跟实践结合的,这个等于实践采访。所以,你们学校的课堂教学,一定要想办法与实践相结合。当然,课堂教育不要也不行的,比如语言怎么用,还是要的。要想办法跟当地的新闻实践相结合,这样,学生教育出来才有用。学校,不管复旦还是杭大新闻系学生(也有学生干部),到我这里来以后,要一年以后才能得心应手地写稿子,因为他没有实践这个东西。后来,我就在学校里讲了我的观点:培养新闻工作者,有各种各样的方式,像我这样的教学也是一种方式。

这个新闻班办了两年。毕业以后,就根据他们各自的特长,分配到各个部门。因为我对学生的情况很了解。这个班有 40 个学生进来,高考虽然都落榜了,但我们给了他们前途了。他们很幸运。结果,这个班有 26 个人留在浙报当编辑、记者。14 个人调出去,是送到了省委省政府各部门,其中有几个,后来都当了省委书记的秘书,比如朱澜平就是省委书记秘书,是省委书记铁瑛还是薛驹的秘书,我不清楚。还有一个也当省委书记秘书,好像是副书记秘书吧。所以,这个班办得不错,能在我们省委里面留下来。

当初在浙报留下的 26 人,今天全部成了浙江日报社的领导。因为他们都在我们报社里面么,跟记者、编辑经常接触,他们一分到具体部门后,具体情况比较熟悉,怎么弄怎么弄,他们都清楚的。所以,他们很快成材了,新闻班的团支部书记高海浩,现在是浙江日报社社长兼党委书记;新闻班的学生李丹,开始是《钱江晚报》的总编辑,后来是《浙江日报》总编;新闻班的学生李丹、陆熙,先后做过《浙江日报》的副总编;还有冯为民,现在也退下来了,退到省记协当副主席。其他还有好多人在哪一个部门,我一时也弄不清楚了。现在看起来,这个新闻班,杭大新闻班是成功的,非常成功。当然,这也有你们杭大的支持,给了我们一个牌子,派了老师来上课。所以,这个也不能说是完全是我们的功劳。我认为,这给我们这个新闻事业,给我们《浙江日报》的新闻事业,培养了人才,解决了很大的问题。"文化大革命"以后,没有这批人的话,我们还要到外面去调干部呢。现在我内部就可以提了嘛,是不是?所以杭大新闻班功不可没。

**问:你是如何被中央调到人民日报社工作的?**

1989 年 4 月 26 日,《人民日报》发表了题为《必须旗帜鲜明地反对动乱》的社论。反对动乱,这是邓小平定的性啊。5 月 19 日晚上,中央开了一个电视会议,会上李鹏和杨尚昆讲了话。李鹏的讲话代表中共中央、国务院,宣布首都戒严。这个电视会议,大家都在听、都在看的,全国老百姓都知道的。我们浙江,我们杭州,武林广场在静坐,那怎么报道?当时省委宣传部通知我说,从大概 5 月 18 日或者 19 日开始,报道由你们自己处理,不要送审了,他们也不晓得中央怎么抉择。省委宣传部把球踢给了我们。那么,我就按照中央电视会议的精神,跟中央保持一致,我们党员要跟中央保持一致嘛。我们是党报嘛。

5 月 19 日或 20 日下午,省委宣传部的一个部长,这个名字我就不讲了啊,打了个电话给我,说要到我们《浙江日报》、浙江电视台开个会,把一些精神讲讲。这个当然很好,我们正缺这个。那天下大雨,我把浙报所有中层以上干部叫来,100 个人,开座谈会。我不知道他讲啥东西,所以我没有搞录音,就用笔作些记录。因为他是我们的顶头上司,讲中央和省委精神,我当然是高兴的。结果,他讲了一番话,讲什么呢?他说首都宣布戒严,这在国际共产主义运动都没有过,共产主义的哪个国家宣布过戒严的啊?他认为这是错的。他还说现在群众起来了，去静坐，去游行示威，这是群众运动啊，合理的，应该支持的。我坐在那里越听越不对劲啊，跟中央精神唱反调的东西，怎么个弄法呢？那天是我组织会议的，他讲话后，我讲什么呢？我就含糊其辞，我不讲部长讲话或领导讲话我们要贯彻。我不能这样讲，我这样讲的话就犯错误了。我说现在这个，这个，这个，我们的宣传报道要按照中央和省委的精神进行。我不讲省委也不行，我不能他讲了话，我就不讲了嘛，我想笼而统之表个态算了嘛。我原本这样算了，但是他临走时又跟我讲了话，说："你要把我今天的讲话传达到全报社。"我们一个报社 800 人啊，下面的记者、编辑都要知道这个消息啊？这个，这个我心里打鼓啊！这个东西，我要是传达他这个东西，你没有态度，就变成个问题了。有态度，你反对省里的领导，这也不行啊。我想我是一个党员、我们是党报，本来按照规定，按党章规定，可以向中央书记反映。但是，中央书记那么远，我又不认识，我怎么打得了电话？打到哪里去呢？那我们是省委党报，我们受省委领导的，我的上级顶头上司应该是省委书记，第一把手，那时书记是李泽民。因为省委宣传部长要我明天向全社传达的，我要首先解决这个问题啊。我要看省委什么态度啊，他第一书记有什么态度啊，我打了个电话给省委书记李泽民。我说："泽民同志，这个现在，今天，部长到我这里有这么个讲话，他要叫我去传达，你看要不要传达啊？"我请示李泽民书记，看他怎么个说法，因为我又不能讲宣传部长错的。李泽民问："你有没有录音啊？"我说："我没有录音。"我是实事求是的，因为我不知道讲什么，我怎么把部长的话音录下来呢？李泽民又问："那你有没有记录？"我说："我在主持会议，我没有记录。"李泽民接着问："那么你下面的人有没有记录？"我说："下面有人记录的。"李泽民说："你到下面弄个记录来，给我看一下。"李泽民也不敢随便乱扣帽子，他也不晓得怎么回事情，因为部长怎么好反对中央精神的？我说："好的。"第二天上午，我就把报社党委书记的记录、机关党委书记的记录，送到省委书记那里去了。李泽民看了以后，马上打了个电话给我，他也看到问题的严重性了。他说："梦熊同志，他的讲话，你不要传达，我们常委会处理，我来处理。另外，你外面就不要讲这个事情了。"叫我外面不要讲，宣传部长也有个名誉问题啊，他常委犯错误，讲错话，这个传开了以后也不好的。叫我不要传达，省委书记的态度很明朗了，我一听就放心了嘛。真是一块石头落地了！那我就按照中央精神进行了，我就不用支持上街游行了，这些都不要了嘛。管你怎么弄，我就按照中央精神工作。但是，后来我们《钱江晚报》还是有点毛病的，它还是根据宣传部长的精神来弄的。

**问:我知道,《钱江晚报》发表社论说,浙江动而不乱。**

哎,对的,就是这个东西嘛。我这个处理符合党章规定的,符合共产党员应该跟中央保持一致、下级服从上级、全党服从中央的精神。我是没有错的。到 6 月 4 日,天安门事件平息了。我没有向中央反映部长这个讲话,但是因为报社 100 多人听到了,有人向中央反映了,中央中纪委就派了一个调查组来浙江。中纪委常委王德瑛找我谈话,问我,有没有录音?他怕有人造他谣。我说录音没有的,他那个讲话记录有的。"你拿 10 份记录来。"王德瑛调查很认真的,他也不知道这里面有什么奥妙。10 份记录拿去后,他相信了:是有这个事情的。后来,这个部长就处理了,免职,大概是记过,记过还是警告?大概是记过吧,职务免掉了。当时有这么个过程。

那么后来,大概中央听到了这个情况,因为这个肯定是下面有人反映,因为中纪委都知道嘛,派来一个中央组织部干部处长、一个中央宣传部干部处长、一个《人民日报》的老同志,到这里来考察我,到我们《浙江日报》开座谈会,征集意见:郑梦熊在这里到底表现怎么样?我们的报道怎么抓,他们都清楚了,报纸也好查的嘛。一个星期以后,他们找我谈话,说:"梦熊同志,中央如果调你到北京去,怎么样?"我很老实的,我不想去当官啊,我不想到那里去。我跟他们讲:"我已经 57 岁了,在《浙江日报》呆了 30 年了,我马上要退休了嘛,我就在这里做做好了。另外呢,北方的气候也不好。所以我不想去当官怎么的,我不去的。"他们一定要叫我表态,最后,我表了个态,我说我是省管干部,我的意见会向省委书记反映的。那么,他们就回去了,去了一个月都没有消息。为什么没有消息呢?我以为就这样过去了,不会调了,因为《人民日报》的副总编以上的干部,要经过中央常委会讨论,而他们常委会没有空。可是,一个月以后,常委会讨论好了,说是任命我当《人民日报》副社长,这个我也不知道的。一天,省委办公厅来了中央的调令,说中共中央任命郑梦熊同志为《人民日报》副社长。我不想去,怎么办呢?我就找省委书记李泽民。省委书记一句话,我就没有话语好说了,他说:"老郑啊,中央向省里调干部,如果调不去,省委不支持中央。这怎么说呢?你是个党员,你不去怎么办?"所以,讲起来,我自己没

有兴趣当官,没有想出风头,我没有这个想法。我 57 岁了嘛,我就回来好了嘛。这样子,我就没有办法了,我就去了。去了以后,他们就马上任命我为副社长兼机关党委书记。当时"六四"风波不是出很多问题吗? 要清查处理,但是我清查的时候是很宽容的,因为,当时情况大家都不清楚,尤其去游行示威。人民日报社为什么改组啊? 因为人民日报社很多人都支持那些的。

**问:我知道的,因为《人民日报》也有人上街游行,《人民日报》还专门开辟了一个专栏叫"广场一日"。**

对对对,你讲得对的。实际上,我们年轻人的教育真的太重要啦,有的的确不讲理。《人民日报》的钱李仁,老社长,现在还在,听到一批年轻的记者、编辑去游行,他跑到门口,手一摊:"你们如果要出去游行的话,到天安门广场的话,从我身上走过去。"游行的这批小青年,青年编辑们怎么讲的:"好的,你躺下来,哈哈哈哈,躺下来!"老社长原本是吓唬他们的,真的躺下成何体统啊? 结果,他们哈哈哈地笑着,从老社长的两面走出去了,拦也拦不牢的。当时,《人民日报》有的总编、副总编都支持上街游行。所以,要改组《人民日报》的这个班子。

那么为什么会调我去的呢? 总编辑邵华泽是从军报调到《人民日报》的,社长高迪原来是中央党校的副校长,再早是吉林省委书记,他们两个搭档,想从《光明日报》调人,从军报调人。不知道哪一个常委说:"你们不要老是从中央新闻单位来调人,你们也可以从省报里那些好的中间调一两个人嘛!"他这一句话促成中央来人到浙江考察我,因为我表现还好嘛。他们还从《山西日报》调了一个社长。这样我就到《人民日报》当副社长,开始他们认为我们《浙江日报》经营比较好,大概老郑经营有一套,就叫我当副社长。但是,我去了以后社长当了并不长。《人民日报》有规定:社长是管后勤、行政的,总编、副总编才能办报啊。有段时间,大概他们都忙着,抽不出人来,邵华泽叫我代他一下。我当过浙报总编他是知道的,就叫我代值几个夜班。值夜班要万无一失,要能够当场处理事情,能够找独家新闻,要配好标题,要找好头条,我讲了一套东西,都有记录的。他们领导、社长看了记录说:"哎,这个老郑还会办报的!"实际上我这里就办报的,他们以为《浙江日报》经营好，我就是搞经营的。所以，过了8个月，中央重新任命：免去郑梦熊同志副社长职务，担任《人民日报》副总编。这就叫我办报了，但是机关党委书记我还兼任的。后来邵华泽当了社长兼总编辑，他很忙了，再加一个常务副总编，我就从第四把手变为第三把手。所以，我的工作比较严峻的，我晚上要值夜班，白天还要开会，机关党委书记，人事这摊我还管着的。我替邵华泽管了两个摊子，他后来就相信我了："老郑办事认真的，不会调皮捣蛋的。"所以我们两个比较幸运的，我们两个人关系处理比较好。

**问：在中华全国新闻工作者协会工作期间，你做哪一件值得一提的工作？**

我在《人民日报》干了6年，退了以后，中央就调我到中华全国新闻工作者协会当党组书记、常务副主席。在那里，我干了一件确立中国记者节的事情。怎么回事情呢？解放初期，我们就有记者节，但没有具体时间。中央没有定具体时间的。就那一年，中央有个通知，要确定一些节日的具体时间。妇女节、护士节等，都有具体的时间。记者节呢也在名单里面，但是没有确定的时间。当时，我在中华全国新闻工作者协会当书记、常委副书记，很多记者写信来说："记者节怎么没有时间的？哪一天搞记者节？"我一想，这倒是个问题。我们就想，这件事情要向中央宣传部请示一下。中宣部回复：你们新闻界再去征询一下大家的意见，大家商量一下看看怎么办。那我就在全国新闻界征求意见，老同志的意见都征求了一通。1937年11月8日，范长江为首的左翼新闻工作者在上海成立的中国青年新闻记者协会，为团结广大青年记者投身抗日救亡运动作出了重大历史贡献。我们倾向于11月8日作为中国记者节的具体日子，有意义。1999年，我就写了一个报告给中宣部。但宣传部也做不了主啊，把我们的报告转给国务院，由国务院决定，因为节日是国务院来定。这个报告传到朱镕基那里，是朱镕基亲耳批准把11月8日作为中国记者节。从此，我们每年都有记者节了。现在我仔细想想，这件事情上，我是做了点贡献的。

打"红机"向中央汇报工作　　　　　参加全国政协会议

在中华全国新闻工作者协会我又干了 5 年,所以我到 72 岁才退休啊,这个是比较少的,因为按中央规定,副部级是 65 岁退休,正部级是 70 岁退休,我到 72 岁才退休。我们新闻界有两家单位,一家是中国记者协会,一家是中华全国新闻工作者协会。中央有两个名额给我们中国记协和全国新闻工作者协会的,一个是"十五大"代表,要选的,我被选上。这都是机遇啊,不能说是我们本事啊。另外,我是全国政协的政协委员、政协新闻出版组的召集人,因为新闻出版都属于我们中国记协来管辖的,所以我是新闻出版组的组长,书法家沈鹏是副组长。

(何扬鸣)

# 张大芝：从"红小鬼"到"大掌柜"

张大芝，1948年参加革命工作，1955年考入复旦大学新闻系，1960年毕业来杭州大学新闻系任教。1962年杭州大学新闻系撤销后，他在杭州大学中文系公共语文教研室任教。改革开放后，他受命与其他教师一起筹备恢复新闻系。1988年杭州大学新闻系恢复后，他任系主任，一直工作至离休。

**问：张老师，听说你是一个"红小鬼"，是不是？你小时候的经历很丰富，是吧？**

红小鬼我算不上，因为红小鬼呢，讲的是红军年代的，一般跟随父母长辈参加部队。我当时参加部队已经是解放前夕了，是1948年秋天跟国民党打仗的时候。我13岁的时候是老家儿童团团长，又是区儿童团分团长，中心小学4个村庄的团长。我从来没说过是红小鬼，说不上是红小鬼，这是误会，我不敢当。

我父亲不是一个革命工作者，他是一个商人。他这一辈当过八路军，在八路军服务过一段时期，他不是经常的，也当过小学教师（党领导的学校）、供销社社主任。但干了一阵子，他又不干了，又到城市里去当他的职员或者私人资本家商店里的经理，断断续续的。解放以后，他彻底回到政府部门，当过供销社干部，领导过一个公司。因为家庭负担重，他不能长时间地当一个革命工作者。实际上我父亲是一个不坚定的革命者，原来是小商人出身，他参加革命已经是解放战争时期。

那时候我学习稍微好一些，全靠老师们扶持、帮助和张罗出主意，我作为小孩子干不了什么事情，我无非是到处喊喊口号的角色，没做什么要紧的事情。

我 15 岁参加工作,在烟台工商局工作。国民党军队进攻胶东地区,把烟台占领了,但是很快又被解放军赶出去了。烟台解放以后,我就和我的一个同学去工商局工作了,我们都有点文化,年纪也小,去考试看看能不能行。考试以后,我能行,我那个同学呢,稍微差一点,但是也录取了,到农场去了。那个农场是管理劳改犯的,他就去管他们了。我被分配到县里的一个公营大酒厂,生产并销售烧酒黄酒的,我在营运科里做练习生。

在酒厂干了不到一年,我办了件很了不起的事情,和我一起南下的厂长感觉我还有点本事。当时厂里要查一下资产,把烧酒和黄酒倒出来称一称。大仓库里,一缸酒可能就有几千斤,一桶一桶地倒出来,又倒回去,这是很费劲的,一天称不了一缸酒。所以我就想办法,我们用不着磅秤,也不用篓子,也不用倒出来倒进去,干脆用大柜子。它有体积,是可以把它的容量计算出来的,从外面判断一下(也不是很准确)。原来一缸酒要两三天来称,用这个方法几个小时就完成了,也不必倒出来倒进去。曹冲称象不就是这么来的吗?整个酒厂的酒两三天就统计完上报了,领导就觉得我这个小孩了不起的。平常工作都是一般性很啰唆的,唯独在这件事情上,算是有功了。当然这也不算什么了不起,也是属于正常的工作。不到一年,我就调到烟台总酒厂去了。我本来在营运科,被调到营业科去了,就搞搞统计计算。在这里住了不到两个月,我马上就南下了。

**问:南下后你干过哪些工作?**

南下以后,我一开始在浙江台州的烟草管理处。1951 年调到台州专署人民检查处当检察员。做了不到一年,我调到台州地委宣传部。宣传部有两个科,宣传科和教育科,我呢就在教育科。我在教育科初期干了几个月,我有一次可以到报社工作的机会。台州地委要建立台州地区的报纸《台州大众》(1953 年元旦创刊),当时宣传部的两位部长准备要我去,至少给我做个副社长。但是我不大想去,文化水平我不够高的,中学还没有毕业完。我说让宣传科科长去,他比较老练,又是当地人,说话比较灵光,我是北方人,听不太懂当地的话。他对当地的生产,种水稻什么也比较了解,我对小麦、玉米有一点懂。结果他去当《台州大众》的社长,我没有去。这个人原来是老地下党员,后来"文革"时被打成反革命,被红卫兵弄死了。红卫兵说他反革命,他在大众面前要叫,要讲道理,红卫兵就用刀当着那么多人的面在他的嘴巴里乱捅,让他没有办法叫喊。

在地委宣传部不到一年，我又被送到省委党校学习，一学学了半年，这是最长的一期。我毕业以后再回去，还是在教育科管地区干部教育。实际上我是变成做教育工作的。过了一年多，也就是 1954 年，台州地委撤销了，我就调到省委办公厅做了一名干事。我们一共就 5 个人，包括部长、秘书和 3 个干事。做了不到一年，我又从办公厅里调到省委工作处检查队（临时的），小组 10 个人中，我当了组长。

当时农村比较复杂，搞合作化，强迫命令，生产也受到很大影响。想了几个月，我觉得在农村工作不好干，第一，我没有长期在农村工作过，尽管我是在下面工作，但是都是在机关，农村工作包括种庄稼（南方水稻）都不熟悉。第二，当时政策我不是很赞成，我现在老老实实地说，合作化有点强迫命令，结果村民生存不下去了，大批农民跑到江西去了，所以省委要组织工作队下去，把这些农民弄回来，而且省委又要拨出很多粮食去救济他们。

农村事情不好干，我也不能干，干不了，所以我就写信给办公厅主任，说我要去读书去，当时读书是党的任务之一。所以我就回到省委办公厅，当时刚好在搞一个反胡风运动。我又要准备考试，又要参加运动，我就不太耐烦。总算考得比较好，考到复旦去了。有些人考了"鸭蛋"，还要回去。

**问：你对复旦大学新闻系读书还有什么印象？**

我在复旦学生中年龄算是大的，同学们普遍比我小一两岁或者两三岁。我到学校已经 22 岁了。我在复旦专心学习了 5 年。新闻理论这门课很重要，我在复旦上过这门课。我在复旦学生里面成绩还是比较好的，虽然我只读过初中一二年级，但是我毕竟接触过新闻工作，读起来呢也容易理解。所以，新闻理论我还是可以的。我系统地研究新闻理论就是在复旦读书时候开始了，写的话，是"文革"以后上这门课以后开始的，以前我没有写过，只写过通讯之类的新闻文章。我在复旦大学学得比较全面，每门课都很好，古代文学、现代文学都如此。古文基础在复旦大学是一门很重要的课，它从三皇五帝讲起，一直到民国时期。

我在班上是党小组长（不是支部书记，也不是班长），在班长之上。但是，形势我越来越不适应了。学习是不错的，就是那时运动越来越多，反右派、下农村等。下农村我又是甲班的头，我们头要管理王中教授，他是我们新闻系的主任、前山东《大众日报》的总编辑，我觉得非常难做。但是我们同学还好的，对王中并不迫害他，他年纪大了，又是老革命，也没有什么大问题，就是右派，中央点名了。我们私下里对他还是比较同情。但是我不行啊，我在风口浪尖上。我们有 4 个班,每个班 25 个人,我管着 100 号人。在这种情况下,我就觉得很不愉快。王中呢,我们交代的,无论如何都要好好对待他,党委也这么说,我们学生也应该这样做,不会麻烦他去干什么大重活。

我在县里一个镇上人民公社,兼任他们大队的副大队长,和公社里的大队长们一起开会,原来是开半天,结果开了一天一夜。一天一夜开会,都在那里胡说八道,讲有关于大跃进的一些事情。第二天早上我才回到家里去,天已经亮了。我也不是说去指导工作啥的,也是听领导命令。劳动我们倒无所谓的,是和农村的农民们一起劳动。但是,他们在胡闹,粮食乱七八糟地烂在地里,积肥都是 1 万斤、10 万斤那么积,那里能积那么多肥? 都是往大坟墓上浇上大粪,看起来显得肥料多,然后拍成照片。农村搞大跃进,搞的都是这些东西,实在讲不过去的。

所以我觉得呢,在农村和在学校学习都是很好的,就是有时候太过分了,太左了。有些青年学生不知道,而我是从小就干革命干出来的,该怎么做就怎么做,怎么可以这样做呢? 所以思想上有点疙瘩。

在学校 5 年写的并不多,下乡的时候也写过一篇,写下乡时在农村的田野上劳动,和农民们一起的感受。毕业以后我写过一些,但是没有发表。那时候已经没有兴趣了,已经工作,不是学生了。但是在复旦的时候,我写过两三篇杂文,发表在上海的一个文艺刊物《文艺月报》,姚文元也有文章发表在那个刊物上。我看到过他几次,个子不高的,坐在资料室里看报纸。刊物的总编辑我认识,他的妻子我也认识。我写过几篇杂文,通讯也写过,两篇小说写什么的我忘记了。刊物派两个女同志跟我联系,一个是《文艺月报》总编辑的妻子,另一个记不清楚了,她经常到复旦大学来找我。其实我毕竟是一个学生,没有毕业,主要精力不在写文章上,偶尔会写两篇,在《文艺月报》有几篇文章,而且有一些影响。我在《人民日报》也发过许多好稿,好稿是在《人民日报》北京总社评出来。应该说写得比较多。

**问:你怎么来到杭州大学新闻系?**

当时,我的对象有问题,因此我在复旦大学党委和新闻系里都是有点名气的,所以我的分配呢她也不知道。毕业分配是把我送到边疆地区的。分配的档案送到学校党委副书记那里后,他把我作了调整,说这个人不可以这样处理。因为他是浙江人,我也就被调到浙江了。他在复旦大学的校门口见了我,告诉我这件事情,说把我调过来了。这件事我从来没有说过。所以当时我确实是有点问题,那么,这个党委副书记不管我有没有问题,看在我过去为革命干过十多年，照顾我到杭大来了。我跟你是无所不谈的，我现在年纪也大了，无非也就影响声誉，声誉不好而已。

**问：你对当时新闻系还有什么印象？**

杭州大学新闻系实际上是独立于本部的，在分部，在我们西溪校区对面的生科院那里。当时生物系、政治系、新闻系都在那里。新闻系在生物系隔壁，生物系在西面，我们在东面，就是今天学军中学那里面。当时那里有 3 幢楼，前面的楼是新闻系，后面的楼是政治系（也即在今天的省工会干校），西面的楼是生物系。

第一任系主任是江牧岳，第二任系主任是林淡秋，这两位都是做新闻工作的，都在新闻单位里做过头，后来也当过我们杭大的党委书记、副校长，兼新闻系主任。我有时候会和他们这些高层领导见见面，或者到他们家进行谈话，但是都是很一般的话，不会讲特别的话，无非是鼓励鼓励而已，不会告诉你做什么或者研究什么。

我知道林淡秋名字比较早。林淡秋是浙江台州三门人，在 1928 年亭旁农民起义的时候，他就参加过这个起义，是个知识分子，在老家鼓动这个事情。亭旁是三门一个镇，林淡秋就是亭旁镇上的人。为什么我知道呢？因为在1952 年的时候，《人民日报》一个记者受命来亭旁这个地方采访亭旁起义，把这个事情在中央的报纸上登一下。我当时在台州地委宣传部，管这个事情。记者到宣传部来，宣传部决定让我陪他去采访一下。这事情后来我和林淡秋见面的时候也没有和他讲过。林淡秋夫人唐康是上海人，林淡秋在上海做地下工作的时候，就住在唐康家下面。唐康是家庭妇女，她随林淡秋一起调到杭州大学，当杭大幼儿园园长。林淡秋是中共的老新闻工作者，后来也在北京《人民日报》工作过。1958 年到杭大来当校长，兼新闻系主任，没有受到右派的牵连。我对林淡秋有些了解，但是也无非是了解而已，因为他年纪比较大。

再来说说其他教师。华祝考比我高一年级，他来得比我早。复旦大学来的还有几个人，有的在复旦的时候我就已经认识了，一个是朱振华，是一个老讲师，我来时他已经被调到金华的浙江师范学院去了，华祝考还在这里；还有一个复旦大学调来的教授，这个人是英国留学出身的，调到杭大来当教授的，他不到一年就自己走门道调到北京去了。还有就是从人大调来的孟还和王旦凤。

跟我一道来新闻系的是陈克澄，他跟我不是一个班的，但是两个班常常在一起上课。陈克澄来新闻系不久，就被下放到食堂里去。新闻系领导不太会用人,他其实是一个很优秀的摄影师,在我们100多个同学中他是专家了。摄影课应该交给他,但是他连摄影这门课都没有接触过,就被下放了,做了几个月后,他又被下放到德清当中学老师,没办法了他只好回上海。他家是大资本家,很富有的(因此有条件购买摄影器材和设备),在上海也有名,但是在上海他也没办法找到工作,他干脆到美国去了,在美国开了一个很大的摄影公司。

朱振华在复旦当讲师,是个老先生,当时已经50岁了,南京人,一口南京话,黏黏糊糊的,学历是有的,就是讲课不很理想,所以复旦把他调到杭大来,等于是丢掉一个包袱一样。他一辈子也没有结婚。他生活很苦,但为人慷慨,同学同事有什么困难他都会帮忙。他总体上来说是不错的,政治上不是很开放,不是党员,也不是民主党派,所以他在系里不是很受欢迎,不到一年就下放到金华的师范学院,在那里工作到退休。这个人,说他不符合大学讲师的水平也是说说的,当时那个情况呢,作为讲师他还是够格的,问题是他发展前途不大,另外他在政治不够开放,被下放也情有可原。杭大新闻系对人有歧视倾向可能是有一点,但是应该还可以接受。

新闻系被撤销的时候,师生都很平淡地接受了。教师对新闻系已经不感兴趣了,调走的调走,剩下的人也不多了。作为从复旦大学刚来的,我和陈克澄、华祝考都没有发言权。本地调进新闻系都是外单位来的,不是原来杭大的。他们对新闻系被撤销有什么反应,我也不是很清楚。

**问:新闻系的师生关系如何?**

当时学生是两年制的调干生,1958年进来的,1960年就毕业了,我不熟悉他们这群人,但是还是知道这些人的。我9月份到的时候,1958级的还没有毕业,我不清楚是不是政治运动的关系。他们是调干生,出身都很好,但是文化程度就不一定了,因为他们来自基层,公社、乡里、区里都有,而且当时对他们的学习要求也不是很高的,他们在学校学习只有两年,这两年又恰好遇到大跃进,能学到什么就不得而知了。另外老师呢,除了上面提到的这些,有许多杂牌军,包括我们后来来的老师都没有什么教学经验的,所以第一届学生能学到的不是很多,他们的素质从理论上讲也许不够高,但是政治上还是很靠得住的。

第一届毕业是1960年4月份开始分配工作的。邬武耀留下来了,他很实在,不多讲,不会整人,不会讲假话,不会出馊主意,做事情也很踏实。他原来是在宁波做公安工作当秘书。“文革”期间他到省里参加了一个写作班,造反派把他作为一个笔杆子,被派到省里工作。后来因为这个事情受到了牵连,但是没有受到处理,该用还是在用。他没有受到重用,最后就在新闻系做一般事务,系副主任之类。他最初留在新闻系,后来新闻系撤销后,他调到中文系写作教研室,与我在一起。

1959年、1960年,从外地调进新闻系来的老师大多都是当官的,凡是从本地调进新闻系的老师都是在新闻单位或者行政单位有一官半职的,只有复旦大学来的,本来就不是官,也不是很受欢迎,老师和学生的关系并不密切,这是我的看法。

我对学生接触不多,不是很了解。上世纪90年代,他们在杭州有一次聚会,特意邀请我去参加,毕竟教师里只剩下我一个了,邬武耀老师不在了,别的老师都调走了或者去世了。我就去讲了一点话,吃了一顿饭,他们这些学生都是基层干部调进新闻系来上学的,应该说都是骨干,不会是乱七八糟的,但是这些人思想上可能偏左一点。学生对教师接触不是很多,本来教师在这个时候已经靠边了,因为已经快到"文革"了。同学们对在新闻系的经历还是认可的,还承认自己是杭州大学或者浙江大学毕业的,他们在这里读过两年书,晚年的时候还能到杭州来聚一聚。他们当时都差不多离休了,进校的时候差不多是20多岁了。去参加他们的会议对我来说是一种光荣,我觉得已经很不错了,还是有点感情的。

**问:今天你是如何评价当年的新闻系?**

对于老的新闻系的看法? 作为历史问题来看待,要吸取教训。根本问题是,大学就应该像个大学的样子,大学要有一定水平,有一定质量,包括入学的质量和毕业的质量。我们那个时候办学,入学不管,毕业不管,这样子到底算是什么呢。我来的时候,新闻系最初都是调干生,都是区乡干部,顶多是县里的干部,文化水平低,大家相差都大,这是一。没有经过考试,这是二。政治觉悟水平倒是差不多,工作经历也是差不多,但是作为学生的基本条件不具备。在学校中,老师上课也马马虎虎的,因为水平不一样,学生学习也是马马虎虎的,水平也不一样,有考零分的,也有考80分的。

再说说当时的教师。当时新闻系停办了,100多个学生都走了,留下来邬武耀,他还是可以,原来就是高中毕业的,还是机关干部,当秘书出身的。还有几个,一开始留下来了,但是在高校里不行,后来还是调出去了。当时那个情况,第一是训练班性质的,课程也没有正式的要求和规格。第二呢,学生和老师,老师和老师,老师和领导,相互之间的关系是非常不好的,像官场一样,界限非常清楚。支部书记、总支书记根本不照面的,学生领导也不大照面,都是官架子十足,办学像走官场一样的,像上党校一样的,根本不是办学的样子。1952 年,我在党校培训过半年,就是这个样子。原来培训 3 个月一期,但是我那次培训了半年,是最长的一次,要学"三大改造"、农业机械化、城市工商业改造等等。党校里,学生和老师之间,老师和老师之间,老师和领导之间,界线是非常清楚的,像衙门一样的。党校一度也与杭大合作过,也进来了不少人,很多人我都认识的,我在那里学习了半年嘛,但见面时,都不认识了,当然有可能是时间长不认识了,但是总能认识几位,他们怎么能不认识呢?当时的新闻系差不多也是这个情况,互相不通气的,互相都有官架子。总支书记李文放不怎么讲话的,一天到晚板着脸孔。跟我们这些年轻人板着脸,我们还行,跟那些四五十岁的老教师也板着脸,那谁受得了啊。所以那个时候的新闻系,一副官腔。学生都是当官的,大小都是个什么长,教师也是什么长,那当时新闻系是副官架子,我从官场里出来的人都不习惯。我官场也待过十多年,到杭大新闻系来也已经我二十七八岁了。所以当时那个新闻系撤销了,大家都是高兴的。

**问:改革开放以后,学校为什么会恢复新闻系?**

学校为什么要恢复杭大新闻系,这个不是我们下面能解释的。我猜想学校的动机可能是这样的:一是我们原来办过新闻系;二是我们浙江有人才,可以办新闻系;三是我们需要办新闻系来培养人才。当时的党委书记叫黄逸宾,是我的老乡,山东烟台黄县(今龙口)人,是我隔壁县的。他在杭大工作了许多年,本来是绍兴地委的副书记,后来任第一任文化局长(今省文化厅),然后再来的杭州大学。他大概是在 1973 年过来的,对学校是很了解的,对我也是比较了解的,因为是老乡的缘故。当时我在杭大里面是个反动人物。我 15 岁半就出来革命了,竟然弄来弄去扣了顶特务的帽子,逮捕了,其实也没法办,审查一下又放出来了。到底是怎么回事呢?于是他就从头到尾把我的档案查看了一遍。他主张让我到外面去工作,但是我不愿意,我觉得自己在"文革"当中受了这么大的怀疑,我很保守,就没有赞成这个事。后来他还问过我:为什么新闻系解散了呢?我回答不了这个问题,因为当时我也不在领导岗位上。我只知道,1958 年开始建这个新闻系的时候,水平很差的,而且招生质量也很差,毕业出来水平也是比较差的,都是区乡里的干部,招上来的,就招了那么一届。办了 4 年之后,就撤销了,能够留在学校的,就留下来,不能留的,就离开。我当时从新闻系毕业,但背后却监管着,就是有些政治问题没有交代清楚吧,就把我留在学校里了。

黄逸宾到学校之后,"文革"也快结束了,"文革"那一套也不再实施了,我也是白被抓了。新闻系已经没了后，我就被并到中文系去了。当时有两个人，还有一个邬武耀老师，他也是新闻系留下来的，也跟我一起去中文系去了。中文系后来单独建立了一个公共语文教研室，给其他系上课，我当时当教研室主任，邬武耀当副主任，有十几个老师，就在那里干了几年。在中文系，我是教写作的。我的古文基础和现代文学基础都是不错的。1982年中文系设立新闻专业的时候，我就开始当负责人。矮子里面找长子嘛。学校里新闻学出身的人都不多了，1958年、1959年的毕业生理论不到位。我反正是服从党的领导。

黄逸宾跟我谈过恢复新闻系的事，不仅与我一个人谈，也与王欣荣谈过。大概在1980年或1981年的春天，我邀请黄逸宾、谭克一起去建德参加一个活动，也游览了灵栖洞。王欣荣也参加了这次活动。在那次去建德的活动当中，黄逸宾就提出，要重建新闻系，而且要招正规的学生，从高中毕业的学生中招，要建立一个正式的新闻系。我

左一是张大芝，左二是黄逸宾，右二是谭克，右一是王欣荣。照片摄于建德灵栖洞。

觉得要恢复新闻系还有困难，主要有几个方面，一个是教室问题，教室问题是主要问题，其次是教学的计划、经费、目的，是按照过去新闻系那样的教法，还是按照正规大学新闻系的教法，正规大学新闻系有正规的标准的。如果按照这个来计划，那还有一个是时间问题。黄逸宾让我把这个作为正常的工作考虑进去，因为当时我们还没有其他同志可以做这项工作，其他人要不是调进来，就不能够做这项工作的。他说："这个事情定下来了你去做就是了。"我本来应该义不容辞，但是当着谭克同志的面，当着王欣荣的面，又不好讲什么。这次建德之行，黄逸宾又与我作了个别的谈话，他说学校党委想恢复新闻系，想来想去还是我主持工作比较合适。我说我已经多年没有做新闻工作了。他说，第一你是新闻毕业生总是真的，第二你是新闻系的高才生是真的，第三你复旦新闻系学生当中一个党的干部也是真的。他说，党的决定你要服从的。我工作那么多年了，我从来是服从组织分配的，我再小的官也当过，我当什么都行的。党委书记亲自抓这件事，规模、对象、调研，他都有考虑，具体让我去操作这件事。党委书记的谈话对杭大新闻系的重建是有决定性作用的。所以

当时要建立新闻系,有什么规矩,都是黄逸宾说的。党委书记除了这次谈话之外,之后就很少有类似的谈话了。

左边是王欣荣,中间是黄逸宾,右边是张大芝。照片摄于西湖。

**问:在恢复新闻系的过程中,哪几个人值得一提?**

谭克也与我们一起去灵栖洞的,黄逸宾在建德与我个别谈话时,他也在场。我跟谭克同样很熟悉的。熟悉是两个方面,一个呢,他原来是山东省《烟台日报》的副总编辑,来浙江后担任《浙江日报》的副总编辑。我也是烟台地区的一个干部,我与他是一个地方上的人。1954年左右,他下放到建德劳动干了一年半年的。当时在搞"新三反"运动,他被反了一下,有一些问题。他回来后,浙报没有要他。是省委把他要回来的,把他安排在省委办公厅工作,在农村办公室,他原来对农村工作很熟悉的。我在办公厅党群办公室。我是干事,他也没有职务。我去复旦读书的时候,他还写了介绍信给复旦大学新闻系主任王中,他和王中是在山东就认识的。我到了复旦之后,王中被打成右派。那封介绍信我没打开看过。所以尽管当时他不在杭州大学,但是因为他是新闻局局长,因此新闻系筹建的时候,我也把一些情况告诉他,听听他的意见。我告诉他主要还不是新闻系的办理问题,主要是把情况告诉他,把进展告诉他。

洪一龙对我们新闻系的组建也有贡献。他是中宣部新闻局新闻教育处处长,宁波人,经常到我们杭大来。我们都是搞新闻工作的,就经常在一起聊聊。他来杭大有好处,他在中宣部工作,我们有些难以把握的事情都可以请教他,比如说,我们新闻系办学方向,他的意见就是,不要以自己的小单位为圈子,要向大单位前进,比如说要像复旦一样,要像人大一样,至少这两个单位,新闻系建设的水平很好,要向这两个水平前进。这个我倒是很赞成的。

1982年的一天,洪一龙打电话给我,说中央宣传部新闻局一个局长要来嘉兴办事,我们有什么事可去找这个局长。当时我们正在建系过程中,需要跟中央沟通一下,我们去北京的话没这个条件。他们下来了,来浙江了,这个机会难得。洪一龙在这方面消息很多。新闻局局长为什么来嘉兴的原因我是不清楚的,因为是嘉兴地委接待的。来嘉兴之前,洪一龙就在北京打电话给我,告诉我新闻局局长将去嘉兴,他已经跟新闻局局长打过招呼了,我们可以过去找他,问他有什么指示,他可以和我们谈谈。这个局长叫什么名字我想不起来,他叫……

**问:噢,我知道他,他叫钟沛璋,他原是《东南日报》中的地下党员,我搞《东南日报》时与他书信来往过一段时间。**

对,钟沛璋,钟局长。当时只有桑义燐在,王欣荣好像已经离开杭大去山东了。所以晚上的时候,我就和桑义燐一起去了嘉兴,到了嘉兴地委招待所,找到了新闻局钟局长,和他谈了谈。我们主要向他汇报了我们杭大要重建新闻系的情况,并作了说明,即我们杭大原来有这个新闻系,后来撤销了,但是社会各界又很需要新闻人才,希望我们继续培养新闻人才,于是我们临时组建了一些新闻培训班,但是要真正解决这个问题,需要重新建立新闻系。新闻局钟局长是赞成这个事情的,他说,有这样一个条件,既然你们原来也办过新闻系,有新闻系的基础,在这样的情况下(当时改革开放了),能办新闻系,那就最好不过了。我们当时就是谈了这个问题。我们又向钟局长汇报了我们的办系的思路。我们杭州大学是一个地方大学,是为地方服务的,但是,有更远大的目标,也是有要为中央推荐学生,推荐人才去的。所以我们目标就是,形成复旦大学、人民大学、杭大为前三的格局,其他学校很少有新闻系,复旦大学、人民大学这两个大学是我们的学习对象,我们决定是以复旦新闻系、人大新闻系为目标的。钟局长很赞成这个想法。我们还向钟局长介绍我们新闻系的条件。我们建系,是因为原来有基础,在我们初建的时候,可能有点问题,比如会调来调去啊,不一定很稳定,但我们相信,一定会逐步建立起一个完整的新闻系。至于学生多少呢,分配到哪里,这些问题都是不大的。关于教师素质的问题,我们也是有条件的,我们把俞月亭、王欣荣、桑义燐他们调过来,可以加上原来新闻系还留下几个人,还有王兴华这些条件还是具备的。我们可以以这些人作为基干队伍,然后再从研究生当中再培养一些,不需要到外面去找了。这点,钟局长也是赞成的,他说我们有这样一个态度,是好的,要立足于自己,就是数目不大,也要把队伍建立起来。我们请他谈谈我们办系中应注意的问题,他提不出别的意见。所以,新闻局钟局长是很赞成我们的。

**问:新闻系恢复起来,师资问题是如何解决的?**

新闻系恢复后,师资问题,学校要我来解决。我当时说这个我可以解决的,因为我有这么多同学,他们有的不太满意当前工作的,有的原本是搞新闻的,结果搞别的东西去了,有的就是没有条件教新闻的。我觉得组织一批人来教书是没有问题的,毕竟我在复旦新闻系的同学有一百来号人,我也总算是个小头头,这还是可以做到的。所以我并不怕我们建立不起来。领导上有这个意图我很赞成。但是,是不是一定办得很好,这个就不一定了,我就不能保证了。

经费问题。实际上,我们经费用的不多的。房子学校给了,当时经费也没向学校要很多。这个是远任务,最后也是容易解决的。学员呢,我们也很简单,都是从高中毕业的学生中选的,不是像原来的新闻系一样,是调干生,不是大学要求的水平。这也不成问题。师资我们还是自力更生好一些,要立足于学校培养,外校来的,也是可以的,但还是不如自己培养出来的了解。这个问题,我觉得也不是问题。所以我对重建新闻系这个任务还是很乐观的。后来学校看我们新闻系办起来了,也没怎么管我们了。

尽管黄逸宾、谭克等人对新闻系的重建有重要作用,但是他们对怎么办新闻系也是没谱的,原来他们并不是搞新闻教育的。新闻系恢复后,第一件事情是调人。要调人,有时候心有余而力不足,调不进来,还要跟别人联系,有一个过程,但是这个过程速度也是很快的。大概 1983 年或者 1984 年的时候,我们把人都已经差不多调过来了。

邬武耀是杭州大学新闻系第一届毕业生,大学只读了两年,又是在大跃进时期,不像我们读了 5 年,底子不厚,但是他以前因为做过公安局的秘书工作,所以很规矩,就让他过来,让他当副主任,等于把系里的工作包给他了。至于外面的事情,比如和报社的联系等等,课程的安排、审查之类的,都是我和教研室主任来办。新闻系恢复也没花多少工夫,只要学校拨出经费来,拨出指标来,拨出房间来,就可以完成任务。

调人要调可靠的人,就怕有些人进来后,不是很关心、爱护这个事业。现在看起来,调进来的人,基本上符合我们的要求,而且水平也不低,比较高的。我们这些调过来的老师都是复旦、人大毕业的。

第一个调进来的是俞月亭,他是复旦大学毕业的,浙江新昌人,他原来也是冲着新闻系来这边工作。他做事情比较仔细，非常适合当领导，但他原来在福建省新闻单位就有名气，他们请他回去，有很好的安排。考虑到他当官当大了，比当教师好多了，那我们也是没有理由阻止他的，就让他回去了。

第二个是张允若，他在复旦大学新闻系比我高两级，又是共产党员，从政治上讲是好的。他毕业之后去参军了，在中央军委工作过，后来调到上海市委，被打成右派后下放到江西。他脾气是大一些，但是学问是不错的，而且工作也比较负责。这是很得力的一个人，但是我不能推荐他当系主任，因为当时他有一个右派问题。

第三个是桑义燐，他和我是同级的，我对他不是十分了解，因为不是一个班，但记得在批判王中的时候，他在学校倒没有突出的表现。我觉得他的水平属于中上的。他分配参加工作之后，在陕西西北大学工作。"文革"期间，他与西安新闻研究所所长（曾来杭大新闻系讲课）一起工作。这位所长跟王中年纪差不多，都是老同志，他的文章厉害的，批判王中时堪出力。我们1960年毕业之后到单位里去，单位还是有点左倾。当时大跃进嘛，但实际上已经到了末流，没有那么火气十足。桑义燐在工作上还是可以的，他是讲新闻写作的。这个人本事有一点，不是很大，可以使用，所以在我们条件比较差的时候把他请过来。

第四个是王欣荣，他原来和我是同班同寝室的。他喜欢到浙江来工作，他不愿意在四川工作，他是从四川大学新闻系调过来的，暂时安排在中文系公共语文教研室。他妻子后来也调过来了。把王欣荣调过来不完全是为了建新闻系的，但后来设新闻专业并准备建新闻系了，是希望他搞新闻的，但他不是搞新闻的料，是搞文学的料，所以最初来的时候，和我一起在中文系语文教研室。当时我不在新闻专业里面，我是在公共语文教研室，有10多个教师。从教学方面来说，他的语言表达可能不好，土话太重，考虑问题从自我角度出发的情况较多，但是学问是有的。王欣荣是1982年走的，他走的时候新闻系还没有建立起来。王欣荣因为想回家照顾年老的母亲。他父亲原在上海，他的孩子也是由其父亲带的，后来去世了。他本人希望回到山东去，又喜欢文学，就让他带着妻子回山东，去山东社科院工作。

第五个是吴工圣，他是从人大来的，他是毕业分配过来的，我们要了他。那个时候，我考虑到他是人大新闻系毕业的，也是可以的，但是人比较老实也比较保守，不是搞新闻的样子，人倒是好人，他主要是放不开，我倒是从来没批评过他，给了他一个办公室主任做做。他后来到《农村信息报》去了。

其他的人呢，都是后来的一些毕业生，包括王兴华，一些研究生，比如吴飞、邵志择他们，新闻系能够建起来，这几个人能把业务上的问题解决了。后来就寄希望培养一些人，出来承担一些工作。再后来，还从其他单位调进了一些人，断断续续进来不少人，教师队伍越来越大了。

新闻系，人有了，但是怎么安排他们的工作问题呢？工作问题一般不是大问题。在新闻系里，任何工作都可以做，新闻理论、新闻史、新闻业务等等，主要是三大块。张允若可以搞新闻史，也可以搞新闻理论；我可以搞新闻理论；桑义燐可以搞新闻业务，王兴华也可以搞新闻业务，他新闻理论和新闻史不行。其他的，课程都不是主要的问题，所以课程问题，我们都按照标准，特别是按照复旦的标准，尽量靠近复旦标准。

**问：当时有没有想过要把新闻系办成怎么样的一个系？**

我当时办新闻系有明确的目标，我绝对不会办 1958—1962 年那时候的新闻系，不管是林淡秋兼系主任还是江牧岳兼系主任，他们那种办法我是绝对不会去干的。当时的新闻系的学生不是通过正规考试考上来的，自己看中谁就把谁拉进来，一个人品质和素质怎么样，我们是不知道的。只要你按照正规标准对学生进行考试，按正规大学途径招收学生，那么我一定能办好。

建系问题上没有碰到什么太大的问题，唯一的担忧就是，怎么提高水平，能不能把我们的水平提到老三老四的地位，这倒是个问题。一般水平我是不考虑的。我是复旦出来的，我们主要教师都是从复旦来的，简单来说，搬的就是复旦那一套，复旦的教材，复旦的方法，复旦的课程来办，按照复旦模式来依样画葫芦就行了，没有什么特殊要求。不可能超过人家，但也要办出真正新闻系的水平。至于人民大学模式是不是可以，我并不熟悉，但是人大的模式并不见得就好，他们无非是干部级别高一些，招收的人才可能比我们要广泛一些。但是我觉得这是培养干部的地方，而不是培养学生的地方。复旦和杭大应该都培养有学问的人或者专家，至于政治上的可靠度有多少，这个我们可以判断。我们总要挑选好的学生，挑尖子。

**问：新闻系恢复后，有没有什么与海外交流的活动？**

是"六四"事件之后接待北欧一个国家（芬兰或挪威），是对新闻系的一个考验。因为那次是很突然的，"六四"事件刚刚结束，在国内和国外的反应还没有完全结束。这个时候，这个国家的新闻工作协会组织的一个班子，大概八九个人，到中国来考察，实地考察"六四"事件到底是怎么回事，这是一个很麻烦的事情，他们是资本主义国家。我接到这个电话是在上午，说下午就来。当时是新华社告诉我的，学校党委也知道。我当时在家，接到电话后很紧张，因为当时离"六四"事件不到 7 天，他们会提什么问题，我们学生怎么回答，都是未知数。张梦新一定记得这个事。我当时就立马把这个事情布置下去，让学生们准备，但是没把握啊。提什么问题，怎么回答，都是未知数。这个事情又是逃不掉的。在这之前，党委在我家里装了电话。"六四"时期，学生游行，有电话后党委可以随时找我们，告诉我们学生在哪里，叫我们到现场去。那个时候，学校给各系系主任都安装了电话。我很紧张，在家里都守着这个电话，交代学生怎么讲，怎么做。我觉得这个事是考验我们新闻系能不能站得住脚，如果出了麻烦，那就交代不了了，就要做检讨了。下午，外国客人进了我们安排的会议室，同学（都是 87 级和 88 级的）也到了，他们提的问题都很尖锐，我们在旁边都很紧张。有一个问题，我记不清楚了，只记得提得很尖锐，同学回答也很尖锐，经过几个同学反复说明，总算把这件事情搪塞过去了。我们可以向新华社分社交代了，新华分社也可以向总社交代了。后来我也不知道他们回去之后怎么报道，我想是没有什么问题的，也许他们有不同的看法，但是对当场回答的问题没有什么不同的意见。这是对我们新闻系的一次考验，如果出了问题，就难以交代了。

还有一次是美国一个新闻工作者协会的主席来新闻系。这个美国人个子不高，是芝加哥某个学校的新闻系主任。他首先来到我们杭州，这个事情也比较麻烦。他是从上海入境的，如果到杭州来逛一圈，问题倒不是太严重。他不是来采访的，是来了解情况的。我要陪他到北京去。第二天，买了飞机票，我就把那个美国人送到北京中宣部新闻局新闻处处长洪一龙那里。那个美国人还要去中宣部新闻局讲一次课，上午和下午都讲，我也在那里听的。那次回来后，我没有在系里传达，但那次对美国人的接待，算是中美之间有一次业务性的交流，这也不简单的，虽然是非官方的，但也有官方的意味。从北京回来的时候，我和省里的人一道回来的，坐飞机的。

大概是 1996 年的时候，我去了台湾，并讲了话。1996 年 6 月 18 日，我在台湾讲话，介绍了杭大新闻系的情况。我有一个观点，说杭州大学新闻系1960 届毕业的学生质量不如现在的学生，1958 年那个是新闻专业不像新闻专业，新闻系不像新闻系。这次会议台湾新闻界的朋友都参加了，事后的反映一般是说好的。这次台湾之行共三四天的时间，和李寿福老师一起去的。当时，台湾方面除了邀请我们之外，还邀请了南大、人大、复旦，都是沿海的大学，内地的大学没有邀请。当时大陆与台湾交往的形式，主要是双方沟通交流。

我还去过几次香港，我们与香港中文大学新闻系互相之间有交流。一开始有一起做一些科研项目，经费他们出，资料我们提供。因为研究的是大陆的新闻状况。但是这个工作没有做好。他们花了钱，我们也出了资料，都是印出来带过去，但是就没有下文了。当时我们对他们说，你们研究吧，我们不发表意见。结果他们没什么意见，也没拿出什么研究成果。事情也就不了了之了。但是我们钱是收下了，当时我香港之行的钱也是他们给报销的，去了两次。这次活动，虽然我在那边讲过一次话，但是也不好多说，因为照实说了不好，言不由衷也不好。香港方面也来过两次，其实只是来玩玩的。最后不了了之。但是我在香港学生中也介绍过杭大新闻系的情况、学生的来源和出路、学习的内容。香港学校是不管分配的。我没有讲政治问题。

**问："六四"事件后，新闻系招生计划是要取消了，但是你们努力了一下，最后招了14人，招了一半，对不对？**

那个时候，决定是党委做的，跟系里没关系的，党委说招多少就多少，除非系里觉得任务重，吃不消，那是可以提出来的。本来要取消，后来又招，这些都是党委的决定，所以89级当时招的学生最少，可能当时有关部门对学生有些感冒吧，新闻又是比较敏感的。新闻系学生参加"六四"当时也是比较活跃的。

当时就做几件事，对外，对内。但是有一个很重要的工作，总支领导的就总支负责。

**问：你如何看待新闻系的党总支工作？**

张英华很早就调到杭大来了，但是不在新闻系。她的父亲是老干部。好像是林彪垮台的时候来的，专门就做党总支的工作。张梦新是中文系毕业的，1977年考进中文系，1982年毕业的。系里的工作由总支安排去，对行政的影响不是很大。

毕业分配的问题，当时要找总支，找张英华、张梦新，我们学生毕业以后，成绩都很不错，不像全国其他一些地方的大学，我们毕业生都很可以，可能跟浙江的氛围有关系。虽然跟学生接触不多，但我听说我们学生都很好，反映不错。

张英华还是张梦新,他们统计一下学生毕业之后,变动情况,材料也应该有一些。一般对总支的工作,我不管的,都是交给他们管。他们总的来说,都是任劳任怨的。

至于一些党的干部,我从来不管的,我们学生的分配都是党总支决定的,而且从来不跟行政上通气。现在没有这个问题了。过去学校毕业生是党委分配,系里是党总支分配,名单我都是到事后才知道的。

**问:你一生曲折多变,这对你在新闻系的工作有没有影响?**

一生曲折的经历对我在新闻系并没有什么影响,也许我要做的事情可能更多,但是我能做到这个程度已经满足了。党委书记既然把这个事情交给我了,我绝对不会把事情办砸。像王中那样的当右派什么我是不怕的,说我是苏修特务是有可能的。因为有人以为我好像跟苏联跟得很紧一样。

因为新闻系不比中文系,他们底子厚,有很多老教授,知名的教授也不少,我们要超过他们是不可能的。我们新闻系正式恢复的时候,没有搞过任何活动或仪式。我离休的时候浙江省只有一家新闻系,现在已经遍地开花。他们开他们的,都是当地一些人,特别是一些官员,考虑到子女问题,对于社会需不需要的问题,想不了多少。我话可能说得重了点,搞这么多新闻系干嘛,需要这么多新闻干部吗?

我很满意新闻系现在的现状。我不知道新到的学生怎么样。我们学校的老师,复旦都欢迎,可以去复旦当老师。这不是证明我们新闻系的老师很强吗?我觉得我们新闻系的老师都是比较不错的。

今后发展,按照现在的布局进一步提高就是了,但是呢,要经常关心人大、复旦的动态,他们是领头人,可能有所创新,要在他们的行列里,跟上队,排上号。我们离复旦这么近,而且有渊源关系,可以多学习学习。我们不要闭关自守。

(何扬鸣)

# 俞月亭:敢为人先的嵊县人

俞月亭,1953年入复旦大学新闻系学习,1957年毕业后分配去《青海日报》工作,1962年调《福建日报》,1978年调杭州大学编辑《语文导报》,并在中文系新闻专业任教,后又参与新闻系的筹备工作并任负责人,1986年调任福建电视台台长,1995年底退休。

问:俞老师,我是2006年见到你的,到现在9年了。那两天一直跟俞老师在一起,开车来回都是坐在一起的。你讲的很多东西,我都记在日记里,来之前,我还重新去翻了一遍,看看当时记了些什么东西。现在看来,俞老师没变。俞老师,你怎么记性那么好,那么久的事情都还记得?

我也有记日记的习惯,有些亲身经历的比较有兴趣的东西也会在日记里记一记,有时候也会回忆回忆,不过那总是少部分,许多东西也还是忘记了。

我没有什么故事,我的经历也很简单,再说我的普通话讲得也不好。现在年纪大了,什么毛病都出来了,这几天嗓子也不太好,腰腿也不好,行动不便,

差不多已经有一年多没有下楼了。(苦笑一下)

问：俞老师，非常感谢你能够接受我们的采访，你已经多年不参加这些活动了，说明你对新闻系还是很有感情的。

我这一辈子都干新闻工作，就是在杭大待了 8 年，算是改行，主要也还是在"语文战线"(后改"语文导报")做编辑，在新闻专业教书只教了一个班，就是第一届的；还有一个培训班，是浙江省下面的地县报或报道组的人，大概也有二十几个人。我一辈子就讲了这么两次。所以，严格说，我连助教都评不上。

问：我记得 2006 年，福州的那次会议期间，你专门向丁淦林老师打听有没有杭大过来的老师，还在门口等我，想见见杭大原来新闻系的人。我当时就很感动。到现在，我还觉得你离开我们系，是我们系的一大损失，也是我们学校的一大损失。如果俞老师在的话，我很有可能会做你的助手。我们新闻系的很多老师，都是你曾经复旦新闻系的系友，后来又成为你的同事。我们想先请俞老师谈谈你的经历。

我是 1953 年从嵊县中学毕业，考入复旦大学新闻系，那时候叫嵊县，现在叫嵊州。1953 年，是全国大学院系调整以后第一次招生。当时，全国只保留了两个新闻教育单位，一个是复旦大学，保留了新闻系，还有一个是北大，在中文系里面，保留了一个新闻专业。复旦当时招生就招了 30 人，读 4 年，1957 年毕业。毕业那年，正好碰上反右运动，所以我们毕业时间很迟，本来七八月份就分配工作了，我们却一直到 10 月份才分配工作。当时，国家对大学毕业生有一个口号是"到祖国最需要的地方去"，还有一句是"到最艰苦的地方去"。那时候的大学生，就是以响应这个号召为荣。当时，我们班有 10 多个同学，联名写了一封信给国务院表态，要求到祖国最需要最艰苦的地方去，我也参加了。这封信后来还在《中国青年报》一版显著位置发表了。当时大学生毕业后都由国家统一分配工作，国务院下达地区和人数，然后由校、系分配学生。那一年分配去的地方，有新疆、青海、甘肃、陕西、福建、浙江、江西和上海，人多的组都要有一个党员带队。在系里讨论分配方案的时候，系秘书、新闻史教研室的伍老师曾找我征求意见，说系里想留我在新闻史教研室教书，问我愿不愿意，我当时一心就想做记者，便婉言谢绝了。我是 1956 年在学校里入的党，我们班的党支部书记有一天征求我的意见，说"其他地方都有人去了，就是青海 6 个人，还少一个带队的"，问我能不能去。我想都没想就说："好啊，我去！"在上述那些地方中，青海是最艰苦的一个地方。我就这样去了《青海日报》。

在反右派运动中，我们的系主任王中教授因为在 1956 年第一个提出要对我国的报纸宣传和新闻教育进行改革，被当时华东区的机关报《解放日报》点名打成资产阶级右派分子，复旦大学新闻系也因此被打成了"资产阶级新闻教育的苗圃"，从这个"苗圃"培养出来的学生自然就成了"资产阶级新闻教育的苗子"了。所以到了工作单位以后，凡是有"改造思想"的机会，单位领导往往就会想到我们。1958年兰州到西宁的铁路开建，我就第一个被选中参加报社的建筑队去挖了一个星期的路基。1959年下半年到1962年上半年，即三年困难时期，就在1959年，中央提出机关干部要轮流下放劳动锻炼一年。据说第一批原来是有我的，因为我在这一年初结了婚，大概是为了照顾我新婚吧，我被安排到了1960年第二批下去。在三年困难时期中，1960年是最苦的，就在这一年，我们报社下去的5个人被分配到了青藏高原一个偏僻的藏族聚居的小山村与藏民"同吃同住同劳动"了一年。这一年的艰苦经历，在我去年刚出版的长篇小说《炼乡》中有很具体的描述。等我一年后回到报社，才知道机关的形势也大变，我爱人也因为严重缺乏营养而无法坚持工作，后来不得不请假回上海老家养病。本来，像青海这类边远贫困地区是要向国务院要干部，国务院下令向各省要，各省再以"支援边疆建设"的名义动员干部才会有人去的，这时竟然以"粮食严重缺乏，快撑不住了"为由，在机关内部动员凡是内地去的干部，有办法调回内地的，只要本人想回去，马上放行。就是这样的情况，当时我也还没有调回内地的想法，因为我是自己报名要求去的，可以说是喊着口号去的。我爱人也是作为上海第一批"支边青年"去青海的，离开上海时上海市市长陈毅等领导同志还亲自到火车站去送他们。当时，她也在《青海日报》工作。我们都没想到过要调回老家去，后来是一些朋友劝我，尤其是人事科的干部提醒我，说从我爱人的身体状况看，短期内未必能回青海工作，如果我们想回去，这是千载难逢的机会，错过这一次恐怕再也不会有了。加上那个时候，请假回家探亲是很难的，我爱人去了六七年，我去了5年，都没有回家过一次，你说我们不想家那是假的。在这种情况下，我和在上海养病的爱人联系商量后决定试一试，便根据人事科的建议，一下子填写了7张履历表，寄给了浙江、江苏两省的7家新闻出版单位，其中就有杭州大学（当时杭大办了一个新闻系）。没过多久，就收到好几家的回信，包括杭州大学，都欢迎我去，要求寄档案去再看看。但档案只有一份，寄给哪一家呢？我当时犹豫不决了好几天，最后决定，寄杭大新闻系。杭州大学新闻系有个老师叫朱振华，原是复旦新闻系教编辑课的老师，还有一个胡其安教授则是教我们时事研究的老师，都是当年支援杭大新闻系创建时过来的，比我低一两届的复旦同学也有好几个在杭大教书，都是比较熟悉的。但我这边信刚寄出不久，杭大那边就又来信说，"刚刚接省里决定，我们新闻系停办，不办了，调动的事只好以后再说了。"接着，其他几个要我的单位也陆续回信暂停，原来中央正在召开的七千人大会上，内地好几个省向大会提出，边远地区大批的人往内地涌，内地有点吃不住了，希望能够暂停。结果，中央立即下令暂停调动。这一暂停，第一次联系便都落空了。人事科的同志替我出主意，"省级新闻出版单位不行，你不妨往地市级单位发发看，地县市那么多报纸，也许会有要的。"于是我又试着给地市级新闻单位发了七八封信，也有好几个地方要我。有一天，和我一起去青海的一个同班同学是福建人，他告诉我："听说《福建日报》要人，你可以跟他们联系一下，省报总比地县市的报纸好一点。"我想想也对，且福建和浙江也算隔壁省，离老家也近。于是又向《福建日报》发了一封信，不料，信发出没过几天，《福建日报》的人事科就来了电话，说，"我们要，夫妻两个都要，马上来报到。"人事科一通知我，我们两个人联系了一下，很快就办好调动手续，赶到福建来报到了。来了之后才知道，当时《福建日报》也听到了七千人大会传来的消息，但还没有收到省委的正式通知，怕写信太慢，来不及，所以才打电话。我们来福建路过上海时在岳母家里停留了几天，4月底赶到福州时还是迟到了。人事科的同志说：我们刚刚给你们发了信，让你们不要来了，因为我们已收到了省委正式文件通知，暂时停止人事调动。既然你们已经来了，那就先住下吧。后来办户口还花了很大的劲。我们就这样到了福建，这一住就是16年。

我们1962年4月底到《福建日报》报到，5月1日开始正式上班。因为我在《青海日报》的最后一段时间是编副刊，《福建日报》也安排我到副刊部当编辑。《福建日报》比起《青海日报》各方面条件自然要好得多，《青海日报》的副刊"江河源"，一个星期出一期，只有我一个人，既是主编也是编辑。《福建日报》的副刊"海潮"也是一个星期一个版，连主任有10多个人，不但工作轻松，还经常有机会下去采访，自己写些东西发表。10月，我利用工余时间写的散文"藏乡纪事"的第一篇《拉伊》在人民日报副刊发表，这是我有意识地学写散文的第一篇（因为当时副刊部领导分配我编散文，我得自己也学着写一点），反映还不错，《人民文学》编辑部很快来信，向我约稿。上海的大型文学季刊《收获》编辑部到福建组稿的编辑也来找我。我在青海的一个同学还写信告诉我，他听广播听到有一个省的广播电台还把我那篇《拉伊》编成配乐散文播出，因为我写的是藏族题材的散文，文中还穿插了几首藏族民歌。此后不久，《人民文学》也发表了我的第二篇"藏乡纪事"《乞库》，还特地给我寄来了5张小小的

"特约稿"的标签,嘱我"以后寄稿子,在稿子角落上贴一张标签,就会优先处理"。《人民日报》副刊也陆续发表了我的好几篇散文,在福建日报和《福建文学》(当时叫《热风》)等省内报刊上也经常会有我的散文、杂文、诗歌或诗配画(我从小喜欢画画,还能瞎涂几笔呢)等作品发表。初到福建的那段时间,我的工作、生活都很顺利,报社领导对我也不错。1963 年,闽南大旱,受灾最严重的地处九龙江口的龙海县发动了一场"横堵九龙江,引水灌溉农田"的抗旱斗争,夺得了大旱之年大丰收,实现了"水稻亩产千斤县"的出色成绩。后来轰动全国的"革命现代京剧样板戏"《龙江颂》就是根据这次抗旱斗争中出现的"榜山风格"的故事创作的。这年年底,报社的老总亲自带了一个采写组到龙海县采写这次抗旱斗争的报告文学,第一稿写成后他不满意,又亲自打电话到报社,让我连夜赶去龙海负责采写第二稿,这篇题为《抗天歌》的报告文学后来分两天以整版的篇幅在《福建日报》发表。在这次采访过程中,我发现地处九龙江口的海岛玉枕大队的事迹比"榜山风格"的故事更感人更动人,便在征得报社领导同意后找了一个当地报道组的同志做翻译(那时闽南农村还很少有人会说普通话,而我又不会听闽南话),一个人到海岛上住了 20 来天,就在海岛的农舍里写成了 3 万多字的报告文学《玉枕人》,后来又到海岛上补充采访了十来天,因篇幅限制,压缩成 12000 字在《福建日报》发表。事后我觉得可惜了,就把 3 万多字的原稿稍作改动,寄给上海的《收获》杂志。《收获》的编辑很快回信,提了几点很具体的意见再让我改一改,便送给主编巴金作最后审稿。巴金审看后认为:"这个题材激动人心,写得也不错。同意全文发表。"因为当时有个规矩,真人真事的东西,都要当地的领导机关盖章。他们征求我的意见,我让他们直接寄给龙海县委。说时迟,那时快,时间已经到了 1965 年,"文化大革命"的风声已经逼近,不久,便传来《收获》被江青定性为"修正主义路线的产物"而勒令停刊,我的一篇已经编好备用的"藏乡纪事"《青稞》被退了回来,那篇写玉枕的稿子则连原稿都没有回来。

接着便是"文化大革命"。新中国成立 17 年,政治运动一个接着一个,说实话,每个运动开始时我都有点不理解,但慢慢地也就被卷到里面去了。特别是 1956 年入党以后,又经历了 1957 年的反"右派"运动,我的脑子里就形成了一个观念:共产党是反不得的。所以"文革"一开始,报社的造反派就把矛头对准总编辑,不讲任何事实,就给戴上"反革命修正主义分子"的帽子,我就接受不了,很自然地成了"保皇派"。后来随着运动的发展,我又像过去历次运动一样,慢慢地意识到是自己思想"跟不上革命形势的发展,落后了",这才慢慢地向"造反派"靠近。但跟了一段,又觉得不对了,便又退回来,不过也没有完全回到"保守派"一边,而是采取了鲁迅先生当年采取过的"横站"的态度:哪边都不靠,根据自己的判断,哪边对就支持哪边,哪边错就反对哪边。这一来有个好处,就是又开始使用自己的脑子了。17年慢慢被培养起来的"一切听党的话,一心跟党走"的懒汉思想慢慢又被改造,用当时流行的话说就是"自己的脑袋又回到了自己的肩膀上"。到了这时候,人家在那里忙着闹"革命",我闲着没事干,便重新捡起慢慢荒废的画画的爱好,在家里学素描,学写毛笔字,晚上睡在床上,也开始对自己这20多年的经历进行反思。对一心向往的新闻工作渐渐也失去了兴趣。这样,便成了我想离开《福建日报》,另找一项工作做做的缘由。加上父母年老,孤零零地在农村生活,也希望我们能调到离家近一些的地方工作,好有个照顾,于是我们终于下了回杭州的决心。

但是,我们俩从学校出来后都是在报社工作,除此之外没有别的本事,回杭州能干什么呢?想来想去又想到了杭大。杭大当时还没有新闻系,但我喜欢大学那种安静的很适宜读书的环境,不像报社整天熙熙攘攘,根本坐不下来读书,我想到大学去随便找个工作做做,业余时间读读书总是可以的吧。当时杭大的组织部长是我小学时的同学,他爱人又是我的亲戚,当时杭大的一位副校长是我《福建日报》同一个办公室很好的同事的同学,他们都表示愿意帮忙,但根据当时的规矩,干部跨省调动一般都要对调,即你来一个,我也要去一个。开始是报社这边不肯放,后来是要找一个杭大想回福建的人对调,这样折腾来折腾去折腾了3年半,一直到1978年年底,才终于调到了杭大。在福建工作头尾16年。

**问:作为新闻系的筹备人之一,后来又成为新闻专业的负责人之一,请你谈谈学校为什么又要恢复新闻系,对这个决定,你们有什么感觉和想法?**

当时,杭大没有新闻系,我报到后就安排我到宣传部,宣传部部长想让我去办校刊,我当时就想,我大报都不办了,难道还跑到这里来办小报?便没同意。那么干什么呢?正好那时,我听说中文系那边要筹办一个新闻专业,我就自告奋勇要求去参加新闻专业的筹办。就这样我到了中文系。筹备组一共3个人,除我外,还有两个是张大芝和也是新调到中文系的姓赵的老师。张大芝也是复旦新闻系毕业的,他1960年毕业后就到杭大刚刚筹办起来的新闻系来了,是老杭大,又是老新闻系的教师,本来应该是他当筹备组的头的,可能是他谦虚,也可能是我比他早毕业3年,资格比他老一点,硬让我当了筹备组的负责人。筹备组成立后的第一件事是取经,我们一起先到复旦新闻系,然后又到人大新闻系,最后是到郑州大学中文系的新闻专业,向他们讨教办学经验,向他们索取一些教材和相关的资料等。回来后就开始研究,写报告,报到学校里,批了,又向省委报告。谁知省委分管文教的副书记薛驹看了以后只讲了一句话:"浙江不需要那么多新闻干部,不要办了。"我们忙了几个月,他一句话,这个计划就泡汤了。新闻专业不办了,我又没地方去了,怎么办呢?正好当时省总工会正在筹备办一个《浙江工人报》。我想实在没办法,就去工人报看看行不行吧。于是我给总工会主席写了一封信,毛遂自荐。总工会很快给我回信,把我找去,由总工会主席和我面谈,表示欢迎我去。但回到家里一想,又动摇了,好不容易刚刚跳出报纸这一行业,怎么又进去了?不行不行,还是赖在杭大,随便找个工作,看看书算了。就在这时候,我又打听到中文系办了一个语文刊物《语文战线》(后来改名《语文导报》),便想干脆给他们当编辑去吧,于是到了《语文战线》。从这张照片也可以看出,编辑部一共七八个人,负责人是袁丰俊老师,实际上负责具体业务的是张春林,绍兴人,是"文革"前杭大新闻系毕业的,年纪轻,点子很多。刊物一个月出一期,薄薄的一本,我分工写作教学部分的稿件,工作量不大,又不用上班,除了开会,其他时间都在家里做,比起报社工作,一天3个班都要坐在办公室,真是神仙过的日子了。这样一干就干了好几年。一直到1982年夏天,杭大决定中文系还是设立新闻专业,并开始招生。

新闻专业正式成立以后,中文系的系主任郑择魁和系总支书记陆坚找到我家里,找我谈话,要我当新闻专业的负责人。我当即推辞。这倒不是客气,一是我没有教学经验,二是我的确也不想当,因为我对当官的确没有什么兴趣。当初我向报社领导提出要求调回杭州时,报社领导曾一再挽留我,最后并给我封官许愿,说编委会已经讨论过,如果我肯留下,他们马上上报省委组织部,让我担任部领导(处级),我也没有同意。后来人事科填写我的调动表格时要在"现任职务"栏填写"文教组负责人"(相当处级,因为"文革"期间,原来的"部"都改成了"组")我也让他们不要填。到杭大报到时组织部长曾问我"文教组负责人"是什么级别,我说这是"文革"期间临时负点责,没有什么级别,我只是个一般的编辑记者。郑、陆两位找我谈话时我开始感到很突然,后来就想,我花了这么大力气才跳出报社跑到大学来,为的就是羡慕大学的读书环境好认真的多读点书,切切实实地做点学问,如果当了专业负责人,便什么行政事务都要管,哪里还有什么时间和心思读书做学问?所以坚决不答应。他们一直劝,后来实在觉得不好意思了,才退一步说,如果一定要我当,那就当个副的吧。他们还是要我当正的,我就说:"如果这样,那我连副的也不当了。"就这样,他们只好同意,后来是邬武耀当了正的负责人,我就当了个分管教学业务的副手。这张照片是当时教研室开会时拍摄的。

新闻专业教师在召开学术研讨会

这里再说个小插曲:在新闻专业成立之前,有过一次评职称和提工资。我在《青海日报》和《福建日报》工作了20多年,从来没有评过职称,当时我在《语文战线》当编辑,能评什么呢?按照系里的意思只能从编辑评起,我已经当了20多年的编辑,还只能评编辑?我有点想不通。后来打听到《青海日报》有一条规定,说是凡是以前采写稿子在本报发表时能挂"本报记者"头衔的,这次评职称都算已经是"中级职称"(编辑、记者)了。我记得我离开《青海日报》前,报社编委会有一次宣布可以挂"本报记者"的人的名单中就有我的名字(此前我发表的以报社记者身份采写的东西只能署自己的名字,不能在名字前挂"本报记者",大概只能算助理记者或助理编辑吧。)我把这情况告诉编辑部的同事,反映到系里后答复是要有《青海日报》的证明。我离开青海都快20年了,人家还能给我开这个证明吗？我便不再提起，也不申请评什么职称，自动放弃了。后来编辑部宣布职称评定结果时，我竟被系里定为"编辑"，我只是苦笑了一下，根本没把它当回事。评职称不久又有过一次提工资。那年代要提一次工资是很难得的，我在《青海日报》6年就一直拿的刚参加工作的大学毕业生的工资。刚调《福建日报》不久有过一次提工资，因为名额有限，报社规定凡夫妻都在报社工作的，只能提一个，那一次是我提了，我爱人没有。很久以后好像还提过一次，算是两人都提了一级。我工作20多年，这一次算是第三次，如果按当时提工资的条件，我是完全够格的。因为当时中文系1957年大学毕业的人只有我和一位系副主任，1958年毕业的也很少，大部分是60年代毕业的，但结果是那位副主任和许多60年代毕业的教师都提了级，只有我和好几个从外面新调进来的没有，后来听比我先调进来的老师告诉我，说这是老规矩了，因为参加评定工资级别的评委成员都是老杭大的，凡是有好处的事情总是优先照顾杭大自己的人，外来的人很少能占到便宜的。据说那一次系里拟定的名单中是有我的，按规定只要评委中有一个人附议就可以通过，但念到我名字的时候，十几个评委中竟没有一个人吭声，就被否决掉了。为这事，当时一位姓张的中文系总支书记还特地到我家里来作说明，但只笼统地说了一句："一个干部新调到一个单位总是要吃些亏的。"当时我就笑笑说："要是按工作量来比较，不要说没提级，就是降我一级也没意见。"这不是客套，是实话，因为在报社时基本上是一天三个班，连星期天有时还要加班。到杭大后除了开会，天天都待在家里，你爱干什么就干什么，编杂志工作量也不大，常常闲得没事干，有时写点稿子到外面报刊上投稿，发表了还有稿费，一次稿费顶得上提好几级工资了（那时工资级别很小，像我们这样的干部一般提一级不过六七元钱）。书记说了句："你能那样想就好了。"就走了。

1982年新闻专业第一届招生以后我也没有离开《语文战线》，因为根据分工我负责教"报纸编辑"课，而这门课要到三年级才开。这两年时间我一边继续做编辑，一边写"报纸编辑"课的教材，两头兼顾，我查了一下，1985年3月份的一期《语文导报》的封面还是我设计的。当时的《语文战线》在全国中学语文教学刊物中被视为是四大"明星"刊物之一（还有3家是上海的《语文学习》、北京的《中学语文教学》、山西的《语文教学通讯》），我们编辑部的同事之间关系都很好。一直到1984年，我开始给学生讲课，才正式离开《语文战线》。

**问：你教的那个班里有个沈爱国，现在是我们的系主任。**

这个，我倒是第一次听说。第一届一共招了40个学生。1986年3月，当我离开的时候，他们班为我送行，和我拍了一张合影，我数了一下是 22 个男生，11 个女生。他们毕业的时候，我已经到了福建，有一天收到朱国贤写来的信，说系里要留他当教师，他不愿意，想请我帮他向系里说说。朱国贤教学实习的时候，是由我带的去新华社浙江分社实习的 6 个同学之一，因为表现不错，分社想要他，他想去分社。记得当时我写了一封信给张大芝老师替他说明情况，后来就同意了，改为留沈爱国。徐忠民是中文系留下来的，他比较早，好像是 1984 年毕业后就到了新闻专业，我们送他到复旦新闻系去进修摄影，指导教师是摄影教研组的主任马棣麟，回来后负责新闻摄影课的教学。

离开杭州大学时 1982 级同学送行合影

问：你是 1978 年底到杭大的，调动工作差不多是"文革"结束以后开始的。那么，你正式在我们学校上课是 1984 年，这段时间刚好是改革开放之初，不知道俞老师当时的心情怎么样？

当时心情还是比较好的，离老家也近了，老家就父母亲两个人，他们在乡下。而且，我的母亲在我还没有调到杭州的时候就已经去世了。我们到杭大后，我就计划着想把父亲接到杭州来住，谁知那年我们从北京刚转到郑州大学的当天，郑大新闻专业的一位老师（也是张大芝老师的同班同学）就转给我一封信，说我父亲突然中风偏瘫，让我马上回家。我连旅行包都未及打开，就连夜乘火车赶回家了。父亲病得很重，农村里医疗条件又很差，虽经多方努力，在病床上挨了七八个月后也还是走了。内心的歉疚和伤痛久久徘徊不去，我只能用转移注意力来分散，于是便想到搞研究，写论文。这一点，后面再说吧。

**问：请俞老师谈谈你的工作经验和教训。**

我在报社工作了22年，要说报纸工作的经验教训也还是有的。我想来想去，在中国这个地方，你想要完全按照办报人的愿望去办报，是不可能的。党在那边管着，而且那个时候的报纸都是党报。党报是党的喉舌，能允许你自由发言吗？新中国成立以来，那么多政治运动，一个接着一个，现在回过头看看，哪一个是对的？而那时所有的报纸、广播宣传，又有哪一家不是起的吹鼓手的作用？我那么多年辛辛苦苦的工作，编了多少稿子，自己也写了那么多东西，又有多少是对的？我觉得辛辛苦苦半辈子，结果是两手空空，有时觉得很伤心。这也是我下决心离开新闻界的主要原因。因为我要是还留在这里，我还得这样工作生活。到学校以后，尤其是到新闻专业以后，我也踌躇过，如果还按过去老师教的那一套原封不动教学生肯定是不行的，那么教什么呢？我想来想去，新闻工作是靠人做的，学校教学除了教学一些技术性的东西以外，还是应该教会学生懂得新闻工作者应该是一个怎样的人？要让他们懂得真正的新闻规律，按新闻规律办事。当然，在目前中国的体制下，任何新闻媒体都不可能脱离党的领导，自行其是，但作为新闻人，你至少应该能判断那样做对不对，对广大人民群众有好处还是害处，如果有好处，你就积极去做，如果没有好处相反有害处，即使你不能公开对抗，也应该想合适的办法向上面提出来，让上面知道，而在行动中尽量避免或缩小危害，切不要不动脑子，盲目地去做吹鼓手，为错误的东西火上加油。新闻教育单位的教师不可能改变国家的新闻体制，但可以教会学生怎样去识别新闻体制的利弊，用自己的努力去慢慢推动新闻体制的改革，而这，首先决定于新闻从业人员本身是一个怎样的人。我认为，一个合格的新闻工作者，首先应该是一个正派、正直、无私、无畏、具有独立思考能力和全心全意为读者服务的人，不人云亦云，不随声附和，以广大人民群众的利益为重，不计较个人得失。这是我从自己20多年新闻实践中得出的一点教训，也成了我对新闻教育寄予的希望和设想。在杭大新闻专业的那几年，我基本上就是本着这个想法做的。当然因为时间很短促，加上各种条件的限制，远没有达到目的。

**问：俞老师，当时新闻系刚刚创办，肯定有很多事情要做，那么，你作为负责人，做了一些什么事情呢？比如教材、师资等方面。**

教材方面，都是老师自己解决的，因为自己过去都学过，还有复旦和人大现成的教材可做参考。我是根据人大新闻系编辑教研室主任郑兴东教授为主编写的《报纸编辑学》和复旦新闻系编辑教研室主任叶春华教授编写的《报纸编辑》两本书,再联系自己20多年报纸编辑工作的实践和体会,编写了讲稿《报纸编辑原理》做教材。

　　第一批教职工怎么来的我不知道,一共才六七个人,有的是过去杭大新闻系留下或新分配来的,如张大芝、邬武耀、张英华。有的是中文系毕业留下的,如黄旦、徐忠民。后来从外面调了几个,如王欣荣是从宁波的一个单位调过来的,吴工圣是人大新闻系毕业的,徐艰奋是1982年杭大中文系毕业的,原来好像也在宁波一个什么单位工作。桑义燐和张允若则是我离开后从武汉大学和江西大学过来的。这么些人中,像张大芝、王欣荣、桑义燐、张允若、张英华和我,都是复旦新闻系出来的。教材方面都是自己想办法,主要恐怕也是参考复旦、人大的教材,郑兴东和叶春华也是复旦新闻系毕业的老系友。当时,武汉大学新闻系主任和新闻研究所所长何微教授,在当年全国大学教育改革的先锋人物、校长刘道玉的支持下,准备编辑出版两套新闻丛书,他知道了我的这一本《报纸编辑原理》后,说我这本有自己的特点,曾告诉我想把它编入他的"新闻教育丛书"出版,我给第一届学生和一个新闻干部培训班讲了两次课,答应再改一稿后交给他,后来是因为调回福建的事把书稿耽搁了。

　　**问：俞老师,当时新闻系刚刚开始办,是如何要求学生成为一个合格的毕业生的?**

　　我前面说的只是一个指导思想,是指在整个教学过程中要贯穿这个原则,但在实际教学中当然不能把这些话都挂在嘴上。我从20多年报纸工作中体会到,新闻工作的实践性很强,而所谓新闻理论严格地说实在并不多,培养学生倘能把理论和实践很好结合起来,一定能取得事半功倍的效果,便和其他教师商量对传统的新闻教学方法进行一些改革,教师们都很支持,认为这也是解决目前专业师资缺乏的一种办法,对教师本身业务提高也有好处。经过讨论,我们决定办一张《钱江晚报》(当时浙江尚无晚报),由专业教师分别兼任各编辑组组长,高年级学生轮流担任编辑记者,只聘请少量专职工作人员;学生上课时间则视情况灵活掌握,可以白天,也可以晚上。如有赢利还可贴补教学经费的不足。这个想法得到了系、校有关领导的支持,

但找省委宣传部审批时却被一口拒绝,任凭我们磨破嘴皮,仍一口咬定学校不能办报。我们见此路不通,便要求让我们办一个"西湖通讯社",能让学生在课余时间到杭州市区和近郊采访,将采写的稿子编成一份《西湖通讯》,分送各新闻单位投稿。谁知这个建议同样遭到拒绝,说通讯社只有国家能办,学校更不能办了,绝对不行!一切努力都告失败后,我们只好走"阳奉阴违"一条路了(这大概又是我的嵊县"基因"在起作用了,嵊县人好像都有一股不服输的倔劲,所以被周围邻县的人戏称为"嵊县强盗")。我们找到浙江的几个主要新闻单位和中央驻浙新闻单位的头头,把拟办"西湖通讯社"的想法征求他们的意见,他们都说这办法好,表示大力支持;我们又提出将高年级学生分成若干组分别与各新闻单位挂钩,经常联系,并请他们担任西湖通讯社的顾问,他们也欣然答应。于是我们约定时间,把他们和校系领导请来,与全专业师生一起开了一个隆重的西湖通讯社成立大会,会后又把事先打印好的新闻稿分发给他们,请他们在各自媒体上发表,造成既成事实。第二天,好几家媒体都发表了杭州大学新闻专业成立西湖通讯社的消息。省委宣传部大为光火,当即打电话来责问,我们便用各种理由搪塞过去。后来教育部还曾发来加急电报制止,我们也只是敷衍。有教师查到中宣部、教育部曾在1983年发过一个文件,规定有条件的新闻院、系可自办实习报纸、实习电台或电视台,既然如此,通讯社为什么不能办?我们的心里更加有底了。西湖通讯社一直办到我调离杭大才停止活动。

事实证明,西湖通讯社不但大大提高了学生的学习积极性,而且对提高学生采访写作编辑校对以至组织领导等各方面能力都有很大帮助。根据通讯社章程,通讯社只吸收高年级学生参加,一切活动由学生选举产生的社务委员会主持开展,教师只担任指导和顾问。社务委员会设社长一人,副社长一人,委员5人,负责指挥和管理通讯社的采编印发业务,并不定期编印《西湖通讯》,赠送省、市各新闻单位选用或参考。第一学期仅3个多月时间,他们就编印了8期《西湖通讯》,选发了90篇新闻报道(不包括有的时间性强写完就交给媒体的新闻稿),被各家媒体采用了78篇,绝大多数学生都受到了挂钩的新闻单位的好评。与此同时,我们对课堂教学也作了一些改革:为了方便学生外出采访,适当调整了上课时间,把原来安排在星期六上的课移到星期五下午,腾出星期六和星期日完整的两天供他们活动;采访写作课和报纸编辑课都取消了期终考试,在学期开始时就宣布,采访写作课以这学期内学生在西湖通讯社采写的新闻作品为学期成绩,平时则将学生们采写的稿件作为上课时的讲评材料;报纸编辑课则在期终由学生自己挑选在西湖通讯社采写的不同内容、不同体裁的稿件和拍摄的照片,标题,画版,组成一个完整的版面,由教师根据这个版面给学生评分。这样,便把课堂教学和课外实习很好地结合起来,受到了学生的欢迎。1985年春假期间,二年级有两位学生从杭州骑自行车去上海,沿途还作了一些采访,在途经一个小村,向一位孤老太太讨水喝的时候,发现这位孤老太太穷得连请客人坐的板凳都没有。他们在了解了她的身世和处境以后,把随身备带的面包、水果等食品全送给了她,还同她一起拍了一张照相,回杭州后特地放大寄去给老太太。老太太非常感动,又不知道他们的姓名,只从信封上知道他们是杭州大学的学生,便请人代写了一封信,连同那张照片,一起寄给杭大校领导,要求找到这两位同学并代她致谢。这两位同学从未向别人谈起过这件事情,直到后来一个偶然的机会,新闻专业一位教师看到这张照片,认出了这两位同学,才明白真相,由此也可见当时新闻专业学生精神面貌的一斑。杭大教务处有一位领导说,新闻系的学生历来是最难管理的,这一次被我们管理得这么好实在不容易。1985年底在桂林召开的全国新闻教学改革研讨会上,我们递交的关于西湖通讯社的材料也受到了许多与会代表的肯定(见附录)。后来这批学生无论到新闻单位正式实习还是毕业后参加工作,都受到了新闻单位的好评。正式到新闻单位实习的时候,分配去新华社浙江分社的6个学生(4男2女)是我带的,实习结束时分社负责分管实习生的副社长傅上伦也是复旦新闻系出来的,他对我说,你们这几个学生都不错,我看比复旦在这里实习的几位学生还强(当时复旦也有几个学生在浙江分社实习),我和其他几位领导碰了下头,6个人我们都想要,但报给总社批时,总社只给了两个名额。所以这班同学毕业后他们只挑了朱国贤和胡宏伟两个,朱国贤后来被提为分社的采编主任,后来又当了副社长,再后来轮换到西藏分社当副社长,本来要提为社长的,因为高原气候不适应,才又回到浙江,再后来就调去贵州分社当社长了,最近又听说已调去总社,不知当了什么。另一个胡宏伟,在朱国贤提为副社长时,他也被提起来当了采编主任,后来听说跑到新办的长三角的一家什么报纸去了。其他组的同学也都差不多,现在他们中的许多人都已成为新闻单位的骨干,有好几个且已走上了重要的领导岗位。很少的几个当时的学习成绩不怎么样,后来听说改行做生意去了,也做得不错,我想他们可能是当初选错了专业。

**问:你们这辈人,在 1949 年以后,经历了很多的政治运动,反右、"文革"等等。改革开放以后,又对这些运动进行了拨乱反正。那么,你在新闻系工作的时候,这些事情对当时的新闻系有什么影响?**

这些东西,很难具体地说,我们这些人的思想肯定有变化,比如我吧,新中国成立后的许多运动,几乎每一次都是紧跟的,有的开始时也有怀疑,但总认为是自己世界观没有改造好,跟不上形势发展,所以总力争要与中央保持一致。"文化大革命"开头也是这样,一开始当了"保皇派",就是受了"反右派"运动的影响,那时候对党支部提提意见就有可能被打成"右派分子",如今一开始就把报社总编辑说成是"反革命修正主义分子",编委会执行了"反革命修正主义路线",这还了得? 但后来毛泽东一讲话,中央文革小组一表态,马上就觉得自己错了,政治上犯了一次大错误,便赶快转变立场。但后来经过几次大翻覆,脑子便慢慢清醒了,开始自己动脑子判断是非了。所以后来我常说"文化大革命"千错万错,对我却有一个最大的好处,就是让我破除了对共产党和从中央到各级领导干部的迷信。过去这些人在我脑子里都是马克思主义的代表,他们的话就是马克思主义,"文革"中他们的老底被揭了个透,便觉得原来你们也不过如此,再不把他们当神仙了。到新闻专业后最明显的一个表现就是批判"党的喉舌论"。报纸等新闻媒体不能只做党的喉舌,同时也还要做人民的喉舌,也要让人民群众发言。这是一个方面。另一方面,新闻媒体也不能只做"喉舌",还应该做"耳目",而且首先是耳目,因为你只有听和看人民群众的生活、工作和意见,你的发言和决策才能有的放矢,才能符合人民群众的实际情况和要求,否则便会无的放矢,便是胡说八道,便容易造成瞎指挥。所以对报纸等新闻媒体的定性,正确的说法应该是:新闻媒体是党和人民的耳目和喉舌,首先是要反映人民群众的生活、生产和工作的情况,反映人民群众的意见和呼声,发挥耳目和人民的喉舌的作用,让党的各级领导了解这一些,作出正确的决策,然后通过新闻媒体向人民群众发言做宣传,发挥党的"喉舌"的作用。这两个方面是缺一不可的。当然,我敢于这么放肆大胆地在课堂上批评传统观点,与那时的政治气候比较宽松有关,尤其是党的十一届三中全会作出了对若干历史问题的决议,对历次政治运动作出了重新评价,我才会有这样的胆量，要放在以前我也是不敢的，相反的甚至还会看成是自己的资产阶级世界观没有改造好，才没能在思想上和党中央保持一致。

**问：俞老师，改革开放的时候，大家都在努力工作，都想把耽误的时间弥补过来。那当时，我们新闻系是不是这样，你是不是也这样？**

新闻系学生很难说，"文革"时他们还很小，基本上都是 60 年代上半叶出生的，应该不会有浪费时间这样的感受。老师则应该没问题，拿我自己说，要求离开报社调到杭大的原因里就有这么一条，就是觉得以前这 20 多年的编辑记者工作起早摸黑忙忙碌碌，到头来两手空空，都白做了，到杭大后搞邹韬奋的研究也是出于这种想法。

**问：能否请你具体谈谈邹韬奋研究的情况？**

我到杭大后大部分时间是在《语文战线》做编辑。《语文战线》一个月出一期，我分管写作教学部分，数量不多，而且可以不上班，自己在家里做。这样，我就有大量的时间可以自由支配。在报社 20 多年，根本静不下来也没有比较完整的时间让我看书，到杭大后便想好好地多看些书，所以开始时只要看到有什么喜欢看的书就抓来看，但时间一长，又觉得这样不是办法，能不能找个题目实实在在地做点研究呢？第一个想到的就是我在复旦写的毕业论文《点石斋画报》初探。当时我的指导老师是舒宗侨教授，原来我选择的题目是《中国画报简史》，大概有半年的时间，我天天跑到上海新闻资料馆、徐家汇藏书楼、上海图书馆，后来又到复旦大学新闻系的资料室去看《点石斋画报》和与它有关的资料。我把 13 年的《点石斋画报》从头到尾看了一遍，同时做笔记。那时候我天天一早就从学校所在的江湾坐公交车到市区，再转车到图书馆，中午就在附近的小巷里找一家小店或者小摊吃一碗阳春面，吃完再进去看资料，一直到傍晚图书馆关门了才坐公交车回学校。当时的想法是想把我国画报发展各个时期的代表性画报都翻阅一遍，结果第一本画报刚看完时间就快到了，只好临时将题目改成《我国画报的始祖——〈点石斋画报〉初探》，一写就写了 3 万多字，交给舒老师。不久就开始了"反右派运动"，舒老师因为在学校召开的教授座谈会上给学校党委提了一些意见，被打成了"资产阶级右派分子"。我原以为他不可能再对我的论文提意见了，没想到毕业前夕，他竟然把他的意见送来了，意见写在几张他自己拍摄的明信片大小的彩照背面，有七八条，交给我时他说："你的论文写得不错，看得出你下了不少功夫，我提了几点不成熟的意见，供你将来有机会修改时参考。"我当时的确很感动，但因为他是"右派"，不敢太流露出感激之情，但那几张意见却作为纪念被我保留下来了。20 多年后我把我的论文初稿和舒老师的意见找出来,认真地从头细读一遍,然后重新写了一稿,寄给中国社会科学院新闻研究所主编的《新闻研究资料》丛刊编辑部,很快收到回信,说他们正准备对上海《申报》作一次全面深入的研究,刚刚列出一批选题,《点石斋画报》是其中之一,没想到我把论文都写好了,比他们的计划提前了好几步。这篇论文发表在 1981 年第 5 辑《新闻研究资料》,全文两万多字。后来听说舒老师看到这期刊物后非常高兴,在一次上课时特地向学生介绍了我和这篇论文的写作经过;再后来舒老师应聘担任《中国大百科全书》新闻出版卷画报史部分的编委,还推荐我撰写《点石斋画报》词条。有一次我回复旦联系工作时特地去看望他,他把我带到他的办公桌前,指着压在玻璃板一角的一张黑白大照片说:"你看,这就是你们那一班选修摄影课的同学的合影,这个就是你。"当时因为摄影器材不足,全班只有一半同学能够选修摄影课。舒老师成为"右派"后被剥夺了上讲坛的权利,到系资料室当了个资料员,所以我们那一班是他当"右派"前教的最后一批学生,这张照片居然在他的玻璃板下保存了 20 多年,而且对照片中的每个人还记得那么清楚,可见我们在他心里的记忆是多么珍贵!当时我真的感动得不知说什么好。《点石斋画报》一文是我生平第一篇公开发表的学术论文(此前曾压缩成 5 千多字发表在新华社编印的《新闻摄影参考资料》1964 年 10 月第 19 期上),在接到编辑部第一封回信后,我便开始考虑另一个研究项目。在大学时我曾经接触过一些邹韬奋的书,三年级时写的学年论文就是《邹韬奋〈生活〉周刊研究》,对韬奋先生的人品和文品都很钦佩,认为他是中国新闻工作者的楷模,他的那种全心全意为读者服务,为了坚持真理而"宁为玉碎、不为瓦全"的铮铮硬骨,以及视事业如生命的敬业精神,都是今天的新闻界所普遍缺少的,便决定从他入手,对中国新闻史上有代表性的著名报人作一系统研究,为总结新闻发展规律发扬优良传统做些工作。正好,校图书馆有一套邹韬奋主编的《生活》周刊影印本,但不能外借,我通过在图书馆工作的邻居走后门借出来,在规定时间内翻阅完交还再换另外一本,就这样,我硬是把 8 年的《生活》周刊全部翻阅完毕,并做了比较详细的笔记。我又把能借到的所有关于邹韬奋的书刊借来阅读,并陆续写了几篇论文,有的还寄给一些新闻理论刊物发表了。

再想找韬奋主编的其他报刊来读,一时借不到,接下去做什么呢?我忽然想到了写电影剧本。五六十年代的中国电影中,新闻记者的形象往往都被写成小丑模样,我一直愤愤不平,心想有机会我一定要写个正面的新闻记者形象,为新闻记者正名。过去因为工作忙,也因为没有找到可作为新闻记者典范的模特儿，一直没有动笔。读了邹韬奋的许多资料，我忽然想到这不正是我要寻找的新闻记者的典范吗？于是便决定写一部邹韬奋的传记片。我从来没有写过电影剧本，只是根据平时对电影的理解，埋头苦干了几天，写成了几万字的初稿《流亡》，是以邹韬奋四次被迫流亡为主要线索写他一生经历。因为有些问题还需要弄弄清楚，我写了一封信向北京的沙千里先生请教。沙先生是韬奋的老朋友，当时正住在北京医院里，他很快给我回了信，除回答我的一些问题外，还告诉我一个消息，上海电影制片厂已准备拍摄邹韬奋的电影，剧本也已经写好了。（我接到沙先生的信大约一个月左右，沙先生便去世了）我见题材撞车了，只好放弃。但又不甘心，想到资料中看到的关于"七君子"事件的材料，"七君子"中除了韬奋，还有好几个都办过报纸刊物，何不来写他们呢。于是又找了许多有关"七君子"的资料来读，最后写成了 9 万多字的电影剧本《"七君子"案件》，并投寄给了上海电影制片厂。也巧，本子正好落在我的老朋友边震遐手里。老边和我在福建日报副刊部一起工作了 10 多年，"文革"后先我调回上海，原来是调去上海文艺出版社当编辑的，不知什么时候转到了电影制片厂文学部。他很快给我回了信，并提了些意见让我修改。这时我才知道，一部电影的文学剧本一般只能写 3 万字左右。我认真地改了一稿寄去，他说改得不错，让我马上写个 3000 字左右的故事梗概寄去，他准备附上他的审读意见立即送审。第二天正好是 1984 年的大年初一，我关在房间里一口气写成了 7000 多字的故事梗概，老边收到后回信说写得长了点，但不错，他已经连同他的审读意见上报给文学副厂长了，让我耐心等待通知。这一等就等了 10 个多月，一直到这年的 12 月才通知我去上影厂改本子，到后才知道原来是那位文学副厂长自己想写"七君子"，所以一直压着我的剧本不批，这次请我到上海改本子还是文学部两位年轻的主任看不过去才自作主张的，但老边告诉我，最好的时机已经错过了（因为一年前胡耀邦总书记曾在一次全国性大会上提出要向民主党派进步人士学习，其中点名的就有"七君子"中的好几位）。剧本还是继续改，不过花在改剧本的时间并不多，大部分时间倒是等待他们逐级审读。正好上影厂文学部离韬奋纪念馆不远，许多有关韬奋的资料杭州找不到，我便趁修改剧本空隙，跑到韬奋纪念馆去看资料。纪念馆的资料看完了，我又跑到徐家汇藏书楼和复旦大学新闻系资料室看。在徐家汇藏书楼时我发现那里有一套完整的《飞影阁画报》，这是《点石斋画报》的主要画师吴友如创办的，如果研究我国的画报史，这应该是继《点石斋画报》后的第二本画报了，我当时想也许将来还会有继续研究《中国画报史》的机会，这是难得的机会，不能放过，便花了好些天时间，将出版了两年八个月共 100 期的全部画报从头浏览了一遍，后来写成了一篇 6600 字的《〈飞影阁画报〉述略》发表在《上海出版史料》杂志上。这可说是意外的收获。在我为韬奋研究早出晚归忙碌的时候，有一天，文学部放映室放映刚制作完成的影片《海上生明月》，由关牧村主演，其中 10 多首插曲也全部由关牧村演唱。关牧村的歌我很喜欢，但这 10 多首歌听下来却没有一首好听的，剧本的故事也很一般。散场后我同老边说："这部电影太差了，我要是写部歌舞剧可能比它还好。"老边问："你有什么好题材吗？"我说："我来写个藏族歌舞题材的电影你们要不要？"老边说："好啊，少数民族题材我们正缺，你就写吧。"于是我动用 6 年青海生活积累，尤其是一年藏族地区劳动锻炼的经历，很快写成了一部藏族歌舞题材的电影剧本《拉伊》，老边看了说不错，很有希望。不过一个人不可能同时上两部电影，我们的主攻方向还是《"七君子"案件》，毕竟这是重大题材。当时电影《西安事变》正在全国热映并轰动香港，老边说，《"七君子"案件》和《西安事变》是我国抗战初期两大爱国事件，一南一北，一文一武，异曲而同工，拍好了一定会打响。我很受鼓舞。《"七君子"案件》断断续续改了四五个月才定稿，我想看的资料也全部看完了，还抽空写了几篇论文。这时《语文战线》要在黄山召开一个会议，来信问我能不能参加，我没有到过黄山，自然要去的。但等我开完会回到文学部，情况发生了很大变化，原来住在文学部改本子的一批作者基本上都走了，另换了一批陌生的作者。老边告诉我电影厂搞经济承包责任制了，一切要看经济效益了，以前那批作者写的都是考虑社会效益多，现在这一批写的都是武打片、情爱片、滑稽片，都是能赚钱的。《"七君子"案件》成本高，拍摄难度大，厂领导估计经济效益未必能好，看来有点难度（后来听说还有一个原因也许更重要，那就是"七君子"中章乃器和王造时两位曾经是全国知名的"大右派"，为"大右派"树碑立传是大忌，但这种事又不好明说）。我想，反正邹韬奋的资料我都看完了，电影能不能拍我也无能为力，即使拍不成我也不吃亏，免费让我到上海看了几个月资料，这就是赚的了，何况还学到了一些电影剧本创作的基本常识呢，还是回家写我的论文去吧。后来电影果然没有拍成，我一生中唯一的一次"触电"以失败而告终（5 年后拍成了 4 集电视剧），却根据这期间看的资料，完成了 3 部研究邹韬奋的学术专著（《韬奋论》、《韬奋论编辑工作》、《韬奋写作技巧研究》），共计 50 多万字，可谓歪打而正着。这 3 本书先后在 3 家出版社出版。这时，我的兴趣已完全转到新闻学术研究方面来了。

问：俞老师，你在上海改稿子，那么你在杭州大学的工作呢？

我是 1984 年下半年才开始给第一届三年级学生讲课的。1984 年上半年以前还在《语文战线》（已改名《语文导报》）做编辑，当时上海电影制片厂是发信给学校领导为我请假去改稿，学校领导同意我去的。前后四五个月，1984 年 5 月回的学校。这张照片拍于 1985 年，在学校里面。

问：你对邹韬奋很有研究，先后写了 3 本专著，能否请你谈谈这 3 本书的出版情况和出版后读者的反映，以及下一步研究的计划和打算？

对邹韬奋的研究和写作情况前面大体上都说了，至于出版情况是这样：最早出版的是《韬奋论编辑工作》。韬奋一生所从事的主要是编辑出版工作，新闻采访和写作方面工作相对比较少，所以我对他的研究主要也侧重在出版和编辑方面。《韬奋论》里有一篇《论韬奋编辑工作的经验》，写完后觉得还可以再充实发展写得详细些。正好那时山西人民出版社编辑出版一套"编辑丛书"，已出几本，我得悉后便寄了一份目录去，问他们有没有兴趣，谁知他们很快回信让我把书稿寄去，并且很快就出版了（1986 年 1 月），是一本小册子，书名改为《韬奋论编辑工作》，全书七八万字。我拿到书时刚回福建不久。第二本是《韬奋论》。这是把韬奋一生分成《生活》周刊时期、出国流亡时期、《大众生活》时期、《生活日报》时期 4 个阶段和总论 5 个部分，对他的思想变化发展过程和新闻出版工作的成就作了全面系统的研究，全书 30 多万字。这些文章陆续写完以后，有好些篇分别在社科院的《新闻研究资料》、人大新闻系的《新闻学论集》、复旦新闻系的《新闻大学》、新华社的《新闻业务》（后改名《新闻记者》）、《人民日报》的《新闻战线》、陕西社科院的《新闻研究》等刊物上发表。开始都是自己抄正一份就往外寄，后来觉得不行，这一份一寄出去就没有了（因为寄出去的基本上都会被采用），要出书还得再抄一份，太花时间了。有一年暑假，我老伴和女儿去北京看望舅舅，家里只剩下我一个，我忽然想，有好些同学暑假都留在学校没有回家，我何不请他们帮帮忙呢？便找我印象中钢笔字写得比较好的同学商量，不想他们很愿意，于是便找了五六个同学到我家里，我事先买了一盒复写纸和稿纸，一人一篇，在我家里摆开了战场，到了中午，两位女同学自告奋勇到附近的松木场买些肉蛋等蔬菜回来做午饭，做完就围着小圆桌吃，吃完休息一会再做，真是又紧张，又开心，这样一直干了好几天,把 30 多万字的书稿全部复写了 3 份。武汉大学的何微教授得悉后决定把它纳入他主编的第二套丛书"新闻学研究丛书"出版,后来也是因为校长刘道玉被免职、丛书出版计划被迫取消而告吹。他把书稿转寄给了河北人民出版社,出版社以这本书不可能赚钱为由,长期压在那里,何得悉后通过他在河北省委工作的老朋友要回书稿转交给河北教育出版社,该社社长很快亲自给我写信表示由他们出版。后来他又告诉我,因为全国新华书店征订结果只有 300 多本,加上他们出版社之间内部交流和自留的也只能印 700 多本。当时我想全国那么多大学新闻系资料室、省市图书馆等等,一家买一两本就不止 300 多本,征订数怎么会这么少呢? 后来想想也不奇怪,新华书店尽管很多,但有几个职员知道韬奋是谁? 哪里会懂得应该向哪些地方发征订单征订? 我向社长提出由我自己购买一部分,让他多印一点,他说书已经开印了,加印不可能了,最后算送给我 25 本样书(1991 年 10 月出版)。本来想给那几位帮忙复写的同学每人送一本做纪念,等我将送给复旦、人大新闻系相关的老师和过去的同学和朋友(许多是我认为必须送的)以后,只剩下几本了,只好打消这个念头,心里却一直觉得对不起这些同学。这本书发行以后,我果然收到过好几位读者的来信,说书店买不到,问我有没有书,他想买一本。这本书的反映我听到的不多,在一次福州召开的纪念林白水的研讨会上我碰到了安徽大学新闻系主任蒋含平老师,她知道我是《韬奋论》的作者后对我说:"俞老师,我真没有想到你会这样写《韬奋论》,现在很少有人会这样来写书写论文了。你得花多少时间和精力啊。"2003 年在上海韬奋纪念馆举行的韬奋出版思想研讨会上,有一位也是韬奋的研究者、写过一本韬奋传记的年轻学者也对我说,写韬奋先生的传记的书这些年已出了好几本,但像你这样那么具体详细的分阶段研究韬奋的论著却至今还只有你一本《韬奋论》! 这两位大概都是说的我花那么多那么大的苦工夫去读韬奋的著作和主编的报刊,研究韬奋。这倒也是,现在许多人写论文写书,舍不得下苦工夫,多是找些现成的论文来读,然后东拼西凑地弄成一篇文章或一本书。而我则始终认为,做学问是实打实的事情,来不得半点虚假。至于还有一本《韬奋写作技巧研究》是我读完几本《萍踪寄语》和《萍踪忆语》以后得到的启发。韬奋先生一生写的新闻消息一类作品不多,但却写了大量的评论(小言论),流亡国外时又写了许多游记,当时在国内发表和出版后都引起了轰动。这些游记都是经过采访写成的,当时也被称为"海外通讯",我读了那么多他的小言论和海外通讯,觉得他的这些作品,很明显地有他自己的风格和特点,已经写了好几篇文章在《韬奋论》里,后来也是觉得还可充实发挥,于是便在这几篇文章的基础上写成了《韬奋写作技巧研究》,内分评论写作和通讯写作两大部分,大约 14 万字,记得最后一篇写完已经是 1986 年 1 月,离开回福建只有两个多月了,所以这本书是在到福建以后在福建的出版社出版的(1994 年 10 月),出版时也碰到了发行问题,征订数很少,后来是福州市新华书店的总经理帮忙,才印了 2000 来本。这 3 本书的出版给我一个很突出的感觉,就是这一类学术研究的书籍读者的确很少,出版社想靠它赚钱是不可能的,如果出版社以赚钱多少来作为选稿的标准,这类书注定不受欢迎,这恐怕也是商品经济对文化发展带来的必然结果吧。

前面说过,在开始研究韬奋的时候,我就打算对我国新闻史上一些著名报人逐个进行研究,这既是为今天的报人树立学习的榜样,同时也从他们身上探寻新闻发展规律。《韬奋论》的文章快写完时我便开始考虑第二个研究谁的问题。在研究韬奋的时候,我把他当成编辑的典范,侧重研究他在新闻编辑方面的成就。在新闻工作这个行业,与编辑同样重要的还有记者,那么找谁呢? 在学校听新闻史老师讲课时,听到邵飘萍的事迹时曾让我很感动。邵飘萍是《京报》的创办人,但他留给后人的最深的印象却是著名的新闻记者。这样我便选择他作为新闻记者的代表人物之一进行研究。我将杭大图书馆能够借到的关于邵飘萍的资料都看了,又到浙江图书馆去看,各种资料看了不少,也做了不少笔记。当时复旦大学新闻学院院长、新闻史研究专家丁淦林是比我高两届毕业的新闻系的师兄,我曾送他一本《韬奋论》,他知道我在研究邵飘萍,有一次出差北京,非常偶然地在一家书店里看到了一本厚厚的《邵飘萍选集》,当即买了下来,回上海后即寄来给我,我也看了,但就是找不到《京报》。不看看《京报》,总觉得缺少了什么,不放心,文章就不好写,而要看《京报》看来就得去北京,这可不是件容易的事情,只能慢慢等机会了。后来发生了调回福建的事,这事也就耽搁下来了。

**问:俞老师,你为什么要离开新闻系?**

主要是两个原因。

一是杭大这边的。1984 年下半年开始给三年级学生讲课以后,我就完全离开了《语文导报》编辑部,但我还经常会抽空去那里聊天,天南海北的海聊,有一次聊着聊着,我怎么的聊到了广告。那时候广告业刚刚兴起,还是个新事物,我说复旦新闻系原来有个广告专业,老师就是当年上海《申报》的广告部经理,50 年代初院系调整后被取消了。现在广告业又复活了,但大家对广告的知识了解得很少,如果我们来办一张广告报,向大家介绍有关广告的各种知识,对广告界作些指导,自己也刊登一些广告,一定会受欢迎,赚了钱还可贴补教学费用。从这个话题又谈开去,有人又提出,社会进入商品经济时代以后,新闻出版界原来那一套管理办法不行了,而新型的经营管理人才又奇缺,如果我们能来办一个出版管理专业和出版法专业,一定很受欢迎。大家觉得这个想法很好,我提出干脆在我们新闻专业基础上扩大成立新闻出版学院,内设新闻、编辑、出版法和出版管理四个专业。又有人提出出版法专业可与法律系合办,出版管理专业可与经济系合办,既可充分利用校内资源,又可解决学院师资不足的困难。如此七谈八谈,一个办院方案慢慢明晰起来,后来又经过"导报"编辑部和新闻专业双方几次商讨,认为除教学以外,还可以成立一个新闻出版研究所,办一个实习出版社,既可为学生提供实习场所,如有赢利,还可贴补教学经费的不足,等等,最终形成了一个具体的办院方案。在征得系领导同意后,我们当即推举张春林和钟仲南两个同志到北京找中宣部教育局、教育部和出版总局领导汇报。他们非常兴奋,特别对出版管理和出版法两个专业很感兴趣,说全国还没有这样的专业,当时的出版总局局长边春光更提出愿意与我们合办,毕业生出路问题可由他们解决,他们还可以组织全国出版社在职干部分批到学院培训,而且帮我们建一座教学大楼,每年还可由他们提供 100 万元资金,并提出凭借杭州国际旅游城市的优势,把杭州办成国际出版中心。前景如此美妙,我们真是喜出望外。回来向学校领导一汇报,校领导也非常高兴,叫我们赶快把材料整理好报省审批。谁知结果和当初申请办新闻系一样,省委宣传部长罗东批示说:浙江不需要那么多新闻出版干部,不要办了。居然理由和语气也和 6 年前那个副书记的答复一样!我们国家的体制就是这样,领导一句话,可以决定一个人的生死或一项事业的成败。这一次比第一次给我的打击还大,我真的有点灰心了。正好这时,一个全国性的出版工作会议在杭州召开,胡乔木同志也应邀参加,浙江省委那位部长罗东在向胡乔木同志汇报工作的时候,无意间提到了我们想办新闻出版学院的事,不想引起了胡乔木同志的极大兴趣,要他作详细汇报,罗东马上打电话要我们送文字材料。我们一看事情有转机,非常兴奋,连夜讨论起草了一份详细的办院方案,第二天便送去省里。若干天后,省委宣传部转给我们一封胡乔木同志写给罗东的信的复印件,原来胡乔木同志看了我们的方案以后很感兴趣,当时就关照罗东要帮助我们把这件事情办起来,为了表示慎重,在会议结束回北京前又特地给罗东写了一封信,指出我们办的是一件"为子孙万代造福的大好事",一定要帮助我们办好,"如果办新闻出版学院的条件不成熟,也可以先办专业或系,待条件成熟时再转为学院"。乔木同志的信的中心思想是一定要把这件事情办好,至于怎么办则看具体条件而定。在制定办院方案之前,我们不仅找了中央有关领导部门,还请教了许多新闻出版战线的老领导、老专家和权威人士,他们都很支持,有的并表示愿意担任客座教授,到学院来上课;我们还同校内经济系和法律系通过气,他们也表示同意,因此认为办院的条件基本上已经成熟。但罗东却抓住信中"先办专业或系"一句,明确"指示"我们分3步走,"先办专业",等将来条件成熟时再办系和学院。我们将这情况告知出版总局,总局却没有兴趣了,他们说,如果办成相对独立的学院,他们出钱盖大楼,这大楼是属于学院的,他们参加联合办学,他们也有职有权;如果只办专业,只能附在别的系里,不但规模太小,跟他们也没有多少关系了,拨了钱也到不了专业手里,让他们出钱来养别的与他们无关的系和专业,他们不干。我们呢,当然对办专业也不感兴趣。于是,一件大好事就这么黄了。

二是福建方面的。创办新闻出版学院的事没了希望,我的心也冷了,恰恰这时,1984年11月间,有一天,我突然收到福建省委宣传部长的电话,要我到杭州西湖边的一家宾馆去找他。这位部长过去是我《福建日报》的同事,"文革"前都在一个办公室工作,关系很好的,项南到福建当省委第一把手以后,想找一个年轻一点的宣传部长,要《福建日报》推荐一个副部长人选,报社编委会开会讨论决定推荐了他,他到宣传部报到后,项南临时改变主意,竟破格让他当了正部长。这次他是去北京开会回来路过杭州特意留下来找我的,目的是劝我回福建。他告诉我,最早提出这个问题的是"文革"前福建日报总编辑孙泽夫,当时是福建省委宣传部分管干部的副部长,他一直认为当初报社放我回杭州是一个错误,我调杭州时他已调省广播局当局长,管不到我了,他听说我要调回杭州的消息后曾找我谈话挽留,并说如是因为不愿在报社工作,欢迎我到广播电台去,不过在他看来,我还是更适合报纸工作,我没有同意;当时宣传部还有两位副部长也是从报社调去的,对我也很了解,所以老总编一提出建议,他们便都支持。这次部长就趁出差路过杭州的机会找我谈这件事,还请了浙江省委宣传部长罗东出面做学校方面的工作。罗东是福州人,福建那位部长还告诉我,罗东听说这事时还有点吃惊地问他,这个俞××是什么人,我怎么没听说过?我当时毫无思想准备,还认为"好马不吃回头草",没有答应。但他们不懈不馁,一直来信动员,1985年暑假更邀请我回福建"看看",发动了许多我过去的老同学老朋友做我的工作,从来很少请人到家里吃饭的老总编,还破例请我到他家里吃了一顿山东饺子,非常坦诚地解释为什么希望我回福建工作的理由。在福州游玩几天以后，他们又送我去厦门看看，厦门是和深圳同时列为我国第一批开放城市的，厦门市的一位分管文教的副书记和一位副市长原来也是我在《福建日报》的同事，他们一起到火车站来接我，听说我要调回福建后，就动员我到厦门去，说他们正好还缺一位管宣传的部长。我听了吓了一跳。我对中国的宣传部长一直有个看法，就是这个职位的人实际上就是一个传声筒，任务就是原封不动地把各级领导的话传达给下面，不能有自己的思想，如果谁想自由发挥一下，就可能挨批评，严重的还会被撤职，这样的例子太多了。而我，自认为是一个不太听话的干部，所以对这个职位毫无兴趣。当时我推说就地点讲，厦门当然比福州好，但宣传部这个工作我绝对干不好。他们就说，只要你肯来，工作可以再考虑。我便说，这样吧，这次是省宣要调我回来的，你们可以跟×部长联系一下，如果他同意，我就到厦门来。后来我回到杭州后，那位副书记给我写信说，他跟×部长打电话了，部长说，俞某人要回就回福建，别的地方都不行。去厦门的事只好作罢。因为我一直犹豫不决，到1986年2月，福建宣传部更派出干部处的副处长到杭州。因为我在杭大河南新村的宿舍，这位副处长就住在杭大附近的宾馆里，并请浙江省委宣传部的干部处长陪同，一起到杭大做学校和我的工作，不急不馁，先后竟磨了一个星期。我被他们的盛情所感动，终于在3月底离开杭大回到福建。

我是一个人到福建报到的，家仍然留在杭州，这是出于两方面考虑：一是还有点舍不得杭州，尤其是妻子，她对杭州有比我更深的感情，而且女儿也正在上中学；二是我对当领导（更确切地说是当官）没有什么信心，倒不是业务能力方面的考虑，主要是从我的思想和性格。我觉得我适应不了当今的官场，官场上广泛流行的那一套，诸如吹牛、拍马、说假话、大话、空话、拉帮结派、争权夺利等等我都讨厌，所以我确定回福建后即给我那位部长朋友写了一封信，说我这个人是不适宜当官的，即使勉强当了也不可能长久，如果什么时候你发现我不行了，你就赶快给我打个招呼，我好打辞职报告，辞职总比撤职好看，等等。这不是客套，是真心话（事实上，后来我同这位部长朋友的关系就搞僵了）。杭大领导在同意我调离时曾对我说,你什么时候想回来我们都欢迎。我把家留在杭大也是为自己留一条退路。但这一调动,原打算再改一稿的《报纸编辑原理》就搁下了,原计划研究著名记者邵飘萍,也只好放弃了。

对于我这次的抉择,好些新闻教学界的朋友如武汉大学新闻系主任何微教授等都表示过惋惜,中国人民大学新闻系编辑教研室主任郑兴东教授对他的一个研究生黄黎萍(是我杭大新闻系的学生)说,俞某人"是块做学问的料","丢了报纸编辑学研究很可惜,不只是为他自己,更为了杭大,为了我国的新闻教育"。这当然是过誉了,不过也说明那几年我的确在新闻教学上下了一些功夫,实际上,那时候的确我也已经爱上了新闻教学工作。

**问**:你到福建电视台后很快改变了电视台的面貌,并且取得了很大的成绩,造成了很大的影响,你是怎样贯彻你对新闻从业人员的要求的?

成绩是有一点,"很大"则谈不上。

到省里报到时部长朋友曾问我,愿意到电视台还是愿意到报社,因为两家老总都已到退休年龄。我知道《福建日报》是正厅级单位,福建电视台则是二级局,即副厅级,但这种职级观念在我脑子里很淡漠,我只是想,我已经干了20多年报纸工作,腻了,不如电视台新鲜点,何况电视还有许多文艺节目和电视剧等,可以在更大的天地满足我的兴趣,试试我的才能,所以还是选择了电视台。刚到电视台时我是副台长,任务是"协助台长管理全台工作",也就是说还只是个助手,没有决断权。当时的台长解放前就在国民党的报纸工作,解放后被接管下来,"文革"前也是《福建日报》一个部门的中层领导。在报社时,我爱人曾在他直接领导下工作,他对我们两人的评价都不太好,有时还会给我爱人一点小鞋穿。我对他的印象也不好,"文革"后期清队时我看过他的全部档案,对他的历史、性格和为人也很了解。他原来选的接班人并不是我,也是过去《福建日报》的一个同事,"文革"中和他一个派的年轻人,这是我有一次去厦门时这位年轻人告诉我的,他说这位台长曾亲自找他要他来接台长的班,他没答应。他对我说:"电视台这个烂摊子,我才不去呢!"那时他已是《厦门日报》的副总编。我到电视台后也发现电视台是个烂摊子,职工对他的意见很大,为了避免和他矛盾冲突,加上我新来乍到,对电视台的工作和业务都不了解,我把自己的主要精力放在搞调查研究,差不多有半年时间,一直到这年的11月我正式接班后才开始对电视台的机构、人事和业务进行改革。那时候,新闻媒体的名声因"文革"而几乎扫地殆尽,改革开放以后,随着商品经济的逐渐发展,也开始了对新闻界的腐蚀,有的企业单位为了利用新闻媒体替他们的产品吹嘘做广告，请媒体工作人员吃饭、送礼甚至红包，慢慢地有些新闻从业人员也开始主动向被采访对象要这要那，新闻界的名声变得更坏了。电视因为是新兴的媒体，特殊的传播手段更受群众喜欢，因此电视台的记者在社会上也更受欢迎，名声也就更差。新闻界的这种状况与我在大学时对学生的要求和希望正好相反，这种状况不改变，电视台是绝对办不好的，我就想测试一下我的实力，看能不能在我的管辖范围内为恢复新闻界的名声尽一点绵薄之力。我平生最讨厌唱高调，同时也考虑到我的实际能力，我不希望大家对我的期望值太高，免得到时失望，我向全台职工提出我的目标是实现3个"一点"：把电视节目尽量办好一点，让广大观众满意；把全台职工的生活尽量安排得好一点，减少职工的后顾之忧；让全台职工的心情舒畅一点，尽可能调动大家的积极性。紧接着对某些不合理的机构进行了调整，提拔了一些年轻干部，根据播出需要制定了各部的工作量，重新确定各部门编制，然后让全台职工根据双向选择的原则进行适当调整；同时制定了一整套切实可行的管理规章制度，严格执行；并制定了"福建电视台工作人员守则"5条，在电视上连播3天，同时公布纪检电话号码，吁请广大观众监督执行；在内部又制定了"党员守则"5条，要求党员起模范带头作用（约四年后的1991年1月，中国记协第四届一次理事会正式通过《中国新闻工作者职业道德准则》，1994年6月和1997年1月又两次进行修订，共6条，内容和我们订的5条基本相同，但这已是我们制定"守则"10年以后的事了）；不久又在部分部门实行了承包责任制。

在制定这些规章制度的同时，我的第一个实际行动是取消了打卡机。新闻单位职工上下班用打卡机可以说是我们老台长的创造。鉴于当时电视台职工纪律涣散，迟到早退的现象很普遍，老台长便想到了借鉴有的工厂对工人实行打卡机的做法，也去买了个打卡机，谁迟到早退超过几次，就扣发奖金和工资，还让办公室指定专人暗中窥视监督。我认为要提高职工的组织纪律性，关键是要提高他们工作的自觉性和积极性，而靠打卡的办法是做不到的，尤其是新闻工作者，他们的工作是很难用死板的时间来规定的，有时候他们可能很早就要出去采访，许多时候还要加班加点，你能用打卡来计算他们的工作时间吗？事实上，在那半年里，我经常发现有的人虽然每天都准时打卡上下班，上班时间却几乎都在喝茶聊天，并没干什么事；有的人甚至只来打个卡，打完卡就下班回家了，有的人下班的卡还是请站岗的武警战士帮助打的。我取消打卡机虽然只是件小事，却得到了大多数职工的好评，并开始用"另类"的目光来看我了。以后的事实也证明，我这个决定是对的，在我当台长的3年半时间里,大家的自觉性都很高,很少有人无故迟到早退,都把精力放在做好本职工作,上班时间喝茶聊天的现象也很难看见了。

紧接着开始各项改革。我首先花大力气抓行政后勤和经济收入。我认为时至今日,空洞的大道理已无人爱听,政治思想工作必须结合解决实际问题来做,才会有切实的效果,才能事半功倍,而且也容易让大家看到改革的成效。只要把大家的生活条件改善了,奖金福利提高了,后顾之忧减少了,再加上发扬民主作风,改善管理机制,大家就会安心在电视台工作,就会把精力集中到工作上去,工作积极性自然就出来了。我从外单位调了一个富有行政工作经验的同志来管理办公室工作,又将体育组组长、一个很有商业头脑又有经营管理才能的大学毕业生调去负责广告部,并给了他们比较宽松的政策。果然,经过一段时间的努力,电视台很快出现了新面貌。行政服务状况大大改善,不但工作环境面貌有所改变,食堂面貌也大变,过去只有少数单身汉在食堂吃饭,现在许多双职工都跑到食堂吃饭来了;我还让行政部门在郊区搞了个副食品基地,每逢节假日就给全台职工分发鸡鸭鱼肉蛋等副食品;办公室还将全台职工生日列表,按时送生日蛋糕上门,等等。1987年是我当台长的第一年,全年奖金福利就比1986年翻了一番,1988年又比1987年翻了一番,1989年又比1988年有大幅度的增长。广告部经过整顿,实行经济承包责任制后,广告收入大大提高,1986年全年收入是150万元,只及浙江台的一半,改革后的第一年即1987年便几乎翻了一番,1988年又比1987年增加了86.33%,1989年虽因"六四"风波遭受一定损失,还达到净收入670万元(这一年浙江台是毛收入700万元),差不多赶上浙江台了。与此同时,各部自己创收也大幅度增加,电视台整个经济状况大为好转。技术部门重新调整设备,合理安排使用,加强维护保修,实行成本核算,有偿使用,使用率大大提高,不但没有了为争设备吵架的事,有时设备还有空余。人际关系也大大改善了。

在大抓经济收入和行政服务同时,我又在电视宣传方面作了一系列改革。其中我又着重抓了新闻、对台宣传和电视剧3项。

新闻是电视台的灵魂。1986年福建新闻上中央台的条数在全国31个省市中排名16,实行改革的第一年即1987年便上升到了第7位,1988年仍保持在第8位,1989年又上升到了第5位。不但信息量大幅增加,办了几个专栏也都受到了广大观众的欢迎,尤其是以舆论监督为主要内容的新闻特别节目"新闻半小时",不仅开创了全国电视台新闻舆论监督专栏的先河,且取得了极大的成功,半年后全省信息员调查全台专栏节目,它独得4项冠军,年终全省观众投票评选优秀栏目,它又名列前茅,《人民日报》、新华社、中央电视台、中央人民广播电台以及《新闻战线》《中国记者》等媒体都作过专题介绍,全国有10多个电视台和新闻部派人来了解情况,翻录节目带回去研究,北京广播学院的教师还拿它做教材给学生讲课,"新闻半小时"专栏组多次受到省领导的表扬,专栏主持人还被团省委推荐,作为全国唯一的新闻工作者,由团中央在1989年"五四"青年节上表彰,并荣获"社会监督标兵"和"新长征突击手"称号。

福建与台湾隔海相望,台湾有80%以上同胞的祖籍在福建,闽台语言相通,因此对台宣传成了福建电视台的独家优势;而且台湾当局对我国全国人大提出的"三通"建议反应已有所松动,我估计很快就会出现两岸"三通"热潮,因此,抓住对台宣传不仅是统一祖国大业的政治需要,也是让福建台办出特色的重要举措。我们将原有的一星期只播出一个专题和一集电视剧的"海峡同乐晚会"进行了彻底改造,办成了包含有10多个小栏目的丰富多彩的杂志型的专栏节目"海峡同乐"(这种形式在当时还不多见),受到了全省观众尤其是台属的热烈欢迎和好评,台湾的有些地方的台胞收看到这个节目后也纷纷来信赞扬,特别是"寻亲人"这个小栏目帮助许多台胞找到了失散四五十年的亲属,对促进"三通"做出了积极的贡献。若干年后,该栏目主持人还被台湾方面邀请作为大陆第一个访问台湾的电视节目主持人。这个栏目一直办了约10年才停办。

福建电视台的电视剧制作一直是个弱项,从1979年到1986年,8年间一共只拍了62集电视剧,其中还包括一部分短剧和小品。电视剧制作从某种角度看反映着一个电视台的综合实力,但台里的创作力量和经费严重不足,人员只有十六七人,经费每年只能拨给20万元,这点钱即使全部拿来拍电视剧也只能拍四五集。在这种困难情况下,我和电视剧部的同志经过反复讨论,确定了"四条腿走路"发展电视剧的方针,采取横向联合,充分利用社会力量解决创作人才和拍摄资金困难,同时上马了"《聊斋》电视系列实验工程",探索小台穷台"好快多省"地发展电视剧创作的途径,很快取得了很好效果:第一年就拍摄了30多部集电视剧,第二年翻一番拍摄了70多部集,第三年拍摄了100多部集。尤其是《聊斋》电视系列剧,总耗资五六百万元,3年内完成了46部80集的摄制任务,还顺手牵羊拍摄了10多集其他题材的电视剧,没有用台里一分钱。《聊斋》系列剧分3批在全国省级台播出后引起了强烈反响,日本购买了全部录像带制作权和播出权,对岸的台湾也第一次付费购买了录像带发行权

（以前进台湾的录像带都是无偿赠送的），我国香港、新加坡、美国、俄罗斯等地区和国家也有公司来联系洽谈购买版权事宜。国家广电部艺委会还因《聊斋》采取了全新的生产方式而专门召开了全国第一次电视剧生产、经营、管理经验交流会，听福建台介绍经验，并认为《聊斋》经验提出了一个"带方向性的问题"（直到现在，20多年过去了，网上还专门设立"聊斋吧"吸引了许多年轻人热议我们的《聊斋》，把我们的《聊斋》称为"八六经典"，艺术质量超过了此前拍摄的"聊斋"电影和以后新拍的电影和电视剧）。与此同时，艺委会还破例将电视连续剧《三国演义》的摄制权交给福建台。我们还约请了张天民、苏叔阳、张笑天、毕必成、于力等5位我国第一流的电影剧作家完成了100集电视剧剧本，日本一家影视公司已决定以预付版权费的方式支持我们摄制，我们还准备结合摄制"三国"建设一座"东方电视城"，且已与有关部门组成了筹备组开始工作。要不是"六四"风波和随之而来的一系列变故，福建台的前景将是非常灿烂的。

由于全台职工精神面貌大大改观，积极性和创造性空前提高，大家都把精力用在做好节目，办好专栏，扯皮的事大大减少，节目制作不仅数量大大增加，质量也有很大提高。1986年前，福建台在全国电视节目交换中一直是个"负债户"（当时各省级台之间都实行节目交换制度，尚未有买卖），改革第一年的1987年即开始扭亏为盈，1988年全国省级台节目交流年会评比，福建台在全国30多个省级台中排名第八，荣获"繁荣荧屏奖"二等奖；1989年又上升到第五名，荣获"繁荣荧屏奖"一等奖。我下台后还连着得了两年一等奖，其中《聊斋》起了决定性的作用。一直默默无闻的福建台一跃而跻身于先进台行列。省委主要领导同志曾当着电视台许多人的面称赞福建台"成绩很大"，是"无产阶级电视台"。

由于广电厅老厅长将于1989年下半年退休，省委有关部门联合广电厅组成考核组，到广电厅下属各单位对现任副厅级干部进行全面考核，以确定厅长候选人。考核组在分别个人谈话和召开座谈会听取各方面意见后，找我谈话，征求我的意见，最后告诉我，从考核结果看，我的"呼声最高"，希望我"做好接班的思想准备"。我说，如果领导上认为这两年我干得还可以，那么我还是希望继续当台长；要是觉得当台长不行，那么我可以回杭州教书。当厅长我绝对当不好，也没有兴趣。他们说，这个，由省委决定去吧，我们只能如实向领导汇报。为此事我还专门给省委宣传部分管干部的副部长写了一封信，要求不要让我当厅长。

**问：那么后来为什么被免职呢？**

宣传部长找我谈话，代表省委宣布我免职时并没有讲原因，只笼统地说是

"正常工作调动",后来在我的追问下,他才讲了 3 条:(1)政治思想工作抓得不够;(2)政治方向把握得不正,如"新闻半小时";(3)"六四"动乱期间的舆论导向,社会上有许多反映。他宣布决定不过几分钟,我一条一条进行反驳却讲了个把小时。

其实,这个结局我也是有预感的,但没想到来得这么快。福建台在短短 3 年内取得上述成绩,经历了一个艰难和曲折的过程。上世纪 80 年代后半期,全国的改革开放正处于乍暖还寒的阶段,守旧势力还很顽强,改革者举步维艰,党中央总书记胡耀邦的下台和福建省委书记项南的免职便是集中的反映。在这种形势下,我的处境可想而知。电视台的改革刚刚开始,老台长和台里有的"老人"便纷纷向上面写信或口头告状,说我拉一批人压一批人,娇宠年轻人,排挤老同志。厅领导找我谈话,说我们调你来原是想改变电视台乱的局面,没想到你反而把电视台搞得更乱了。我说这是搞活了,怎么是更乱呢?群众大量来信要求播出《射雕英雄传》,我们刚一播出,一位分管宣传的副厅长就把我找去责问是谁批准你播的?我说别的省早就播完了,我在杭州就已经看过了。领导说浙江是浙江,福建是福建,你知不知道现在总的形势是收?我说恰恰相反,我的理解是放,怎么会是收呢?他说你好好去学习学习中央有关文件吧。官司打到宣传部,最后总算同意在晚上 10 点半以后播一集。我出主意在播出天气预报时画面上插播广告(像现在的中央台一样),还没有播几天,就有人告到国家工商总局,总局立即拍电报指示省工商局到电视台勒令制止。为了加强对台宣传我要求成立对台部,尽管我把好处说得嘴唇起老茧,有关部门就是不同意;我写信向省委书记求援,省委书记竟批示给宣传部,说俞某人和广电厅的关系很紧张,请你们帮助他们调解调解,弄得我哭笑不得,只好又搞阳奉阴违。这个部直到"海峡同乐"停办还是个"黑部"。有几个人大家公认很有才华,只是因为不大听话或有某些缺点或爱出"鬼点子",而经常被某些领导在大会小会上点名批评,长期搁置不用,我想把他们用起来,又遭到了许多人的反对,有的领导还一再向我提出警告。我顶着各方压力把他们用起来了,有些人又横挑鼻子竖挑眼地找岔子进行攻击。后来的事实证明,我当政几年中成绩最突出的几件事情,例如"新闻半小时"、《聊斋》电视系列工程、广告和"海峡同乐"等,就是在这几个人主持下干出来的。因为我要在电视台推行改革,加上我的"书生气"(亦即前面所说的思想和性格)太重,凡事太过认真,必然地会同某些领导部门和领导发生抵牾,也就不可避免地得罪了不少官场上的头头脑脑,尤其是"新闻半小时"因坚持舆论监督而遭到官场上某些人的忌恨。——像上述这些事情，可能正是群众认可、信任我的缘由，但同时也成了某些官场中人反对、攻击我的根据；而福建台在短短3年内名声大振又使某些人觊觎台长这个位置，处心积虑地想谋取这个位置。两方面人动机不同，目标则一，我的屁股便岌岌可危了。恰巧这时北京爆发了"六四"政治风波，电视台又有20来个小青年上街游行了一次，于是省委便以此为借口，下令于1989年6月30日停办"新闻半小时"，一个风云一时为广大干部群众热烈欢迎的电视新闻栏目便这样夭折了（一直到1994年4月，中央台才推出一个舆论监督栏目"焦点访谈"，这已经是"新闻半小时"停办快5年以后的事了）。不仅如此，省委还下令要对几个参与"新闻半小时"采编又参加了游行的年轻人进行处分。我不同意仓促行事，并举解放后反胡风、反"右派"、反"右倾"以及"文化大革命"等政治运动错伤许多好人而最后不得不平反为例，要求"冷处理"，结果被省里几个领导在不同的大会上点名批评，有的人又因觊觎我的位置而趁机在背后使坏，这样，我下台的结局就注定了；又因为我不甘心就此离开新闻队伍，拒绝重新分配工作，从1990年4月16日起便做起了"寓公"。我这一生的"革命工作"就到此为止了，这一年我56岁。我在电视台工作计4年零20天。

**问：免职后省里还给你安排过什么职务？有没有想过再回杭大？**

宣传部长向我宣布免职决定时就对我说，我的免职不是处分，是正常工作调动。又说宣传部下面有十二三个厅局，我可以挑一个最适合我的单位去工作。我听懂他的意思是我当电视台台长不合适。我就偏说，我一辈子都干的新闻工作，干电视台最合适，别的都不合适。他知道我的脾气，便说那你回去再考虑考虑吧。移交工作后不久，有一天新任厅长找我谈话，说上面的意思想叫我到厅里去，问我愿不愿去（他没有说具体职务，后来听别人告诉我是叫我去当副厅长，分管电视剧）。我没同意。几个月以后，省里开党代会，在会议结束招待新闻记者的一个宴会上，省委书记挨桌敬酒时特别交代新任广播电视厅厅长兼电视台台长，让厅党组抓紧研究一下我的工作问题上报省委，好安排工作（这是电视台一位一起参加宴会的副台长告诉我的）。但这个消息被这位新厅长兼台长封锁了，后来一位副厅长告诉我，他们根本不知道，所以厅党组也根本没有开会讨论。到了春节期间，省委第一书记的秘书和那位副厅长电话告诉我，省委组织部很快就要下文安排我的工作，让我等候消息。以后几天我便考虑到时接不接受？谁知春节假期刚完，组织部的通知没有看到，却接到了刚刚成立不久的省反贪局的通知，让我去谈话。原来事情是这样：这个新厅长兼台长原在一个比较落后的地区当副书记，一直没有升迁转正的机会，"六四"后依靠关系才当上了广播电视厅的厅长,当了厅长又觉得不过瘾,一直要求兼电视台台长,因为他知道电视台台长的名声实际上远比厅长的名声大,于是他编织谣言,谎报军情(这是我在宣传部长向我宣布免职决定,我要求他讲原因,他罗列我的罪名时知道的)。这个人秘书出身,官瘾很大,他的目标不是厅长,而是更高,他急于想利用电视台扬名,所以当了厅长后"积极努力"了半年,终于把我弄下台,如愿以偿兼任了电视台长。又因为他扬名之心太切,一上来就把我手上拍的尚未播出的电视剧,例如《聊斋》(部分)、《杨乃武与小白菜》《傅连暲》等几十部集片子上我的名字换成了他的名字。大概他感觉到省委安排我工作的事很难拒绝,便采取了最恶毒的一着:利用财务科一个曾被我查过经济问题的财务人员提供的虚假材料,要求区检察院查我的"经济问题"。区检察院以为逮住了一条"大鱼",把电视台广告部的相关人员一个一个叫去,动用车轮战、诱供、逼供等手段,但结果一无所获,不了了之。这一次为了阻挠组织部文件下达,他又将这个所谓"经济问题"告到了反贪局。反贪局一位处长和两位干事在办公室里和我谈了两个来钟头,然后请我到附近一家饭馆吃午饭,饭后闲聊时我看他对我们拍《聊斋》的事很感兴趣,便趁机问道,我的"经济问题"区检察院不是已经查清楚了吗?为什么还要升级劳驾你们再查?处长说:"我们也不想查,是你们厅里一定要我们查,省委有关领导也批示要我们从严查处,我们不得不查。不过现在好了,这是最后一次,以后再不会来麻烦你了。"原来此前他们已经找了广告部等有关人员谈过话,没有发现任何问题,同我谈话后就结案上报了。但这么一来,组织部的文件自然又拖下来了。恰巧不久,我应福建日报一位编辑之邀写了一篇杂文,谈大锅饭的体制培养懒汉问题,被省里几个领导抓住了把柄,立刻又在大会小会上大加挞伐,说我"给社会主义脸上抹黑",终于最后把我的工作问题吹了。我的"革命生涯"便到此结束。

我被免职不久,消息便传到杭大。杭大新闻专业这时已独立成为新闻系,主持工作的系副主任张大芝老师马上给我来了一封信,欢迎我回杭大工作。这年暑假,他和另一位教师黄旦到厦门参加一个会议,又特地绕道福州来看我,说新闻系主任的位置一直空着,只要我肯回去,这个位置就是我的。刚被免职的时候我倒的确想过回杭州,但后来一想不行,我这样不明不白地回去算什么呢?浙江的父老乡亲只知道俞某人是被省委免了职的,被省委免职的干部还会是好干部吗?我又无法向他们解释。而在福建,尽管也有一些人会误解,但我的许多朋友都是心知肚明的,新闻、文化圈子里的人心里是清楚的,甚至许多机关干部和群众也是大致知道的,何况我有3年的工作成绩摆在那里,这是大家公认的,连省委在宣布免职决定时也不得不承认我这3年多时间取得了"很好的成绩"。免职消息传出后,许多熟悉的、不大熟悉的、甚至根本不认识的朋友,纷纷给我写信打电话表示慰问和理解,鼓励我"笑对人生"。有的人给我写信,大大一张信纸上只有一句话:"福建人民会记得你!"有一件事情让我非常感动:我刚被免职不久,福州市新华书店艺术书店在闹市区东街口开张,总店老总请我参加开张仪式,在介绍嘉宾时,其他人都平平而过,拥挤在大门内外的观众都没有鼓掌,唯独介绍到我时,老总刚报出"原福建电视台台长俞××",大门内外突然爆发(是真正的爆发而不是许多报纸新闻中司空见惯的"爆发")出一阵热烈的掌声,使我们在场的人都大吃一惊。直到现在,我一想起那阵掌声还会激动不已。除了福建,全国的兄弟电视台的许多人也是理解的,比如我刚被免职的那几年,有的兄弟台如浙江台、江苏台、上海台甚至广电部有关部门等举行什么大型活动或全国性的会议,都是邀请各台台长参加的,也把我作为特邀代表请去,有的甚至只邀请我而不邀请接替我的新台长。我觉得福建的群众和同行朋友们的理解是给我最大的安慰,这种安慰回浙江去是得不到的。而且我揣度那时福建省委及某些人是非常喜欢我从他们眼中消失的,我一走,不但省了他们许多麻烦,他们还可以随心所欲地编造谎言往我身上泼脏水,来为他们的错误决定制造合适的理由。我决定留在福建。我把上述想法如实告诉张、黄两位老师,他们也表示理解。

**问:俞老师,那么现在,你回过头来看看,当时工作过的我们的新闻系,还有哪些地方值得改进和提高的?**

这个东西,不好说了。一个是因为,我们那个时候,毕竟还是新闻专业,而且刚刚弄起来,时间又很短,我又没有经验,许多想法和做法都带试验性质,要说成熟,都很不成熟,都值得改进和提高;另一个是,这已经是快30年前的事情,跟现在没法比了,再说那些陈谷子烂芝麻的事只是因为你们要搞口述史,实际上也没有什么意思。

对了,要说作为历史资料,有一件事倒可以说一说:记不清是哪一年了,反正是我来福建不久,有一天收到邹韬奋女儿邹加力的一封信。邹加力当时是韬奋纪念馆的馆长,韬奋基金会的副会长兼秘书长,她说韬奋基金会有一大笔资金,不知道要怎么用,你能不能给我们出出点子?我很快就想到了杭州大学新闻系,就建议她和杭大新闻系联系,和他们合办韬奋新闻出版学院。她很高兴,说这是好点子,要我也给新闻系写封信说说。那时候新闻系主任应该是张大芝,事后我就写了一封信给他,告诉他这件事,并讲了我的想法。但这件事后来没搞起来,也没有消息,不知道为什么,现在想起来还觉得有点可惜。

**问:最后,你对新闻系有什么期望?**

至于希望,比较难说,想要改变当前新闻界的乱况,我认为就要看党的政策导向。举个例子,现在有的报纸每年都搞什么"全国十大报纸"之类的评比,评比的标准就是比谁赚的钱多,而能够进入"十大"或几"大"的报纸在我看来就是某一个商贸集团(或公司)的机关报——广告报。你说这是我们今天应该提倡和鼓励的新闻媒体吗? 但这里又有一个关键的问题,就是你对"中国特色的社会主义"怎么理解了,而这个解释权在中央,我们无权干涉! 这类属于大政方向方面的问题,任何个人都无能为力。就是对新闻教育来说,也受到了许多限制,比如不久前教育部对全国高校下达的"七不准"就是束缚教师思想和手脚的紧箍咒,教师如还想乱说乱动,除非你不想端这个饭碗了。但从教师的神圣义务——培养合格的新闻人才这一点来说,还是应该走正道。不讲什么大道理,至少我们要讲良心。报纸(或新闻媒体)是社会的教科书,要推动社会向前不断发展而不是越来越堕落,新闻工作者自己就应该是一个正派、正直、无私、无畏、具有实事求是、独立思考能力、全心全意为读者服务的人,而学校是起步的地方,教师是领路人,开头的路走得对不对,好不好,关系到学生一辈子的事情,是至关重要的。当然,要培养这样的学生,教师自己也应该是这样的人。

最后,附带说一下:如果哪位朋友对我的历史有兴趣,可以找我的《烟消云不散——我的内部档案》一书来看看,那里有比较详细的叙述。当然在这本书的写作过程中,因为各种原因,也还是有不少东西没有写进去,但关于我的主要的东西基本上都有了。

(何扬鸣)

附录：

# 新闻教学改革的一项有益尝试

——杭州大学新闻专业学生自办"西湖通讯社"情况

## 创办缘起

一、新闻学是一门实践性很强的学科。要培养合格的新闻战线后备军，光靠课堂教学是不够的。必须把课堂讲课和新闻业务实践很好地结合起来，才能使听和做相互促进，把新闻教学搞得活泼一些，取得比较好的效果。

二、杭大新闻专业从 1982 年开始招生，每年平均招收学生 30 名，现在已招满四届，共 125 人；今年下半年又招了一班新闻干部短期培训班。但新闻业务课教师至今只有 8 人，其中还有一个是兼职，两个是中文系刚毕业留下来的，只在人大新闻系和复旦新闻系进修过一段短时间，另一个也是中文系毕业的，在一家市报工作过两年，已确定调来，但还没有到校（正在研究生院新闻系进修），实际上只有 6 个人。这样的师资力量，不可能在课堂教学方面满足学生的要求。而且我们的设备、参考资料等非常缺乏，学生想自学也没有条件。在这种情况下，只能采取"堤内损失堤外补"的办法，增加编、采实习时间，以加强实际锻炼来弥补课堂教学的不足。

三、学生到了高年级，上课时数减少，课余时间增加，不少人把时间花在看小说、打扑克、看电影等等上面，不能很好地利用课余时间于业务学习；同时又觉得精力过剩，无处发挥。原三年级学生参加校刊工作，但局限在校内采访，已不能满足他们的要求；且接触面毕竟太小，不利于开拓他们的眼界和知识面，锻炼社会活动能力。为了充分调动学生自学的积极性，充分利用课余时间，最好的办法是扩大他们的活动范围，增加他们实际锻炼的机会，这既是教学的需要，也是学生求之不得的事情。

鉴于以上三个原因，由新闻专业教师提出，指导学生成立"西湖通讯社"。

## 组织情况

西湖通讯社于 1985 年 3 月 6 日正式成立,成员包括当时三个年级的全部学生 92 人(以三年级学生为主,一年级学生因尚未学习新闻专业课,暂时不参加实习活动)。由三、二年级学生共同推选七位同学组成社务委员会,其中社长一人,副社长一人,委员五人,负责指挥和管理通讯社的采编印发业务。并不定期编印《西湖通讯》,赠送省、市各新闻单位选用或参考。

为了加强对通讯社活动的指导,也为了加强与省、市各新闻单位的联系,取得他们的支持和帮助,除新闻专业全体教师担任通讯社指导教师外,又聘请了浙江日报、浙江人民广播电台、杭州人民广播电台、浙江工人报、经济生活报、光明日报驻浙江记者站等新闻单位具体负责编采业务的领导同志和有经验的编辑、记者,担任通讯社的指导教师,并由学校正式颁发聘书。通讯社还聘请浙江日报总编辑郑梦熊同志为名誉社长,请新闻界前辈于冠西同志为通讯社自办的《西湖通讯》题写了刊头。

## 活动方式

校内采访主要由二年级学生负责。三年级学生则走出校门,以杭州市区及近郊区为活动范围,开展采访活动。

活动范围扩大以后,需要有比较成块的时间。为此,我们在上课时间上作了一些调整:原来星期五上午三节编辑课,星期六上午三节写作课,两位授课教师协商以后,决定各减少一节,并把星期六上午的课移到星期五上午。这样,就腾出星期五一个下午、星期六一天的时间,加上星期天一天,学生每星期可以有两天半的时间外出采访,基本上解决了活动时间问题。

为了更好地取得各新闻单位指导教师的指导和外出采访活动方便起见,通讯社又与各新闻单位协商,根据不同情况,将三年级三十九位学生分成若干小组,分别与各新闻单位保持经常联系,获取采访线索,并尽可能带上新闻单位的介绍信外出活动(通讯社自己也发记者证)。活动费用一般向学校报销。

社务委员也分成若干小组,轮流负责组稿、编辑、油印和发行《西湖通讯》。通讯社记者采写的新闻报道,时间性强的当即抄送给有关新闻单位,时间性不太强的则在《西湖通讯》上刊发。

稿件被新闻单位采用以后，所得稿费大部分归作者本人，通讯社适当提取一部分作为活动资金。

通讯社还设立了"新闻奖"，根据《西湖通讯》采用稿件的数量、质量，进行评比，给获奖者以适当奖励。第一次评比结果，三人获"新闻奖"，两人获"鼓励奖"。

# 初步收获

通讯社自 1985 年 3 月 6 日正式成立，至 6 月底期终考试暂停，共活动三个多月时间，绝大部分同学积极性很高，顶风冒雨，早出晚归，不稍懈怠。初步总结，有以下几方面收获：

一、锻炼了采访活动能力，提高了新闻写作水平，增广了见识。

三个多月时间，同学们接触了社会生活的各个方面，除杭州市区和近郊以外，有些同学还受新闻单位的委托到外地（如绍兴等地）采访，采写了一批数量可观的消息、通讯稿件。通讯社据此编印了 8 期《西湖通讯》，选发了 90 篇，其中有 78 篇被省、市报刊和电台采用，采用率达 86％强。82 级胡宏伟、郦卓均两位同学分配在杭州市电台实习，三个月内，仅利用课余时间，便各自采写了三四十条新闻，大部分被市台播发，受到了市台领导的表扬。同学们普遍反映，这样的实际锻炼比在课堂上听讲收获还大，同时也感到自己的活动能力太差，知识太贫乏，因而进一步提高了学习的兴趣和自觉性。

今年下半年，四年级学生（原来的三年级）按教学计划到省、市各新闻单位实习半年，因为有三个多月通讯社活动的锻炼，大都能较快地适应新闻单位的工作。相信通过这半年实习，将来毕业后分配到新闻工作岗位，必能更快地适应工作的需要，缩短学校学习与实际工作之间的距离。

二、课堂教学与通讯社活动相结合，促进了新闻教学的改革。

通讯社成立后，很自然地与课堂教学形成了相互促进的局面。上学期三年级主要开新闻写作、新闻编辑、新闻评论和新闻摄影四门课（新闻采访和新闻理论课、新闻史已于三上开过），新闻写作课把评析《西湖通讯》上的新闻作品作为一项重要内容，教师结合讲课，选择一些有代表性的作品，先让学生汇报采写经过和立意构思，然后与同学们一起分析作品的优缺点，总结采访和写作的经验教训，从而把课堂教学搞得比较活泼、实在，同学们反映这样听课收获比较大。

写作和编辑课还把各人在通讯社活动的成果列为期终考试的项目。写作课规定每人挑选三篇自己最满意的不同体裁的新闻作品作为期终考试的考卷,教师批阅后个别向学生提出意见,学生可以根据教师的意见进行补充采访和改写,然后由教师正式评分,作为期终考试成绩;编辑课教师在开学后不久即向学生宣布,期终考试的内容是每个学生交一个版面(四开报大小),须全部是自己在这三个多月中采写的稿件,花式品种要多(如消息、通讯、评论、简讯、调查报告、照片等),要标好题,画好版,既要突出重点,又要丰富多彩,然后按项计分(如内容、标题、版样各得几分,内容又分头题、选稿、组织等),期终考试期间,学生可以先画出草样请教师提意见,修改后再上交作为正式成绩。这样,既促进了学生日常的采编活动和学习,也改革了课堂教学和考试的方式方法,更重要的是这样的改革既让学生学到了知识,又提高了能力,大部分学生都欢迎这样的改革。从期终考试的情况看,绝大部分同学都取得了 80 多分的好成绩,有相当一部分同学得了 90 多分。

三、锻炼了学生多方面的能力。

我们培养的新闻工作者应尽可能是全能的人材,既懂得采编业务又熟悉出版发行,甚至还应该具备领导和组织的才能,如此,才能适应将来新的形势的需要。这样的人才仅靠西湖通讯社的锻炼自然是不够的,但应该说这也是一种锻炼的方式。通讯社的活动,包括组织指挥、组搞、编审、校对、打字、印刷、发行以及其他事务,都是由学生组成的社务委员会自己进行的。通讯社成立时,学校批了一千元钱作为开办费,他们精打细算,买了油印机、复写纸、蜡纸、油墨、印刷纸,印了稿纸,做了记者证。为了节省开支,在一、二年级找了四个学过打字的同学组成打字小组,学习打印技术,每期稿子一编完,她们就连夜打印。编印第一期时,因为打字的同学不熟悉字盘,两位负责编稿的社务委员和打字员一起,一个一个找字模,整整忙了一个通宵,第二天一早就装订发出了。他们这种热情和苦干的精神受到了教师和同学的赞扬。参加社务委员会的同学都认为工作时间虽短,但对他们的工作能力却是一次实际的锻炼。

## 存在的问题

一、原来我们想办一张"钱江晚报"(当时浙江尚无晚报),设想只聘请少数有经验的编辑做骨干,由教师担任各组组长,高年级的学生分到各组当记者,白天办报,晚上上课(视情况灵活安排),增加教师和学生的实践机会,更好地把理论和实践结合起来，如有盈利还可贴补教育经费的不足。但这个设想没有得到省委宣传部的批准。于是才决定办实习通讯社，因为通讯社比较简易，不需要什么设备，所需经费也少。对于我们这个建议，校、系两级领导都表示大力支持，但省委宣传部仍不同意，认为通讯社只能国家办，民间不能办通讯社。我们办起来后，教育部还专门为此发来加急电报制止。中宣部、教育部在1983年中宣发文第38号、教高一字047号文件中曾明文规定，有条件的新闻院、系可自办实习报纸、实习电台或电视台。既然这些都能办，为什么独独通讯社不能办？如果仅仅计较"通讯社"三个字是毫无意义的。我们根据自己的具体情况，认为这有利于新闻教学，而且得到省、市和中央派驻浙江的新闻单位的支持，还是坚持办了下来。实践证明，这种形式是可取的。有的人对学生到社会去采访不放心，生怕他们闯祸，做坏事，这是没有道理的。我们三四十个学生（其中包括了一部分尚未听过新闻基础课的二年级学生）在杭州地区闯荡了三个多月，没有听到任何反映说他们在外面做什么违反纪律或社会治安之类的事情，相反地得到了好些新闻单位同志的好评。今年春假期间，二年级有两位学生从杭州骑自行车去上海，沿途作了一些采访，在途经一个小村，向一位孤老太太讨水喝的时候，发现这位孤老太太穷得连请客人坐的板凳都没有。他们在了解了她的身世和处境以后，把随身备带的面包、水果等食品送给了她，还同她一起拍了一张照相，回杭州后特地放大寄去给老太太，老太太非常感动，又不知道他们的姓名，只从信封上知道他们是杭州大学的学生，便请人代写了一封信，连同那张照片，一起寄给杭大校领导，要求找到这两位同学并代她致谢。这两位同学从未向别人谈起过这件事情，直到最近一个偶然的机会，新闻专业一位教师看到这张照片，认出了这两位同学，才明白真相，由此也可见我们学生精神面貌的一斑。此外，《西湖通讯》出了8期，90篇新闻报道，只发现一条新闻和报上公开发表的新闻不一致（刊第二期，题为《第三届大众电视"金鹰奖"评选结果揭晓》）。发现问题后，社长和作者（是一位二年级同学）立即去核实，发现如按票数计算这篇报道并没有错，因为评奖委员会最后作了调整，我们这位同学不知道这个情况，为了抢时间，才发生了不一致的情况。像这类问题在学生实习过程中是难免的，也是不难解决的。另一方面，即使学生在实习过程中出现了一些不应该发生的问题，难道能因噎废食，把整个形式都否定吗？培养新闻事业的接班人不但是新闻教育单位和新闻事业单位的责任，也是全社会的责任，我们希望能得到社会的支持，更希望能得到上级领导部门的支持。

二、因为得不到上级领导部门的支持,造成了学生走向社会的一大难题,就是没有采访证件,光靠学生证件许多单位是不接待的,我们虽然给高年级学生发了记者证,但只有中文系的印鉴,其价值还不如学生证(学生证还盖了学校的印鉴)。有时虽然也可以请新闻单位开一张介绍信,但因为毕竟不是正式实习,有时也有难处。如果能争取省委宣传部的支持给学生发一个实习记者证,那末采访活动就会方便得多,效果也一定会好得多。其实,对新闻系或新闻专业的学生,有关领导部门是应该给以适当的支持的,这不能算"滥发记者证",与一般以骗钱为目的的"记者证"不能同日而语。

三、在学生本身则存在着不平衡的状况。有的学生热情很高,一有空就往外跑,甚至连该听的课也不上了;而有的学生则不大往外跑:有的是畏难,开始时还积极,碰到一点挫折就泄气了;有的是不想跑,宁可在宿舍里看小说。因为通讯社的活动是完全建立在自觉自愿的基础上的,这样便造成了收获悬殊的情况。有的学生采写了很多,每期《西湖通讯》上都有他的作品,有的则连一篇都没有发上。

四、上述情况的出现,和教师抓得不紧、指导不及时、要求不严格也有关系。因为师资力量太薄弱,每个教师平时要备课、上课,还要兼顾其他班级的事情和应付别的事务,原来计划定期举行座谈会,让大家交流情况和经验,探讨采编中碰到的问题,也没有做到。对一部分不大自觉的学生也缺少及时的帮助,对学生在实习中碰到的困难也没有(有的也是无能为力)及时帮助解决,这也影响了学生热情的持久。

五、被聘请为指导教师的各新闻单位的同志对通讯社的活动给予了很大的支持,他们虽都是纯尽义务,但都以培养无产阶级新闻事业的接班人为己任,热情安排学生的采编实习,帮助学生解决了许多采访活动中遇到的具体问题,这是应该衷心感谢的。问题倒是本专业的教师主动与他们的联系很不够。如果校内外两支指导教师队伍能更紧密地配合工作,收效可能还会更大一些。

## 再接再厉　坚持下去

上半年取得的成绩和学生的热情,使我们欲罢不能。学生们强烈要求把西湖通讯社继续办下去,并表示要力争办得更好。

在筹备成立的时候,我们就有打算,要发挥高年级学生"传、帮、带"的作用。一届一届地"带"下去。上半年,三年级学生已经对二年级学生起了一部分这样的作用。这学期，原来三年级的学生(现在是四年级)已分别到市区各新闻单位正式实习，我们打算和新老社务委员们商量一下，怎样继续发挥他们"传、帮、带"的作用，帮助新上来的三年级同学搞好通讯社的活动；同时也要求现在的三年级同学开始对二年级同学发挥同样的作用。这学期有一个有利条件，是招收了一个新闻干部培训班，十六名学员大多是地市县报或企业报、广播站的编辑、记者，都有一定的从事新闻工作的经验，我们把他们和学生混合编组，吸收他们的代表参加社务委员会，请他们担任辅导任务(同时也结合自己的学习)，这对开展通讯社活动无疑是很有利的。

我们打算在适当时间把各新闻单位的指导教师请来开一次会，总结一下上学期的工作，研究一下下一步的安排和活动，争取把西湖通讯社的工作搞得更好一点，使它真正成为课堂教学的有力补充，成为推动杭大新闻专业教学改革的起点。(1985年9月28日)

## 附录：杭州大学"西湖通讯社"章程

宗旨：联系专业教学，加强社会实践，采写编管结合，培养实践能力，提高新闻素质，造就合格人才。

章程：

一、成员：杭州大学中文系新闻专业三、四年级学生。

二、组织：由通讯社全体成员民主选举七位同学组成社务委员会，负责采编、刻印、发稿等社务；设社长一人，副社长一人，委员五人；下设政文、经济二组，各设正副组长两人；社、组领导视情况变化进行改选或增选。

三、聘请省会各新闻单位和中央新闻单位驻我省记者站一负责人组成指导委员会，聘请省委或市委宣传部领导一人担任指导委员会主任，对通讯社工作进行指导。

四、新闻专业全体教师均为通讯社指导教师。

五、本社记者一律凭统一的记者证在杭州市区、郊区及其他地区进行采访。

全体成员在通讯社的工作情况作为考查学习成绩的重要依据之一。

六、创办《西湖通讯》，暂定为旬刊，由社务委员会在本社记者采写的稿件中挑选、审定，请指导教师过目后打印成册，送省、市各报纸、电台选用，或推荐给全国性的新闻单位；同时分送各兄弟院校新闻系或新闻专业作为业务交流。

七、被社外新闻单位采用的稿件,所得稿费作者得一半,另一半留作本社活动基金。

八、定期在教师指导下开展交流情况和经验的活动,探讨采、写、编、管活动中碰到的各种问题。

九、通讯社活动经费请学校在教学经费中拨给。

十、本章程从通讯社成立大会通过时起生效。

杭州大学"西湖通讯社"第一届社务委员会

1984 年 11 月

# 沈爱国：自己培养的教师

沈爱国，男，1982 年进入杭州大学中文系新闻专业学习，1986 年毕业留校，在新闻专业任教，同年 9 月去中国社会科学院研究生院新闻系进修硕士课程，1987 年 6 月返校开始带班，担任班主任和助教。一直在新闻系任教，从未离开。目前是浙江大学新闻系系主任。

问：你是 **1982** 年考进当时的杭州大学中文系新闻专业，当时是不是算是我们第一届的新闻专业的学生？

这个第一届是指本科，全日制 4 年本科的第一届。因为在这之前，1978 年的时候，有过两年制的专科，就是中文系新闻专修科。"文革"以后，恢复高考后第一届新闻专业的学生，是大专两年制的这个班。到我们 1982 年，是 4 年制全日制本科的第一届。那个时候，我们班里一共有 40 位同学，后来有一位同学因为身体原因,休学到 83 级去了。所以,4 年以后,1986 年毕业的时候,我们班是 39 个同学。是这样的一个情况。

**问:当初你为什么要报考杭州大学新闻专业呢？之前,你对这个专业有多少了解？**

应该说是没有任何了解。因为这是杭州大学第一年招收本科新闻专业,在此之前是没有新闻本科的。我们在小城镇的中学里面,老师的选择、判断、兴趣,对学生的影响是很大的。我在高中阶段,数学、物理这些课很差,化学还可以,但语文总是班里第一、年级第一的。所以,语文老师对我特别好,不断地鼓励我。这也就是现在经常讲到的对孩子的教育,赏识教育,就是欣赏和鼓励教育。高考成绩出来后,我知道自己上线了,要填志愿了。我们那时是先出成绩再填志愿的。那当时如何填志愿？简直就是两眼一抹黑,父母亲都是农民,一窍不通。在这样的情况下,第一时间,我就向最喜欢我的、也是我最钦佩的语文老师去求助,让他帮我们参谋参谋。我们什么想法都没有,就完全听他的。我们那个语文老师叫张炜,是个文化人,他书法很好,板书写得很好的,现在也有书法作品出来的。听说"文革"的时候,他在县委报道组干过,所以他对新闻这个工作是比较有兴趣,也是比较了解的。当时,张老师知道杭州大学第一年招收新闻专业学生,他觉得我的写作能力好,就建议我去报这个专业。他说,你这个分数进杭大这个专业,应该是问题不大的。他也知道学新闻的话,复旦大学的更好,但是,他说复旦你是考不上的,这个分数是不够的。那时我们完全不懂。在此之前,我对杭州大学是什么,对杭大中文系是什么样子,一点都不知道。农村里的孩子,在高中阶段就是一门心思埋头读书,然后呢,考上大学,才开始在他们的人生历史中打开了一扇窗子,让他们来了解这个世界。这就是我当初选择专业时候的状况,我就这样懵里懵懂地选择了这个新闻系。

我在上大学之前,没有离开过我们德清这个县。到学校报到那天,第一次坐了 4 个小时的船,第一次踏上杭州的土地。我还从来没有坐过汽车,老家是平原地区,进出都靠船。所以,第一次坐上了学校来接新生的大巴就晕车。从武林门到杭大门口,现在看看就一炮仗的路,就一点点路,我却严重晕车。为什么呢,就是闻不了汽油味,一闻到汽油味就要吐。我爸爸陪着我来报到的。杭大门口有很多迎新的牌子。我一下车,就先找了一个隐蔽的地方,"哗啦啦"地吐个天昏地暗。

**问：你刚才讲到你是 1982 级的，你们有 40 个同学，当时你们班的班长和团支书是谁？**

我们班比较民主，第一年进来的时候，是指定了班里年纪最大的一位同学当班长。他好像是 1960 年出生的，在部队当过兵，退伍回来以后再考大学的。当时，我们的班主任是吴工圣老师，教中国新闻史的。我们第一年的班长就这样指定的，年纪大一点的，经验丰富一点，就让他来管。以后每一学年开始的时候，班长都重新选举。第二个学年的班长就是我了，我在班里年纪最小。然后，第三年又换了一个，第四年又换了一个。就是每年一个。团支书呢，倒是 4 年下来，一个叫林荫夏的女同学一以贯之。那么班长呢，第一个叫戴放，现在在金华电视台；第二个是我；第三年是童惠敏，现在在绿城足球俱乐部当老总；第四个是另外一个年纪相对比较大的，现在在《联谊报》当副总编，叫何云飞。我们班里有 3 个是 1960 年的，一个是戴放，一个是何云飞，还有一个是朱冬菊，现在在新华社总社工作。我们班里只有两个是 1966 年的，一个是我（生日最小），另一个是吴天根，海盐人，现在在《嘉兴日报》。

那么多同学中，你可能会关心有多少人留在杭州的这个数字，是不是？1986 年留在杭州的是 26 个同学，我记得很清楚的。

**问：你刚才讲到了班长、团支书，那么，在那么多同学里面，哪些同学让你印象深刻？**

这个问题很难回答，我对每个同学的印象都很深刻，能如数家珍。每个同学的老家（籍贯）是哪里的，家庭基本成员，比如说有没有兄弟姐妹之类的，我基本上都知道。比如说胡宏伟，他爸爸是永康人，从部队转业到湖州，妈妈也安置在湖州当地的丝绸厂上班，他有姐姐、哥哥，他是老三，是部队转业干部的孩子。当时，宏伟是我大学期间关系最好的，我们都是从湖州考出来的。我跟你讲一个细节。我身上的零花钱，大学第一年几乎是没有的，就靠助学金，一个月 19.5 元，其中，17.5 元是发饭菜票的，剩余的两块钱就是零花钱。第二年，我爷爷在一个乡镇企业里面干活，每个月拿工资的。他就省吃俭用，省下 5 元钱，每个月汇款给我。爸爸妈妈是一分钱都没有的，农村里非常

穷。而那个时候,部队转业的干部子女,他们爸爸妈妈的工资拿得挺高的,可能有七八十元一个月。他们经常饭后有水果吃的,一个苹果之类的,晚上肚子饿的时候还有饼干吃。我嘛,一开始两块钱,后来加上 5 块钱,7 块钱的零花钱,哪里有钱去买那个东西吃,对宏伟他们很羡慕啊。因为与他们关系比较好嘛,有时候从他们那里去匀一点过来吃。这同学关系,印象很深刻。我们班里面,每个同学的关系都非常好。每个同学的印象都很深刻,每个同学背后都有一个故事好讲。

**问:那就讲一个吧。**

比如说我讲到的跟胡宏伟的关系。所以到今天为止,我与他都还保持着很好的关系。他结婚的时候,我去做伴郎,叫男傧相。一般来说是关系比较好才会去做的,我们又是湖州老乡。现在每次硕士研究生论文答辩的时候,我经常请他来做答辩主席。

当时,我们班里还有一位同学叫查晓强,在生活上照顾我,像个老大哥。他现在是《钱江晚报》有限公司的副总经理,管广告的。他是杭州人,父母亲好像也都是事业单位的,经济条件也不错,至少是有工资拿的。我从他这里得到一个什么样的照顾呢?我是到大四才有机会买第一辆自行车,他是从一进学校就有自行车的。我会骑自行车,但没有自行车。怎么办呢?只要有校外活动的时候,我就把晓强的自行车借来。他很大方的,每次都借给我。还有就是借来骑以后坏掉了,我又没钱修,回来之后老老实实向晓强汇报,你的车让我骑坏了,轮胎破掉了。他都说,没关系,因为他有零花钱嘛,他用一两块钱去补掉。

所以,我们在大学时,至少有两到三年时间里面,两个人互相帮忙。平时我们都要打热水的,打热水的时候,我们都有分工的,比如说我去打饭,他去打水,明天可能是我去打水,他去打饭。一打水就要打 4 瓶水,每只手上各拎两只热水瓶。有一次,我打水回来的时候,不知道哪里跟骑在边上的自行车一碰,水瓶装满了以后很容易碎的,结果,"嘭"的一声,两瓶热水全都浇在整个右腿上。两小时以后,腿上的水泡比馒头还要大。那么没法走路了,上学都没法上,一个星期都在寝室里休息,走不了路。晓强同学要上课去的,每天都帮我把笔记做好。这个是不用说的。他还每天给我买饭买菜。到了第二个星期以后,我可以走路了,但要他扶着我,用他的自行车拉我去教室。因为烫伤需要一个月才能好。那时是夏天,一个月内,从买饭菜到打水,全部都他一个人完成。所以,每天打饭和打水,他要跑两趟,第一趟为我把饭菜端了来,第二趟把我的水打来。晓强比我大 3 岁到 4 岁,是大哥哥,很照顾我。而且很巧的是,他和宏伟刚好是同一寝室的上下铺，下铺是我的小哥们，又是我的老乡；上铺是大哥哥。我住在他们的斜对面寝室，这两个人在生活上对我是有很多照顾的。我这个人平时不太有攻击性，成绩又比较好，跟所有人都友善相处，所以，到现在，我们毕业都30年了，每次同学见面，都非常亲切、亲热。今年9月份，我们要搞毕业30周年同学会，唯一的遗憾就是我们班里有个同学已经不在了，黄黎萍，原先她也是留系当老师的，10多年前，估计是患了抑郁症，走了。

**问：你们这个班是"文革"以后进来的，年龄相差比较大，你的年龄比较小，那么你是怎么看待这些大哥哥大姐姐的？**

对的，最多相差6岁。班里大部分同学是1963年、1964年出生的。他们当中很多是高中毕业以后，已经在社会上参加过工作，或者是在农村里务农，然后一边上班或干活，一边复习参加高考的。有些同学还考了一两次甚至三四次的。我是应届生，我们班里当时应届生是有一批的，历届的复读生差不多有一半左右。比如，何云飞1960年的，比我大6岁，他不可能是应届生，但他复读了几年，我没问过他。那么，这些同学从知识学习这方面来说，有时候不如我们年纪轻的记性好。因为大学4年，我的成绩都是班里面第一名。跟我们现在学生的情况完全不一样。现在是女生成绩好，我们那个时候，前几名全部是男生。一方面是男女比例不一样，我们这个班40个人，28个男生，12个女生。4年下来平均成绩的话，就是我第一名，胡宏伟第二名。但是，从社会阅历和社会经验这个角度来说，那毫无疑问，这些老大哥比我们要见多识广。所以，在我们眼中，很稀奇、很新鲜的东西，对他们来说已经很平常了。那个时候的大学，一个寝室8个人，我和老何就是同住一个宿舍的，他们肯定更稳重，对某些事物的看法在潜移默化中引领着我们，让我们尽快地成熟起来，给我们提供了很多帮助。但是没有明确说今天我来帮你，就是潜移默化，互相影响的。

**问：那你在班里年龄最小、成绩最好，班里的大哥哥大姐姐是怎么帮你的？或者说你们是怎么互帮互助的？**

他们可能就觉得我很幼稚，成绩要那么好干什么？当时有很多同学认为，我这个人脑子有病，成绩要那么好干嘛，何必把自己搞得那么苦。然后，我就成了什么呢？他们到我这里来抄课堂笔记，有些人不去听课，要么睡懒觉，要么去图书馆。我的笔记比较全，有的人从我那里借到笔记后，用一周时间进行强化，然后就考试了。那个时候都考试的。前面一段时间是很轻松的，到了期末，用一周的时间，抄笔记，晚上熬通宵，考试就过了。这个时候，我的价值就体现出来了,都来找我,问我要笔记了。那个时候又没有复印机,都要手抄的,所以这个笔记本借来借去借出去了。我们班,像我这样学习这么刻苦的同学,估计不是很多。宏伟的笔记做得比我更好,有的时候,我们两个人会互相对照的,有很多他记下来的,我没有的,我就抄过来补全。他也是非常严谨认真的一个人。他现在成就很大,已经是开放式思维了。我们班里面,目前互相之间联系比较多的,大概就 10 多个同学,每个人在自己的岗位上各有自己的特长。其他大部分同学,关系虽然很亲切,但是联络不多,各做各的。平时大家都是互帮互助,他们有很多好新闻作品之类的,到省里来评奖,我要去做评委的,那么这样的话,我会给他们提一些建议的。我有一个同学,在某一年,拿了 5 个省好新闻一等奖。还有,他们评职称之类的,我也经常要去做专家或者评委。

**问:当时新闻专业只有一个班,学生和老师的关系应该说是比较密切的,互相之间也是了解的。那么,你对哪些老师印象特别深刻?**

一个是教我们采访课的邬武耀老师,退休以后返聘,然后是脑溢血倒在了讲台上。张大芝老师是我们那个时候的专业负责人,教新闻理论的。其他,我印象比较深一点的是俞月亭老师,教新闻编辑学的,主要是画版样,做标题。可惜我们在实习的时候,编辑技巧用不上,我们更多用到的是新闻采写知识。还有一个老师叫王欣荣,教我们写作课的,好像是从山东调过来的。我们的新闻评论课是徐艰奋教的,我的毕业论文,就是研究《杭州日报》的"吴山夜话"栏目的,是徐艰奋指导的。还有哪些老师呢?新闻摄影课是徐忠民教的,他请了《浙江日报》的一名摄影记者一起来跟我们讲的。张梦新老师那时是中文系党总支副书记,管学生工作,没有给我们开课。

当时我们的师资力量,都是从早年的复旦和杭大为代表的这些新闻系毕业的。但是,毕竟大部分人可能离开新闻实践岗位的时间比较久了,都已经人到中年了,又是从各个地方抽调来的。所以,他们当年的新闻从业经验肯定要更早,不太有接近性,套用一句当下流行的话来说,就是不太接地气。给我们讲课的时候,讲规则的东西比较多,讲实用的东西比较少,说句实话,我印象不深刻。

**问:你刚才讲了那么多老师,在那么多老师当中,有没有什么有趣的故事?比如上课过程当中。**

怎么说呢,每个老师都有个性,很鲜明的。比如邬老师,我们可以用严谨一词,但这个词的潜台词就是刻板。他的板书一笔一画,这个跟他搞了几十年的信访工作有关系,很严谨。本来新闻采访课应该是比较活泼的,但他讲得相对比较古板。张大芝老师有较重的山东口音，我听起来比较吃力。吴工圣老师是教中国新闻史的，是我们的班主任。我们见到他很怕的，因为他年纪跟我们差很多，他是1978年中国人民大学新闻系的，1982年本科毕业，然后就分到这里来。他第一年带班，很认真，但就是不苟言笑。我们跟班主任距离比较遥远。俞月亭老师倒是蛮有亲和力的，对我们很照顾，非常为学生着想。他曾经在《青海日报》《福建日报》工作多年，实践经验相当丰富。当时，他跟新华社浙江分社的一些老记者、领导也比较熟，我们班上有六七个同学是通过俞老师的介绍，去了新华社实习。或者说，老师们也有分工的，要去新华社实习的同学，包括朱国贤、胡宏伟，还有钱渭南、王营、林荫夏等等，由俞老师负责联系。他们这一批人，后来就和俞月亭保持着非常密切的联系。所以，俞老师从福州来杭州的时候，会给《钱江晚报》的钱渭南同学打电话，然后，由钱渭南召集我们一起吃个饭。

实习中的同学

我印象中，《杭州日报》是由邬老师负责联系的，所以我的毕业实习，就去了邬老师的大学同学那里。当时，杭报有一位科教新闻部主任叫范育华，她跟邬老师是同学。她表面对我要求很严，实际上内心对我是很好的。我们读书的那个时候，没有像现在这样对新闻单位的清晰认知，也没有老师更多的指点，就是完全凭自己的感觉。我就觉得《杭州日报》还挺好的，没想到新华社是国家通讯社。那个时候，我如果选择去通讯社实习的话，估计也有可能留下来就业。

至于老师与学生的关系，也可以说说。那时候，老师少，五六个老师，代沟也很明显的。老师下我们寝室的情况是比较少，同时，老师来了以后，我们见了也很拘谨。自从我自己做老师以后，这个风气开始变了。因为我们跟学生的年纪差距不大，可以与他们打成一片，包括在课堂上的亲和力之类，学生就比较认同我了，很欢迎我去他们那里，跟我聊天、交流之类的就很多。再后来，我与学生之间的年龄差距也慢慢地拉大了，与学生课下的交流也越来越少了，我觉得这对我们的学生,是一个巨大的损失,因为言传身教、潜移默化是很重要的。

那个时候,老师和学生很亲近。而现在,学生似乎成了生产线上的一个产品。我们虽然年纪慢慢大了,可也有年轻教师不断补充进来的。但遗憾的是,年轻教师和学生之间有些疏远,老师讲完课就走人。师生之间,教书育人,教书可以是在课堂上教的,育人绝对不会是这样育的。哪里是几堂课讲完以后就可以育人的?与学生打成一片的优良传统,就这么丢失了,比较遗憾。

人文精神,总体来说就是比较有人情味。杭州大学是文科为主的学校,会关注个体的发展和成长。我们现在见个校长,多不容易,那个时候,路上见到校长,叫他一声以后,校长还能认出我,说你好像是新闻系的那个沈爱国吧。我说,是啊是啊。他还能知道我的名字,党委书记也是一样的。校长和书记在校内碰到以后,我们那么小的一个普通老师跟他们打个招呼,他们会知道你是谁。现在是衙门,门难进,人难看,话难说。这个绝对是一种异化。高校里本来就应该是社会上最具有人文气息和情怀的地方,就是象牙塔。人与人之间的关系应该比较单纯。你现在要让年轻的教师,对学生全心全意地去付出,要求是高了一点,他们也做不到。我们那个时候与学生是打成一片的,每个学生的名字都叫得出来。

**问:你们当时的学霸是怎么努力学习的?你是不是学霸?**

我大学 4 年下来,平均成绩第一名,是班里的学霸。然后,第二个就是胡宏伟。我们当时就是在课堂抢位置,抢第一排,为什么呢?就是坐后面的话,听起来效果很差。我们有的时候还让同学用书包去占位置。我们听课很认真,做笔记,因为我们那个时候考试主要是考课堂笔记的,那个时候教材也不健全。另外,那个时候,晚上夜自习的时间还是蛮多的,不会每天都去,但一个星期至少一半以上的时间会去。本来那个时候流行"60 分万岁",考合格就够了,60 分和 100 分是一样的。那时,我们也没有多少的业余生活,就是图书馆去借书看了。学习就是这么学出来的,也没有什么特殊的方法,就是花时间多。

**问:你们同学之间竞争大不大?**

那个时候成绩高低是无所谓的,不像现在这样有保研的,那时候没有保研的,都要考的,也不要出国。那时候就是"60 分万岁",只要你考到及格就够了。所以没有那种为了成绩互相之间激烈竞争的风气,对成绩看得很淡的。我成绩好,是我自我要求高,有好胜心。我发现一个规律,就是我们这些人的基本素质都是不错的，各种表现都是因为当时受一时一地的教育环境的影响。我这里有一个故事。

小学阶段，我是在农村的村小读书的。一个村小管周边几个村子，大家从一年级读到五年级。刚刚进去的时候，大家都是一张白纸，任你描画。5 年下来，我的成绩是第一名。那个时候也是要象征性地考一下，考到了中心中学。中心中学，是很多大队加起来组成的学校，大队就是现在的村委会的概念，不是自然村。中心中学是几个大队加起来的，每一个年级有 4 个班，人多了很多。上初一的时候，比较一下，我记得我的成绩是中等偏下。主要是村小的师资问题。初中 3 年中，老师是一模一样的，我就开始追，第一个学期考下来以后，就基本上奠定了年级第一的位置，一直保持到初三。老师也知道，我在中心学校再提高成绩，也不太可能了。

后来考高中了，考到了德清县第三中学。这个中学把德清东部五六个乡镇的人集中起来，每个年级又有 4 个班。高一进来一评估，我的分数又是中等偏下。高一不管它，后来文理分科，仍是同样老师教的，最后，在高中毕业考大学的时候，我又成为文科第一名了，考上了杭大。杭大是全省来的同学，睡我上铺的同学是东阳来的。东阳的教育多好啊。我印象中，1982 年高考分数线是 412 分，我只有 427 分，东阳那个同学是 439，比我高出了 12 分。当时评估的时候，我在班里面最多也就是中等水平。好，一般第一个学期打翻身仗。第一个学期上完以后，老师是一模一样的，这就是我自己要求上进的。啪，一弄以后，我成了班里第一，4 年大学一直在班里稳居第一。所以你看，每到一个新环境中，你在某个程度上之所以到达这个高值，是因为当时你所获得的最好教育资源就这些了。所以，我当时就说，如果我分数能够再高一点，考到复旦去，可能我现在就是完全不同的人生了。那个时候，大家的平台和起点是一样的。

**问：你们班里有没有这样的人，考试及格就好了？**

有的，好多，大部分同学都是这样的，无所谓，只要考得及格就行了，而且公开说，一整天这么学习、这么用功干什么？其实，我说，我也没想到我会这样。我后来跟他们开玩笑说，如果我知道成绩好要留校的话，我还不如不好好学。有很多同学都认为及格就行了，不用补考就可以了。一点不会因为成绩低、成绩差就难为情的。

我们那时候学习，总体来说还是比较单纯的，机会没有这么多，诱惑也没有这么多。三点一线，教室，宿舍，食堂。早上起来去食堂，然后去教室上完课。那个时候环境总体比较宽松。那种竞争的压力和压迫感没现在这么强。也没有明确告知说分配的时候是和成绩挂钩的，虽然后面看到是和成绩排名有一定的关系，但是大家好像都不在意。没有说非要留在大城市不可，回去就回去了。我们有很多成绩不错的同学，最后回家乡去了。但现在看来，去的城市不一样，个人发展还是有很大差距的。经过30年的发展以后，在一个小地方发展，和在杭州市发展，最后获得的回报，占有的社会资源，个人的眼界，包括对整个家庭的影响，对下一代的影响，还是有较大差异的。

**问：你刚才讲过你是在杭报实习，实习对你帮助大不大？**

那当然，非常大。

**问：实习对你的帮助体现在哪些方面？**

给我完全打开一扇全新的窗户。学校里面除了同学之间，师生之间，交往还是比较单纯的。到了媒体实习以后，你每天都要面对那么多不同的人，不同的事。一开始去提问的时候，都是属于心惊胆战的，但慢慢地习惯了。我实习了8个月，第一年的下半年6个月，第二年的1月、2月，中间过了一个寒假，过了个年，又回去实习了一下，3月初学校开学了，才回来上课的。近8个月的实习收获大，是因为把学校里面停留在课本上的知识，应用到实践中了，最后在采访写作当中体现出来了。我写的稿子，指导老师的评价比较高，她觉得我悟性比较好，我三下五除二就可以知道她希望让我写成什么样的稿子，我做出来了。我们在杭报实习，有六七个同学。我不敢说我的作品质量怎么样，但是发稿量是第一的。我的稿子经常在评报栏中间贴出来。有人评报，说这个稿子写得不错，细节很丰富，采访很扎实。我作为实习生，受到的鼓舞是很大的。

实习中，范老师带了我两三次外出采访，但这两三次采访，仍让我感受到她的严谨。我实习的时候，每一篇稿子，无论是表扬稿还是批评稿，无论是大稿子还是小稿子，都是必须经过采访对象的单位签字，或者盖章才能发稿。久而久之，就养成了一个严谨的习惯。有一次审稿，一篇稿子"豆腐干"大小，就两三百字，采访的时候指导老师陪我一起去的，写完了以后，她说审稿不会是人家上门来给你审的，而应该是你骑个自行车上门去让人审的。我在内心是有抵触的，两三百个字，何必呢？我事情很多，又没有造假。我就在电话里读了一遍给对方听，问对方有没有问题，对方说没问题。我说那我帮你签上字了？他说好的，我得到了授权。但是范老师一看，发现这个字不是对方的字，是我的字，说我做假。我都要哭了，做假是一个多大的罪名啊。马上跟对方联系，对方帮我说话，他说我是打过电话的，也念给他听过。但是，这个是不符合规则的，必须重新补。这件事记忆深刻。

**问：那么你们毕业的时候还是计划经济，你是怎么会留校的？**

对的，分配的。我留校就是因为成绩太好。而且当时还有这样一个情况，就是个人原因，一心想要留在杭州。中文系的领导，包括专业的领导找我谈话了。我当时也问过的，如果我不愿意留校，会怎么样？领导给我的答复是这样的：你不留校就回湖州。我们班湖州来了 4 个同学，我，胡宏伟，朱乐云，现在是湖州在线的总编辑，郑祖兴，现在是《温州日报》专刊中心主任。胡宏伟已经被新华社浙江分社点名要去了，郑祖兴愿意去温州。那时候，温州还属于边远地区，不像现在那样经济发达。郑祖兴不愿意回湖州，要去温州，国家政策是鼓励的。湖州一定要有两个人回去的。但是如果我留校的话，那我就不用回去了，学校会安排其他同学去的，就是跨地区分配了。但如果我不留校，就必须回湖州。我吓了一跳（后来，我才知道，如果我拒绝留校，我可能就去杭报了，因为杭报私下里已经 3 次上门来系里要我了。可惜我不知道这件事，否则腰板就会硬起来）。这是我留校的第一个原因。

第二个原因是领导告诉我，说我一旦留校，就去考试一下，9 月份就可以到北京中国社科院研究生院去读书了。这相当于我们现在的研究生课程班。这是一个好机会，对我还是有一定的诱惑力的。所以，大四最后一个学期，过完年开学初的时候，领导找我谈话后，我的去向就定下来了，早早地悠哉游哉了。那时，其他同学都说去哪里都不知道。那么，最后湖州的这个名额怎么办呢？我们班里有一位东阳籍的男同学，因为金华地区毕业生比较多，名额有富余，学校就把他分配去了湖州电台。

对了，补充一个小故事。大约是 1987 年的夏天，我从中国社科院进修回来，系里安排我去武汉大学出差。因为系里打算把桑义燐老师调来任教，让我把商调函送到武汉大学新闻系去。本来，这件事只要寄一封挂号信就可以完成，估计是为了锻炼年轻教师吧，才特地让我出了这一趟差。具体是邬老师向我交代了此事。我印象中好像坐了十多个小时的火车，桑老师亲自来火车站接我,又把我带到了武大,把相关文件作了移交。我第一次去武汉,武大校园面积之大,以及东湖、黄鹤楼、珞珈山、武汉长江大桥……都给我留下了深刻的记忆。

**问:毕业以后,你们变动是比较大的,那么你能不能简单而又形象地谈谈你们现在工作的情况?**

这个问题主要是针对外面那些从系里毕业的校友的。我的工作很简单,就是 1986 年留校,到今年 30 年了,同时也是 30 年的教龄了,一直都是在课堂教学第一线。教的课也没改变,就教采访、写作、专业报道采访 3 门课。中间经历了从杭州大学到浙江大学,从人文学院到传媒学院,一直都在新闻这个学科。没什么变化,30 年一贯以来就是这样。

我这里再讲个心路历程的转变。刚刚大学留下来的前 8 年,从 1986 年到 1994 年,我可以这样来说,是 8 年抗战。那个时候,学校一个普通年轻教师的生活是非常贫困的,工资这么低,没有任何外快,而且我们的资历决定了我们还没有资格到社会上去获得资源。但是,那个时候,我的大学同班同学,要么分到了中央媒体,要么分到省级媒体,哪怕是专业媒体、专业类报纸,日子都过得比我好百倍。

比如说,我的一个也是相当要好的同学莫士安,现在是《杭州日报》报业集团的党组成员、编委,进领导班子了。他当时毕业分配去的是《供销合作报》,浙江省供销社办的一张报纸。没想到这么一张报纸,社会上影响不大,系统里影响却很大。他们的福利好到什么程度?工作没几年,就给他单独分了一套房子,在文二路石灰新村,两室一厅,使用煤气灶。我们学校里是 3 个人住一间集体宿舍,要啥没啥,连个煤饼炉都没有,只有使用煤油炉,臭气熏天的。所以,一到休息天,我就去他那里蹭饭。他们收入高,主要是物质保障多,都是公家给的。那个时候,我很是郁闷:我如果不留校,跟他们一样在媒体干,凭我的学习成绩和能力,总不会比他们差的吧,那凭什么现在出现这么一个落差?这 8 年是我人生最苦闷的时期。

1994 年以后,情况发生了变化。第一个变化,是同宿舍的人陆续结婚,搬出去了,给我留下来一个相对比较独立的、安静的个人空间,这是很重要的。住在一起的时候,那种痛苦啊,互相之间彼此干扰。第二个变化,是我去义乌《小商品世界报》挂职任副总编,拿两份工资了。学校里这份工资当然很辛苦,两个星期回来上一次课,一上就是一天:星期五晚上回来,星期六上一天的课,星期天下午回义乌。义乌那边给一份额外的工资,这份工资至少是学校工资的三倍到四倍，比如说当时学校的工资可能是只有 700 块到 800 块，义乌那边可能给你 2900 块，因为它是一个市场化的公司，小商品基地。所以，从那年开始，我就感觉到我怎么一下子变得这么有钱了！我原来靠学校的这份工资也要过日子的。现在突然增加了 3 倍的工资以后，我这钱是不是用不掉了？而且那个时候，花费也少，来回车票都可以报销，那里饭局也很多，每天有人请我吃饭。我在那边待了一年，回来以后，发现口袋里怎么多了一笔钱。第三个变化，是随着资历的提高，外单位要请我讲课了。实践过以后，讲课讲得更好听了，有讲课就有讲课费。1997 年，已经工作 11 年了，我已经成家一年多了。当时，《浙江青年报》又要跟我们合作，杭州大学新闻传播学院院长李寿福老师又把我拉出去了，说我在义乌的第一任副总编干得很出色，他们评价很高，对他们整个业务建设很有帮助。现在，《浙江青年报》要跟我们合作的时候，叫我继续去。所以，我与何春晖、钱永红、潘向光一起去了《浙江青年报》挂职。何春晖和潘向光干了半年就回来了，我和钱永红干了 3 整年。我又有一份额外的工资，这份工资更高，每个月有 4000 多元了。当然那个时候，大家的工资都高起来了。学校里的工资好像也有一两千，具体多少我想不起来了，反正，我在经济上是很宽裕了。

在《浙江青年报》共 3 年，一个是经济宽裕了，一个是享受副总编辑的待遇了，人家见了我，都是喊我"沈总"，叫我老总了。我 1998 年 1 月的副教授，出去面子也有了。在这样的情况下，各种资源开始汇集，讲课机会更多了。

2000 年 3 月，从报社挂职结束后，返回学校，我感觉到了大学老师的好处——自由。这个自由，第一个是时间自由，如果早上没有课，我可以睡懒觉。如果在外面报社里上班就不行，当了领导以后更不行。第二个是心灵自由，我一般不需要仰人鼻息，看人家脸色干事。第三个是言论自由，我能跟大家作学术交流沟通，有时候在教室说什么的时候，以教室为界，不对外扩散。同样我说的话，如果放在机关单位说，就很可能有人会去告状。所以说三大自由。可惜第四个自由，即经济自由，到现在为止都还没有达到。

我们还会发现，每一届都是跟年轻的小鲜肉们交往，一届一届学生来了以后，我们的整个心态就会比较年轻，新生事物也接受得多。所以，到了这个年龄段，我们很多同学要转型，已经转不过来了。一是学历不够，要转到大学里当老师不可能了，尽管不少人被聘为客座教授，但毕竟是客座的，不是专职的。他们羡慕我，要跟我换。我离退休年龄还有 10 年，5 年前就有人说了，说大学老师最舒服了，有这么长的假期，暑假寒假都是自由支配。其实，不要说暑假寒假,平时只要把课上完以后,也是很自由的。时间是千金难买的,所以他们就想跟我换,我说那怎么换得过来呢?从当年我羡慕他们,到现在他们反过来羡慕我这个工作岗位。所以,这就是我这个心路历程:从刚刚留校的抵触,到现在乐在其中。

**问:你的同学资源是很多、很广泛的。那你是如何利用这些同学资源来为我们新闻系教学服务的?**

那就多了。首先,新闻学教学中间,要不断引进一些新鲜血液。我现在不仅仅是利用我的同学资源,还利用我的学生资源。随时随地只要有需要,我就能搞出一系列讲座,排个 10 次、20 次不成问题。前几年,我们没有部校共建之前,是没有经费的,系里也不可能给你开这个经费,他们来讲课就是凭面子的。他们都知道,进了沈老师课堂讲课,是没有一分钱报酬的。他们说,只要我把这样的机会给他们,他们一定好好准备,一讲两个小时。这是我把我的同学加学生资源,免费引进到课堂,给我们学生带来了他们每个人最精华的部分。像这个学期,我已经搞了 6 次讲座,比如,在全球采访中,跑到世界上去采访,如何来进行突破。比如说,到南非去采访世界杯,哪有这么简单?人家脑袋上都曾被顶着枪。《钱江晚报》的一个资深体育记者聂磊旻,是浙大城市学院新闻系毕业的,我给他讲过两门完整的新闻业务课。我请他来给我们新闻系大三学生介绍当年如何在国外采访各大赛事。再比如,怎么样做一个有情怀的文艺记者,我请《青年时报》文艺部主任张玫来讲,她也是我早年的学生。还有一个题目是讲记者的人脉资源积累,钱江晚报知名文娱记者庄小蕾主讲。她一开始给我的讲座题目是《怎样加入胡歌、靳东的朋友圈》(这两个明星是演过《琅琊榜》、《伪装者》等电视剧的主角,2015 年红得发紫)。我在新闻班微信群里预告这一次讲座,整个群里都沸腾了。这样的业界资源,我几乎唾手可得。

第二,为我们学生的实习创造条件。现在实习都要看人面子的,因为办新闻专业的学校,实在太多了。每个学校办个新闻专业以后,产出的学生都需要拉出去练一练。浙江大学在浙江省内毫无疑问是首屈一指的。我们的毕业班学生,和那些三流、四流学校中纯粹是来打酱油的大一、大二学生,都放在同一个平台上实习,导致各家媒体办公室人满为患。烦啊,把整个办公室的资源都占领了,一台电脑前要蹲三四个学生,排着队写稿子的。最后,有些媒体就定了一个规则:大三、大四的要,大一、大二的不要;如果来了以后,3 个月以下的不要,一定要 3 个月以上才要;来实习需要交钱,比如到《杭州日报》实习,每个人每个月交 800 块钱管理费给报社。所以我们的同学，开始去的时候不知道情况，要交钱的时候犹豫了，给我打电话。我说，这样吧，你暂时先别交，我跟他们有关领导沟通一下。报社有关领导了解情况后回复说，这是报社管理部门搞的一个规定，目的不是说为了赚你学生的钱，而是抬高门槛，把那些来打酱油的人踢掉，因为有些人本来是来玩玩的，如果两个月要交 1600 元钱，那就不来了。我说我理解你们的出发点，但是，我们浙大的学生，我用信誉跟你做担保，不是来打酱油的，大四是为了毕业实习，会好好干的。在我的努力争取之下，杭州日报对浙大新闻系同学的毕业实习，开了绿灯。

第三，为我们的学生介绍就业。在我手上，每年都要介绍不少同学去就业。《东方早报》副社长胡宏伟给我打电话：介绍一个学生来。我推荐我们的硕士研究生姚似璐去接受考察，两个月后就签约了。今年，浙报集团《共产党员》杂志社招聘的信息，第一时间发到我这里来，我推荐硕士研究生张路去应聘，已经被顺利录取。

第四，为我们的学生从媒体单位争取一些奖学金。目前新闻系有《杭州日报》、《温州都市报》两个奖学金，其中都是有个人的人脉关系起着作用的。比如《温州都市报》奖学金，如果没有 96 级新闻专业的汤琰琰同学积极牵线，没有新闻系上一届系主任李岩老师和我与该报领导层的积极沟通，没有与报社总编、副总编的日常联络，可能就不会那么顺利。

这就是在浙大当老师的好处，我仅仅举了几个眼前的例子。我们有很多同学，或者学生的资源，许多人在媒体的重要领导岗位，一把手、二把手的有一大堆。那么在同等条件下，对我们的学生优先考虑，这是很正常的。这个中间就不需要任何回报，我个人不需要任何回报，只要我们的学生安排得好，发展得好，那就是最大的收获，最大的成就。

**问：正因为你当时是学霸，才导致了我们新闻系今天有了你，为我们系里争了不少光。**

提供了不少机会吧。目前，我们学科和业界发生紧密联系的纽带，虽然不敢说我是仅有，但是是比较少的几个之一。如果没有这样一个角色在这里，以后我们这里的学科和本地媒体界的关系，肯定还会更疏远。

**问：你现在上课名声在外了，你至今获过哪些比较大的教学奖项？**

名声在外？这个很难说了。教学这个嘛，就是学校里面，一本书获得了浙江大学教学成果二等奖。最高荣誉就是"教书育人标兵"，这是个综合奖。教书是老师的天职，它不属于学术类的，它属于综合评估。我既教书又育人。我

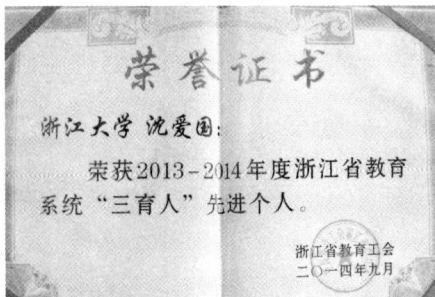

是浙江大学的教书育人标兵,同时也是浙江省的教书育人标兵,所以证书是浙江省教育工会发的,这是 2014 年的事。这应该是对我从教近 30 年的一个肯定,其实就是为学生付出的一个肯定。这个奖,省里奖励一千,学校奖励一千,总共就两千块钱奖金。跟那种一奖就几万,甚至几十上百万的不一样。但它是个极大的荣誉,没法用金钱来衡量的。

**问**:那么,你现在教学上取得的成果,跟你大学 4 年的生活有没有关系?

我如不学新闻,也成不了新闻系的老师。不能成为新闻系的老师,自然也就没有办法取得跟新闻教育有关的东西。这个关系是肯定有的。

**问**:你现在的教书水平,跟你读书时在各方面的锻炼有什么关系?

大学阶段的 4 年里面,我对新闻实践有了相当的熟悉和了解。4 年时间很快就会过去的。有些同学就会死读书。我大概是从大二开始,就参与了校内很多媒体的工作,比如说,当时学校团委有一个叫刊物叫《杭大团讯》,就相当于我们现在的"求是青年"之类的刊物,每月发行一期,我做副主编,管具体的编辑业务。在大二,我还做《杭州大学报》的通讯员。这里又有故事了。校报里面,发的稿子,无论写多少字,总会有些稿费的,1 元 2 元 5 元的,长的文章有 15 元。在大三的时候,校报上有我一个专栏,专门去采访一些杰出的年轻教师。这些年轻教师中间,数学系有一个叫王兴华的教授,搞计算数学的,下面再介绍。这些年轻教师在各自的领域中,取得了比较大的成就,相当于年轻的杰出英才。校报上的这个专栏,是每期都要有一两篇文章,基本上就是半个版面,有时候一个整版。刚才说了,这个专版上的长一点文章有 15 元稿费,如果有两篇的话,我就可以拿 30 块了。我一个月零花钱只有 5 元钱,而且是爷爷省下来寄给我的,一直到毕业。这 5 元钱,加上助学金里面弄出 2 元钱,每个月只有 7 元钱。那个时候,父母亲从来没有钱的,很穷。由于经常从校报上拿稿费,到了大三的时候,我简直成"富翁"了。大三的那年冬天,我用稿费中的 35 元(好像是),买了一双猪皮的翻毛高帮皮鞋,里面有毛,当时对我来说是一双很贵的皮鞋了。这是我靠稿费买的人生中第一双皮鞋。在此之前,我穿的全部是布鞋。现在说起来,布鞋是妈妈一针一线缝起来的,这叫情怀。其实根本不是那么回事,土气不用说,而且有一个问题是不防水。我们住集体宿舍，用的是集体的盥洗间、卫生间，地上一般是湿漉漉的，穿布鞋走上面，布鞋很快就会湿透了。所以我的脚经常整天都是潮滋滋的。当时就希望有一双塑料底的鞋子，可以不用怕被水沾湿。但是没有钱。现在的人返璞归真穿布鞋，那个时候，我穿着布鞋那个恨啊，每天鞋子都是湿嗒嗒的。冬天穿布鞋，问题更多，一有机会就要去晒。我时常在想，人生如果能有一双皮鞋，可以让我不怕水，那是多么幸福的事。家里没法帮助我，那就只好靠自己。写稿赚了一点钱以后，就买了这双猪皮的皮鞋，牛皮的买不起，更贵了。但是，自己感觉已经够好了。我把买皮鞋的事，写信告诉了父母，爸爸回信说，他们也很高兴，因为我靠自己的劳动攒了钱，很光荣。而班里同学们几乎没有人注意到我的鞋子，因为对很多人来说，一双猪皮皮鞋，实在算不了什么，他们早就有了牛皮皮鞋，而且不止一双。所以，从大二开始一直到毕业，我就这么努力、刻苦。说得好听，是为了提高业务。说得不好听，就是为了稿费去的。这够朴素、够实在了吧？就是因为写得越多，稿费拿得越多，所以积极性很高。这些东西就为我未来打下了一定的基础。（笔者注：在进行口述的时候，笔者曾查阅了1985—1986年的《杭州大学报》，发现了不少沈爱国老师当时所撰写的通讯，比如《勇于开辟科学研究蹊径的人——记计算机科学系张森副教授》、《社会的需要是事业的最大动力——记我校物理系陈哲艮副教授》（1985年4月18日）、《坚定的信念，事业的支柱——记我国德国史研究的开拓者之一、历史系丁建弘副教授》（1985年5月20日）、《我国计算数学界的后起之秀——记我校数学系王兴华教授》（1985年6月3日）、《勤奋换得硕果累——记我校数学系林正炎副教授》（1985年6月20日）、《夜海觅珠人——记我校夜大学的同学们》（1986年4月14日）等。）

我虽然没有完整地从事过新闻实践，但是除了在《杭州日报》实习过8个月，我还在新华社浙江分社帮忙过8个月。那是留校当老师后跟着同学去跑稿子，空下来就去跑稿子。另外，我在《钱江晚报》做过10个月，《小商品世界报》一整年，《青年时报》先后一共干了7年。这中间还有一个阶段，见缝插针，是重叠在一起的，就是1991年到1994年，在去义乌之前，我在《中华工商时报》浙江记者站兼职。《中华工商时报》是北京的，给我一张特约记者证，每个月给他们写3篇稿子。事实上，我的新闻实践一直没有中断过，我之所以最后能够在课堂上把课讲得比较接地气，跟我此前新闻实践的积累和一直关注业界是分不开的。

关注业界，不是说我在这里遥遥地关注，我是直接介入进去。我没办法参

153

与他们的办报，我就跟他们一起吃饭，朋友多，饭局多。饭局是一个很好的社交平台，是一个学习知识的地方。我就像海绵那样地吸收，比如头一天晚上我刚跟报社的总编、副总编吃一顿饭，他们讲着讲着就会讲到前两天一个什么报道，怎么策划的，最后社会效益怎么样，领导有什么批示。这实际上就是新闻的内幕。我就竖了耳朵听，听进去了。第二天，正好轮到我讲采访课了，我就把它信手拈来，很鲜活。相关的新闻，同学们早上刚在报纸上看到，因为前一天晚上他们在策划，今天报道出来了。我在讲课的时候给大家讲整个内幕，讲他们整个思路是怎么运作的。这课肯定好听啊。

我们有那么多学生在媒体成为出色的记者、编辑，我们有那么多的同学走上了媒体的领导岗位，我对他们一直敞开心扉，与他们进行大量的互动、交流。所以，有人要在新闻界找人的时候，就会给我打电话，我都知道某人在哪里。我不是死记硬背记下来的，背了要忘记掉的。是因为和他们不断地交流着。现在有了微信以后，就更加方便了。我现在快有4000个实名制的好友了。为什么有这么多？一届一届学生加我的时候，我全部备注了。所以，我就知道他们最近的动态，有时候还会和他们互动。比如，今天2011级硕士严沁发了一篇稿子，栏目叫"严语"，还有一个栏目叫"晓说"，就是郭晓伟，我带的学生，87级的，现在在《浙江日报》要闻编辑部。现在他们开了一个专栏，叫时政观察。郭晓伟写文章的时候，标注为"时政观察·晓说"，严沁写的文章标注为"时政观察·严语"。我就问他们为什么取这些名字，他们告诉我说他们两个人是交换着用的，是轮流值班。这个就是第一线的资讯。严沁是我带的研究生，工作才3年，就当编辑了，直接代表《浙江日报》写评论了，成长起来了。我很自豪。

**问：你在杭州大学学习时，参加了很多实践，校内校外的都有。你觉得在学校里报道新闻和在社会上报道新闻，有什么不同的地方？**

其实，本质上是一样的，比如对新闻的真实性，对采访的细致，要多问细节，写文章的时候要有故事化，要有很多生动的描述，是一样的。只不过它们受众对象不一样。在校园里面，新闻报道主要是写给校内的人，比如老师和学生看的，它的传播面比较小。它们有的时候没有做到像社会媒体那么通俗，比如有时候，写一些生物专业的，或者是数学专业的东西。我当时就有感觉，就是有很多概念我自己都没有搞清楚，那就堆砌在文章里面，但是大家也都能够理解。但是同样的稿子如果拿到《钱江晚报》去发，那肯定发不出来，编辑肯定要帮你改掉，因为不够通俗。而且，这个新闻价值的判断也不一样。这样一个东西，在学校的校报上是有价值的，但是在《钱江晚报》上是没有价值的，这里面有一个社会性价值在起作用。比如，写计算数学的王兴华老师，他的一篇论文在国际上获奖了，在校报上可以写一篇很长的通讯，但到《钱江晚报》上最多就一个豆腐干，甚至根本不会刊登出来。这是因为价值判断标准不一样。在学校里面，我们更多的是着眼于老师个人的刻苦、成就之类的；在社会上，社会性会偏多一点，我们甚至更多地着眼于生活了。除非一个教师在 Science、Nature 之类的期刊上发表论文了，才会在晚报上有这么一点小消息，否则，一般都不登的。价值判断的标准是有区别的。当时感觉不到，现在回过头来看，就是这样的。在校内锻炼的时候，就要把基本功打扎实了，包括采访能力，和人打交道的能力。

我和人打交道的能力很强。举个例子，我去采访数学系的王兴华，印象太深刻了。我跟他约好在办公室见面。我数学本来就很差的，他是数学方面的专家，跟我讲的术语，我听不懂的。每句话都要打断他："不好意思，这两个字怎么写。"一开始的时候，他很耐心，后来就不耐烦了，他说这样子没法接受我的采访，我什么东西都不懂。那怎么办？他说："这本书，你拿去翻一翻，里面有些基本概念，你先把名词搞搞清楚。"他和我约定第二天在他家里再谈。第二天，我硬着头皮去了。我脑子本来有一个数学系教授的家应该会是什么样的预先设想。进他家以后，一看他的客厅和书房，比一个中文系的教授更加有文化，挂满了字画，有几幅字画还是他自己落款。"哟，王老师，你的书法这么好啊！"王老师叫我到书房里坐一下。书房里，一面墙全是鲁迅全集、二十四史。我说："中文系老师家我去过好几家，人家鲁迅全集都没有买全。"那时，鲁迅的地位仅次于毛泽东，人们崇拜得很，鲁迅全集不易买全。他说："哎呀，我学数学是阴差阳错。"我没有诱导他，他自己就开始讲故事了。他说他对文科可喜欢了，对文学特别热爱。他说当年要不是他爸爸一再坚持，他就去学文科了，说不定现在是中文系的老师了，也就是我的老师了。然后，他就开始讲他是怎么样走上数学道路的。他文理都很好，但是他爸爸就说，学好数理化，一技傍身，走遍天下都不怕。文科那个时候还跟意识形态挂钩，搞文科很容易犯政治错误，他爸爸就逼着他学数学。他数学还真搞出成绩来了。但是他的内心一直有中文系教授的情怀，他很喜欢买文科的书，从字画到二十四史、鲁迅全集等等。最后，我得出了一个结论，采访场地的变换，导致了谈话的顺利。我前面在他办公室里面，他只能跟我谈数学，到他家里以后，任何东西都可以成为谈话的道具，这里说说，那里说说，谈话很愉快。最后，我写出来的王老师就不是单一的、扁扁的一张纸，而是一个完整和丰满的人。这就是学校里面的一些采访经历，最后到社会上去，有的时候，看看话题不行，赶紧要求改时间，改地点。要转换场地，要主动调整。然后，我把这样的经验传授给我的学生，他们一学就学会了。采访的时候，有几个要素，人要找对，时间要恰当，地点更要恰当。我都有切身感受的。

**问：你们之前的同学，现在有联系吗？**

我们同学之间一直保持热切的联系。我是班级微信群的群主，利用最新的科学技术手段和社交媒体平台。微信出来的时候，我第一个建了一个群，在群里面经常与大家互动，先后把失联了20多年的同学找到了。团支部书记林荫夏，虽然出国了，但是她倒是跟其他同学联系很多，马上就进群了。我们的郭萍同学比较热情，有一天她问我还有谁没有找到。她说，目前除了去世的那个同学，其他人都要把他们拉到群里来。我说，能找到而没有加入的，是戎同学。戎同学是《杭州日报》的评论员，他是不太用手机的，因为他的眼睛高度近视，现在已经提前退休了。还有一位女同学没有找到，就是陶红，我们一直以为她在美国，其实她10年前就回到上海了，但是一直没跟同学联系。郭萍说陶红由她负责找，然后我们两人商量怎么找。我们找到中文系80级的一个师兄王家庆，嘉善人，问他有陶红家里的电话吗？没想到，这小子身上还真的有！他有陶红妈妈的手机号码。然后，郭萍打电话打到她妈妈那里去，说："阿姨好，我是陶红的同学。"她妈妈说："陶红的同学？怎么啦？""我们想联系一下陶红，要搞同学会，不知道她在哪里？"她妈妈说她在上海，然后把号码给了我们，我们马上就联系上了，当天就把她拉进了群里面。然后就跟她开玩笑，说她失联整整20年了。所以，我们同学联系非常密切，每个同学都知道他或她的去处。不管他（她）在美国的，在日本的，不管他（她）结婚了、离婚了，再结婚、再离婚，我们全知道。

**问：如果再有一个机会让你回到学生时代，那你想和你的同学怎样度过大学的4年？**

如果让我回到大学时代，我可能不会像当年那样拼命读书。我可能会用更多的时间，来参加更多的社会活动，包括听讲座，把知识面打得更开一点。像我们那个时候，大学只读一个专业，很窄很窄的，就没有想到经济、法律、教育等学科去有所涉猎。现在我们学生的机会不一样，他们要么辅修第二个专业，要么在学校里面选更多的课来学习。我们那个时候没有的，很死板的，就一个专业走到底的。所以，我可能会选择这样的方式，参加更多的社会活动。

**问：那么你在新闻专业教书刚好30年，现在你回过头来看，对这个新闻专业，你有什么想法？或者说你的同学们是怎么看的？**

我自始至终都在学校，没离开这个新闻专业。我的同学们觉得现在我们这个新闻学科太封闭了。除了像我这样的人，极少数教师会与他们聊一聊。其他老师，他们认都不认识，交流太少了，各管各的。我们当年的老师，有些是在媒体干过的，比如像王欣荣、俞月亭等，都有从业经验的。虽然他们当老师的时候，年纪都比较大了，但是他们好歹还是和《解放日报》、新华社保持着联系，我们现在的年轻老师都是从学校到学校，要么拿了洋博士回来，不接地气，与外界的媒体几乎是隔绝的。我们也不是一开始就与媒体紧密交流的，但是后来出去了，敞开心扉跟媒体人进行交流。现在我们的教师互相封闭，对媒体有不敢去的，也有不屑去的。有些教师是想与媒体交往但不敢，怕被冷落——被冷落就要脸皮厚；有些是不屑去的：你们这个算什么，我是高大上的留洋博士，我看不起你们。这样，我们与媒体背道而驰，越走越远，你讲你的一套，他们做他们的一套。这对我们学生肯定是不利的，我们是一个实践性这么强的学科。现在回过头来看，这是我们存在的一个大问题。

**问：上世纪 80 年代，我们国家的政治刚刚开放起来，经济也越来越好。你或者你们同学有没有切身感受？**

我是有切身感受的。1982 年，我上大学的时候，就我们家的农村里来讲，还是属于集体经济，凭父母亲挣的工分到年底来分红，所以日子过得非常贫穷。我的印象中，高中最后一年，新的学期开始了，要交学杂费，大概要交 17 块钱的学杂费。那个时候，我还很小，因为我上大学时是 17 虚岁，所以那个时候应该 16 岁，也不懂事。学校的通知拿来以后，妈妈看到这个通知以后就哭了。别说 17 块钱，连 1 分钱都没有。因为父母亲身体不太好，干不了重活，工分拿得很少的。人家干一天拿 14 分，我们可能只有拿 8 分、9 分。两个儿子，我老大，下面还有一个弟弟。我们饭都吃不饱的，要靠亲戚朋友来支援的。粮食不够吃，连柴火都不够，连烧稻草柴都没有的，捡都没地方捡，都是靠亲戚支援的。所以当时一听说一个学年的学杂费 17 块钱的时候，我妈妈就哭了，一分钱都没有。怎么办？然后就是把鸡蛋攒起来，换了 5 块钱。还剩下 12 块钱，向隔壁邻居去借。你这里借一块，他那里借两块，借了 5 户人家，凑了 12 块钱，写下借条。靠什么还呢？没有现金还他们，靠的是未来我们母鸡生了蛋以后再还给他们。所以，我妈妈就说，这 17 块钱是我们家倾其所有。那么，我在学校又是怎么来过日子的呢？人家是一毛钱的青菜，两毛钱一块肉可以买的。我是没有的，我就吃茶缸里的咸菜，咸菜不会坏。因为家里的菜油是用菜籽自己榨出来的，不用花钱买的。咸菜用菜油炒了以后，带到学校里面，一吃一个星期。饭怎么办呢？米是有的，就挑了一担米，去学校食堂那里换饭票。

所以，一个星期就靠一缸咸菜，每天一日 3 餐都是这样。那时应该是营养严重不足的。

到了 1984 年，联产承包责任制了，就是分产到户了。地自己种了，也不用参加集体分配了，开始有点儿小钱。但是我们家还是很穷，看隔壁村子有了自行车。从我们家到镇上，要走 7 里路。空手走走也不太累，但挑着担子要走一个小时。大一大二，每次到杭州来，在镇上坐船。因为要挑铺盖，一走一个多小时。1984 年以后，大三了，突然村子里面多了很多自行车。有些人家，比如说几个儿子全部是在农村干活的，收入大大超过了我家，开始买自行车什么的了。我就跟他们商量一下，让他们用自行车帮我带到镇上。这样我很轻松了，原来要走一个多小时，现在 20 多分钟，最多半个小时就到了。这就是我明显感觉到的社会的进步，农村开始改革开放了。慢慢地，我们家里也开始发生了变化。大四的时候，家里和亲戚一起凑钱，给我也买了一辆自行车。这就是 4 年的变化。毕业走上社会以后，熬过了 8 年的抗战，在 90 年代中期，经济上开始有所盈余，日子越来越好过了。改革开放后，时代的政治和经济发展，在我从青少年到成年这个过程中间，有着切身感受。

**问：大学的时候，你有没有参加与改革开放有关的经济活动、政治活动？**

那倒没有，可能我们有一些同学有，甚至会做一些小生意。我们班里有些同学会倒卖一些东西。我那时候没有，因为人的精力有限，而且那个时候受到教育也是如此，就是要靠读书来出人头地，如果在读书阶段，做一些生意的话，内心就有一种负罪感，感觉是不务正业，对不起家长的期待之类的。所以当时就一门心思地读书。不过，我们有一个萧山的同学，年纪也不小了，1963 年的，比我大 3 岁，很能干的，倒卖各种各样的东西，比如钥匙扣、明信片之类的都有，在学校里面赚钱的。他很早就抽烟了，抽的烟都是当时蛮好的烟。我没有参与任何这些活动。

**问：当时学校里活动多不多？**

没有像现在这么多，有是有的，就是讲座比较多。那个时候的讲座是纯艺术类、文学类的讲座。各种社团都 160 有，比如文学社、诗社。那个时候比较单纯，如有活动也就是请个作家。文学社写小说，一般诗社的人去爬宝石山的初阳台，回来以后每个人写首诗。都是这些东西。唯一的娱乐活动就是舞会，连录像都没得看的。那个时候，教室的桌椅全部可以搬动的，不像现在这样固定的。舞会就在简陋的教室举行，把课桌椅往四周墙壁一靠以后，中间就空了，再用红色的绉纸在日光灯上面缠一缠，灯光就变红了。然后，录音机一放，跳交谊舞了。这种舞会很多很多,每到周六到处都是交谊舞。很单纯的。

问:你那时候读书,政治环境宽不宽松?

应该还可以的。因为当时正好在开放的过程中间。到了 1986 年,毕业的那一年,我在北京读书,资产阶级自由化来了,第一个学潮也来了。然后,1987年开始反对资产阶级自由化。没想到,到了 1989 年,来了第二次学潮。那个时候是比较自由的。

问:我刚才问了很多问题,那么你有没有我没有问到的、你觉得有必要讲讲的一些有趣的、有意义的、对我们新闻系的历史有用的东西?

要讲的话有很多东西。我们这个本科专业从 1982 年开始恢复招生,一个班 40 个学生,1983 年是 20 个学生,1984 年开始,每年 30 个学生,一直到 1989年,因为学潮,减到了 14 个学生,到了 1990 年,又恢复到大概 30 个学生。当时我们新闻系只是面向整个浙江省的,省外没有的。省内的同学,这么一个规模,小班化教育,学生培养出来,现在来看,都是社会精英。1994 年,突然扩招,一下子招了 74 个学生。到后面越招越多,最多的是 2000 级,3 个专业,136 个学生,分成了两个大班。作为老师,我就感觉到,1994 年以前,人数少,每个班的同学都认识,交流很充分,也能够比较全面地关注他们的成长过程,包括他们的家庭背景和现在的就业情况。到后来学生一多,就记不住了,也没有办法像当年那样一对一地辅导。人的精力是有限的。我感觉,课下的交流其实要比课上更重要。过去,我们还经常能下学生宿舍,男女宿舍都去。现在管理严格,女生宿舍男老师进不去,当然如果登记什么的,也能进去,但是,人为地阻隔以后,老师怕麻烦了。这样,我和学生的交流就基本上停留在课堂,课堂以外就基本上没了。这个对学生的成长是不利的。

(何扬鸣)

# 钟洪祥:从西湖通讯社出来的人

钟洪祥,1984年考入杭州大学中文系新闻专业,1988年毕业进入福建电视台工作,并曾到乡村担任村支部书记,现为福建电视台公共频道总监。

问:现在的电视台太多了,浪费资源,比如我们浙江,有多少省市频道啊。现在看电视的人越来越少了,为什么还要搞这么多频道?

现在有两种说法,一种是做大做强,另一种是不断细化,就是专业化。比如说,我们现在有钓鱼频道、围棋频道等,这种就叫做精准受众。

问:增加频道的这种做法合适吗? 有效果吗?

每个省拿到的电视呼号,就像是报纸拿到刊号一样。一份报刊的订阅数不超过1000份,按道理应该停掉,但他们就算是贴钱也要保住刊号。那对于我们电视台,呼号很值钱,就比如说我当台长,我接手时是10个频道,我当了以后变6个频道,那就不行了,下面的员工肯定对我意见很大。

问:钟总,你当时为什么要报考杭州大学中文系的新闻专业?

我当时是移民到福建来的,我觉得杭州不错。我当时心里想考哲学和新闻两个专业。我们那时候也没有人作指导,学校里面也没什么老师会指导,我们都自己看。

问:当时,你们班里有多少同学?

31个,不多。

问:你们那时候,正是把大学生捧得很高的时候,大学生很值钱。你们在新闻专业读书,感觉怎么样?

我们当时羡慕政治经济学的同学,那时候的政治经济学非常红,还有计算机系，还有旅游经济系、财经系。

问：你们那时候读书用功吗？

我们那时候读书肯定是用功的，非常重视的。我们那时没有手机玩。具体一点，比如说，我们会抢图书馆的位置，谁先去，谁就先帮忙抢位置。弗洛伊德之类的自由的思想也出来，诗歌、文学的地位在那时候是不得了的。

问：钟总，你们那时是很热爱新闻专业的，也很注重练笔，你们那时候是怎么练笔的？

那时候，俞月亭老师搞了一个西湖通讯社，主要是邬武耀老师在那边弄的。西湖通讯社主要是校内采访，给校广播站投稿。我们新闻专业的所有学生都是西湖通讯社的社员，当时，每个人都发一个西湖通讯社的证件。在那个年代里，我们比较活跃。

照片由何春晖提供。当时何春晖任中文系学生党支部书记兼新闻专业 1985 级的辅导员。照片中有老师张大芝、郑择魁、王兴华等。

问：你们在西湖通讯社，有没有遇到过难忘的事情？

我记得，有一次，学校组织我们去萧山的监狱采访，我们采访犯人、狱警都有。采访回来以后，大家就写文章，各种各样的文章都有。

问：外界对你们的评价怎么样，包括学校、业界的评价？

我们基本上是练笔，老师教的 5 个 W，一个都不能少。

**问：你是西湖通讯社的活跃分子吗？在你印象里，谁的文章写得比较好？**

我不算。我记得当时有一个叫廖春宝同学比较会写，他是《浙江工人报》的社长，因为他年纪比较大，比较会写。

**问：你回过头想想，西湖通讯社对你们有什么影响？**

那还是有一定影响的，西湖通讯社还办了一份杂志，也叫《西湖通讯社》，那时候有"铅字"情结，能印成铅字就是很高的荣誉了。后来我们同学聚会的时候，还会提起西湖通讯社，因为这是我们的第一个阵地，那时候，我们写的东西如果投到《杭州日报》《浙江日报》，那刊登的机会比较少，新闻本身是很小的。在我们心中，西湖通讯社的地位还是很高的。

**问：你当时在西湖通讯社写的稿件多吗？**

我写的不多。那时候，我们疯狂地看国外的小说、文学，看了之后，你就会发现，一件事情还可以这样说，我们看到了很多和老师讲的不同的观点。总之，那时观点开始多元化了。（笔者补充：1986 年 12 月 15 日的《杭州大学报》的第 1 版上，有钟洪祥与同学用"钟歧"和"芳子"的笔名写的题为《新闻专业举办模拟新闻发布会》："中文系八四级新闻班这学期开设'新闻采访与写作'专业课。这是一门实践性很强的课，邬武耀老师把全班同学安排到各系，让他们进行课外采访实习，经过半个学期的采访实习，同学们已采写了不少新闻，模拟新闻发布会就在此基础上举行。每位同学都扮演新闻发布官的角色，把采访来的新闻向本班同学发布，有的同学一个人就发布十几条新闻，发布的新闻由同学们写上评语，打上分。模拟新闻发布会深受同学们的欢迎。未来的新闻工作者兴奋地说：这种活动有效地培养了我们的新闻敏感性。"）

**问：你觉得我们新闻专业的老师负责吗，你们当时是怎么看待老师的？**

很负责，比如黄旦老师就很负责，还有邬武耀老师。那时候的老师和现在不一样，我们那时候的老师就像是权威，我们对老师很尊重，在我们心中，老师说一不二。比如有个教文学史的老师，他用很浓厚的地方口音来教我们，光听口音的话，我们都听不懂，但是，他当时加上黑板字，我们也都听得好好的。现在的老师都和学生成为朋友了。我也很想去当老师，给学生讲讲实践知识。

**问：你是在大学读书时，就想毕业后去电视台工作吗？**

我当时是学报纸编辑的，我们那时是分配工作的，我当时给俞月亭老师写了一封信，俞老师同意了，我就过来了。很简单的，我们当时毕业是没有选择的。

问：你觉得你们当时的老师合格吗？

当然合格，你看他们培养出来的学生，基本上在媒体的，很多都已经是中层以上了。

问：你读大学的时候，刚好是改革开放初期，政治环境也逐渐宽松起来。今天，你如何看待当时的形势，当时的形势对同学们有哪些影响？

那影响很大，主要就是我们接受了很多的新思想，对我们思路的开阔起了很大的作用。我们那时候没有百度搜索引擎，我们去图书馆借一本书还要等着，这一批书被借完了，比如弗洛伊德的心理学《梦的解析》，学校图书馆当时就进了50本左右，当时这本书都借不到了。我们当时借书有借书卡，工作人员还要进去检索，我们本人是不能进去的。我记得我们杭大当时建的图书馆还是很漂亮的。

问：有没有感觉当时教科书上讲的东西，和现在听到、看到的有不一样的地方，在新闻方面，体现在哪里？

现在的大学生估计体会不到了，特别是新闻史方面。我们当时还讲阶级斗争的，任何一个观点出来，都要讲马克思主义、列宁主义，你们要找到原点，才能延伸出来。比如说我们进到省级媒体，我们不会犯错误——小资产阶级的错误，至少你给领导看，要让领导觉得你是中规中矩，还不错，确实是新闻专业毕业的，稿件还可以用。那时候，教材不太全，教材和现实还是有脱节的，比如说新闻写作学，你只能学到一些基础的东西。按我的想法，教科书只是一个学派，一种理论体系，你不能说它好，也不能说它不好。

问：你觉得当时老师讲的那些东西，完全正确吗？

我们有个新闻管理局的局长，他说，你们在大学里学的东西都是正确的，你们到社会上去，要讲政治，你如果想吃这碗饭，必须讲政治。我们教科书上也教我们讲政治，也许当时，你会反驳他，排斥他。但是到现实生活中，你就会知道新闻是讲政治的，你不讲政治，就别吃这碗饭。因为我们媒体的属性是：我们媒体是党办的媒体。不管怎么说，在我看来，我们学新闻专业的学生，第一就是讲政治。不讲政治，你永远成长不起来。

问：你觉得俞老师讲政治吗？你怎么看待俞老师的？

他讲也讲，不讲也不讲，他的书生气太重，他在政治大的方面上还是讲的。我觉得我们福建电视台能有今天这一步，他打下了最深的基础。我们也曾辉煌过，在全国可以排到第六位，那时候，你们浙江台和我们福建台在同一层次上。以前，拍电视剧非得有拨款，福建台是全国第一个电视台没有钱就能把电视剧拍成,就是通过合作,这是俞老师搞成功的。你们现在听听是很简单,只要有钱,就可以跟你合作,但是在那个时候是不行的。他拍了《聊斋》,搞了《新闻半小时》,就是现在央视的《焦点访谈》都不如它。那个时候,福建一到周五晚上城镇就会出现空巷的,福州街上就少掉一半的人,大家都去看《新闻半小时》了。

**问:俞老师在当台长的时候,你在做什么?**

我在当记者,我在厦门当驻站记者。

**问:你毕业以后一直在福建电视台吗?工作变动多不多?**

我毕业后都在福建电视台,调动的话也都是在内部调动:广播站、新闻中心、经济中心等,我还当过村书记。我们这个村书记跟浙江的村干部是两个概念,浙江的村干部下去的话,在村里还是起不到主导作用的。我这个村干部一到村里去,就是这个村里的第一把手。就是这个概念。

**问:你毕业那年,刚好是杭大新闻系恢复那年?**

是的,新闻系是我离开的时候恢复的。我们中文系新闻专业的功底比较深厚,前两年,我们都在学中文,把中文系 4 年的课程压缩成 2 年,让你快速地学完,给我们打下了良好的基础。所以,他们都说我们的学生好用,一去写东西,至少领导会说写的是像模像样的。我们当时进去的时候是从汉语拼音开始学的,叫汉语拼音理论,让我们知道为什么这个和那个放在一起拼。然后,我们还学怎么样组词造句的原理,就是为什么这个词语能和那个词语组合,老师就是从这些东西开始教起的。我到现在都记得拼音字母是怎么形成的,为什么能够这样拼,还有组词造句的原理。现在的大学生,我就告诉他们:你要把标点符号标清楚,特别是给报纸供稿,有很多人都盯着你的文章看。

**问:你 4 年的新闻专业的学习,对你的生活、工作有哪些影响?**

那影响大了,那个时候,4 年学下来,我大学毕业了,觉得自己挺棒的。那个时候,我看的书非常多。那时,除了教科书,老师还会给我们开其他的辅导书。那个时候,我们能借的都把它去借来看,根据老师的要求去读。现在回过头去想,老师给我们开的书单是最有用的,那些书都是老师自己研究过的。

**问:你对我们今后办好新闻系有哪些建议和期望?**

我觉得学生还是要有功底的。我这里每年都会有两种学生进来,一种学生是一进来就可以上手用的,但他往往是两三年就埋没掉了;还有一种是功底比较深厚的人,他刚进来的时候没有什么特别突出的地方,但是两三年以后,后劲就来了,他一旦掌握新闻写作的技巧,就会脱颖而出,包括写文章之类的。

在我们学生当中，有一个北大哲学系的，刚开始你没感觉怎么样，但一旦爆发了就不得了。还有一个就是，学生做新闻要有自己的思路。在现阶段，不管是做网络媒体还是其他的媒体，学生要树立一个观点，就是思想政治的观点。这个不是我说套话，在现实社会中还是存在的，特别是主流思想。一个人毕业后不符合主流思想，就会一直碰壁，作为一个孩子的话，就会非常痛苦。我就遇到过这么一个例子，就是一个做新浪微博的，我跟他说，我要是做微博，思想比你还激进，但是，你可以把自己的观点放在心里，不一定要通过大众媒体传播出去。还是要跟学生讲清楚，你如果要在国内从事新闻，还是要遵循宣传纪律，如果你是其他方面的错误，比如节目做差了，我都没有理由对你怎么样，但是你一旦犯政治错误，我想保你都保不了。

**问：当时《新闻半小时》节目出来，但是后来被毙了，对于这件事，你怎么看？**

那这个是一个度的问题。我们那时候的思想是很超前的，哪里有线索就去哪里拍。现在回去看的话，那个度根本就没有过。《焦点访谈》比我们深刻多了。我们那时候开《新闻半小时》的节目，群众的围观心理比我们强多了，那时候口子刚开，现在通过网络，从各种途径都可以获得消息。但那个时候没有其他途径，只有电视这一个途径。现在看那个节目，就会觉得太粗糙了。

**问：那你们福建电视台是开了风气之先？**

是的，我们开了好几个风气之先，原来的那个选秀节目《银河之星大擂台》，就是东南卫视做的，后来《开心一百》等，还有那个相亲节目，我们最早做相亲节目，然后再有《非诚勿扰》，就像我们评论林则徐所说的"放眼看世界的第一人"。现在，我们由于很多因素就往下走。现在，注重互联网思维，重资金，没有钱做不了。湖南台搞了个《爱上幼儿园》的节目，总共是 12 个小孩，一共有 100 多部机子在拍，光人力、物力就承受不了。

**问：对于新闻专业毕业的学生，在未来的就业上，你有什么样的建议？**

我觉得最好先去新媒体工作一段时间，然后再去做传统媒体。因为传统媒体有很多约束性的东西，你的思维如果固定在传统媒体上，就很难创新。如果你先去新媒体，然后再去传统媒体的话，就能用互联网思维的东西来改造传统媒体。我们现在都是这样的，我去江西南昌开会，从早上讲到晚上，讲的是广告、户外媒体等方面的内容，整个现场坐得满满的，有 1000 多人，讲到晚上8 点都没有饭吃。现在不管做传统媒体还是新媒体，一定要有互联网思维，如果没有新媒体思维的话，你就不是一个合格的新闻人。

**问：你们现在电视台有没有互联网思维方面的表现？**

我们电视最大的变化，就是从以前的传播渠道变成一个营销的渠道。我们电视现在是一个传播渠道，传递信息。我们要把电视变为营销渠道，比如我们要经营电视这块屏幕，我要跟受众的手机互动起来，比如说，新闻的互动，我在播这个新闻专题，你在电视屏幕前摇一摇，你就可以在线互动；你看完节目之后有什么意见，你都可以在这里提出来，我们会有人专门和你互动；你看到我这个，就能在我这个地方吐槽。但是，这个也非常可怕。当时，我们花重金去打造微博，我一个人当时有 7 个微博，我都可以用微博赚钱了。我当时经营得这么辛苦，很快地，又转到微信了。我之前经营的微博都浪费了。我当时有一个微博，光泽县的所有新闻都通过我的微博发布出去。后来，光泽县的人到处找我，找了 5 个多月，才找到我。慢慢地，我觉得这样长期远程管理不行，我就把那个微博淡化掉了。但没有想到，微博很快就被微信占领了。微信的传播渠道这么小，没想到它发展起来比微博还要快，微信的可信度比较高，它在互联网和传统媒体之间开了一条道路。传统媒体的威信比较大，互联网的信息量比较大。现在，我们就要求你：为什么不用互联网的语言来写新闻？现在，懂互联网营销的人才，那各大广告公司就等着你去。

（何扬鸣）

# 李寿福：承前启后开新路

李寿福，男，汉族。1955 年考入浙江师范学院中文系学习，1959 年毕业，留校任教。1961 年进入人民大学文艺理论研究班学习，1964 年毕业回杭州大学中文系任教。1984 年任杭大科研处副处长、1991 年任杭大党委宣传部长、1993 年改任杭大新闻系主任、新闻传播学院副院长。获国家级教学成果二等奖，享受政府特殊津贴。1997 年退休。2000 年 3 月任浙大城市学院新闻系执行系主任、2004 年任浙大城市学院传媒与人文学院常务副院长。

**问：新闻系是从原来中文系的新闻专业独立来的，在原来中文系的时候，对它有什么印象？对它了解多吗？**

1958 年杭大建立新闻系，1962 年国家困难时期，新闻系被撤销，并入中文系，当时新闻系在中文系里面没有太多存在感的，人数只有 30 人左右，没有什么影响力，了解也不多。等到后来新闻系重新建立起来，影响才逐渐产生。

**问：在杭州大学党委宣传部时，与新闻系常发生关系吗？**

我是 1991 年进入杭州大学党委宣传部做部长，此前从 1984 年到 1991 年我在科研处，当时都是"双肩挑"，既做中文系教师，又在这些部门做兼职。杭州大学党委宣传部与新闻系的关系，主要体现在人才流动与业务交流方面。人才流动方面，党委宣传部陆续有 3 位老师调到新闻系，一个原来是在宣传部编校刊做校报的，后来调到新闻系做副主任，叫宋建

勋,不久后调到省委宣传部,任新闻处处长;一个是女同志叫钱永红,从宣传部调到新闻系做教师,她后来读博士,后来做了杭州市宣文广新局的副局长,又应聘到广东省新闻出版局任副局长;另一个是钱诚一,做过新闻系党总支副书记。他们后来的发展都很好。另外,党委宣传部工作和新闻工作是紧密联系,我们党委宣传部有校刊和广播台,里面的大多数参与学生来自新闻系,我们有专门的老师管理这块进行指导,这也是我们学生大一期间进行校内实践的重要平台。我记得自己之前在科研处的时候,就专门有新闻系的学生过来报道部门动态,当时学校各部门都有新闻小组进行动态报道,学生们都很积极地挖新闻,所以我们彼此的了解也会多一些。

**问:你是什么时候进入新闻系的? 有什么样的特殊机缘被学校调至新闻系任领导的?**

我是 1993 年 9 月进入新闻系的,当时省委高校工委的领导找我谈话,让我去新闻系工作,我就服从组织安排。当时进入新闻系我自己想想有两个原因,一个是张大芝老师快退休了,需要有人接班,新闻系需要更有力地进行发展;另外一个方面是我在党委宣传部工作,宣传部各方面工作都有所接触了解,包括校园文化、政治舆论等工作,而且我本身是中文专业,学的是文艺理论,其实文学和新闻有很多共同性,包括都要反映现实,都要具备真实性,所以上手也比较容易。我到新闻系后,用一年的时间听完了新闻系的所有课程,然后自己开始上课。其实我们这代人就是铺路石,这条路铺好了去铺下一条路,哪里需要我们,我们就去哪里。

**问:你来到新闻系后,觉得新闻系与原来的了解和想象有什么相同和不相同的地方?**

我来新闻系之前,其实对于新闻系的了解程度不深,因为我在宣传部的工作范围很广,宣传业务只是其中一块,对新闻系的认识就是一个小系的概念。进入新闻系之后,我发现新闻系规模不大,教职工加起来十几个人,科研领域几乎没有什么内容,没有钱给学生买各类设备,每个学生自己要用 200 元钱买海鸥的照相机,院里没有摄像机供学生拍摄使用。

**问:你采取什么方法来发展新闻系? 也就是说你采取了哪些具体的事情或作出了哪些贡献?**

我从学院建设、教师队伍建设和学生管理 3 个方面来发展新闻系。首先,我带头提出了新闻系与新闻单位合作的想法。因为我在科研处的时候需要与外界合作,认识了一些新闻单位的领导,形成了学校新闻工作应该与新闻单位

紧密合作结合的想法，所以进入新闻系之后我
们就决定与在杭州市的 18 家新闻单位合作成
立杭州大学新闻与传播学院和学院董事会。
当时每个董事会成员出 5 万元来支持学院的
各项工作，这是很实在的资金支持，我们就用
这笔钱买了一批摄像机，基本做到了每 2 个学
生能有一台的配置量。成立董事会还有很重
要的原因，就是为学生们提供固定的实习单
位，其实本来学生就很吃香，杭大新闻系一枝
独秀，学生出来各类新闻单位都抢着要，只是
有固定实习单位后工作更容易开展。另外，我
们还能免费邀请业界的记者来给学生们上课，
做到理论与实践紧密结合。而对于这些董事

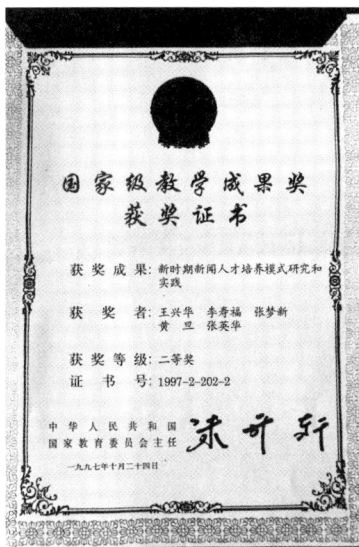

会成员单位来讲，5 万元的赞助其实是很小的一笔费用，与系里共同培养新闻
学生，作为未来的人才储备是一个很平等的合作方式。我们在和 18 家新闻单
位谈这个事情的时候都非常顺利，到后来地市级单位也要参与其中，数量增加
到三四十个的规模。再次，在教师队伍建设方面，我们积极引进了外省市有名
气的教师。当时学院里有 3 个专业，分别是新闻、广电和广告，有许多外校的
老师慕名前来，包括邵培仁老师是从江苏来的，还有李岩老师从兰州大学来的
等等。我们会定期组织老师进行科研报告会和读书会，努力营造温馨的集体
氛围。我们有了董事会的支持后，就支持老师出书，推进科研成果的产出。最
后，在学生管理方面，我们通过几年的摸索努力，形成了成熟的模式。在学生
大一的时候要参与校内实践，在大二和大四的时候分别进行为期 2 个月和半
年的实习，之后就是社会记者的实践了。在 1996 年的时候我们的这个"新时
期新闻人才培养模式研究和实践"模式申报了国家级教学成果奖，获得了二等
奖，证明了模式的先进性和科学性。

**问：新浙江大学成立后，你是如何看待我们新闻系或新闻学院的情况的？**

我是 1998 年退休，2000 年进入城市学院做新闻学院的执行院长。在这
段时间我觉得杭大新闻系没有什么太大的进步，在全国排名上也有所滑落。
我们现在叫"传媒与国际文化学院"，其实我们私底下讨论的时候，觉得"国际
文化"的概念太广了，新闻学院应该办得纯粹一些，国际文化可以自己另外开
辟一个学院。

**问**：你在任上的时候，我们新闻系获得了独立的硕士点，请你谈谈这个硕士点如何得到的？你去北京参加硕士点设立的会议时，途中受了伤，请谈谈当时是怎么回事？

硕士点在 2004 年的时候就开始申报了，因为按照硕士点的要求，有 3 个正教授以及一批副教授以及一个完善的体系队伍，还要有科研成果，当时我们的情况完全符合条件——5 个正教授还有一批副教授，已经具备了申报条件。所以我们组织申报，那个时候在全国有硕士点的单位就是人大、复旦和武大，我们想争取第 4 个硕士点，当时四川大学也在申报。我们把材料整理好以后，为了能够顺利通过国家教委的评审，我和张梦新老师带着材料去北京走访评委，当时也没想要准备什么礼品的，思想很单纯。受伤的事情是这样的，我和张梦新老师是坐飞机去的，下了飞机赶到北京城，坐了公交车以后可能有些晕机，跨台阶的时候没有跨过去，被绊了一下跌倒了，脸上、眼睛啊都受伤了，包也丢掉了，之后马上送医院了，脸上包扎起来很难看，回过头来发现包也没捡回来，幸好机票还在兜里。第二天就这样去拜访评委，人家可能会感觉很奇怪，这个同事怎么这个样子哈哈，就是样子很奇怪。

（何扬鸣）

# 张梦新：从老杭大到新浙大新闻系的见证人

张梦新，1977年考入杭州大学中文系，1982年留校任教，1984年任中文系总支副书记，1989年调新闻系任总支副书记兼系副主任，1993年任系总支书记，1996年任主持工作的杭州大学新闻传播学院副院长。新浙江大学成立后，任人文学院党委书记。2005年10月起兼任浙大城市学院传媒与人文学院院长10年。浙江省教学名师，获杭州市政府特殊津贴。

**问：请你讲一讲你的以前的经历，好不好？**

我成长在一个教师家庭，我的父母都是教师，我是1966届学军中学（当时叫杭大附中）的高中毕业生。后来1969年3月上山下乡，作为知识青年到黑龙江同江县（今同江市）青年庄插队。我是比较幸运的，下乡后，因为是高中毕业生，1969年那里招聘做了民办教师。因此，我的教龄是从1969年开始的，到今年是46年的教龄。我那时的身份是民办老师兼大队会计。在黑龙江插队3年半以后，我回到老家富阳，在一所公社中学又当了3年多民办教师。1975年，我妈妈退休，我抵职进了当时杭州武林中学当了老师。一直到1977年参加高考，考上了杭州大学中文系，成为恢复高考后首届大学生中的一员。那个时候我年纪也比较大了，1978年3月入学时，已经30周岁，我的孩子也快2周岁了，见到我的同学们，孩子都会喊"叔叔、阿姨"了，所以同学们戏称我是"抱着儿子上大学"。2007年纪念恢复高考30周年时，《钱江晚报》对我有一个采访，题目就是《抱着儿子上大学》，你何扬鸣还给我打电话："张老师，你出名了！"说什么网什么网都在转载。

**问：你是怎么来到新闻系的？**

我在中文系读书。在中文系，其实我还没有毕业就已经内定留校，我是

1981年内定留校的，1981年9月就开始介入管理1980级的学生。我当时的成绩基本是全优，除了英语和体育之外。1982年1月，我大学毕业，留校任教。"文革"之后，人才断层。中文系是百年老系，进来了这么一个小年轻，虽然当时我也已经30多岁了，儿子也好几岁了，但是在老一辈面前我总是年轻人。1984年4月，我被任命为中文系党总支副书记，这是很难得的，当时与我同时任命的还有其他人，比如童芍素任命为学校宣传部副部长。应该说，我自己的成长史是很幸运的。我当了两届总支副书记，先后在郑择魁系主任、吴熊和系主任的班子干了两届。1989年6月份，我到了新闻系，是学校派遣的。其实，当时在这以前校领导已经和我打招呼了，但是1988年由于有种种的原因，我还没有过去，但是新闻系的一些毕业照已经把我拉过去一起拍了。

当时新闻系的组成班子是3个人：张大芝老师、邬武耀老师和我，张英华老师是从地理系调过来的。为什么呢？张老师、邬老师和我是在大学语文教研室里的，大学语文教研室就是为未来的新闻系作准备，作师资的准备，所以我后来就到了新闻系。我一到新闻系，就叫我担任总支副书记兼副主任。我想学校之所以叫我去新闻系，主要是为了新闻系班子的搭配，因为张大芝老师、邬武耀老师相对来说年龄比较大一点，他们那个时候都已经50多岁了。我呢算是年富力强的，又有中层工作的经历，而且又与他们搭档得比较多，所以让我来新闻系。

**问：那当时新闻系的具体发展情况又是怎样的呢？**

新闻系在老杭大当中呢，是规模比较小的，也是很年轻的一个系。但是杭州大学新闻系的历史可以从1958年开始说起。应该说，在新闻史上，全国最早的新闻院校是复旦大学，它在解放前就有新闻系，解放以后中国人民大学也有了新闻系，所以这两所是中国最早出现新闻系的大学。1958年，在当时的"大跃进"背景下，杭州大学和其他几所高校一起成为新的一批最早出现新闻院系的高校。杭州大学新闻院系的师资，也主要是从复旦大学、中国人民大学这两所"老大哥"学校中调配过来支持的。

我个人觉得，在新闻系的发展史上，大致可以分为5个阶段。下面，我就简单地谈谈这5个阶段。

第一个阶段是从1958年到1961年。当时首任的新闻系主任叫江牧岳。

江牧岳先生是从浙江日报的社长过来兼新闻系的主任，他也是杭大的副校长。在改革开放以后，他调到北京，先后担任国家外文出版局的副局长、中国日报社的社长，可见杭大新闻系的历史上还是比较牛的。那么 1958、1959、1960、1961 年的这些学生，很多都是调干生，都是干部编制来读书的，作为一种"人才培养"，这些人都是选拔出来的，素质也比较好，到这里来接受专业化的学习，这是一个阶段。那时候大概 4 年只有招了 234 名学生。

第二个阶段是 1978 年的 4 月到 1980 年的 7 月，当时浙江日报和杭州大学联合举办一个新闻专业班，这个班学制只有两年半，所以是授予大专文凭的，这是我国新闻单位和高校联合办学的创举。这个专科班的学生都非常厉害，比如现在《浙江日报》社长高海浩，总编李丹，副总编陆熙、冯卫民，浙江省社科院院长迟全华，《宁波日报》总编徐正，《温州日报》总编杜宇等等都是这个班里的同学。当时这个班只有 40 个人，有 20 多个后来都是正高，所以都很厉害。

第三个阶段是从 1982 年杭大开始在中文系下面设立新闻专业，这也是为了适应社会的需求。当时每年招统考生 30～40 名，所以 1982 年那一届就招了 40 个人，比如现在新华社浙江分社的社长朱国贤（现已调任中纪委宣传部长）、东方早报社副社长、华东浙江分社社长胡宏伟、浙江大学新闻系沈爱国老师等，都是这一届里面的佼佼者。到了 1988 年，在省政府的大力支持下决定恢复新闻系。现在我们看一个系主任比较简单，而那个时候系主任的任命是省政府、省长签署任命状的，是非常慎重的事情。1988 级开始，我们招收本科生，也就是恢复新闻系建制后的首届本科生。

第四个阶段是从 1993 年 11 月到 1998 年 9 月。当时杭州大学和浙江日报社、浙江省广播电视厅、浙江省新闻工作者协会、浙江省新闻出版局、新华社浙江分社，共同发起成立了杭州大学新闻与传播学院。开始时是 18 家新闻理事单位，到了 1997 年又扩展到了 35 家，扩展到了全省的各个地区。

第五个阶段是从 1998 年的 9 月以后 4 校合并成为新的浙江大学新闻系，这后面的历史大家都是比较清楚的。

**问：1988 年重新恢复新闻系建制有没有遇到困难？**

1988 年恢复新闻系建制后，确实是经历了一个从无到有、从小到大的发展过程。当时新闻系在现在建工学院靠近南边围墙的那个楼上，只给了我们几个房间，很小，就是系领导的办公室、系的办公室、教师教研室，还有暗房。条件非常艰苦，我记得当时学校领导夏越炯书记把我找去谈话，给了我们这个新专业的开办费 5000 块钱。当然在 80 年代后期 5000 块钱比现在肯定是含金量更高，但是也只能买一点最基本的写字台、椅子、文件柜。这里我就要提到两位在我们新闻系的发展史上，也是 1988 年开创时期非常重要的两位老师。一位叫张大芝，一位叫邬武耀。

张大芝老师是山东蓬莱人，在 15 岁的时候就参加革命，是个"红小鬼"。

1955 年他在浙江省委机关工作，他是作为调干生选送到复旦大学新闻系学习。复旦大学就是从 1955 级开始，把新闻系的学制从 4 年延长到了 5 年，所以张老师是复旦新闻系本科 5 年制的第一届学生，到 1960 年夏天毕业时共有 107 名毕业生。邬武耀老师则是宁波人，1949 年 5 月进入宁波市公安局系统参加革命的。后来于 1958 年作为调干生进杭州大学新闻系学习。这两位都是入党多年的同志，享受离休干部待遇。张老师是 1933 年生的，邬老师和他年纪相仿。他们两位 1988 年同时被任命为副主任。这两位对杭大新闻系的重新组建倾注了很大的热情。要办好一个系，办好一个专业，首先就是人才、师资，所以他们先调入了张允若老师，张允若老师比他们毕业还要早，是张大芝老师的师兄；还有一位是桑义燐老师，他是张大芝老师的同学。这两位老师都是上个世纪 50 年代末和 60 年代初复旦新闻系毕业的优秀学子。调来以后成为了我们新闻系的教学骨干，这两位分别担任了新闻史教研室和新闻写作教研室的主任。另外像吴工圣老师，是沈爱国老师他们的班主任，他来自人民大学，邵培仁老师来自江苏高校，李岩老师来自兰州大学。除了从天南地北引进人才外，许多老师来自杭大中文系，如卫军英、徐艰奋、毕玲蔷，都是杭大中文系 1977 级的毕业生，徐敏、黄旦、胡晓云、徐忠民、何春晖，都是从 1978 级到 1981 级的中文系毕业生。当时每年都选最优秀学生留校任教。虽然物质条件很艰苦，但是关键是有一种对新闻事业的热爱，对新闻人才培养的一种倾注的热情，这是非常重要的。张大芝老师和邬武耀老师是以身作则的，张大芝老师主讲新闻学概论、马恩新闻理论与实践、新闻写作等课程，他的课主要是坚持马克思主义新闻观、强调新闻写作的真实客观问题，他的代表作是一本《新闻理论基本问题》，这是在当时我国比较有影响的新闻学专著之一，获浙江省教委优秀教材奖二等奖，因为上世纪 90 年代新闻学的研究不像现在这样遍地开花，当时教材还是比较少的。邬武耀老师上的是新闻采访写作、公文写作，他的特点是一丝不苟。他给学生批的作业是一点一划，标点符号都给你改出来的，黑板上面写字也是一样毕工毕整的。张老师后来被任命为系主任，邬老师是张老师的亲密合作伙伴，他俩一个是运筹帷幄多一点，一个跑社会多一点。跑社会主要是邬老师，他住在浙报附近。邬老师外貌就像列宁同志一样，个子不高，秃顶，骑一辆女式的自行车，他经常专门到浙报去联系工作。邬老师1993年暑假刚刚光荣离休，享受离休待遇，但他由于工作需要，学校仍然请他回来继续上课。当年11月8日晚上，在上课时他突发脑溢血，昏倒在讲台旁。我当时就住在马塍路，离学校比较近。接到电话后，我大概五六分钟就赶到了校医院，当时叫他就已经叫不醒了，后来我就说：一，通知浙二医院我们有一位脑溢血病人让他们马上来车；二，通知他的爱人钟老师去浙二医院。邬老师当时去医院的时候就是我扶着他坐救护车去的。邬老师再也没有醒过来。现在想起来这样的老同志，我们是感叹非常深的，就是这样一位享受离休的老同志，又是我们新闻系的第一届学生，可以说是真正体现了"春蚕到死丝方尽，蜡炬成灰泪始干"的鞠躬尽瘁死而后已的精神，他战斗在第一线，而且是在第一线上面倒下的老师，可以说在杭大历史上也是第一个，也是唯一一个。所以他这种敬业和奉献精神是非常值得我们学习的。

新闻系教职员工及其家属在植物园合影

如果说要讲还有哪些老师印象深刻的，就是李寿福老师。李寿福老师1936年生，他是中国人民大学研究生，后来来杭大中文系当老师，以后当过杭大的科研处副处长、党委宣传部部长。1993年9月份，张大芝老师离休卸任，李老师就调过来担任新闻系主任。我那时候担任总支书记，和他们这几位老师联系非常紧密。李老师也是我大学时候的老师，教过我们马恩文论的课。李老师因为他自己经历比较丰富，当过科研处处长、宣传部部长，所以思想就比较解放，当时成立新闻与传播学院这件事情就是我们这个班子成员大家一起商量的,然后一家一家去跑,浙报啊,广电厅啊等,把这个事情搞好。所以他们这3位应该说在新闻系的发展历史上是很重要的有功之臣。当然,其他的老师也很重要,在4校合并以前新闻系一共是8位教授,除了张大芝、张允若、桑义燐、李寿福、王兴华几位之外,邵培仁、我和李岩老师。这8位是在1998年9月以前的教授。现在邵老师是传播所的所长,李岩老师是新闻系的系主任,他们都很优秀。

**问:杭州大学新闻与传播学院是杭大新闻系和其他新闻单位联合举办的,那这些合作有什么渊源呢?**

合作的渊源说起来也是比较深的。第一,在1978年,杭州大学就和浙江日报社一起办过班,而且后来也证明了这些出来的同学都很优秀,都在全省各个新闻媒体单位发挥着骨干的作用。大家都有一种共同的认识,就是新闻这个专业它不是关起门来在学校里可以干成的,它需要接触社会,和社会广泛接触,和新闻单位联系,所以我们讲新闻事业是新闻教育的基础,甚至有新闻事业的发展才有新闻教育的发展,如果新闻界的日子不好过,那么新闻院校的日子也不好过的。所以从去年"部校共建",浙江省委、宣传部和浙江日报社、浙江广播厅和浙江大学共建传媒与国际文化学院,实际上这一步早在差不多几十年以前,在老杭州大学的时候就已经走出了这一步。

**问:在你看来,老杭大的办学亮点有哪些?**

从新闻系的办学历史上看,可以说有三大亮点。

第一大亮点,求是育英,求是创新,培养高素质的优秀新闻人才。老杭大和浙江大学都是同根同源的,大家都是以1897年求是书院作为最早的基础、母体。现在的浙江大学校训叫做"求是创新",原来的老杭大校训是"求是育英"。应该说,学校一直牢牢抓住人才培养这个最根本的任务,实际上这也是任何一所高校所要抓住的第一位的东西。我就举些例子来说。从1958年到1961年200多名学生素质很高,1958年的那届大家知道比较多,我不多说了,我就说说1960年的那届。姜新茂,1978年我们进来读书的时候,他担任我们1977级的支部书记,后来成为中文系的领导和杭大的副校长,后来又成为浙江省教育工会的主席。还有张春林老师是杭州大学出版社总编、《语文导报》总编,很聪明,也很会经营,后来成为深圳深港报业有限公司的总经理,他的儿媳妇呢,就是我们现在浙大党委组织部的许翾老师,许老师原来也在传媒学院当过党委副书记的。还有一位王兴华老师,也是新闻系在4校合并前的副主任、教授,也很优秀,不幸的是,在上个月刚刚去世了。

培养人才呢，我也举几个例子。

从团体来说，新华社的浙江分社社长是朱国贤，1982级新闻系学生。副社长、总编何玲玲是1983级的学生，还有新华社宁波支社社长和副总编张奇志、方益波，都是我们新闻系毕业的学生。这些单位就觉得我们新闻系的人素质高，非常好用。

以《浙江日报》为例，刚才我有讲过，他们的总编、副总编、编委等一大帮都是我们和浙报合作办班的学生，在中层干部里面，大概有超过100个都是我们新闻系的毕业生，都非常优秀，比如《浙江日报》的副总编、钱江报系的总编李杲；王纲，是浙报的副社长，后来省领导点名要去，现在在省府办公厅当副主任。他们这些同学可以说不胜枚举，都是我们的优秀毕业生。

我曾以1985级新闻班的同学为例做过一个调研。该班共有学生34人，现有副部级干部1人：慎海雄，原新华社上海分社社长，后为新华通讯总社副总编（现任广东省委常务、宣传部长），他是非常出色的，大概工作9年就评上了正高、浙江省的劳动模范；副厅级干部4人：钱永红，毕业后也是留校当老师，双推双考进入杭州文化广电新闻出版局担任副局长，后来又成为广东省新闻出版局副局长；来虹，杭州市委宣传部副部长；叶赞平，山东省高级人民法院副院长。担任省级新闻单位中层领导的5人：《浙江日报》报业集团党委（社长）办公室主任张彤、浙江省记协常务副秘书长傅亦军、《浙江日报》编辑中心要闻编辑部主任谭伟东、《浙江日报》编辑中心时事新闻部主任冯晔、浙江物产集团群工部部长姚俊等等。在市级新闻单位担任中层领导的有好几位：杭报集团杭州网总经理陈华胜、台州市委宣传部副部长兼台州日报报业传媒集团总编胡韶光、浙中新报总编俞平。具体的你们可以再了解，我有做过一个详细的调查。从这一统计可以看到，一是有26人目前还在从事新闻工作，占全班学生数的78.2%；二是在新闻单位当干部的比例高，其中担任副处级以上的有14人，占从事新闻事业人员总数的53.8%；三是业绩突出，其中多人获得新闻界的最高荣誉飘萍奖，以及中国新闻奖一等奖，多人被评为全国的优秀新闻工作者、浙江省劳动模范、省市"五个一人才"与优秀新闻工作者等称号。窥斑见豹，通过解剖1985级同学的个案，可以看到我们新闻系的学生都是非常优秀的。

第二个亮点，勇于改革和创新。新闻的定义是"新近发生的事件"，当然现在网络时代来看，已变成"正在发生的事件"。从新闻本身出发，无论是新闻教育还是从事新闻的职业人员，本来就应是勇于创新的，所以我们新闻系一直就是勇于创新的。说到勇于创新，我觉得主要可以说是这么几个地方创新：

第一个是办学的体制机制创新，最明显的就是刚才提到的 1978 年 4 月和浙江日报的联合办班，这个事情它的意义可以说就是在中国新闻教育史上最早的学校和媒体共同办班培养学生模式；第二个就是 1993 年的 11 月 25 日，成立了杭州大学新闻传播学院，刚才讲到了是杭州大学和浙江日报社、浙江广电厅、新闻出版局等这些单位共同发起成立的。第一任的新闻传播学院的院长就是原来浙江日报社社长江坪，当时省记协的主席杜加星、省广电厅的厅长方文、老杭大的老新闻系主任张大芝、1993 年调过来担任新闻系主任的李寿福，这 4 位是副院长。我在《杭州新闻百年史纲》里面有一章专门提到杭州的新闻教育："这是我国最早由新闻院校和新闻单位联合成立的董事会形式的新闻与传播学院，是办学体制的一大创新，学院与董事会的成立为新闻学科的发展和新闻人才的培养提供了新的契机，成为新闻系发展壮大的新起点。"这个体制一活，当时除了原来的本科专业新闻专业以外，我们还办了广告专业，当时广告是在新闻专业下面的二级学科。同时成人教育也有了很大的发展，因为单是靠学校里面每年招收 40 个学生，是远远满足不了新闻单位的需求的，所以出现了很多成教。当时有夜大、有函授（含大专、二专、专升本）、培训班等，在 1989 年招了新闻系首届硕士研究生，现在的院长吴飞就是第一届的新闻学硕士，他的导师是张大芝教授。到了 1994 年，又新设了广播电视专业。这样，新闻学、广告学、广播电视学都齐了。1996 年 1 月，杭大又成为新闻学硕士学位的授予单位。1993 年，我们新闻与传播学院的董事单位是 18 家，到 1997 年扩大到 35 家，全省各个地区的党报、电视台我们基本上都把它覆盖了，这为我们学生的实习就业创造了很好的条件。特别是这些董事单位、董事长也不是随便当的，比如说浙江日报社每年给我们学院 10 万元、20 万元，杭报集团也是这样。浙江日报社还在新闻学院设立了一个奖学金，这对我们的办学是很有益的。

第二个创新体现在人才培养模式的创新。刚才讲到学校最根本的任务就是培养人才。在人才培养上面，原来新闻系提出了一个培养链，叫做校园记者——实习记者——社会见习记者。当时新闻系的大一学生进校后，就被分派到全校各院系和部处机关当校园记者，比如某某去联系哲学系，某某去联系物理系，某某去联系经济系；也有一些同学去广播台等地方，这些都是校园记者。第二个是实习记者，当时一定要有毕业实习，整整一个学期，这些都是非常有用的。这个是人才培养的创新。

我举个例子，1997年分管教学的副主任是王兴华老师，由他牵头，加上老的系主任李寿福老师，我当时是作为新闻系的负责人，还有张英华老师和黄旦老师（后调至复旦大学，也担任过复旦大学的新闻系主任），申报了《新时期新闻人才培养模式研究和实践》教改项目，这项教学改革获得了浙江省教学改革成果的一等奖和国家级教学改革成果的二等奖，这是非常不容易的，这也说明了社会包括教育部对我们办学的认可和赞许。

还有就是学生培养，发挥学生的积极性和主动性。举例子来说，在老师们的支持和指导下，1990年，新闻系的同学创办了刊登学生习作的刊物《新闻与评论》（现已被杭州新闻史料馆收藏），广告系的同学则创办了《未来广告人》。《新闻与评论》创刊号的《发刊词》写得很好："《新闻与评论》的宗旨有二。其一，加强理论联系实际。新闻学是一门实践性很强的学科，脱离了实际，就没有生命力。新闻教学离开了实践，也必然走进死胡同。学生在课堂学习理论基础知识，在课外广泛接触现实，去认识社会，报道生活，有利于牢固掌握理论知识，变革思维方式，拓宽视野，增长见识，才能在未来的就业竞争中显示优势，发挥特长，为我国的建设事业作出贡献。其二，为学生提供相互交流切磋，不断提高的机会，督促、鼓励学生勤动笔，多写多练，使学生不仅熟练掌握一般新闻的写作技巧，而且会拿起'思考的笔'，写出有深度和独到见地、高质量的新闻报道和评论，正确地宣传党的方针政策，反映人民群众的愿望，成为真正合格的新闻人才。"我觉得这个创刊词写的是很到位的，从个各方面而言，不光是一个技能方面，更从政治思想上明确了如何成为一个真正的新闻人。

第三个就是积极为社会服务。刚才讲到了有35家董事单位都加入到了我们新闻学院，那我们总应该也为他们做些什么。所以自然而然地做了很多事。比如刚才讲的办函授啊，办夜大啊，合作进行课题研究啊，对媒体现象、工作进行研究啊，搞广播电视的就是对于它们的节目啊什么的进行一些研究。比如《钱江晚报》，作为《浙江日报》下面的一个子报，它搞起来也是浙江的第一家晚报，在全国也是很有影响的。它原来的总编叫做孟玉兔，他工作起来是没日没夜的，有的时候三更半夜会打电话过来，因为半夜正好是晚报工作的高峰时间。上世纪80年代电话还并不普及，我家的电话是在写字台那里，半夜听到电话响我以为什么事情，那时是冬天，我披着衣服过去。孟玉兔说："张老师，明天我们晚报要搞个活动，进社区，请你们派学生，比如50个学生。"有时候，他又打电话来说："我们要搞'报社记者在柜台'（当时三中全会提出以经济建设为中心）。"他没有那么多记者，怎么办呢，就是把我们新闻系的学生带过去,能力强的就独当一面,能力不强的就跟着他们记者。这样的一些活动既扩大了他们报社的影响,另一方面对于我们学生也得到了社会实践,在这个过程当中,了解、熟悉、参与新闻事件。

再举一个义乌小商品城的例子。上世纪 90 年代初,义乌远远没有现在这么出名。当时义乌小商品城下面有一张报纸《小商品世界报》,刚好我也是有一个学生在那边的。他们过来与我们联系以后,我们就去和他们多次进行了接洽,之后达成了一个商城集团和我们新闻系合作的一种模式,由我们派老师到那边去担任《小商品世界报》的业务副总编。我们先后派去了 3 位年轻老师,就是沈爱国、吴飞、邵志择。当时我作为系领导是这样想的,我们的老师,不管是教新闻采访,还是教新闻评论、新闻编辑,如果让他们参与到新闻火热的发展当中去,让他们到第一线去"抓活鱼",这样他们写出来的新闻报道和新闻编辑是来自火热的第一线的,是最鲜活的,就他们自己而言,组织能力、活动能力也得到了锻炼,经历、阅历也丰富起来了。同时,他们在那里工作,对于我们学生的实习和课堂的教学丰富也提供了最好的材料。像这样的一种模式不光是在义乌,我们和《浙江青年报》,也就是现在的《青年时报》也有合作,当时是派了沈爱国老师去当副总编,何春晖、徐忠民、钱永红分别担任总编助理、摄影部主任、总编办主任等职务。这是对于社会服务方面的,既扩大了我们学校、新闻系的影响,也直接为报社的发展、为浙江省新闻事业的发展尽到了自己的一份力量。

**问:相比其他高校人大、复旦,杭大有什么特色?**

刚才讲到的 3 个亮点,就是杭大的特色。比如和媒体联合办学,成立董事会新机制等。我们 1993 年董事会成立的时候全国的新闻院校,比如人大、复旦、南大等都派人过来,来了以后大家都共同祝贺,都说你们这种模式是全国第一家,现在在浙大传媒学院的教学主楼上有一面大镜子,上面有几个字"新闻是社会的镜子",就是那年成立大会的时候全国的兄弟院校凑份子买了送给我们留念的见证。

**问:新闻系在建的过程中与新闻单位的联系非常多,那和兄弟院校的合作与互动有什么故事吗?**

和兄弟院校的合作,相对来说,主要体现在:一个我们当时是全国的新闻传播学的常务理事单位。因为当时理事长是人民大学的何梓华老师,全国能够进入常务理事的也就是 10 多所院校,当时杭州大学新闻系也是在这里面,我本人就担任过常务理事。还有一个是我们也召开全国性的会议,比方说1997 年的全国传播学年会,全国各地的许多新闻院校都来了。我们在申报硕士点、博士点的时候都得到人大、复旦、中国传媒大学很多的支持。复旦的童兵老师，李良荣老师和人大的陈力丹老师等，也经常到我们这里来做讲座的。

**问：我们新闻系与海外交流的情况怎么样？**

杭州大学虽然是一所地方大学，但很重视与境外高校的联系和交往。在杭大新闻系的办学历史上，也有着与海外高校的许多交流。

在这里我首先要说说被称为"台湾新闻传播学教父"的台湾文化大学的郑贞铭先生。1994年的2月23日，贞铭先生不期而至，来到当时的杭州大学，和我们新闻与传播学院的5位院系领导见面并座谈。这是海峡两岸正式开放交流后，我们接待的第一位来自台湾的新闻教育界的著名学者，先生的谦和儒雅、平易近人，对新闻教育事业的关心和热爱，给大家留下了深刻的印象。因为第二天便是元宵节，所以郑先生的来访，我印象很深刻。

第二年，郑贞铭先生又来到我们新闻系。他个人出资，以其母亲的名义在我们新闻系设立了奖学金，每年有近10名同学获奖。虽然金额有限，但对于受奖学生来说，无疑是一巨大的鼓舞和鞭策。从1995年到1998年，共有30多名杭大新闻学子受惠。我想这些学生也一定铭记着此事。

又过了一年，郑先生和李瞻先生一起努力，为复旦大学和杭州大学等多所大陆的新闻院系分别赠送了十几箱新闻传播类的书籍。这些专业书籍的到来对当时专业书籍匮乏的大陆新闻院校来说，可谓雪中送炭，深受广大师生的喜爱。这一年的6月，由郑先生领衔的"台湾传播发展协会"与台湾大学新闻研究所合作在台北举办了"两岸与香港新闻实务研讨会"，当时国内主要新闻院系的12位负责人应邀前往，我们杭州大学新闻系的前后两任系主任张大芝教授、李寿福教授也在其中。

第四年,也即 1997 年春,杭州大学百年校庆,郑先生作为特邀嘉宾,受聘为杭州大学客座教授,出席了新闻教育改革座谈会与杭州大学建校 100 周年庆祝酒会,并与时任海基会会长的汪道涵先生合影。

作为两岸新闻交流的先行者,郑先生为推进两岸新闻传播教育界和业界的交流真是不遗余力。我本人也在郑先生的帮助下先后于 2000 年 5 月赴台参加台湾铭传大学主办的"网络媒体的跨世纪挑战"和 2003 年由台湾文化大学大学主办的"网络时代新闻传播教育新典范研讨会"。郑先生和他的朋友们悉心安排了大陆教师的食宿、交通和行程,除学术研讨外,还介绍我们访问了多家台湾报纸、广播电视媒体和高校,让我们深深感受到宾至如归,血浓于水。与此同时,学生之间的交流也在进行。很多年以来,我们新闻系或者新闻学院的许多本科生、研究生参加了大陆新闻院系研究生赴台交流团。同样,我们也热情接待了台湾政治大学杨日青教授、朝阳科技大学人文社会学院院长林念生教授、铭传大学传播学院院长杨志弘教授、文化大学新闻传播学院院长沈慧声教授等众多台湾的学者和硕士生。我们一起交流新闻教育的改革、新闻人才培养的方法和思路,探讨网络时代我们新闻事业和新闻教育面临的挑战等问题;陪他们游览美丽的西子湖,介绍杭州的历史文化,品尝杭州的美味佳肴。记得 1999 年 11 月郑贞铭先生率文化大学师生一行来杭州访问时,那天恰逢随行的王洪钧先生生日。海峡两岸的老师们相聚在杭大路的龙宫大酒店,欢乐地为王洪钧先生唱起生日歌,分享生日蛋糕。此景此情,令人难忘。

2007 年 4 月 9 日,浙大传媒与国际文化学院和浙大城市学院传媒与人文艺术学院联合在浙江大学主办了"新闻传播教育改革暨郑贞铭先生新闻教育实践研讨会",郑贞铭先生亲临会场,时任浙大副校长胡建淼出席并作主题发言。参加会议的代表有 30 余人,他们中有台湾中国文化大学的王应机先生、赖祥蔚先生,复旦大学的丁淦林、上海交通大学张国良、上海大学戴元光、南京大学段晋肃、湖南师大田中阳等,从各地赶来。我们主办单位浙江大学的邵培仁、张允若、吴飞、何扬鸣等,浙大城市学院的我与其他一些教师也参加了会

议。据悉，这是浙江大学第一次举办以台湾学者为主题的研讨会，研讨会以新闻教育改革为主导方向，就网络时代新闻传播教育的新动向，全球一体化与新闻传播教育的改革，中外新闻教育比较研究，新闻学与传播学的关系，郑贞铭先生新闻教育实践研究等议题进行了深入探讨。此次研讨会的圆满举行，对于加强两岸的学术交流合作，对于浙江大学传媒与国际文化学院，甚至中国高校，包括大陆与台湾的新闻传播教育均具有重大的启发和促进意义，引起学界的广泛关注。当天晚上，何扬鸣还带领台湾客人兴致勃勃地游览了北山历史文化街等处。在回来的出租车上，郑贞铭与其他台湾客人赞许了何老师对南宋新闻事业史的挖掘和研究。

当时杭大新闻系与香港新闻教育界的联系也不少。1996 年 11 月 12 日，著名学者金庸携妻访问杭大，在杭大邵科馆作了演讲。这次演讲盛况空前，当时学校的校长、书记也亲临邵馆，学生更是慕名从四面八方赶来，把会场挤得水泄不通。演讲会进展顺利，大家颇有兴趣，然后会议提问阶段出现了高潮。新闻系的何扬鸣向大家介绍了金庸先生曾经在《东南日报》就职时的趣闻轶事，引得全场大笑不断，金庸妻子更是笑得前仰后合。在这种气氛下，金庸先生当着我们的校长和书记

的面，答应撰写回忆其在东南日报社工作情况的文章。1997 年 10 月，香港浸会大学新闻系俞旭主任来访。1998 年 3 月，香港树人学院新闻系黄梦曦主

任、李鹤龄先生与 39 名学生来访。1999 年 4 月,我也前往浸会大学新闻系作了为期一周的回访,还到访了香港中文大学、珠海书院,向浸会大学和珠海书院的师生介绍了杭州大学及其新闻系的教学改革情况。

与香港新闻教育界交流同样成果多多,其中最大的成果是 1998 年香港树人学院来访的那次,也即两年之后的 2001 年 12 月 7 日至 8 日,香港树人学院与中国人民大学新闻学院、浙江大学新闻传播学院联合主办了"经济全球化与跨地区文化传播国际研讨会"。这次研讨会规模空前,来自北京大学、清华大学、人民大学、复旦大学、北京广播学院、浙江大学、南京大学、武汉大学等内地著名高校,台湾地区的政治大学、文化大学,澳门大学,以及香港的香港大学、中文大学、浸会大学、珠海书院等,内地与港澳台及美国的 70 多名学者济济一堂,时任香港特首的董建华先生亲临大会并主持开幕仪式。副校长胡建淼教授率领浙大人文学院的 10 余名教师赴会。我和新闻系的邵培仁、沈爱国、何春晖老师也参加了这次盛会,我还在大会作了题为《新世纪跨文化传播对我国本土文化的影响及其对策》的论文交流。开幕仪式后,本人还荣幸地与董建华特首合了影,何春晖老师用她的相机拍下了这令人难忘的瞬间。大会结束后,作为本次学术研讨会的主办方之一,我还与香港树人学院新闻系黄梦曦主任、中国人民大学新闻学院童兵教授一起,把大会的近 50 篇论文编撰成册,由浙江大学出版社出版了 68 万字的《经济全球化与跨地区文化传播》一书。

在我的影集中,还保留着 1994 年 10 月美国加州大学新闻系主任来访、1997 年 5 月《欧洲时报》刘畅先生来访时与新闻系教师座谈的照片;还有与美国塔芙茨大学钟雪萍教授、印第安纳大学罗伯特·艾菲教授等海外学者的合影;以及上世纪 90 年代我系教师与来我们新闻系留学的 4 名韩国留学生的合影。这些照片记录了杭州大学新闻系与海外高校学者和师生来往的点点滴滴,既见证着我们与海外高校师生的交往与友谊,也从一个侧面反映了我们新闻系成长的足迹。

**问：你能否谈谈我们新闻系与城市学院的关系？**

城市学院成立的背景是什么呢？新浙江大学成立后，杭州市政府和杭州市老百姓都需要有一所属于自己的高质量的全日制的本科院校，当时杭州市市属高校除了杭州师范学院之外，没有其他本科院校了。因此，当时潘云鹤校长和仇保兴市长一起商量，决定成立浙江大学城市学院。所以，城市学院是在中国教育改革和城市发展的浪潮中应运而生的，是一所新型的大学，是中国第一家类似的大学。它的特点在哪里呢？一是名校名城，强强合作、强强联姻，它是全国300多所独立学院中的第一家，所以被教育部称为独立学院的典范；二是体制上的创新，是董事会制的，又是独立法人的，它原来的法人都是杭州市的副市长，主管文教的市长，它的董事长是浙大的校长，所以潘云鹤校长、杨卫校长、林建华校长等都担任过董事会的董事长。所以从这个意义上来说，城市学院和浙大密不可分，城市学院的院长、书记和院级领导都是浙大党委委派的。这是我要说的第一点。第二点，城市学院的传媒与人文学院与我们这里的传媒学院是有着千丝万缕、密不可分的关系的。我将从3个层面来讲。一是院系领导方面，比如说李寿福老师，他从2004年起担任常务副院长，我是2005年10月被任命为那里的院长兼总支书记的。2005年7月浙大中层换届时，我58岁了，按照浙大的规定就是"七上八下"，所以我就打算卸任以后可以干点自己的活，做点自己喜欢的研究。那时候浙江大学城市学院已在1999年成立了，他们的王立人院长、胡礼祥书记多次打电话给我，盛情邀请我到城市学院工作，说城市学院是杭州市和浙江大学强强联合办学，正是初创时期，特别需要人。于是从2005年10月开始，我从浙大人文学院党委书记的岗位上退下后不久，就受邀担任浙江大学城市学院传媒与人文学院院长兼书记，一直干到现在，整整10年，3年前我把书记的职位脱掉了。但是再怎么说，我还是杭大新闻系的人，所以只要新闻系一讲，一个电话，我能够出点力的肯定会出力的。

除了我们两个，现在管科研的卫军英副院长、管教学的张健康副院长也是从我们新闻系过去的。二是师资方面，师资队伍里面有钱诚一、陈荣美、顾杨丽、方玲玲等等，都是从这里过去的，而我这里特别要说的是，是那些骨干教师、博士层面，我、卫军英、张健康都是领导层面的博士，方玲玲、顾杨丽、范红霞、江根源、周晔等也都是从这里过去的，城市学院传媒与人文学院至今有8个博士是从这里过去的，占专职教师的28%。除此之外，城市学院刚创办的时候，老师基本都是从这里派过去的，比如黄旦老师兼任城市学院新闻系主任、沈爱国、徐忠民、何扬鸣等都在那里上过好几年的课。三是学科队伍建设、科研队伍建设,比如吴飞院长被城市学院聘为钱江特聘专家、钱江学者,这是经过杭州市政府批准的,因此我们在把新闻学、传播学申报为杭州市的重点学科时,申报杭州市的哲学和社会科学重点研究基地、"传播与杭州文化创新研究基地"过程中,吴飞都是作为首席专家挂在那里的,作为重要的学术骨干。这对我们整个学科队伍的建设和科研水平的提高,都很有帮助。新闻系还有不少教师,比如吴飞、李红涛、韦路等都去我们那里的人文大讲堂作演讲。另外,吴飞教育部那个攻关重大项目中,我、顾杨丽都参与这个项目里面的课题。再一个呢,我们合作举办或者主办国内重要的学术研讨会",比如2007年的"新闻传播教育改革暨郑贞铭先生新闻教育实践研讨会,研讨会全国许多高校都有人来参加,那次研讨会影响比较大。还有一次,我记得是前年吧,浙江省的报业改革暨浙江报协的年会就是在城市学院开的,是我们城市学院、浙大传媒学院、浙江传媒学院一起合办的,这样就比较有影响力了。

(何扬鸣、刘向、余晓宇)

# 张允若：教学科研双手硬

张允若，1953 年，复旦大学新闻系毕业。1957 年被划为"右派"。"文革"后先后在江西财经学院、江西大学任教。1988 年 1 月，调入杭州大学新闻系，任新闻史论教研室主任，讲授传播学、外国新闻事业史、新闻理论、外国新闻理论和实践等本科生和研究生课程。1996 年退休。

**问：我们杭大新闻系是 1988 年正式恢复的，请你谈谈你所知道的情况，好吗？**

上世纪 50 年代，全国只有复旦大学和中国人民大学两所大学设有新闻系，因为 1952 年全国实行院系大调整，颇有历史的北京燕京大学新闻系和上海圣约翰大学新闻系都被停办了。前者，改成了北京大学中文系的新闻专业，后来并入了 1955 年设立的人民大学；后者，并入了 1929 年创立的复旦大学新闻系。

1958 年全国开展大跃进，教育系统也要大干快上，于是杭州大学、南京大学、江西大学等地方院校也纷纷办起了新闻系。据我所知，当时复旦大学就有 4 位教师被调到杭州大学支援建系工作，他们是胡其安（副教授）、朱振华（讲师）、陈裕祥、丁沂等。可是不久以后，大跃进出了问题，还发生了全国性的大饥荒。中央决定实行调整和整顿的方针，许多建设项目纷纷下马，教育战线也大规模收缩和精简。杭州大学的新闻系因此也在 1961 年停办。

"文革"结束以后，全面拨乱反正，新时期开始，整个国家把工作重心转向社会主义建设上来。在这个情况下，杭州大学就同南京大学、江西大学一样，重新把新闻系恢复起来。当然这里有一个过程。一般先是在中文系里设立新闻专业,我们杭大的新闻专业是由俞月亭、邬武耀老师负责的。后来俞月亭调去福建电视台任台长去了,张大芝老师接替他的职务,这时就在酝酿恢复新闻系,并着手积极筹备。所以,杭大新闻系的上马、下马和复办,都要放在全国这个大背景下来看待。

**问:你是怎么想到要来杭州大学的呢?**

这也有个大的背景情况。我在1953年从复旦大学新闻系毕业后,被分配到中央军委总参谋部,后来又调到上海市委工作,说起来这是组织上经过再三挑选严格审查而后做出的决定。不过我这个人喜欢想问题,1957年中共开展整风运动,并且号召各界大鸣大放、帮助党整风。可是,不久就来个反右,把许多积极提意见的人打成了右派。我就想不通了,在党的会议上汇报了我的想法。结果就被说成是右派的一丘之貉。劳动改造几年后,摘掉了帽子,就被发配到江西的中学教书。"文革"结束,1979年开始平反冤假错案,我的事情也被"改正"了,说是"错划"了。这就产生了一个重新安排工作的问题。我并不指望有什么国家赔偿啊,精神抚慰啊,我只希望两点:一是回到我原来出生成长的地方,我祖籍江苏,我的父母亲人都在上海,他们已经年迈,需要我的照顾;二是回归我的专业,让我学以致用。

1979年平反时,我已经在江西财经学院(现江西财经大学)教英语。我给原单位的领导提出,我并不指望回归原来的单位,我只要求把我收回上海,工作问题我自己会想办法。因为那时复旦大学新闻系也急需补充力量,曾经被错划为右派的王中教授,已经回到新闻系重新担任系主任,我的老师余家宏教授是王中的助手,我的同班同学夏鼎铭、葛迟胤,低一班的同学丁淦林、陈韵昭、徐培汀等人都在母系任教,他们对我的人品和学识十分了解。余家宏教授明确说,只要你原单位把你调进上海,来复旦工作没问题。因为在那个年代,户籍问题是调动的最大障碍,有些急需的人才就是因为户口问题解决不了,因而调不进来。作为原单位,既然承认右派划错了,那么,从道理上讲应该全力解决这个问题,把错误发配出去的人收回来。可是,迁延多时,毫无进展,原单位最后说:上海户口问题太紧张了,几十万知识青年都要回来,实在没办法。而且后来中央也强调平反对象尽量就地安排,于是原单位也就一推了之了。

在这种情况下,我只好退而求其次,把目标转向南京或杭州。南京大学新闻专业有个女老师负责该系的复办筹备工作,我在某次开会时认识了她,她很想把我调过去。南京政治学院新闻系主任郑旷也热情帮我推荐,但是以后听说也是卡在户口问题上。后来老同学夏鼎铭帮我出主意,并陪我去请王中教授助我一臂之力，因为王中在江浙新闻界不乏熟人。一打听，他正好有个山东《大众日报》老战友于冠西，时任浙江省委宣传部长。王中教授二话没说，当即给我写了个便函，让我去找于部长。

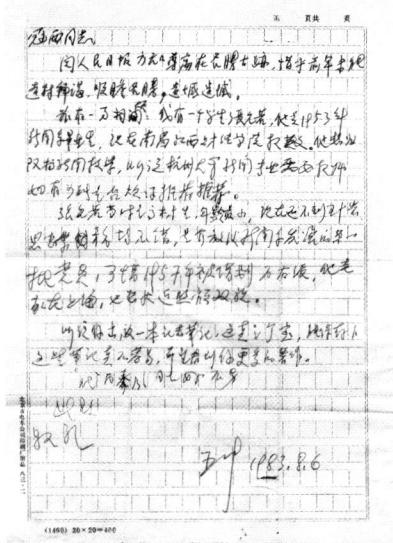

我在杭州竹竿巷 77 号一座小楼里，见到了于冠西部长。这是个很清静素雅的住处，一进门就感到主人是个文人。于部长很热情，说王中是他在山东《大众日报》时的同事，是他的老大哥。他答应给杭州大学来自北方的某书记打个电话，谈谈这件事，只要他们确有需要就好办。但是他没有给我写什么条子，我也没有要他写什么书面的东西。过了几天，我去找了这个书记。他说："对这个事情要研究研究。"

当时，我已知道系友俞月亭正在主持新闻专业的工作，他比我晚几届，相互之间原来并不认识。但是经人介绍，大家一见如故，以后还邀请我来杭大新闻专业作过讲座，直至今天我们还有书信往来，当然这是后话。当时俞月亭答应向某书记提出，我们新闻专业需要这样的人来任教。不过，过了几天我再来杭州，却没等来好消息。那是个初秋的傍晚，我在河南杭大新村见到老俞，他正打着赤膊坐在门口的平台上纳凉。他告诉我，某书记竟然以年龄为借口，拒绝了我们的要求。说什么：快 50 的人了，调进来还能干几年？老俞愤愤然说，这位老兄 60 多了，还不想退位，人家还没到 50，就嫌老了，岂有此理！这件事情就这样搁下来了。

**问：那么，你后来怎么终于有缘杭大的呢？**

说来话长，不过也算是一种缘分吧。我当时回江浙地区有困难，就先在江西归队，从江西财经学院调到了江西大学新闻系。在那里教外国新闻事业史、传播学和新闻英语。江西大学新闻系也是"文革"后复办的，上述课程都是"文革"后新开设的，根本没有人教，而我在这方面有些基础，也乐意开拓和钻研，于是便接下了。

当时新闻教育界和全国文化界一样，摆脱了极"左"路线的桎梏，思想活跃，积极性高涨。新成立的新闻教育学会，在上世纪 80 年代初接连召开了几次研讨会,比如 1985 年的南京会议、1986 年的成都会议等,风位学界泰斗如复旦大学的王中教授、人民大学的甘惜分教授、陕西社科院的何微教授相继出席,和大家一起议论新闻教育和整个新闻事业的改革和走向。何微当时担任陕西社科院新闻研究所所长,他有意南下开辟新的教育科研基地,一度同武汉大学校长刘道玉商定,前往武大加强新闻系力量、兴建新闻研究所、出版一套新闻学丛书。当时刘道玉在武汉大学有许多改革措施,比如实行学分制、分设必修课和选修课、学生入学后可以转系等,做出了很多成绩,得到学界的肯定和拥戴。大约在 1986 年,何微和当时还在西北大学任教的桑义燐老师正式调往武汉大学,何微还担任了武大新闻研究所的所长。但是,不久以后他们的计划有所改变。由于武大校领导的变动,刘道玉离开了武大,这就影响了他们原有抱负的施展,正好杭州大学有意复办新闻系,他们便同张大芝老师联系,准备转移到杭大来共同创业。我当时在江西大学新闻系任教,并担任新闻史论教研室主任,作为江西大学新闻系的代表参加过新闻教育界的上述一些会议。在成都会议上,张大芝是作为杭大新闻专业的代表参加的,桑义燐是作为西北大学新闻专业的代表参加了成都会议。在这个会议上,大家互相认识了。桑义燐是复旦 1960 届的系友,和张大芝是同班。何微我原来不认识。甘惜分呢,我在南京一次新闻理论讨论会上见过,那是 1985 年的时候。何微成都会议上没有见到,他大概没有来。我与桑义燐住在一个房间,我与他谈了自己的以往经历,当时的处境以及今后的一些想法。他还是蛮热心的,说:"那行,我介绍你跟何微见一见。"桑义燐像何微的私人秘书一样的。桑义燐就把我也圈进去了,也入围了,作为何微这个打算,或者这个规划当中的一部分来考虑了。我当时也有这种想法,觉得武汉也不错了,武汉大学也是重点大学。如果何微在武汉搞的话呢,我也可以去。后来,何微调过去了,当了武汉大学新闻研究所所长,桑义燐也已经调去了,所以,桑义燐到杭大来是从武大过来的。大概过了一年,时间没有很久,武汉不行了,准备转移,转移到浙江来。可能他们在成都会议上就有了默契,如果武汉搞不下去或者搞得不理想的话就转到浙江来,可能已经跟张大芝谈过这个事。由于情况发生变化,我就把我的目标和主攻目标转向到杭州了,不断地跟张大芝通信联系。

从那以后情况就有了改变。因为这是个整体的计划,牵涉到复建杭大新闻系的整体安排。这时杭大的领导班子已经换届,新班子决心尽快复建新闻系,当时俞月亭已调走,学校确定由张大芝老师负责筹备。在张大芝的建议下,杭大校方决定把我、桑义燐、何微整个要过来。那个时候杭大管这件事的是金锵副校长。张大芝很快把这个消息告诉了我。那么，我爱人的事情怎么办呢？我爱人是教建筑的，杭大没有建筑系，城规系有这方面的课程，但是又没有人员编制。那个时候进人都有户口、编制的问题。后来学校决定把她先放在教务处，同时在城规系兼课。

杭州大学这边的问题解决了，江西大学那边却不肯放我。江西大学的新闻系刚刚复办不久，他们当然不愿意我走，学校的领导也不愿意我走，想不到当年的臭老九，竟然成了香饽饽了。之前，我是在江西财经学院教大学英语的，落实政策后，我要求归队，就从江西财经学院调到了江西大学新闻系。到了江西大学后，由于我毕业比较早，资历比较深，而且当时也有一些论文（包括英语翻译方面的论文），学校就给我评了副教授。江西大学的校长和书记就不太高兴了：把你接收来，又给你上了职称，你现在又要走了，屁股还没有坐热呢！我是 1984 年或者 1985 年到江西大学的，调杭州大学好像是在 1986 年或 1987 年开始行动的。在江西大学的时间确实很短，他们都不太高兴，不愿意放人，也是可以理解的。后来，左说右说，好说歹说："你不放我也得走了。落实政策嘛，我也应该回到江浙一带去了，你留得住人留不住心的。"我跟他们讲了坦率和不客气的话。最后，江西大学终于肯放了。这是因为首先是我爱人所在的单位江西工学院先同意放人，她的档案已到达了杭州大学并被接受了。我爱人来杭州了，那么大的年纪了，总不能再弄得两地分居吧！就这样好说歹说，终于说通了江西大学，同意放我走了。

1988 年 1 月份，农历大年三十，两个集装箱把我们的家搬到了杭州来。到这里时房子还没有安排好，说是定在体育场路宿舍，但是还没有腾出来，那就先住在招待所。我们是在招待所过了年。过年也只能吃大锅饭，没有办法自己再另外搞。我们也无所谓过年不过年，来了以后就开心了，比过年还开心。记得张大芝夫妇还特意炖了一只鸡，到招待所来看望我们。

其实来杭大之前，我已经在这里上过课了。那时还是杭大中文系新闻专业，外国新闻史没有专人讲授，张英华老师曾经讲过一些，好像不是系统地讲，那时俞月亭和邬武耀主持新闻专业，请我来讲过几次课。杭大做出调动决定以后，我和桑义燐是差不多时间来的，他可能比我先来报到。我 1 月份来杭大，2 月份开学马上上课。安排的是传播学和外国新闻事业史的课程。

我在江西财经学院的时候，是教大学英语的。那个时候大学英语也简单，好教。后来到江西大学新闻系也曾教过新闻英语，教过外国新闻史。改革开放之初，大陆引进了传播学，我在那里也讲传播学。这样，我在江西大学新闻系讲传播学、外国新闻史、新闻英语。杭大中文系新闻专业缺乏讲外国新闻史的人，所以我曾经调来之前就在这里讲过课。那个时候是邬武耀，哦，先是俞月亭，我讲课的时候，俞月亭还在的。俞月亭和邬武耀好像都在课堂上向学生介绍了我一番。后来俞月亭就走了，由张大芝当家了。在我整个调动过程中，也是张大芝在主持的。

这年的 5 月份，在东一教学楼专门开了一次座谈会，杭大新闻系的牌子正式打了出来，正式复建新闻系。我和桑义燐两个是外地引进的专职教师。学校内部其他系调来了王兴华、张梦新、张英华老师。还聘请了 3 个兼职教授，一个是何微，陕西社科院新闻研究所原所长，一个是陆灏，上海《文汇报》的原总编，另外一个是中宣部新闻局的报刊处处长洪一龙。成立会议上，我、桑义燐与 3 位兼职教授都跟大家见了面的。后来 3 位兼职教授还给学生做了学术报告。何微的学术报告，讲新闻事业的昨天、今天、明天，他说他要来跟学生吹一吹。我记得他说了这个话。我在江西大学时，也请他去做过报告的。

**问：张老师，请你谈谈新闻系复办后的机构设置和教学科研情况。**

新闻系复办后，设有 3 个教研室，一个是新闻史论教研室，由我负责；一个是新闻业务教研室，桑义燐负责；另外一个广播电视教研室，是后来分出来的。新闻业务教研室里，桑义燐教新闻通讯写作，沈爱国教采访与写作，王兴华教评论写作，徐忠民教摄影，邬武耀好像采访和编辑都教过。另外有个实验室，就刘文奕老师一个人。

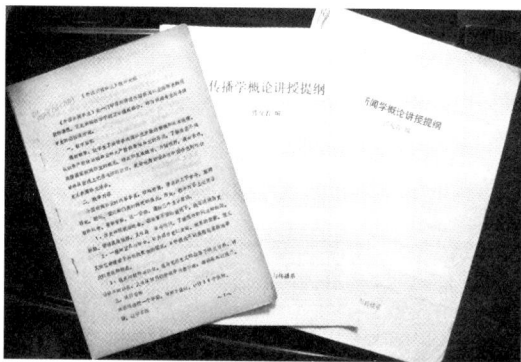

我们史论教研室人数不多：我本人教传播学和外国新闻事业史；吴工圣教中国新闻事业史，他是人大新闻系毕业的，后来转到省办的《农村信息报》去了，他的课由何扬鸣接手；还有黄旦，他教新闻学概论，后来调复旦去了，他是杭大毕业的。当然，系主任张大芝，也是教新闻理论的。张英华除了管政工外，也参与讲授外国新闻事业史，主要是讲苏联、俄罗斯部分。史论教研室还来过两位年轻的教师：一个是刘清，他的英语比较好，我想今后外国新闻史就交给他了，可是没多久他去广州了。另一个是毕玲蕾，她是中文系毕业，硕士读外国文学史。有人认为学外国文学史就可以教外国新闻事业史。其实外国文学史主要研究作家和作品，同外国新闻史实在差得很远。据说她也不太不愿意在这里，没多久就走了。外国新闻史的教师进进出出，我都一概不知情，反正没有一个合适的人来接班。

上世纪 80 年代末，新闻系设立了硕士点，我任硕士生导师，主讲研究生课程"外国新闻理论和实践"。不久后评了教授。我在 1996 年退休，以后在历次研究生班继续讲授"外国新闻理论和实践"课程，直至 2001 年。我退休以后的机构变革，当然就不在这里谈说了。

从新闻系复办到 20 世纪末，在新闻史论方面，除了正常完成本科生、研究生教学外，我和室内的教师还从事了一系列教材建设和新闻史论的科学研究。新闻系复办之初，史论课程并无正式教材，一般都是教师自己编写讲义或讲课提纲，打印后发给学生。上课时教师还要补充讲解、学生还要边听边记。这种情况延续到 90 年代后期、正式教材陆续出版后才有改观。科研工作包括三个方面：省、校的科研课题（当时的机会很少）；教师自己撰写的论文或专著（当时出版书籍很困难）；另外还有一系列的学术会议，通常都要提交论文和学界交流。

根据我的记忆，截止 21 世纪初，我们系在新闻史论方面的出版物有：《西方新闻事业概述》（张允若编著，北京新华出版社，1989 年 3 月）、《新闻理论基本问题》（张达芝著，陕西人民教育出版社，1990 年 2 月）、《宣传学引论》（王兴华著，杭州大学出版社，1994 年 6 月）、《新闻传播学》（黄旦著，杭州大学出版社，1995 年 5 月）、《外国新闻事业史新编》（张允若、高宁远著，这是丁淦林主持的高校新闻专业系列教材中的一本。四川人民出版社，1996 年 8 月）、《外国新闻事业史》（全国自学考试教材，张允若主编，武汉大学出版社，2000 年 10 月）、《外国新闻事业史》同步练习册（与自考教材配套使用的复习材料，张允若主编，吉林大学出昆明版社，2002 年 5 月）、《外国新闻事业史教程》（"十五"国

家级规划教材,张允若编著,高教出版社,2003 年 12 月)等。

我系复办后在新闻史论方面发表的论文很多,但没有做全面统计。截至 21 世纪初,我本人在报刊上发表的论文有 150 多篇,后来大部分收入我完全退休后出版的自选集《张允若新闻传播文集》(香港凌天出版社,2006 年 3 月)。

**问:你在外国新闻事业史的教学和研究方面,做了许多工作,请谈谈我们系在这方面的情况。**

就我的教学体会来说,我始终认为外国新闻史的教学和研究是很重要的。因为各国的新闻史有着共同的规律,值得好好研究;外国近代的新闻事业又比我们产生得早,远远地走在我们前面。他们整个历史过程有很多东西值得我们借鉴。中国新闻史重要,外国新闻史也重要。新闻理论要研究新闻规律、新闻事业发展规律、新闻工作运作规律,对这些规律的认识从哪里得来? 一个是总结当今的实践,一个是总结历史的实践。研究新闻事业发展的规律,没有史的基础,理论研究怎么深入得下去,怎么研究得好? 理论研究不好,整个新闻事业没有一个正确的指导,怎么能搞得好? 总之,搞新闻工作,既要懂得新闻实务也要懂得新闻理论,而新闻史、包括外国新闻史的知识,是整个新闻理论和新闻实务的重要的基础,不能没有。

我来杭州大学之后,在外国新闻事业史教学和研究领域,参与了相关的开拓活动,也产生了一定的影响。外国新闻事业史是“文革”后新开设的课程,当时大家都没有教材,连统一的教学大纲也没有。上课时教师讲、学生记,最多发给学生一点打印的讲授提纲或简单的资料汇编。早在 1985 年时,全国新闻教育学会曾在黄山召开了外国新闻事业史教学座谈会。人民大学的张隆栋教授主持了会议。座谈会委托我（当时我还是江西大学教师）起草了一个会议纪要，里面就外国新闻史教学的一些基本要求、基本内容以及教学重点等等，提出了建议。1990年，在国家高等教育自学考试委员会组织下，由暨南大学梁洪浩教授任主编、我任副主编，复旦、人大、北广、杭大、云大等6所学校的主讲老师参与，曾在昆明和北京集体编写了一本外国新闻史自考教材。照片是我们工作之余的合影留念。几年后因形势发展需要更新教材，就由我负责在2000年重新编写并出版了新的自学考试教材，在全国通用。这个自考教材，实际上也为不少全日制高校所使用，对当时的外新史教学

起了某种引领作用。除了编写教材之外，我们还编写了供复习用的练习册，配套使用。当时各科自考教材，都有统一的封面和格式。我们还在自考委员会的领导下组成命题组，搞了个题库，出了500套题目。每年的自学考试，都是从当中抽取题目，组合成一套试题。所以，2000年以后，我每年都要到北京去主持外国新闻事业史课程的自学考试的命题（2007年我因去美国探亲，不再参加这项工作，以后改由黑龙江大学的郑亚楠教授主持）。进入新世纪后，高等教育出版社推出一套高等教育"十五"国家级规划教材，我编撰的《外国新闻事业史教程》被列入其中，于2003年由高等教育出版社出版的，到现在已经印刷了十几次了，去年又作了修订，修订版不久将会面世。

外国新闻事业史的教师一直想要搞一个外国新闻史的学会，作为学术交流的机构。但是搞一个新的学会，要经过民政部的审批，比较麻烦。后来就打算在中国新闻史学会下面设立一个分会，因为是中国的新闻史学嘛，中国的新闻史学既包括中国的新闻史，也包括外国新闻史。

有一次在广州暨南大学参加面向21世纪新闻传播学讨论会，遇到中国新闻史学会会长赵玉明，他建议我把外国新闻史学分会的担子挑起来。我回来后还跟邵培仁老师谈起过这个事。当时史学会提出的要求不高，希望主办学校提供一个办公室、一部电话、一个做具体工作的秘书长人选，还要有点经费。邵培仁说办公室、电话都好办。但是想来想去，谁来具体管这个事呢？赵玉明同我讲这个事情的时候我已经到了退休年龄，年轻教师刘清已经走了，毕玲蕾

也不打算长期在杭大待下去。本来外国新闻史分会的位置可以放在我们杭大或者浙大的,就是因为人员梯队没有安排好而最后失去了。当时还有个插曲:暨南大学有一个很优秀的外国新闻史的年轻教师,叫吴非,他愿意承担秘书长的职务,说我们一起来干。我说也好,我来牵个头,具体的事情你秘书长来做,外国新闻史分会就放在你们暨南大学。在暨南大学开会的时候,我和北广的赵玉明老师谈起此事。赵老师已经注意我们学校没有具体的人来管的现实。后来大家感觉会长在这边而秘书长在那边总不方便,这个事情就没有谈下去。据说以后还是北京的几个学校互相协商组建了外新史分会。

**问:张老师,请你谈谈你来到杭大后参加过的学术会议好吗?**

我回归新闻教育队伍后,教学和科研的重点是在传播学和外国新闻事业史这两个方面。在江西时期如此,来到杭大后仍然如此。传播学从引进中国时开始我就关注了。引进传播学的先行者、我的复旦系友陈韵昭教授,上世纪80年代在珠海创立了中国首家应用传播学研究所,曾经邀我到珠海共事。虽然当时珠海还不发达,但是我觉得到珠海去也不错。他想了一下说,你的夫人没有地方安排,你的孩子可能没有好的中学书读书。那我想想就算了。但是我还是同她合作做了一些编译工作。较早引进传播学的还有其他一些人,比如复旦大学的郑北渭,现在在美国;中国人民大学的张隆栋,他搞外国新闻史,但也比较早地研究了传播学。陈韵昭在《新闻大学》每期都有一个讲座,他的讲座,就是传播学讲座,把当时传播学的一些基本的问题引到我们新闻学界来,功不可没。他们是我的前辈。在他们的影响下,我编写了自成体系的传播学概论教材,但是未能及时出版。至于外国新闻史的教学和研究,总算有一些看得见的成果。从1989年出版的《西方新闻事业概说》,到2003年的《外国新闻事业史教程》,这些在前面已经说了。

上述两个方面,都属于新闻教学科研的新兴领域,全国性的学术讨论活动是比较多的。我在外面参与的这类学术交流,实际上也是我们杭大新闻系对外活动的一个部分,也是系史的一个侧面。关于传播学,基本上每两年开一次会。全国传播学研讨会始于上世纪80年代之初,是社科院新闻研究所主持的,每次由一个地方院校承办,也就是社科院和地方院校合办。我从第三次开始参加,一直参加到第七次。后来这个研讨会终止了,原因是研究活动走向多元化,各个学校都自行组织和召集会议,不再是某一个权威机构在办了。我们系呢,那时邵培仁老师还没有来,传播学一直是我在教,这些会议都要我去。每次去都要带论文,这也促使我必须要积极思考这方面的问题。另外,新闻理论和新闻史也有一些会议，因为我在外面交流比较多了，人家有活动总会来邀请我。所以，相对而言，我是当时系里出去开会比较多的、学术活动比较多的人。在会议上，如果人家要我发言或讲话，总说是杭州大学某某老师，这也是在外面扩展我们系的影响嘛。人家对我们系还是比较重视的。下面我简要回顾一下所参加过的学术会议，并展示一些照片。

一、1992 年 10 月，北京有一次规格比较高的会议，叫做"亚太地区报刊与科技和社会发展研讨会"，主办单位是中国科技新闻学会、中国特稿社、中国国际科技会议中心，国务委员、国家科委主任宋健为大会名誉主席，中国科学院院长周光召为大会主席并致开幕词，国内外名人陈香梅、赵浩生（资深美籍报人）、蔡子民（台盟主席）等为顾问。会议最后合影的地点放在人民大会堂，政治局常委兼中央书记处书记李瑞环也来了。我的邀请函是中国社科院新闻研究所转发来的，在校长那里申请了一点旅差费才去成的。我当时同陈韵昭、南京政治学院的卢惠民、暨南大学的郑惠卿等坐在一起。我在分组会上做了发言，题目是《报刊和社会发展》，在大会的论文集和几个其他新闻刊物都发表了。

国际研讨会合影，第三排左起第三人为张允若。

二、1993 年 5 月，第三次全国传播学研讨会，地点厦门，由社科院新闻研究所和厦门大学新闻传播系合办。当时社科院新闻所所长是孙旭培，传播学研究室主任是明安香。会议由明安香主持，厦门大学的校长曾到会致辞。我的发言题目是：《当前传播学教学的几个问题》。后来发表在《新闻学探讨与争鸣》上。

研讨会合影,前排左起第五人为张隆栋教授,第二排右起第六人为张允若

三、1993年10月,全国社会主义市场经济和新闻事业研讨会,在北京召开。社科院新闻研究所主办。我提交的论文:《简论市场、受众和服务观念》,收入论文集《市场经济与新闻事业》(燕山出版社)。我记得戴元光老师参加了这次会议,他在会上提到一个问题:现在搞社会主义市场经济了,那日常新闻报道中,对企业该如何报道呢?弄不好就是为某一个企业做宣传,做广告了,这个界限要好好把握。他谈的这个问题,我脑子里至今还有印象。

四、1995年6月,第四次全国传播学研讨会,在成都召开,中国社科院新闻研究所、四川省社科院新闻研究所、四川大学新闻传播系主办。我提交的论文:《国际电视:飞越太空的跨文化传播》,以后刊于《中国广播电视学刊》1995年第8期,又收入论文集:《传播·社会·发展》(成都科技大学出版社)、《国际传播——现代传播论文集》(北京广播学院出版社)。新任社科院新闻研究所所长喻权域参加了这次会议。明安香作为传播学研究室的主任,仍然是会议主持人。这里顺便谈谈喻权域。1998年,他在复旦大学的《新闻大学》发表了长篇文章《对新闻学中一些基本问题的看法》,引起了许多学者的质疑。姚福申、陈力丹(笔名李位三)、孙旭培、刘建明和我等人先后在同一刊物上发文,对喻文在理论上的错误和逻辑上的混乱表示异议。这场论争涉及了新闻学中的许多重大问题,例如新闻的定义、新闻的商品属性、党性和人民性、新闻自由、新闻体制等等,对澄清观念、明辨是非、推进我国新闻理论研究具有重大意义，但因遭到外来干预，没有能够充分展开。为什么没有充分展开呢？据《新闻大学》主编事后告诉我，当时中宣部阅评组发话认为《新闻大学》是在围攻喻权域，是在传播资产阶级的新闻思想、宣扬资产阶级的新闻自由，要求停止《新闻大学》的出版。因为《新闻大学》是教育部门主管的，此事被转到了复旦大学党委，复旦大学党委书记秦绍德亲自阅读了刊物的讨论文章，认为这是正常的学术讨论，不存在所谓"围攻"或宣扬资产阶级思想的问题，因而没有理由停止该刊的出版。作为妥协，建议《新闻大学》不再发文继续进行这场争论。

第四次全国传播学研讨会合影，第三排左第一人为张允若

五、1996 年 11 月，广州召开的面向 21 世纪的新闻与传播学术研讨会，暨南大学新闻学系主办。暨南大学新闻系主任吴文虎主持会议，香港浸会学院俞旭教授等参加了会议。俞旭是复旦第一届博士生，当年我们在上海见过，后来到美国深造去了，再后来又到香港浸会大学传播学院，是那里的负责人。四川大学的黄绿萍也参加了这个会议，她是搞中国新闻史的。我提交的论文《国际新闻传播的历史走向》，收入《面向 21 世纪的新闻与传播》论文集（暨南大学出版社）。

六、1997 年 4 月，第五次全国传播学研讨会，在杭州召开，中国社科院新闻与传播研究所、杭州大学新闻与传播学院合办。台湾学者李瞻夫妇来了。李瞻是我国最早编撰世界新闻史的学者，是我国世界新闻史研究领域的开拓者。我们开始讲外国新闻史，都要参考他的书，一本厚厚的资料丰富的书。台湾还有个外国新闻史学者程之行也很有名，我曾想邀他参加会议，没有来得及联系。这一次全体会议的集体照，我没有赶上。我提交的论文：《对传播学几

研讨会上，左三为吴文虎教授，左四为张允若，左六为俞旭教授

个基本概念的辨析》后来发表于《杭州大学学报》1998 年第 1 期，并收入《新闻传播论坛》第三辑（南京大学出版社），以后有多家报刊转载，对传播学的教学和研究产生过一定的影响。

在第五次传播学研讨会上张允若同台湾学者李瞻夫妇（中间两位）以及吴廷俊教授合影

七、1998 年 5 月，全国新闻期刊研讨会，地点在哈尔滨，由新闻期刊协会和《新闻传播》杂志社主办。原《浙江日报》总编、《人民日报》副总编郑梦熊参加了会议，他可能是新闻期刊协会的会长或顾问。会上我曾作即席发言。

八、2001 年 10 月，全国第七次传播学研讨会，在南京召开，中国社科院新闻与传播研究所、南京大学新闻传播学院、江苏省广播电视总台合办。我们系还有李岩教授参加，我提交的论文：《关于网络传播的一些理论思考》，后发表于《国际新闻界》2002年第1期。这次会议上我认识了南京大学的秦州老师,他自己办了个学术性的网站,名为紫金网,颇有影响,我应邀在那里开了自己的博客,还挂了个顾问的名字。

九、2004年4月,中国新闻史学会年会暨全国新闻传播史教学学术研讨会,在开封召开,中国新闻史学会、河南大学新闻与传播学院主办。我提交的论文是:《关于外国新闻事业史教学的几点看法》。会议中接受《中华新闻报》记者丁华艳采访,谈外国新闻事业史教学,后来连载于该报6月28日和7月5日两期。我同复旦的老师宁树藩教授、系友丁淦林教授一起留下了珍贵的合影。

十、2004年5月,中国网络传播学年会,在南京召开,中国江苏网、南京大学新闻传播学院主办。我担任论文第七组评议人并作即席发言。会议过程中同中国传媒网的主编有过交流,这是个传媒领域的学术网站,我应约在该网开设了专栏,刊登了一些论文。

十一、2005年9月,第四届世界华文传媒与华夏文明传播国际学术研讨会,地点在香港,香港中文大学新闻与传播学院主办。我提交论文:《海外华文报刊和国内政治变革》,收入大会论文集。我们学院还有范志忠老师参加,他是搞电视编导的。这个会上见到了香港和海外的一些老朋友,也结识了一些新朋友,比如新加坡新闻史学者卓南生教授。

十二、2013年10月,参加了天津的新媒体·文化产业·社会发展国际传播学研讨会,这是中国传播学会跟天津师大新闻传播学院合办的,参办单位还有中华传播学会。参加的除国内新闻院校学者外,还有香港和海外来的华人,另外还有一些外国学者。

研讨会规模比较大,大会发言都是事先排好名单的。现任中国传播学会会长戴元光主持第一天的大会,我作为天津师大特邀的客人,本想作为观察员坐在下面轻松地听会的。谁知大会发言快结束的时候,戴元光突然说:"现在请浙江大学传媒学院的张允若教授发言。"他事先没有给我打招呼,来了个突然袭击。还好我一边听一边也在考虑问题,于是就上去讲了几点,讲话的内容我后来在博客中国上发了。因为比较新近,这里说一下发言的要点:

第一,当前,新媒体正在广泛兴起和普及,我们应该重视它、爱护它,推动它更加健康有序地前进,为实现政治民主、社会公平发挥重要的作用。由于它参与者广泛,自由度较大,难免会出现这样那样的问题,对此需要适当引导和管理。但是这种引导和管理必须适当而且合理,不要伤及信息的正常传播、不要伤害民意的正常表达、不要损害公民的民主权利。第二,管理新媒体,和管理传统媒体一样,要提倡法治、反对人治。应该按照民主制定的法律、法规办事,既要保护公民的合法权利、保障信息的合法传播和流通,又要杜绝各种违法行为、保持社会的安定和秩序。在这方面,我们还有欠缺。我们至今还没有制订新闻出版法或者大众传播法。我们国家在联合国参与起草了《世界人权宣言》以及后来的《经济、社会、文化权利国际公约》和《公民权利和政治权利国际公约》。其中《公民权利和政治权利国际公约》,我们政府在1998年签署了,可是15年过去,至今全国人大还没有批准。这些都是令人遗憾的。第三,我们的传播学研究,要面对现实,要回应现实生活中出现的重要问题。要有实务研究、方法研究,但决不能忽视重要的史论研究。不能局限于适应政治宣传或商业宣传的需要,为这种宣传提供策略和方法;我们更需要研究重大的历史和理论问题。要面向历史和现实存在的问题,提出一些正确的见解、建议或方略,这才有助于推动我国传播事业的改革和发展,有助于推动社会的民主和进步。这是我们传播学者应有的社会责任。

**问**:你刚才提到了媒体采访,我想问一下先后有哪些媒体采访过你?

本世纪初,新闻媒体曾两次就有关新闻教学和研究,对本人进行了采访。这不仅是对我个人的采访,也是对我们系的教学和研究的一种关注和肯定。第一次是在2004年4月,中国新闻史学会在开封举行年会暨新闻史教学研讨会,《中华新闻报》派了记者丁华艳出席这次会议,会议间隙时,她专门就各新闻院系普遍关心的外新史教学问题采访了我,全部内容分两次在该报刊的6月28日和7月5日上刊出。第二次是2013年夏天,天津师范大学新闻传播学院讲师、复旦大学的博士生陈娜,专程来杭对我进行采访,作为国家社科基金项目《当代杰出新闻学者口述实录研究》的一个部分。采访内容除纳入项目成果外，还在当年第8期《新闻爱好者》刊物上以封面人物的方式发表。这次访谈，还促使中国传播学会和天津师大新闻传播学院特邀我参加了上面提到的新媒体·文化产业·社会发展国际传播学研讨会。

陈娜对我进行的采访，谈得比较广泛，从我的经历开始，继而谈到回归新闻教育队伍后，搞传播学、搞外国新闻事业史的一些酸甜苦辣，遇到些什么阻力，怎样在不断地前进。谈我的经历、经受的一些苦难折磨时，她用了一个小标题，"苦难就是人生的学校"，这是我的切身体会，也是我的原话。第二个小标题，她也用了我的话，"终于回归了新闻专业"，她记下了我回归新闻专业的大致过程。第三个小标题，"我们面临着保守思想的阻力"，着重谈到传播学研究当中的一些阻力。传播学刚引进的时候，被认为是西方资产阶级的理论而受到批判。后来勉强允许大家研究了，还处处在设卡。比如邀请外国学者来参会，会后还要把中国学者留下来"消毒"，看看是不是受到了资产阶级思想的影响。第四个小标题，"绝不应该为研究而研究"，我觉得搞传播学也好，搞外国新闻史也好，搞新闻理论的研究也好，还是要紧密结合现实，要有助于解决现实的问题，推动社会的改革，推动社会的进步。要有助于这样一个目标，不要玩弄一些含含糊糊的概念或者标新立异的名词，这无益于我们国家和社会的进步。最后一个小标题是"我们做了这代人该做的事"，我们希望后来者能够很好地反思历史，接过历史的接力棒，把人民的新闻事业更加推向前进。这确实是我们最大的愿望。

**问:张老师,你认为我们新闻系复办后有哪些值得一提的特色?**

我们新闻系复办以后,形成了一些自己的特色,我看主要有两点:第一点,人才培养上坚持走校园记者——实习记者——正式记者之路。这是邝武耀老师当年的概括。大一的学生进校后,就在高年级同学的带领下,办学生小报,同学们分别联系某一院系或部处机关,从事新闻采访和报道工作;大二、大三的同学往往利用寒暑假,去杭州地区或家乡所在地的新闻单位从事实习和社会调查;大四的学生则要结合专业,进行为时一个学期的毕业实习。这种由浅入深、由易而难的校园记者——实习记者——正式记者的人才培养之路,符合新闻人才的培养规律,也受到广大同学和新闻单位的欢迎和好评。当年俞月亭老师发起成立的西湖通讯社,实际上就是提倡这样的成才之路,先开始做校园记者(甚至还走向社会进行采访);到了寒暑假,分别去做实习记者。毕业以后,当正式记者就比较容易上手了,好像秧苗的返青期就不会那么很长了。第二点,我们跟新闻媒体单位联合办学,这也是一个特色。杭大新闻传播学院是中国内地最早由新闻单位与新闻教育单位联合办学的学院之一,这是新闻教育体制的一大创新。这一举措为学校争取到了媒体单位经济上的支持,也为学生提供了固定的实习基地与潜在的就业去向。在此期间,学校派老师去媒体单位挂职,新闻实践中获得了最生动的第一手新闻素材和案例,为各自的教学提供了丰富详尽的鲜活内容;而媒体也派某些业务骨干到学校讲课,传授鲜活的来自实践的知识。总的来说,课堂与社会之间架起交流的桥梁,理论与实践得以更有效地结合。从时间来说,上世纪 90 年代,杭州大学新闻系开始与媒体单位联合办学。1993 年 11 月 25 日,杭大新闻系与浙江日报社、浙江省广播电视厅、浙江省新闻工作者协会、浙江省新闻出版局、新华社浙江分社联合成立了杭州大学新闻与传播学院。学院成立了董事会,其中浙江日报社为董事长单位,其余 4 家为副董事长单位;另有浙江电视台、浙江人民广播电台、《钱江晚报》《浙江经济报》《改革月报》《经济生活报》《浙江科技报》《浙江工人日报》《杭州日报》、杭州电视台、杭州人民广播电台、《宁波日报》《温州日报》等都作为董事单位,共同参与办学。这种联合办学便于理论和实际相结合,便于有实习的基地,也便于我们筹集一些办学的资金。

1998 年,杭州 4 所高校合并成立新的浙江大学。杭州大学新闻系并入浙江大学人文学院,但对外仍保留新闻与传播学院的名称。以后新闻系从人文学院独立出来,成立了传媒学院,分设了好几个系,但是总体上都还是搞的新闻与传播教育,应该把现在的学院看成是当年的新闻系的发展和扩大,看成是当年新闻与传播学院的发展和扩大。我希望复办初期探索出来的办学特色能得到很好的继承和发扬。

**问：张老师，最后想请你谈谈对王中、何微、甘惜分等几位老一代新闻教育家的印象。**

这问题离开系史有点远了。我个人对王中、何微接触较多，心里是满怀敬重的。对甘惜分只在1985年南京会议上见过，没有多少接触。何微是1986年成都会议上认识的，以后有过一段时间交往，我认为他为人诚恳朴实，学识渊博，思维敏捷，是个值得怀念的忠厚长者。

王中教授是我进入新闻专业的启蒙老师。当年在复旦求学，他给我们上新闻理论课，讲得很生动很风趣，大家都喜欢听。因为他有丰富的经历，有丰富的新闻工作经验，又善于理论概括，所以讲起课来不是枯燥无味的。另外，他在新闻理论上有很多创见，有许多开拓性的见解，走在同时代人的前头。比如说，新闻是适应读者需要而传播的、报纸是应读者需要而产生的，现在讲起来就是受众需要论，有受众的需要，这些消息才会传播，才会有人打听这些消息来传播。说到报纸，它固然有多种功能，但是首先人家要肯买肯读，它的功能才会发挥，这里就不能不承认报纸的商品性。当然报纸是一种特殊的商品，不是一般的商品，这个商品上还附着了意识形态的东西，但是它要进入市场，就不能不考虑它的商品性。这些见解都是有开拓性的，对于做好新闻工作有重要意义的。但是，在上世纪50年代就提这个问题，却是犯了大忌。这种实事求是探讨规律的见解，却为阶级斗争压倒一切的形势所不容。他为此付出了沉重的代价。

**问：张老师，你跟王中教授的关系怎样，有没有私交？**

没有。我就是在工作调动的时候曾经求助过他，他很热心，很支持，这完全是一种正常的关心。他当然知道，作为他的学生，我们多少都在运动中受到了他的影响。何况我本人在运动中还为他的挨整抱过不平。所以从这个角度，他也很关心我的政策落实问题。另外，作为他的学生，他当然也希望我能够有一个好的、至少能够发挥我所学的合适岗位。而我呢，虽然调动的事当时没办成，但对于他的支持总是心怀感激的。这是一种正常的师生情谊。

王中教授是个很有个性的人。他比较有幽默感，有时候也会开一些小玩笑。这些玩笑，在我们学生看来无所谓，在有些比较严肃的干部中，是不大认同的。比如说，反右以前他曾经是复旦大学党委统战部部长，他常跟教师当中的民主人士一起开会,一起说说笑笑。其中,有一个教授叫做王恒守。有一次,大家都在一起,他别出心裁地说:"我说个谜语,请大家答一个人的名字。谜面是:寡人一贯右倾。打一位在座老师的名字。"脑子灵活一点的人很快就会想到谜底是王恒守,王就是寡人,恒就是一贯,守就是保守。这个谜语弄得人家很尴尬,当时的政治形势下,人们内心对政治概念是很敏感的。这个段子,我是听某位党内干部说的,他觉得这个玩笑开得太过分了。王中很能讲演,有时候讲起来还很有煽动性,很有鼓动性。我记得1950年10月份,朝鲜战争的战火已经烧到了鸭绿江边了,全国上下掀起了抗美援朝的热潮,学校里面正在动员大家参干。什么是参干呢?不是参军,是参加军事干部学校,因为部队需要一部分知识分子来充实军事干校的队伍。动员参干在这年"一二九运动"的纪念日达到了高潮。当天,全校同学聚集在大礼堂开纪念"一二九运动"的大会,王中在大会上做形势报告,当时有很多政治报告都是他来做的,因为他讲得比较生动,大家都愿意听。我印象最深的是,他在讲到当年"一二九运动"的时候,讲到国家处于一个生死存亡的危急时刻,他们在大学读书的青年学子们纷纷热血沸腾地走向抗战前线。就在大家聚精会神倾听的时候,他突然提高了嗓音,抛出了振聋发聩的一句话,他说:当年"一二九运动"中的热血青年,现在站在你们面前,向你们挑战了。当年我们勇敢地奔赴抗战前线,现在我们这代人向你们挑战了。你们要不要应战?"要!"敢不敢应战?"敢!"会场上一片沸腾,一片响应,接下来就是一片持久不息的掌声。大会以后,报名参干的人数急剧上升。王中确实是个很有口才的演说者,尽管说的是一口山东普通话,带有很强的山东口音。

(何扬鸣)

# 张英华:一辈子和学生在一起的人

张英华,1964 年考入复旦大学新闻系。1969 年毕业,留校一年,1969 年到 1971 年在部队农场劳动锻炼,任学生连支部委员("文革"前入党)。1971 年底到杭州大学政工组,参与筹备、重建学校党团委的具体事务工作,先后在学校团委分管宣传,在党委宣传部任《杭州大学报》筹备组负责人。曾任团省委委员。"文革"后,调入地理系先后任系总支秘书、学生支部书记、系总支副书记、系副主任。1989 年调入新闻系,任系总支副书记、系副主任,主管学生工作。2004 年底退休。

**问:你谈谈进杭州大学之前的经历可以吗?**

我是 1964 年考入大学的,也是当时学校唯一一个考进复旦大学的学生。我在浙江一个小地方读的高中,能考入复旦大学是非常偶然,对我来说就像是脚踩西瓜皮滑进来的。当时我们是集中去大地方高考。在填志愿时,文科可以填写固定的 20 个学校,我对大学不是很了解,就随便填的。当时,我家里有 5 个弟弟妹妹,在家里基本是干农活。因为我的母亲认为我在白天读书,晚上就应该给家里干活。我的数学成绩不好,也不喜欢数学,数学一差呢,数理化就都不好。不过当时我很喜欢看书,可家里不让看书,让干活。当时社会还有资产阶级无产阶级之分,我还不敢明目张胆看书,因为那些世界文学名著会被认为带有资产阶级的成分。当时有一种口号:"一颗红心,两种准备"。考上大学,就去上大学,考不上,当农民。当时,我们并没有觉得农民有什么不好,也不懂不考上大学没什么不好,觉得考大学只是给父母和老师的一个交代。别人说一颗红心,两种准备,而我是一颗红心,一种准备。当时母亲给我买的东西,也都是去乡下当农民用的东西。别人在复习,我却去参加县里的文艺汇演,他们都在开夜车复习工作,我只是为了给父母老师交代稍微看下书。不过当时有一点给了我一条路,文科是不考数学的。我在填报志愿时毅然选择了文科,这样就可以不考数学了。当时的我也不知道怎么报考大学,对大学完全不了解,尽管老师会讲,可我没有记忆,因为我都无所谓,没怎么听。所以我就填报了复旦,我填志愿的原则就是离家近,专业自己觉得好玩的,就填在前面,就这样正好填满 20 个志愿。复旦大学离家里比较近,而当时我没填杭大是因为杭大没有新闻系。我呢,特别想去新闻系。因为当时我看电影、纪录片,里面的那些记者,哪里都能去,天安门也能去,毛泽东身边也能去,觉得挺好玩的,所以对新闻系特别感兴趣,就这样填了。我的思想比较偏北,往北面的复旦填,也没有往南方选择。第二个填写的是历史学,最后填写中文学,其他我也不记得了。这些都不是我经过动脑子写的,只是排位子填写的。人大我也填写的,填在后面。人大解放后才有新闻系,复旦解放前就有了,所以觉得复旦比较好。填完志愿后,我就去考试了,其实我也只是去过过场。当时考试是在夏天,每个人打着背包坐火车,集中去嘉兴市考试,我们借了中学教室睡在地上,电扇都没有,每个人一把扇子。考试的时候,因为天气热,很多同学太紧张,一进考场就晕倒了。我没有紧张,我就是一颗红心,一个准备,拿到考卷天马行空去写,心里没有任何顾虑。因为当时考的都是文科,政治历史,我都不需要准备什么。到了那边,很多同学还在复习,我都不复习。当时的我没有大学梦,不紧张,没压力。准备考一门丢一门,丢完就去当农民了。当我收到复旦通知书,我都不知道复旦是什么学校,也不惊讶不惊喜。后来才知道,通知书是发给学校的。赶到学校,校长、教导主任还和我单独握手,因为这个高中从来没有人考上复旦新闻系。当时我还是不知道。到了学校后,我才知道这是所名牌大学,那一年只招了 31 人,其中女生只有 3 个,我是浙江的,然后福建一个女生,江西一个女生。因为新闻工作者比较辛苦,女生就招的少。我们下一届也只是招了 3 个女生。

我们是 5 年制的,一、二年级集中把专业课上完,然后三年级要去挂职,就是实习,是作为上海市委派出的干部去实习一年,第四年就是写论文,最后一年补一些其他课程,摄影课之类。李良荣这一届,刚好相反,二年级去挂职。他们比较努力,我是脚踩西瓜皮。当时学校学习氛围非常浓厚,大家对世界非常关心,经常有喇叭通知大家去大教室听讲座。如果有这样的讲座,大家都去占座位,听时事政治。图书馆也要占座,只要教室不上课,都坐满自习的人。

整个学校氛围让你觉得是个读书的好地方。大家学习的都是很深层的理论东西，这是个风气。特别是新闻学，老师说采访写作编辑实习自然都能够学会，而系统的理论去工作了没有这个时间让你学习了。学校有图书馆老师，碰到问题问老师，而且理论需要研究的一个过程，在大学期间有时间做研究。所以大家都抓紧时间学习理论，有一种很好的学术风气。我们都学习了马克思主义、苏联的新闻模式，有些排斥西方的思维。这种学术风气对我们影响很大。那时候人们不焦躁，不愁毕业分配，计划经济分配毕业生，需求大于供给。我们去读一年级时，五年级的 31 个毕业生是这样分配的，20 个人去中央，剩下 11 个人中，一个人去中央电影制片厂，还有人去挂职，最低的是分配到新华社浙江分社。所以学生不担心就业，无后顾之忧。我那年是先分配到浙江进行劳动改造，改造好后便去杭大工作。复旦真的是读书氛围极好，虽然说上课，老师讲了什么，我都记不得，但那个氛围一直留在我的心里。课本还给老师，学习风气忘不了。每周五下午，以寝室为单位进行小组讨论，我们在班级里的男生寝室一起讨论，大家一起评报，如《解放日报》等，评评它的版面、文章，此外我们还交流学习心得。这个很有好处，因为复旦是全国招生的，我们新闻系的学生来自华东的九省一市，一个省两个人，其余都是上海人，又多是复旦附中毕业的。在交流时，不同地域的文化，相互融汇交叉，使人的眼光不再局限于一个小地方，让我们打开了眼光，也自然而然地吸收到更多的东西。我们以前杭大属于省内招生，省内分配，就是地方性。而浙大也是全国性的，和复旦一样，学生、老师来自五湖四海。这可以打破学生居于一隅之地的局限思维，让我们更好地吸收知识,学校同学、老师都是我们的资源,我们不再只是从课堂里学到东西。新闻学院特点,就是大家想的都是大事情,不讲鸡毛蒜皮、小儿科,让我们看问题有格调、有眼光、眼界比较开阔。在那里,学校给我的感觉就是,大家谈的问题怎么都这么大呢。我们谈的都是国际形势、时事政治上的比较有深度的事情。我觉得氛围可以培养人。所以后来我在杭大搞学生工作时候也很想培育这种氛围,所以之前我们办过"一室一报"。一个寝室一张报纸。这个灵感来自我读书时候的感受,寝室是大家生活的地方。我就希望,大学生生活应该更有格调和层次,大家应该有个共同的话题,不要只是关注鸡毛蒜皮的小事。我希望通过这个来引导大家考虑比较有档次的问题,让大家思考一些问题,并让大家共同完成,这样能够提高学生的协作精神。报纸呢,都是手写的,我家里现在还存着几份。当时,在杭大,系里有系报,寝室有寝室报,还有黑板报。我觉得办报并不是一种形式,没有形式就没有内容,表面看去是形式,可我让它包含了内容,通过办报,培养了大学生该有的生活、思维、习惯。当时我就是想,不要让大家局限在小事情中,通过这个培养同学们的格调和协作理念。另外,培养一种团结的氛围和大学生应有的思维方式。这是我从复旦大学借鉴过来的。复旦大学寝室讨论的经历,对我影响很深,当时我能够很好地感受到我是作为一个大学生身处其中的。

**问:请你说说新闻系上发生的一些有意义的事情?**

在我退休以前,那新闻系,从新闻专业到新闻系,到新闻学院,都是大事情,我都经历了。但是,这个讲呢,就是总是要讲事实,而且要讲自己亲身经历的,我不能讲那些听来的,听来的让讲的人去讲。

1964 年入学的,5 年制嘛,应该是 1969 年毕业,但是 1969 年该毕业的时候,也没有叫我们毕业,叫我们留在学校一年,要我们把无产阶级"文化大革命"进行到底再走,结果么,一年以后也没到底。又因为我们是 17 年教育黑线培养出来的黑苗子,所以呢,我们毕业以后没有马上工作,要去农场劳动。然后么,就把我们送到各地,就是各奔东西。我们因为是全国分配,我就是到了浙江,长兴有个长岗岭,有个劳改农场,把劳改犯迁走,把我们迁进去,接受劳动改造。我呢,是 1971 年来杭州的,1971 年之前在农场劳动改造。

那我到了杭大之后,在机关,在校部机关的那个政工组,那时候叫政工组,政治工作组,但是它相当于,用今天的话来讲,相当于人事处跟组织部合二为一的这样一个机构,就是它既管这个党的组织,又管人事。那么我为什么在那里呢?因为我到杭州大学来的时候,杭州大学党委没有,团委也没有,所以来了以后的第一件工作，就是参与了，我是具体人员，就是一起工作的人员，参与了杭州大学党委的重建。党委"文化大革命"前就有，"文化大革命"中改成什么革命委员会，党委都取消了，所以我来的时候的第一件事情就是作为一个工作人员，作为政工组的工作人员，参加一些具体工作，就是杭州大学党委的成立。这是 1971 年以后，然后接着呢，有学校党委了就可以成立学校团委，团委成立以后，我就留在团委工作了，具体搞宣传工作。后来呢，调到学校的宣传部，叫我做筹备校报《杭州大学报》的负责人。但是实际上，事情都是其他人做的。

宣传部之后，我就调到了理科的地理系。地理系是当时杭州大学中教工人数、学生人数最多的一个大系。后来随着发展，它就不是一个最大的系了，但是当时我去的时候，它的学生人数最多，600 个学生，教职工有 60 多个。在在那里，我从总支的秘书开始干，又是从头干。除了总支秘书外，我还兼了学生党支部书记。后来，在那里担任总支副书记、系副主任。有时候，副书记和系副主任安在同一个人身上，有时候，一个人只能担任其中的一个，主要是看这两者什么时候方便工作。从党的这个系统来讲，是副书记，但是又有很多工作呢，是行政的，所以呢，一个人两个职务，就是副书记、副系主任。在那里应该说是干得好好的，没什么不好。

中文系成立新闻专业一事，我没什么感觉。虽然我是新闻系毕业的，新闻出身的，但是我对这个事情没有什么感觉，因为我觉得跟我没有什么关系，为什么呢，因为我在地理系干得好好的，觉得跟我没什么关系。然后，有一天，我们系里面的一个女教工，她的丈夫是在中文系新闻专业，然后在她的引见下，带来了一个老师找我，这个老师名字叫邬武耀。我们就在原来的 1111 教室见面，这个教室 4 个 1。1111 是一个突出来的大教室，地理系开会都在那里开。为了建邵逸夫楼，就把那一块去掉了，所以现在没有这个教室了。在 1111 教室，他跟我见了面。我不知道他来干什么。他跟我说，他是中文系新闻专业的，他们缺那个老师。他说他到复旦大学新闻系去过了，要求支援毕业生，到这里来当老师。但是当时新闻系系主任跟他说，近几年可能没有这个可能性，因为新闻界处于青黄不接的时候，教师老化的现象比较严重，需要新生力量的地方很多。当时全国新闻系是不多的，最早的时候也就是复旦有的，还有北京广播学院、中国人民大学有的，不是像现在这样遍地开花，是个学校都有跟新闻、大众传播有关的系科、专业，或者学院，当时不是现在这个状况。所以他去要人，当时的系主任回答他，就是没有这个可能性。但是他又马上告诉邬老师,他们有一个学生在你们学校啊,她的名字是什么。他说,既然你们这么缺老师,那么正好他们有一个学生在你们学校,你们不是就近就可以使用起来么?邬老师回来以后,就来找我了。

复旦大学推荐我的这个系主任,现在还在,他的名字叫董荣华,教新闻学概论的。新闻学概论这门课,当时我考了最高分,所以我一直很感谢这个老师。我去参加复旦大学新闻系创建 50 周年的时候,还跟他见面了,也谈起这个事情。我们自己的那个圈里有一个博客,我写的复旦新闻系建系 50 周年怀念老师的文章里面,其中的一章就是写他的,也写到当时他向邬武耀老师推荐我的内容。我曾经跟董老师讲:"董老师你推荐我胆子有点大的,因为我已经那么长的时间——已经 11 年根本跟新闻无关了,而且跟我的母校也没有关系,我就不知道你怎么知道我在杭州大学,这一点我是非常感动的。"

邬老师跟我讲,希望我能够给他们兼课,就是他提出来要叫我兼外国新闻事业史的课。外国新闻事业史?我跟他讲,我有难处,因为我们读书的时候,没有改革开放,对外国的东西,除了苏联的东西外,其他一律都排斥,因为我们所有新闻的体制,几乎都是照搬苏联模式的。所以我们在复旦学习的时候,学理论的时候连那个苏共布的党史都是作为我们的课程学习的。当时的氛围就是学理论,在学校就是要学理论,学的也都是苏联的。你们现在的外国新闻事业史,范围就很大,除了苏联外,其他的这些东西我们以前都是排斥的,是不是?都没有上过这个课。那时候,我们还好一点,因为在复旦读书的时候,只有新闻系的学生享受,能够订阅那个《参考消息》。现在《参考消息》随便订,但是那时候规定,只有新闻系的学生可以订《参考消息》,我们还能看一点《参考消息》。因为那个时候大学招生,它分密级的,我们新闻系是属于绝密级的这个系,因为当时是把新闻工作者看成是党的工作者。也正因为如此,所以在招生的时候,它就是属于密级的,对于学生的来源,要求也是很严的,学生需要根正苗红。但是有的学生却不是这样,比如说我们有一个同学,他是宋任穷的警卫员,他就不是根正苗红的,所以他是作为调干生进来读书的。调干生,就是把这个干部调来读书的,像宋任穷的警卫员是可以来的。我们浙江也去了一个调干生,是一个解放军,还是党员。那时候党员很少很少啊,学生里面没有几个党员啊。所以对浙江这个调干生,我们都是仰着头看的。

邬老师要交给我外国新闻事业史的课,我就感到非常为难,因为我就没有上过这个课。我问邬老师我能不能上中国新闻史的课。因为我的一个老师叫马光仁,他说过,如果我有需要,比如说上中国新闻史,他可以把他的讲稿全部给我，那就是现成的。他自己调到上海社科院新闻所。但是，邬武耀老师跟我讲，中国新闻史已经有人上了，是人大来的一位毕业生，叫吴工圣，后来他也调走了。虽然我从来没有听过吴老师的课，但是这个老师话不多，勤勤恳恳、踏踏实实。邬老师说，已经有老师上中国新闻史了，那他总不能说是让那个老师不上。他希望我想办法把外国新闻事业史这个课担当起来。我考虑了几个因素，一个是我的老师推荐了我，是不是？我的老师推荐我了，邬老师到来找我谈，我说我根本就不愿意，我觉得这样我很对不起我的老师，对不对？然后呢，邬老师确实是有困难，有困难才来请我去帮忙的，我也不能一口就把人回绝掉吧？还有一个，不管怎么说，我是正规的新闻学院毕业的，新闻毕竟是我的专业，如果我要拿起来的话，我觉得我也比别人拿起来要快呀，是不是？比一点都没有读过新闻的人总要快一点。所以，想了想，既然这样，那我还是接受吧。

但是呢，当时我个人的情况很困难，我是军嫂，丈夫是现役军人，他所在的部队那个时候不在杭州。我身边有两个幼女，很小的孩子，也没有什么亲人能够帮助我，就自己找保姆什么的。而且我还碰到了大事—— 我的父亲突然患上了肝癌，我又是我们家里最大的一个孩子，弟弟妹妹都还没成长起来，我算是已经成长起来，所以医生要我去，全部的事情全都要我联系，要我跑。当时是我最困难的时候，个人生活也最困难，住在集体宿舍，条件也比较差，这个是事实。除此之外，当时我已经是副系主任、副书记了，我是要坐班的，教师可以不坐班。我什么时候备课呢？我只能晚上备课，晚上等两个孩子都睡了，我再备课。我又凭什么备课呢？我到图书馆去看了一下，图书馆里的资料还没有我个人的资料多。那时候还没有互联网，你也没地方查。还有，你要我上课，你得给我提供一些条件，对不对？比如说，先让我去进修一年，这也不可能，其他条件更是没有了。邬老师就是请我来兼课，我就是在那个情况之下接受了兼课的任务。

那么，接受了任务后又怎么办呢？我总要想办法啊！我那时候就是写信，先北面，写给我的那个师兄童兵，他是我们中国自己培养的第一个新闻学博士，他就是专门搞马克思主义新闻理论的。我就给他写信，希望他能够给我帮助，因为我知道人民大学有外国新闻事业史的课，那是张隆栋先生开，他是最早整理这门课，上这门课的。那时候好啊，那时候跟现在不一样啊，现在你要弄点资料这个东西，又是版权，又是什么，你还搞得动么？童兵接到我的信后，马上就把张隆栋先生讲课的那个原始讲稿寄给了我，这个讲稿人大已经印成了内部资料，就是白皮书，就是一个白的封面。然后南面，我又向我自己的母

校,向李良荣——他跟童兵是同班同学,都是我的学长——求救,我说这里有这个需要,我说我没资料。李良荣当时正好在读研究生。他是因为读研究生而回到上海的。他们研究生有外国新闻事业史这门课,这门课上课的老师是舒宗侨,舒宗侨先生原先是路透社的记者,他在国外呆过,也比较关注这些问题。做相关研究的老师,除了舒宗侨外,还有陈韶昭老师(照片中的右一),大概是第一个比较完整地翻译了一本关于传播学方面专著的老师,女的,原先是教我采访写作的,我曾经上课的时候一直想模仿她那样的风格,但是我没有做到,这是一种长期的知识积淀。陈韶昭后来去广州担任政协主席。还有一个老师叫郑北渭,后来移居美国了,也是在从事这方面的研究。但是他俩的研究都比较零碎。所以我就找了李良荣,他就把他研究生上课的笔记——他的笔记做得相当好——干脆地给我寄来了。这样,我在兼一门课的时候,用了人大和复旦资料——把这两所学校的东西合起来,合二为一,给当时的新闻专业——1982级(沈爱国那一届)是首届——上课。虽然我上课的内容还是非常初级的一些东西,但是不管怎么说,这已经是当时我们国内这门课的最高水平。你想,我把人大和复旦的东西都拿过来了,是不是体现了当时的最高水平?让我正好碰到那样的时机嘛。所以我始终认为我们新闻系,是学生好。我很欣赏我们自己母校的一句话,就是它经常在迎新的时候,打出一个大幅的广告,就是今天你因学校而自豪,明天学校因你而骄傲。我们确实是这样,你看我们第一届的学生,就是在那样的情况之下上课,真是没有几个人啊。像这一门课,我就是这样的上课啊,但是首届学生有多少优秀的学生啊!所以很多事情就是学生学得好。还有呢，很多东西是工作以后学的，不是在学校完成的。我回忆我自己当学生的时候，我的知识结构里面，大学给我的知识可能5％都不到，大量的95％以上那是要靠以后自己去学的。

当时的情况很艰苦，怎么个艰苦呢？我以我自己个人的艰苦来形容其他老师的艰苦，只是我的艰苦可能是这样的，而他们的艰苦可能是那样的。你想想看，就那么几个老师，要承担起一个专业的课程、管理等等工作，而且当时我们那个办公室是很简陋的，就是在现在已经变成设计院的这个地方——以前是东一教学楼，在东一教学楼4楼的一个办公室——一间房间隔成两间，就是那么一点小地方，整个的新闻专业，包括后来变成新闻系以后很长一段时间内，都是这样子的。当时没有几个老师，但是大家为了一个专业的成长，为了一个系的成长，都是在默默地在那里干啊，像徐忠民老师，他原先毕业于中文系，留下来当摄影老师，这很元老了。当时这个办公室只有刘文奕一个老师在管理，条件是相当差，几乎没有什么硬件。

**问：你是从1982年开始就一直在那里兼课吗？**

不是的，1982级那是首届，我给他们上课的时候不是1982年，因为外国新闻事业史这门课是在他们3年级的时候上的，邬老师把这门课交给了我，上课的条件比较差。邬武耀老师呢，也是想尽一切办法来帮助我。

当时，大众传播比较热门，而我手头也有比较多的这些资料，因为复旦近水楼台，他们没有正式出版的内部资料很多。地理系曾经有一个学生的文学社，我记得它叫风和文学社，他们叫我做过一次讲座，我讲的也是大众传播，在现在的地理楼，就是那个设计院跟邵逸夫楼中间的那个楼。地理楼外面有柱子，在那个柱子上贴了海报，就是我讲的那个大众传播学。那个时候，讲大众传播学的讲座，我估计不光是在我们学校我是第一个，就是全国我也是比较早的。那时候浙江只有杭大有新闻系，别的学校都没有新闻系、传播学，大家都不知道传播是什么，都把它理解成是船舶，是造船的，所以我估计我也是先驱了。邬武耀老师除了教学以外，也办过一次培训班。我做了这个讲座之后，邬武耀老师就来找我，也让我去讲一次。邬老师后来又办过一个培训班，又让我去讲了一次。邬老师大概给了我100元钱吧。当时这100元钱是挺多的。我当时还觉得很奇怪，怎么上课还有钱啊？邬老师说因为他们是收费的。除了这100元钱，我其他任何待遇都没有，没有讲课费，没有备课纸（也不需要，因为地理系就可以有），反正什么都没有。我也没有提任何要求。结果这100元，我拿了以后被不点名地批评了。在全校中层干部会上，我被领导不点名地批评了：有的系的总支书记，在那里上课，还拿钱。这个我就觉得奇怪了，不是中文系有困难叫我去吗？中文系知道这个情况以后，韩泉欣老师，当时他好像是系里的负责人，路上碰到我就对我说："张老师对不起，这事情我们没有做好。"后来中文系行政例会，把这个事情作为一个问题，专门打了一个报告给学校领导，由校长沈善洪，还有分管文科的副校长金锵两个人签了字，这份报告上面写了就是叫我去兼课，是为了解新闻专业燃眉之急。

在兼课的过程当中，我父亲生病，我到上海肿瘤医院给他安排住院、治疗的同时，也去复旦大学收集资料。但是，从肿瘤医院到上海复旦大学，正好是两个对角线，很远。那时候没有别的交通工具，也没有地铁，也没有别的，只有公交车。我从那边赶到复旦，那是很费时间的事。我看到我父亲的眼神，他希望我陪伴在他身边。但是，我就是要拼命地往复旦那里赶，为了要把这门课上得充实一点，稍微完善一点。因为当时都不完善嘛，我就是想搜集一点资料，你总不能老叫人家给你寄，对不对？寄也不是个办法，李良荣毕竟是我上一级的学长。所以一路上很心酸，一是想到自己父亲那种眼神，二是想到两个幼女在家里没人管，三是想到我自己的工作，另外再加上这门课，四是担心我到复旦之后，我搜集资料的同时，能不能找到老师，比如说给我一些指点。一路上就有那么多的问题，有时候想想就很心酸。就是到了复旦之后，我又不享受出差，这完全是自己的事情，然后抽这个时间去做。所以那时候就这么艰苦。但是我们这一代人呢，是不叫苦，也不讲条件，好像你既然已经答应人家了，那么你总要想办法去做好。我估计像外国新闻事业史这门课，当时学生是不会很满意，因为它太零碎了。虽然这在当时这就是一个起步，是从过去没有的，在所有老学校，这门课也都是在起步，那我们杭州大学更是起步，但是起步的时候，它往往十分粗糙。但是，作为我个人已经尽到最大的努力了，而且我已经可以得到别人得不到的资料，已经算是很好了。当时新闻专业成立的时候，老师上课就是这样的情况，因为我从自己可以想象别的老师，别的老师同样艰苦，只不过我自己的事情我自己感受到了，我是能够说的，别的老师我是根据我自己的经历体验的，也是非常艰苦的。大家都是在默默无闻地干，共同地为了一个专业的发展，各自尽心尽力地发挥自己的那一分力量。我觉得这个太宝贵了。没有那一步，就没有今天的，是不是？任何事情都有个开头的，开头都是很难的。

就在这个时候，沈爱国毕业了，又增加了一个力量。再后来就陆陆续续从外面又调进来了老师。后来，我这个课就给了张允若老师了。他可能是从江西大学来的,他在江西大学就上这门课的,他已经比较系统了。当然,当时人大的张隆栋也已经有系统了。因为他在江西大学上这门课,把他调来当然也是为了上这门课。张允若老师很客气,有几次课他也是叫我去上,这是他客气了,这个其实我也无所谓。1988 年,新闻系独立出来了,那么我就有条件调过来了么,因为它是专业的时候,我调到中文系去干什么? 它既然已经是独立出来了,还在从外面要人,我又是一开始叫我在那里兼课的,当然,顺理成章的,是不是啊? 不管怎么样,我还是科班的嘛。我自己这样想,既然课都已经兼了,又是对口的,那么就调过去算了。

然而,我家里从上到下都不同意,他们觉得我在地理系干得好好的,挺好的呀,干嘛要调呢? 我在地理系的领导呢,也不同意我走啊。那时候的总支书记叫顾耀龙,他跟我原来在学校政工组就是在一起的,他甚至于这样跟我说:"你不要走,我还有两年就退休了。"我呢,这个时候,确实是经过上课以后,好像又回到了我的专业,就是有一种感觉,又重新拾回了以前的那种对专业的情感,虽然这是偶然拾回的,我没有刻意地去追求。所以一看到新闻系这 3 个字,写新闻系这 3 个字的时候,我的手都是发抖的,就是很激动的一种感觉,就是有这种冲动。家里面从上到下不同意我调工作,地理系总支书记也不同意,而且我走了以后,他有一次在全校的中层干部会议上还在那里讲,他说你们学校把张英华放走了,真的是很可惜。我呢,也经常会在校内校外碰到地理系的老师,他们也说一些客气话,就是说你走了以后我们大家都很记挂你,这些客气话使感到非常温暖。

**问:你来到新闻系干什么工作呢?**

我是平调过去的,就是在这里干什么,到那里还是干什么。这个系副主任、副书记是不稳定的,有时候这两个职务全在一个人身上,有时候,就只担任副书记。因为是平调的,我到了那边还是属于行政编制。简而言之,分管的是学生这一块,就是招生啊,学生 4 年的管理啊,然后毕业分配啊。那时候的分配,不是自己找工作,而是学校分配。虽然属于行政编制的,但是课还是兼的,兼上别的不大好上的课,比如新闻职业道德,原来有新闻法规和新闻职业道德,叫我上这个课,后来,又说又留下来的一个学生,想叫他接这个课,但是他又不愿意上这个课,所以这个课我一直在上。新闻系独立出来以后,系主任是张大芝,他曾长期在新闻系工作,也是复旦出来的。他是上马克思主义新闻理论,所以也叫我上一点马克思主义新闻理论。我是相当边缘的,就是调过去以后,我自己觉得,反而边缘化了。你说是教师,但是我是行政编制,你说是行政编制,但是我又兼课,但是我不兼课,我干嘛要调到新闻系来呢? 我在那边干得好好的,到那边去什么课都不上。

　　大学的学生工作有个特点,即双重领导。它要接受学校的领导,因为学校它有专门的学生工作的机构,有团委,有学生处,还有党委宣传部及分管学生工作的党委副书记。它有专门的这些机构,它下面得有对应的人来接上面的这些活的嘛,学生处来的活,要这里有人接,团委来的活,是这里接,然后党委宣传部来的话也是这里接,然后就是千条万条线都是这里接,都要往我们这里一个针孔里去穿,就是要有人接这些事情。这些工作,讲的浪漫一点,就是内容丰富多彩,大的呢,大到就是要培养未来的接班人,要进行思想教育;小到呢,学生宿舍打扫卫生,检查卫生,这个检查卫生,是每一次检查卫生,折腾的,需要花大量的时间。随着改革开放的进程,最容易接受新东西的学生,了解和学到新东西里有很多和我们传统不太一样的东西,比如说学生生活,是自己个人生活的事情,你不能让他军事化,但是我们传统的教育就是要一律。所以我们有很多时候呢,把大量的时间和精力花在组织学生上,就是学生不干,我们一定要让他们干。你说为什么一定要干,我们也说不清楚,但是问题是这个是上面交下来的任务,你必须要做的。它是作为对学生教育的一个组成部分来要求我们的,你不能不做。很多东西,很多活动,都是上面布置下来的,你不能不完成。那么上面的一些东西,都是普遍要求的,不管是哪个系,哪个专业,所有的学生都应该做。这有点艰难。学生都是有想法的,不管这些想法是对还是不对。我们的传统教育好像就是大一统,所以这个工作做得就很苦。根据我们对学生的了解,知道有些东西就不要这样做了,但是你要接受上级领导的任务,你必须要这样做,所以这里面有一个对冲。一个要你这样做,一个不肯这样做,所以学生工作有时候是有很多这样的矛盾和麻烦。

　　**问:你是如何把你的学生工作与新闻专业的教学结合的呢?**

　　新闻系成立后,张大芝老师、邬武耀老师他们对学生工作有结合专业的要求,就是说你除了接受上面的任务以外,各个专业有它专业特点,你不能让学生离开专业特点,而且你这个学生工作的重点应该使他们能够更好地在这个专业道路上发展。这一点我是很认同的。当时,就说它是口号也可以,说它是要求也可以,就是从校园记者到实习记者,到正式记者,我们有那么一个培养的理念。所以,学校里面所有的小媒体,比如说团委的《青年报》啊,《杭州大学报》啊,有的部门自己油印的报刊啊,还有广播台啊,都大量需要我们新闻系的学生。像那个我们现在很有名的校友慎海雄,他当时在学校就是办报。麻雀虽小五脏俱全，比如说一个《青年报》，一个《杭州大学报》，又不对外发行，但就它们从采访、编辑到排版的过程，全都是很专业的，所以对一个学生应该说是一种实际的锻炼。学生在课堂上学，学一些理论，学一些采访与写作知识，上课是听老师讲，下课以后直接地把课堂上的内容搬到实践当中去用。有时候在听课的过程中，可能提不出问题，而在使用的时候，学生很可能会碰到问题，带着问题，再去听课，这个作用，比你从课堂到课堂，效果肯定是好，所以我是相当认同这种做法的。因此我来了以后，就支持学生在校园的各个媒体，进行锻炼。

**问：你知道这个口号是之前新闻专业成立的时候提出来的吗？**

我也不知道是什么时候把这个口号提出来的，反正一直在这样做，后来么，就是做着做着这个话就出来了，因为学生到最后一年有一个学期是要实习的，那么就是从校园记者到实习记者。实习记者做完了，毕业以后就是正式记者。我们的学生毕业以后上手很快，因为他们在校园里面已经有这样的经历和锻炼了，所以他们出去以后适应期就很短。我觉得这个做法还是比较好的，对于学生来讲，除了上课以外，还是起了作用的。至于作用大小，当然还要看每一个学生的态度了。有的学生，很重视这一块，那他在做这个工作的时候是刻意地在培养自己，使自己能够尽快地掌握实际操作的能力，收获肯定是很大的。这表明我们在校园内开始实践与教学相结合，学生工作在这方面予以了积极的配合。这一块如果是归到学生工作的话，它是成功的，如果归到教学一块，它也应该是成功的，就是说，不管是在学生工作领域，还是在教学工作领域，它都是一个非常好的做法。这促使我们以后的这个学生工作始终地朝着这个方向去努力，就是理论跟实践相结合，要根据自己本专业的特点来开展一些学生活动，而不是撇开了这个专业的要求去开展一些活动。当然必要的活动还是要搞的，比如说学校开运动会，我们当然要去参加，学校要搞卫生检查，我们也要完成任务。但是我们可能把大部分的力量，放在了我们根据我们的专业特点上，放在了怎么给学生创造一些条件，让学生在学校期间，就能享受到这些条件，为他们以后的工作奠定一个比较好的基础。这个包括了实践、包括了学生工作，也包括了教学，当然教学是最重要的。这个是很清楚的。新闻系成立以后，这个在我的脑子里面非常强烈，就是要去寻找这样的渠道，开辟这样的渠道，来开展我们这个系的学生工作。

我是2004年年底退休的，但是因为它下半个学期是跨年的，所以我退休就跨到了2005年。我的学生工作都是这样做的。但是，学生工作本身也会被边缘化的，就是好像没有学生工作也可以呀，不是早锻炼，就是打扫卫生；不是参加运动会，就是学校布置一个什么活动。一个系，重点是教学，是专业教学，如果学校布置的活动都放在系里的话，当然会被边缘化，然后就觉得学生工作是可有可无的，一天到晚搞这种东西，难以登大雅之堂的。但是上面又很重视这些活动，因为上面往往是学校党委副书记分管学生工作，布置了很多很多活动，但是布置这些活动跟我们专业又没特别密切的关系，因此在系里，经常会有一种被边缘化的感觉。哪些是比较实际的工作呢？一个是招生，一个是分配，这是全系大家一起搞，不是我一个人弄，但是上面是布置到学生工作这一块来的，4 年的学生管理就是这个样子的。所以，我们经常会根据我们的专业去搞一些活动，但是要达成一种共识：就是这些活动到底要不要搞？搞活动给不给经费？经费哪里来？这些都是问题。往往有时候有一个好的想法，最后不一定能够实现，所以有时候也蛮苦恼的，就觉得好像把课上好就已经是很好了。

1988 年新闻系成立以后，人是越来越多了，规模也越来越大了，也调进来一些新的人，包括复旦毕业生也有分配来的，但是也老早都走了。在这个过程当中，我们开始自己编写教材，几个老教师努力地出了一些教材，专业的老师们各自付出了很大的努力，因为条件并不是很好嘛，虽然它是一个老新闻系，但是这样重新建立毕竟也是重起炉灶嘛，是不是？但是每一个人都在各自努力着，所以新闻系恢复后为以后的发展，奠定的基础比在新闻专业的时候又不一样，是更上了一层楼。这些东西呢，因为我不分管教学，我讲不具体，但是我看到，就是这些情况，我也能想象到这些老师是如何的努力的。那个时候有毕业生留校的，也有外面调进来的，老师队伍越来越大了。新闻系也不光是一个新闻专业了，大概是在 1993 年吧，那一年我们有了广告专业了。第一届广告专业是两年制的。在有广告专业之前，我们已经有广播电视专业了。新闻系扩大了、壮大了。1993 年，我们成立新闻学院，就是杭州大学新闻学院，从杭州大学新闻系，到成立杭州大学新闻学院。

**问：新闻学院成立后，你的工作有变化吗？**

我还是总支副书记，我没变过。那时候学院的级别与系的级别是一样的。那时候的专业，实际上就是原来的教研室，原来比如说新闻教研室就变成新闻专业，广告教研室可能就是广告专业，系呢，就变成学院，但是它的行政建制都是一样的，都是处级的，这个不变，一个院长就相当于一个系主任，总支书记就是一个系里的总支书记，就是这样的，我没变过。我的职务一直都没变过。

1993 年之前,李寿福老师已经来了。原来,张大芝老师是系主任,1993 年的时候,他仍在的,那时候,他是副院长了。

后来,学生的就业逐步逐步地发生了变化。开始的时候呢,是分配工作,后来慢慢地扩大,比如说有百分之五全省范围就业。全省范围就业什么意思呢,就是这个百分之五的学生,可以在全省范围内自己选择岗位。分配工作后来又慢慢地扩大到 5%、15%、20%,到最后,全面放开。1993 级,到 1997 年那一年毕业时,离全面放开只差一步,就是说,一个是它的百分比增加了,在百分比增加的前提之下,所有的杭州同学还不占这个比例,原来杭州同学也要占这个百分比的,比如说 20%,可以全省分配,但是 1997 届的这批同学,是 25% 的比例,而且杭州人是不占这个比例的,就是说每个人都有一张红的表,那时候叫红卡,因为全省分配的就是红的表,一般同学是白的表。如果是杭州同学的话,在他们的普通卡上面盖个章,也能享受全省范围择业。曾经有个别的学生想不明白,要占那个 25%,觉得占了这个 25% 是一种光荣,因为是前 25%,是最优秀的,你不让他或她占这个 25%,他或她就觉得好像接受不了。实际上,这个 25%,如果他或她不占的话,不是扩大了全省范围选择的人吗?比如 5 个杭州学生都在 25% 里面,那么外地学生就少了 5 个人的名额。但是个别同学不是很接受这个事情,好像不拿红卡了,就被排斥在优秀学生之外了。实际上不是的,实际上是我们就业政策的一个变化。1997 年是最后一年,当时我就讲明年可能就全部放开了,到第二年真的全部放开了,就是说没有什么百分比了,大家全部自己去找工作,随便到哪里去都行。

在这个之前,学生的感受是毕业分配不好,自己找工作好,人家国外都是自己找工作的,我们这里是单位分配的。因为分配,有的人肯定觉得这个工作好,那个工作不好。但是一全面放开以后,问题就来了,那就自己去找工作了。我们让学生有一个过渡,比如说,我知道这个不归我管了,我完全可以甩掉这个包袱,我可以不管这个,因为政策都放开了,你自己去找好了吗。但是,我们能够利用我们自己以往积累的关系,尽量为学生提供有利的条件,现在我们老师也在这样做的。其实按照现行毕业分配政策来讲,我们没有这样的责任了,而且我们去找,也是很累的,不是说你打个电话,说一句就行了,是不是啊?哪有那么简单的事情啊?但是,当时我们的老师都是很为学生着想的,我们新闻系的老师和学生的关系都很好的,所有的老师都是依靠自己的一些关系,尽量地帮学生,比如解决实习问题,解决就业问题。整个新闻系的老师都是这样对待学生的,可以说这个好像也成了一个传统。因为有的学生有关系,有的学生没有关系,特别是农村来的学生什么关系都没有。能够帮助学生的,大家都是尽力的,不管是分内分外的。大家都会利用自己的资源,为学生的实习啊,就业啊,铺平一些道路。

我们在就业工作开展的时候,也发现一个情况,就是社会上特别强调要学生干部。有一个名人有一句话,说就算是一个篮球队,篮球队长的能力也要比队员们强。就是说你有过这种管理啊,这种经验,会不一样。所以呢,用人单位特别看重这一点,你在学校有没有当过学生干部,你当过学生干部,用人单位觉得你受过锻炼,你不光会看那几本书,你还有实践的锻炼,不光是你的专业实践,还有其他方面的实践。这一点发现以后,我们也就想办法。用人单位要学生干部,难道我们几百个学生,每个人都是班长?一个学生会只有一个学生会主席,另加几个学生会副主席。怎么办呢?我就想了一些办法,这个是我自己的创意,我在我们学院内部组织社团,组织各种各样的社团,比如说新闻与传播协会,那是学生自己组织,协会里面,当然了,有协会自己的主席、副主席、几个部门的部长,部长呢,我们也是根据我们专业的特点来设定,比如实践部部长、学习部部长等。学生也意识到这一点,有很多学生很主动,主动地了解这个校园里哪些机构需要这种助理啊,需要学生去帮忙的。所以,当时学校里,广播台、学校校报、团委《青年报》,还有其他部门里的一些小报,所有能够去实习的地方,学生都主动去实习。

学校内的社团,都是行政管理方面的,找工作的时候人家要当过学生干部的,所以我们就是顺应着就业这个要求,搞了很多的学生社团,就是希望有更多的学生担任学生干部的。新闻系所有的学生都担任学生干部。这样,就不会因为这一点,学生就好像不符合就业单位的要求。我们不去搞这些事情也可以呀,但是我们搞了这些事情,对学生来讲有利:学生填表、填写简历、学生面试时自我介绍,他们都可以说他们在学校担任过什么干部。当然有的学生不愿意参加,我们也不勉强。但是只要你参加,都有岗位的,而且让大家报名,你愿意参加,你自己报名。有一年,我做过一个调查:哪一些人通过自己的主动努力,有了岗位了,哪一些人还没有自己的岗位,没有的话我就根据这些特定学生再设置一些岗位,就是让学生能够去锻炼。因为是对每一个学生的调查,所以每一个学生都填了,只有一个学生没有填,是广告专业的。我就把他叫来询问,说所有的学生都有实践的岗位了,我发现你没有,我说你需不需要老师帮忙,给你推荐一个岗位。结果呢,他说他就想在学校里好好读书,不想参加这个活动。我吃了一惊,就是那么一次,而且全系就是他一个没有,当然他是自愿的。总而言之，那段时间就是搞我们学院内的社团。所有的学生，那一年除了个别学生，都有了实践岗位。这是一个大部分偏向于学生个人管理能力的锻炼。

还有一个就是对自己硬能力的锻炼。在系里的支持下，就是我们搞了多学科的知识讲座，李寿福老师很支持这一点。有的讲课老师，是他亲自去请的。因为新闻记者有个特点，它涉及的范围非常广，你不能把自己的知识搞得太窄了，是不是？当时搞了一个多学科的知识讲座，安排在每个星期的星期五下午。那么讲座的内容是什么呢？是充分地利用了当时的杭州大学是个综合性大学的优势，它有文科，有理科，也有工科，请各个学科里的老师来讲他这个学科里的最前沿的知识，各个专业的都有，结合起来就是多种学科的了。现代知识，讲究学科和学科之间的融合和交叉。那个知识讲座，应该说起了很好的作用，至少同学们在通过这个知识讲座（因为那时候互联网没怎么发展），能够充分地利用整个学校的学科资源，而且听到的多是最前沿的课题，来为我们自己系学生的成长服务。所以后来有的同学写论文，就学会了运用别的学科的内容，比如经济学上的那个木桶效应，利用这个木桶效应，来论述自己专业问题，都是受了这个多学科知识讲座的启发。对待这个学科的讲座，我们的出发点是好的，而且重视的学生确实也是受益的，但是也有很多学生，本来不会来的，好像是组织上一定要他们参加。我们还采取了很多的措施，比如说点名，照样还是有学生不来。但是我觉得不管怎么样，多学科知识讲座是起了一定的作用，不来的同学可能会通过其他的途径去学习，也是可以的，但是作为我们系里一个统一要求，我们还是要有一点措施，因为他来听不是坏事。根据专业的特点，我们办这样的讲座，给大家一些多学科的知识，不仅有利于学生比较快地适应知识经济的发展，而且有利于学生了解和适应学科之间的交叉融合，注重相近相关学科的学习和运用，促使大家能够跟上时代发展的步伐。整个时代发展趋势是这个趋势，我们跟着这个时代潮流来培养学生，那么，有意识的学生会抓住这个，没有意识的学生，我们可以促使他，帮助他培养这个意识，是不是啊？

还有呢，我们学生工作的一个比较重要的事情，就是每年都开一次学生的论文报告会。论文报告会不一定是毕业论文，但是有的学生比较聪明，他搞这个的时候，已经在为毕业论文做准备了，为什么呢？因为这也是一个专业实践的机会。有时候，语言表达得很清楚的，但是要用文字表达的话，可能还要涉及很多方面的资料，他就会搜集资料去，促使他去更多地去接触专业的东西。

要写下来,不是随口说了就是文章了,文章要有一个论证的过程,要有论据,要有一定的结构,这个又培养了学生的理性思考。写文章是一个对于多种知识的追求和应用,不然就写不出一篇论文来。写论文,实际上一个是促使大家去思考的过程,是怎么思考的过程。有的问题是有意义去做的,有的问题是问题,但是这个问题不可行,或者这个问题没有多大意义去做,就不要去做。这些选择,是对记者一个眼光的培养,记者有没有这个发现力是最要紧的,比如面对相同的一些问题,有的人采访后带回来甲级稿,有的人采访后带回来乙级稿,有的人采访后带回普通稿,有的人采访后就没有稿子带回来,为什么?因为每个人的眼光不一样。一篇新闻学方面文章的完成,实际上首先是要找出问题来,在新闻业务圈里面,在新闻业界里面,最近有哪些问题,哪些问题是值得关注的,那首先他要去发现这些问题,这就促使他关心行业,也促使他去思考一些问题,这是一个方面。另一个方面,思考了问题以后,还要不要进行分析?比如说这个问题有没有实际的意义,这又是一个思考的过程。一个学生必须要有自己的一个理论知识,或者要有一种知识的铺垫,他才能发现一个问题有没有意义。最后,要写成文章的时候,又需要文字和证据运用的水平。这个锻炼是很实际的,就是说一个学生不经过这个锻炼,是出不了成果的。在我退休之前,我们搞了10届学生报告会。

**问：每个学生都要求参加的？**

报名参加的，就自己报题目。但是到开会的时候，那所有的学生都要去参加，我们那时候是很慎重的，都是租西溪校区图书馆里面有一个报告厅。报告厅里面，横幅拉起来。最早的时候还请了一些新闻单位的人，来做我们的嘉宾。报告会也搞一些评奖，评一等奖、二等奖、三等奖，也发证书，也会发一些小纪念品，我记得，我退休以前10届一直都有。这张照片是与参加首届论文报告会的同学合影。再后面，我们也曾经努力出过几本集子。但是出集子需要经费。所谓的出集子，就是打印一下，搞个封面。这涉及钱的问题，学生工作没钱的。我们是印过几本，比如说现在在新华社上海分社工作的潘海平，还有现在在我们省里工作的那个王纲、金波等人，都有照片。前面我们还印了参加的人的照片，还有一等奖、二等奖、三等奖的获奖者，后面呢，都是论文。后来，就没有钱了，所以这也是一个很大的遗憾。那个时候我觉得学生工作就是钱这一块很可怜，拿不出钱来，有的东西是靠我们去拉赞助解决的。这张照片首届学生论文报告会的学生合影。

在扩大学生锻炼的方面，除了论文报告会，我们自己系里办了系报，这个系报也有编委会。现在学生是不可能这样做。过去我们是4个年级都在一个校区，比如说校园实习，不管是业务实习还是这个行政管理能力的锻炼，就是高班学生带低班学生，就是自然形成的一种关系；再比如说我们学校的几个报纸，总编是我们大四的学生，副总编是大三的学生，大四毕业了，大三的是总编，然后是大二的上去，把师弟师妹全部带上去了；还有，我们的系报也是高年级的学生带低年级的学生。新生来了以后，就纳新，先让他们当记者，所以新生到了之后，他除了上课，还是校园记者，马上就介入这个专业的领域中去了。所以我们一直坚持办那张报纸，有终审，有主编，有副主编，有各自

负责那一版,还有各自负责那一栏目,都有。这张报纸与麻雀一样,虽然小,但是五脏俱全。就是说学生在学校已经是办报的人了,熟悉这些业务了,包括排版都是自己排,但是老师也做一些指导,比如说我们分管学生工作的老师,最早的时候终审是我,后来我交给了团总支书记。其他老师也很热心,无论是哪个老师,学生要问什么问题,都会得到帮助的。我们以前有个潘向光老师,他后来因为癌症过早地去世了,才30多岁。他留下来的时候是团总支书记,和我搭档的,再后来他就搞广告学教学了。因为他当过团总支书记,也管过学生,也是很热心。另外他也是和沈爱国那样,也是属于从头至尾与学生很合得来的那种,对学生的事情也很热心。别的老师也这样,我们新闻系的老师都有这个特点,对学生的事情很热心,只要学生找,老师肯定很热情地帮忙。只是这些事情,我没有办法综合起来就是。这个印象很强烈。这就是一种关爱,就是老师对学生的一种关爱,就是在我们这个系,从他们专业开始,到系到学院,好像这是一贯的,好像没有一个老师是计较自己的时间的,都是很热心地对待学生的。

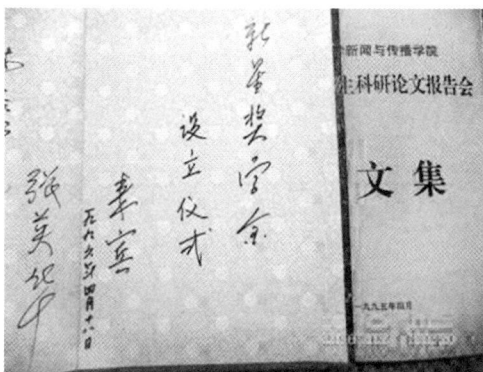

再一个,就是想办法来鼓励学生好好学习。我曾经去一个广告公司拉来一个奖学金,名字叫新星奖学金,就是鼓励学生好好学习。广告公司也是想展示他们自己的形象,同意给我们资助。这个时间不是很长。那个奖学金设立的时候,我们搞了一个仪式,那个仪式是放在现在就是东一朝西方向的大教室里,我们学院的李老师、学校的宣传部长、搞学生工作的人啊,都来参加了。新星奖学金的设立,不管它钱多钱少,这是作为我们的一种努力,作为我,分管学生工作的人的一种努力。我觉得我有责任去努力为这些东西创造一些条件,不管这个努力是大还是小,但是我是在努力当中,是在为了培养德才兼备的学生,做着我的一份贡献。所以我说,我觉得我们整个的学生工作,目标非常清楚,我们所做的事情,也是不脱离社会的实际。社会需求什么,我们就干什么工作,我们就为学生创造什么条件。我觉得这一点,我们还是比较突出的,我们的学生工作,不脱离教学,不脱离学生的成长,不脱离学生将来为社会较顺利地接受。

**问:四校合并后,我们的学生工作又发生哪些变化?**

四校合并之后,体制变化很大。四校合并以后,新闻学院就没有了,并入人文学院去了，它还是叫新闻系，但是这个新闻系已经不是原先的样子了。学校成立了一个人文学院，包括了新闻系、历史系、中文系等，新闻系就变成里面的一个系了。人文学院不熟悉新闻系的这些事情，中间有个衔接，实际上很多事情，还是归我们系里管，前期是这样，还是我们自己管的，就是地位降低了，但是我们的责任更重了，工作也就更复杂了。因为这个体制一变，我们本来是自己想干就干的，现在自己想干还要征求人文学院的意见，所以说地位降低了，我们的工作就更难做了。但是，工作更难做了也要做，该做什么做什么。我还记得，我们2000级的学生是最后一届4年都在一个校区的，因为我们以前是单独一个校区的。单独一个学院的好处是什么呢？像前面张大芝老师、李寿福老师在的时候，单独一个学院的时候就有了一个很好的条件，就是跟我们浙江所有的比较大的媒体，都建立了一种合作关系，它们都是我们的董事单位，后来合并了之后，就没有了。

我总觉得学生工作一个是教学，一个是实践，就像人的两条腿，缺了一条腿都不行。而我自己呢，为学生的实践工作上做了不少努力，也动了很多的脑筋，可以说是问心无愧的。当然做了之后，这些都是学生的成果，而不是你的成果，你天天做，别人也看不出你的成果的。还有，行动上，我们在努力，想起这些事情，我们没有愧对学生。但我们也不可能做到对每个学生都了解，因为也只有和我们比较熟识的学生，才会和我们联系比较密切。但我们要这么去做，目标是什么，最后想要达到什么，我们都是非常尽力的，并且都是为了学生好，这是肯定的。我个人的话直到退休工作职位都没有调动过，职位反而是在下降，但我认为一个人的价值也不是用职位高低来衡量的。

**问：杭大新闻系在建设过程中有没有和其他高校有合作和互动呢？**

当时杭大新闻系是全省唯一的，浙江省没有什么学校有传播类课程，所以浙江省主要新闻单位的领导主要都是杭大学习毕业的。后来随着教育事业的发展，别的学校也有传播学专业，广告、新闻、编辑等等。不过和这些学校还没有什么活动和合作。交流是有的，但不是院系层面，只是个别老师去交流，如徐忠民老师曾去复旦新闻学院进修过，学过摄影。互动都以老师的进修体验来体现，还有许多老师去读博士等等。

**问：你当年在复旦办过学生报刊吗？**

当时复旦新闻系没有办过什么报刊，大家一般都是在校园广播台担任助理等等。当时学校的广播台作用比较大，比如有什么讲座，广播台里一通知，大家就去了，我也去的。校园有这么一个现象，学生都抢着去听讲座，去教室提前占座。我也就跟着去听。

**问：到杭大任教后，感觉杭大学习氛围怎么样？**

风格不一样，当时学生有这么一首打油诗，学在浙大、玩在杭大、吃在农大。就是指浙大氛围比较高，杭大学习氛围比较宽松。当时大学生都有这么一个问题，就是高中到大学的过渡问题。高中时，都有家长老师管，而到了大学，却强调学生自我管理能力，从被管到自我管理，这是一个很大的转型过程。而一旦转型没有转好，会带来很多问题。许多学生刚刚到大学，一下子不知道怎么学，不知道怎么安排时间，多出来的时间就玩掉了，便自嘲玩在杭大。可学校的意图并非如此，是学生没有体会到学校的用意，没有能够很好地完成自我的转型。我感觉杭大有些东西又是管得太多。我有一个经历，我去复旦报到那天，我碰到我的第一个大学老师，当时的系主任伍必熙。他过来之后，我非常手足无措，结果他上来就和我握手，这个握手影响了我的一生。在这之前，我依然觉得自己是个孩子，没有认为我是长大的人，可在握手后，我感觉自己存在了，我已经成人了。这位系主任的握手给了我肯定，后来我还知道就是这位系主任把我从浙江招进来的。我觉得，在大学里，不要对学生像管小孩一样管，如果还一直把他当小孩，他会永远长不大，甚至也不利于培养他的成人眼光和思维。在大学，应该用平等的思维对待学生，让他产生自我意识，产生自我管理能力。我觉得杭大，学校的主观意志过多。在尊重学生就像尊重自己一样这方面，还做得不够好。对人才培养并非全在课堂之中，有时候老师的一句话一个小行为就会影响到学生一辈子的。学生应该有自己的想法，并有能力独立处理问题。不过我们的学生还是非常优秀的，自己培养自己培养得很好，像慎海雄，他现在是新华社副社长，他是杭大1985级的学生，综合素质很高，非常优秀。除了这些有名声的毕业生，我们那些从事其他工作的毕业生，也很优秀。因为分工不同，一个学校只有一个校长，可能够当校长的不止一个啊。所以我觉得我们学院在搞学院史时，在追求大人物的同时，不要忽略小人物。确实每个人在自己的岗位上都发挥着自己的作用，包括我们系的发展，在发展的过程中，每个老师、每位学生都做出了自己的那份贡献。比如汤洵老师是从杭大中文系调过来的，在新闻系担任工作，尽心尽力推动新闻系的发展。一个系，一个学院是一个整体，一环套一环，每个老师在其中都有贡献。很多东西是小人物创造的，是他们亲自动手做的，所以千万不要厚此薄彼。

（何扬鸣、姜嘉琪）

# 朱菁:在校园里创造一片蓝天

朱菁,1989 年毕业于厦门大学新闻与传播学系,同年入职杭州大学新闻系,从事广播电视新闻教学和研究工作。曾任杭州大学新闻系广电教研室副主任,现为浙江大学传媒与国际文化学院新闻系副主任,主讲"广播电视学"和"节目编辑与制作"课程。

**问:你是在哪里读新闻专业的,你是应届生吗?**

应届生,我是学军中学毕业的,1984 年毕业的。毕业以后,去了厦门大学,就读国际新闻专业。

我是杭大子女,那时候住在杭大的前门,学军中学在杭大后门,每天上学都要从前门穿过后门,放学了,又从后门进入,穿过校园,回到前门的家。天天面对杭大,考大学时就想离开杭大。也许是冥冥之中吧,我不知道在哪个场合里面,拿到了厦大的一个招生简章,当时就被招生简章上的一幅图片所吸引(看来我天生是搞广播电视的,对图像特别敏感)。图片上是厦大的著名的上弦场,是一个非常棒的运动场,虽然其实我不太运动,但是那个运动场让我感觉挺好的。因为那时杭大的运动场都是小小的,所以,就是那一幅图片,让我填报了厦大。当时父母还挺舍不得孩子出远门读书的。

**问:那他们知道你报考厦大后有什么反应呢,他们支持你吗?**

那肯定是支持的,他们还是比较尊重我,尊重孩子的选择。

**问:你后来毕业以后,为什么要来我们新闻系? 你在来之前,对我们新闻系了解吗?**

因为我父亲在杭大中文系,当时新闻专业在杭大中文系里面的,后来,由新闻专业独立成新闻系,所以,当时中文、新闻是一家,对新闻系以及新闻系的老先生们还是有所知的。

中学毕业的时候,拼命地想离开杭大,但是最终还是回到杭大。我就觉得命中注定还是杭大人。所以,对杭大还真的是很有感情。

我们新闻系的老前辈,张大芝老师、邬武耀老师、桑义燐老师等等,早在大学毕业前就已熟悉。这里还有一个趣事。1984年暑假,去厦大读书前夕,在家里认识了来找父亲签字的徐忠民老师,他当时杭大中文系毕业,被派去复旦学习。没有想到,5年以后,我与徐忠民老师成了新闻系同事,而且还是好朋友,成了忠民大哥。最好玩的就是刘文奕,我那时候叫他刘叔叔的。后来成了同事后,我再也叫不出刘叔叔了。我到新闻系来,等于说那些本来是我的叔叔辈的老师都成了我同事。

**问:我听说你在厦大毕业后,在厦门找工作了?**

因为我学的是国际新闻,5年制,1989年毕业。我大学的毕业实习,是在北京的中国国际广播电台实习的。当时国际广播电台就要把我留下来。但是,我对北京不是很喜欢,所以就拒绝了。1989年是个很特殊的年份,可能太特殊了,就觉得做传媒学意义不大,而当时的厦门,是改革开放的前沿阵地,是特区,所以就在厦门找了一家公司去应试了。

**问:什么公司?可以说出来吗?**

可以说,房地产公司。所以我属于比较早接触房地产市场的,当时是总经办的秘书。但是呢,可能还是想家吧,有时往家打电话,与父母聊着天,就会哭。最后,难敌思乡之情,大概工作了两三个月吧,还是回来了。

**问:那么你来新闻系以后有什么感觉?尤其是跟你们厦大的新闻系相比较。**

我觉得差异还是蛮大的,因为厦大当时是全国第一个设立叫新闻与传播学系的,创办者之一俞耶鲁老先生为我们聘请了许多海外教授授课。我们1984级是首届。当时一些老师都与我们在一个教室里听课,所以,我们常常开玩笑说是老师也是同学,有的老师跟我真的是同学。当时蹭课的人还不少,据同学回忆说,现在财新传媒的胡舒立也是蹭课者之一。胡当时是《工人日报》驻厦门记者站的记者。厦大当时给我的感觉,就是一种大传播的理念,我学的是国际新闻专业,我们同届还有广告学专业,应该是国内开设较早的学校。所以,特区还是不一样,至少,观念上还是会走在前面一些。

**问:那你来这里后,有没有向我们领导建议过厦大做的那些好方面?**

反正跟邬老师他们也会谈的,但是话说回来,因为我是刚毕业,在整个系科里面的层级应该说是最底层的,就是说也不太可能去改变什么东西。因为毕竟他们对我来说都是长辈了。因为我跟其他老师还是有差别的，其他老师可能是分配进来的，还是把自己当老师的。而我，对邬老师他们，我都是叫叔叔的。内心上，我跟其他老师还是有差别的。我觉得我在心态上还是有一定的差别的。

**问：那时候，我们是在东一上课的，我记得我听过你上的广电课。你拿了一台老古董的摄像机来上课。不知这个宝贝今天还在不在了。我印象中广电这门课是你来之后才开始有的。是不是那么回事？**

是的是的，你记性真好。真的是那么回事，因为那时杭大新闻系办学思路以纸媒体系为主。因为我是学国际新闻，但是杭大新闻系没有这方面的课程设置，因此也没有我可以上的课。那么，我总要有一个方向。感谢张大芝老师、邬武耀老师，我跟他们谈我的未来发展在哪里？他们后来就是说看看能不能走广播电视的方向，因为系里没有这门课。我先去了浙江电视台实习。然后，又去了北广学习。

**问：那么，当时开设广电专业的条件很不成熟，要什么没什么，是不是？**

是这样的，当时还没有广电专业，先在系里开设广播电视新闻课。后来，俞虹老师、李岩老师先后调了进来，充实了广播电视教学队伍。李岩老师从兰州大学调入新闻系后，她上广播学课程，我上电视学课程，俞虹主讲主持人课程。课程体系逐渐丰富，广播电视新闻专业设立时机成熟了。

我觉得我们一路走来真是不容易，我觉得广电专业真的就在我们手里起步的，当时又没有什么设备，每年都要打报告，每年都要向学校要钱，就是为了增加设备。因为你自己亲身经历过，一个破设备真的没法用的。学生那时候上课，我记得一个小细节，我印象特别深。广电，尤其是电视节目制作要有影像能力，要有影像的思维能力。但是我没有设备怎么办？我在广院实习时，问了很多老师，因为广院他们那边有设备。我说我们没有设备，我实在拿不出电视设备来怎么办？后来广院的一个老师给我出了一个主意，我就用在了教学中，就是把图像用照相机连拍起来，把它连起来，就讲一个故事，就是影像的叙事，就这样来锻炼学生的影像叙事能力。这个我的印象是很深的，确实是从无到有。我们因为有照相机，有新闻摄影课，我们就用这个连起来，点评作品。就是一组照片，但是这个照片又跟徐忠民的照相不一样。徐忠民是瞬间定格的，而我要的是影像的连续叙事。就用这个方法，我教学当中也是不断地在改变。当时没有摄像机之类的设备，哪里像现在这样，又是演播室又是摇臂什么的，但是广播电视课要上，学生要培养，没有办法，只有白手起家，只能因地制宜,这个真的不容易。

**问:刚到新闻系,就上课了吗?**

没有。1989年真的是一个特殊的年份。1989年,你知道应届大学生是要干嘛的?省委工作组下派我们去农村,那年分配工作的大学生都被要求去地方锻炼。我去了浦江,在浦江农村呆了两个月。在浦江的那两个月也蛮有意思的,虽然挺苦的。住在乡政府,每天自己淘米蒸饭,感觉也没啥好吃的菜,水煮芋头都觉得好吃。

**问:你在农村里干什么事情呢?**

在农村里面什么事都干。乡干部干啥,我们干啥。印象最深的是抓过超生,抓过赌博。半夜三更去抓赌博,还让赌博的人抬着那个八仙桌到乡镇府去接受处分,现在想起这个场景,还是觉得好笑。当时真的有接受贫下中农再教育的感觉。我当时的感觉就是跟知青重新下乡一样的,只是顶了个名头叫省委工作组,做的事情就是配合乡镇府进行乡村管理。还有抓超生的,我们去抓过一个违反计划生育的妇女,她躲在她娘家。我们是半夜潜伏过去。半夜进村,真的是跟鬼子进村一样的。那时,觉得乡干部工作不容易,老百姓也不容易。

**问:从农村回来后,去电视台实习了?**

是的,从农村回来以后不久就去电视台了。我来到杭大以后我就要去适应,我的适应性还挺强的。我就觉得我在杭大总要找到我的专业发展方向。所以我回来以后,我就要求去电视台实习了。那时候,浙江电视台还在庆春路上,还是比较破旧的。我是比较早地就去实习了,还做过主持,做过现场报道。这个是我们杭大新闻系的传统,我们的教学和实践一直就是紧密结合的。我在电视台那边实习完了,这边就跟张老师他们确定课程了,就确定了要走广电这个方向。实习完了之后我觉得,光有实践经验还不够,还要充实广电的理论,所以我就主动提出要求去进修,因为当时广电方向最好的专业学校就是北广,所以我要求去北广电视学院进修,待了半年。

**问:当时开设广电专业的条件很不成熟,要什么没什么。**

是这样的,当时还没有广电专业,回来后慢慢地就变成一门课。开课以后,我们都强化了实践,包括我们去电视台拉了一笔钱,还帮电视台做节目。我们当时跟钱江电视台合作,每人都去领了一个任务,包括黄旦、徐忠民等都做了节目,最后在钱江电视台展播我们做的节目。我们一直都有这样的实践的。

**问：在我们新闻系开设广电专业的过程中，浙江省广电界对我们的支持怎么样？**

首先，浙江电视台很宽容地接纳我，让我一直在他们那边实习，我最早就到他们那边实习。有一个细节，我的实习是以老师的身份过去。当时，浙江电视台新闻部主任是施泉明老师，觉得我是杭大新闻系的老师，没有让我跟记者去拍普通的新闻。当时他们有一个深度报道的 4 人小组，虽然年轻，但业务精深。施老师觉得我与他们做深度报道，可以学习更多的东西，而不是跟一般的记者拍拍普通的新闻。跟着他们，确实学习了很多。大学时，二年级暑假是在福建人民广播电台实习，毕业实习在中国国际广播电台英语部。所以，浙江电视台的实习对我的教学科研工作都有深刻的影响。还有，在电视台，也找到了我人生伴侣（大笑），看看，我要感激浙江电视台啊！

**问：除了你刚才讲的之外，现在我们与浙江广电界的互动多吗？**

应该很多的。我是他们节目多年的评委，也是浙江省广播电视新闻奖的专家评委，从 2000 年开始一直到今天。除了做评委以外，每年还在评奖之后做点评，感谢省广电学会的信任。评委工作对我教学有很大的帮助。每年的评奖就是对全省广播电视新闻实践的一次检阅，我参加每年的评奖，就能对全省电视新闻有了一个全面的了解，评奖作品可作为我们教学中的鲜活案例，业界有一些什么最新东西出来，我们都能及时地知道了。我觉得这是我们与业界非常生动的互动。与此同时，我也是杭州文广的专家顾问、台州台的专家顾问。这表明我们跟业界没有脱节，有着良性的日常互动。教授广播电视新闻，由于学科特点，必须和业界保持良好互动。请进来，走出去，除了邀请各路精英进课堂，比如，我们曾聘请在香港多家广播电视机构就职的张圭阳为客座教授，主讲"广播电视理论"，目前在聘的《杭州日报》评论部主任徐迅雷为客座研究员，为同学们开设"评论工作坊"。还有，邀请杭州文广集团电视明珠频道副总监李文给新闻传播专业硕士的学生讲授"电视新闻直播"及记者现场口头报道等等。除了请进来，我们还坚持走出去，尽量和业界保持紧密联系，关注业界发展动态，随时跟踪研究业界的新闻实践活动。作为专家评委，我参加浙江省新闻奖（广播电视部分）、浙江省广播电视新闻奖评奖工作，对全省广播电视

新闻的发展有一个全面综合的了解。除此之外,我平时也会作为节目顾问,接触省内广播电视台的节目,这样我既能及时了解业内信息,也能结合当下传播实践、传播现象,进行整合思考,作为课堂的有效教学案例来充实课堂教学内容,因为丰富的案例教学也能提升课堂教学效果。我想,我能获得2014年度浙江大学优质教学奖二等奖,也是和我积极参与业界活动,广泛接触业界分不开的。说个有趣的事。记得2015年夏天浙江广播电视集团在我们紫金港办新闻采编培训班,我在给他们上课的过程中,讲到情绪传播问题,就把当时评审片子时看到的一个报道作为案例讲出来。没想到被我点名的那个记者就坐在下面,他马上就说:"朱老师,这个就是我。"后来他还就此报道和我进行了沟通。当时在座的好多记者都笑了,觉得怎么那么巧,好像大水冲了龙王庙了。具体报道详情我并不很了解,我只是根据报道谈到情绪传播对于新闻传播的危害。当事人就在课堂上,他可以谈他的委屈,谈他在现场的不得已。他的信息补充,可以让我对这个问题有更深一步的了解,也让我有进一步的思考。多棒啊,俗话说,教学相长,这就是啊。我特别珍惜和业界的业务交流机会。再补充一句,那个记者,不打不相识,原来只看作品,我觉得他在采访对象面前傲气,仗势欺人(偷笑),但在课堂上,还有课后我与他交流,他对报道的执着,对新闻的热爱,让我改变了之前的看法,我们还互加微信,成了好友了,多美好的事。

我在本科生当中有一门课叫节目编排和制作。因为我自己也在浙江电视台做过节目,是一档新闻深度报道类节目,栏目名《黄金时间》,亲身经历过采写编评,经历过出境报道,上课时就非常清楚如何让学生掌握知识要点。而且,自己亲自做过,给学生上课,跟学生沟通,就有一定的底气。所以,个人觉得新闻实务方面的老师在业界的锻炼是蛮要紧的,事实也如此,我们新闻系讲授采访与写作的沈爱国老师,讲授新闻摄影的徐忠民老师等实务课老师,都有丰富的业界经验,并且时刻与业界保持良性互动,授课都获得学生的好评。这个也是当年杭大新闻系老前辈们办学坚持的方向,记得那时我们新闻系还和义乌小商品报有紧密合作,沈爱国老师、徐忠民老师等应该都被派驻义乌,帮助办报呢。

问：你刚才讲你第一次开设广电方面的课是 1990 级的，是你当班主任的那届。那这些学生现在在工作岗位上表现得怎么样，尤其是广播电视方面的？

我们新闻系传统上跟报界的关系比较好，因为前面几届的学生还没有开过广电专业，所以那时候的学生基本上是往纸媒发展的，那时候去电视台的，真的是很少。1990 级新闻班，我是班主任。1990 级，当时还是张梦新老师和我一起去屏风山疗养院一个个招来的。这个班的学生非常优秀，无论是在媒体还是从事别的行业，都可谓行业精英。班长唐慧卿，现任《宁波日报》报业集团编委、日报政法社会部主任。沈芸，《钱江晚报》新媒体中心主任。华晔宇，浙商创投执行总裁等等，历历数来，每个同学都很杰出。我们 1990 级新闻班目前在电视台的有 6 个：汤伟军，浙江广电集团的总编室副主任；楼坚，钱江台的副总监；范豪群，浙江卫视办公室主任；陈欣，浙江经视节目部副主任；陈刚，教育科技频道；王斌军，民生休闲频道，频道骨干。我举这些例子，意思是哪怕我们相对少的同学去到了广电，但是他们在广电业界的发展还都是非常好的，业务上一直都是拔尖的。后来，新闻系有了广电专业，毕业后去到广电系统的人就更多了，发展更好了，从中央到地方各广播电视台，都有我们的学生。而且，自豪地说，我们新闻系的学生到哪里表现都是优秀的，业界对我们也是认可的。

**问：我们的广电专业有什么特色？**

我们的广电专业，从大的来说，我们有宽阔的平台，这个还是必须的。浙大的学生，毕竟基础好。在这个基础上，我们还是有我们专业的强势，我们新闻专业课的老师都很强,采写编评史论为核心基础,摄影、节目编辑制作、专业采访报道、深度报道等为专业特色课程,还有大众传播通论、新闻学基础知识等为平台课程,在宽口径强特色的培养思路下,我们的学生应该是非常全面的。很多单位在考试的时候都会问:"你们老师是谁?"我们给学生的东西,都是扎扎实实的东西,而不是噱头噱脑的东西。因此,我们培养学生大多数很优秀,当然,这也与我们学生自身的努力分不开的。

**问:我们的广电和浙江传媒学院的广电相比较,有什么特色?**

怎么说,就是刚开始他们上手快,因为它是专业学校,大型演播室就比我们不知好到哪里去了,电视台的一些节目都会借用他们的演播室录制节目。我们不是一个专业学校,我们只是一个系科。那他们学生的整个实践会比我们有优势。所以上手是他们快一些。但是一两年下来,我们学生厚积薄发的东西开始发挥作用了,基础的东西能够长久拥有,当然,我们现在也在强调理论教学的基础上,重视学生的实践教学,重视学生的新闻实践能力的锻炼和培养。我们开设了全媒体实践课程,我们学院专门有学生实践的全媒体平台,这些都保证了学生的动手能力。

**问:那么我们的广电怎么样才能更上一层楼?**

在广电新闻这一块,我们新闻系在新闻这块还是强化的。在新闻系培养方案上,涉及广电方面,我们开设有两门专业必修课,所以我们新闻系的培养还是全面开花的。这还是秉承杭大新闻系的整个发展思路。我们新闻系的发展也不是说我们就学新闻,到目前为止,我们新闻系的学生还是能够适应各个行业的。我在新闻系负责培养方案制定的,所以,对专业课程的设计和学生培养方面还是比较了解。我们在课程设计里面,除了最基础的采写编评史论等课程外,还不断地跟进社会发展,开设了"数据新闻的挖掘与可视化呈现"、"媒介融合"等新媒体课程。虽然我们只是一个专业,但是我们在发展过程中,还是秉承杭大新闻系系科的,还是比较全面的,然后又有一些强化专业基础特色的这么一个发展。所以广电这一块,我们没有弱化。

**问:你来我们新闻系后还做过什么特殊的工作?**

我来新闻系后,先是担任1990级新闻班班主任。那时,自己年纪也不大,刚从学校出来,所以我常说,我是和1990级新闻班一起成长的。同学中至今还流传着我们师生之间的一个趣事。说的是有一天我下寝室走访,到了男生寝室,他们派了一个衣着清凉的同学来开门,给我闹了个大红脸,据说从此我就不去他们寝室了(大笑)。这个"典故"我倒是不记得了,但从那时到现在,和学生真的是亦师亦友。我们 1990 新闻班同学之间、师生之间一直保持着联系,也常常聚会。据说别的班级同学还挺羡慕我们班的凝聚力的。毕业 20 周年庆祝,我们在宁波热热闹闹地搞了一场,程卓群同学夫妇热心张罗和赞助,同学们群策群力,积极参与,周年庆祝活动非常出彩。除了担任班主任,我还做过出纳,新闻系的出纳。因为那个时候,新闻系的老师也少,所以很多人都身兼数职。挺好玩的吧,一个在家里从来都是依赖父母,做甩手掌柜的,居然像模像样地做起了系里的出纳。好在系里钱也不多,记账也简单。那个时候反正大家都很开心在做,大家就都把新闻系当一个家。

**问:做出纳是对你的信任。**

嗯,我长着一张让人信任的脸啊(笑)。当然,我也没有辜负领导和老师们对我的信任。虽然是兼职,但账本从没出错过。那个时候的我们,除了教学还会做很多其他工作,还有行政值班,寒暑假也是行政和老师们分头来值班的。那个时候的老师要做很多事情但也没有抱怨,也都很认真在做,我觉得这就是杭大给予我们的,也是我们给予杭大的。大家说的老杭大人,杭大精神大概就是这样,就是全心投入,把单位当作自己家一样。

(何扬鸣)

# 吴飞:新闻专业首届研究生

吴飞,1989年考入当时的杭州大学新闻系,1991年,留校任教,兼任《杭州日报·下午版》责任编辑,1994年,任讲师、院长助理,兼任《小商品世界报》副总编辑,1998年以后,先后任浙江大学新闻与传播学系副教授、常务副主任、新闻传媒与社会发展研究所副所长,2003年以后,先后任教授、新闻与传播学系主任、新闻研究所所长,2006年以后,先后任浙江大学传媒与国际文化学院副院长、院长。

**问:你在报考新闻系之前你是从事什么工作的?**

我以前也是老师,是农业院校的老师。我当过4年的老师,然后在那里考研究生。

**问:报考之你对我们新闻系里了解多不多?**

一点都不了解,我当年准备报考的是华师大或者北师大,准备考古代文学或者现当代文学的研究生。但是,刚好在我要考的前一年,我当时非常要好的一位同事考到杭大来了,考到了杭州大学政治系的中共党史专业做研究生。他天天在我面前讲杭州大学有多好多好,说杭州多么多么好。然后,我被他说服了,就过来了。

**问:那么进来之后有没有感觉失望呢?**

没有感到什么失望。因为那个时候杭大还是挺不错的,我当时考的是中文系的现当代文学专业的研究生。我们那一年招了31个研究生。考进来之后,新闻系就从中文系独立出去。中文系问我们有没有谁要去读新闻方向的研究生,说我们考中文学科的同学都可以转读新闻专业。最后,我和另外两个同学就来读新闻来了。就这么简单。

问:你还记得是谁来问你们的?

那记不住吧,该是辅导员之类的老师吧,会不会是钱诚一老师或者廖可斌老师呀?或者谁,我记不清楚了。当时廖可斌老师好像是管我们研究生工作的学生支部书记,他跟我们往来比较多。

问:我们新闻系第一届研究生,除了你之外,其他还有谁?

一个是安徽的杨培华,一个是福建的陈汉成。陈汉成毕业以后就没怎么联系了。有人说他可能去世了,联系不上他,因为他这个人不太爱和同学交往。杨培华毕业后去了中国银行报,后来当了安徽省中国银行做行长的秘书,几年前已经是中国农业银行在合肥的一个分行的行长了。3个人,走上了各不同的人生道路。我的指导老师是张大芝老师,杨培华的指导老师是桑义燐老师,陈汉成的老师是张允若老师还是邬老师?

问:我记得邬老师去世的时候,我还专门给陈汉成写信的,叫他过来。

哦,对。应该是邬老师。桑老师带的第一个研究生是樊葵。

问:作为新闻系的第一届研究生,你们当时努不努力?哪些人,哪些事情你们印象比较深刻?

那个时候,虽然我们是新闻系的研究生,但是实际上我们的整个组织关系都在中文系。我们的支部呀、学生会呀,所有这些活动都是和中文系研究生在一起活动的,甚至很多课程其实也是与中文系研究生一样的。应该说我们那一届的同学里,不管是中文系的还是我们新闻系的这些学生,都是相当努力的。我觉得我们那个时候基本上都把读书看作是一种必要,相互竞赛,谁读得勤快、读得好,有一种相互暗自比较的感觉吧。那个年代里面,我觉得没有现在这么多好玩的东西,也没有什么想法。大家都在看书。看书、讨论、参加一些学校的讲座呀,连聊天也更多都是聊和学术有关的东西,当然平常也参加各种体育活动。

问:我记得有同学说,你曾经把图书馆有关新闻学的书都看完了,是不是那么回事儿?

那个时候,我们新闻系,我记得在中文系,就现在东一的那个四楼,就两个办公室,其中一个是领导的办公室,另外一个类似于资料室,里面就一张桌子,一个书橱,仅有很少的几本杂志数十本书。那个时候的图书馆,新闻传播的书非常之少,加起来也应该不超过两个书架吧,而且底下一排还是什么马列全集什么之类的。我那个时候翻的新闻的书也就是当年施拉姆的那几本著作呀,然后一些教材性的东西呀,包括甘惜分老师的,童兵老师的博士论文。现在新闻传播类的书成堆了,那个时候很少。所以将新闻类的书看完,并不是多少吃力的事。其实我那个时候看得更多的著作还是社会学、心理学、政治学和一些哲学方面的著作。那个时候只要不上课就在图书馆,每天晚上也在图书馆。所以,把那些东西看完其实很正常的现象。

问:晚上去的是教师阅览室吧?

嗯,研究生可以去教师阅览室,反正教师去的不多,倒是我们研究生去的很多嘛。

问:他们说你有一个爱好,在读书卡上签字?

嗯,那不叫爱好,因为借书时,是需要在借书卡写上名字和日期什么的。我记得是陈汉成讲过这个话,陈汉成说他每次去借书的时候,发现那本书都有我借过的痕迹。不客气说,相比较而言,他看的书确实比我看得少多了。他喜欢其他一些的活动,我也搞不太清楚。陈汉成新闻方面的书看得少,他的兴趣可能放在了中文文学那一方面,在中文方面喜欢得多一点。

问:你们3个研究生中,我跟陈汉成交往得比较多,你们两个相对少一点。你们与老师交往多吗?

我和老师其实玩得很少,因为我们没时间到系里玩,基本都在图书馆里面,你要去图书馆里面就可以每天都见到我。

问:那么哪些人哪些事,你印象特别深刻?比如说,尤其是现在在我们新闻系的。

我其实跟老师的交往很少,只是在上课的时候听听老师讲课,仅此而已。我也很少到老师的办公室去,那个时候好像老师到办公室去也不多,我和吴飞圣老师见过几次,加上我比较内向,更不会跑到老师办公室去的。

问:那个时候也没有什么办公室。

对,没什么办公室嘛。所以跟新闻系老师聊得很少。中文系的一些老师家我倒去过。桑义燐老师家去了一次,张允若老师家好像也就去过一次,去给他们拜年吧。张大芝老师家倒是每年都去的。我跟历史系和中文系的一些老师倒还有一些往来。

问:研究生期间有没有发生过事情,比如说你做过什么今天看起来很有意义的事情?

我们那个时候读研究生应该说有很多好玩的事情。那个时候,杭州大学研究生会是在我们那一批人手上弄起来的,当然不是我们弄的,是学校团委组织弄的,但是我们大概是第一届研究生会。以前研究生少,到我们那个时候研究生大概扩招了,所以才有成立一个组织的可能。整个学校里要竞选,参加活动,因此那个时候不同学科的研究生往来其实是蛮多的。现在教育学院的徐小洲呀,公管学院的郁建兴呀,我们都是同一届的同学。不知道现在的研究生怎么样呀。我觉得这是一个很有意思的一个组织,人不是特别多,又住在 8 栋那一栋楼里面,上一届和下一届的都很熟,都是楼上楼下的。那个时候还要看球赛,经常举办学术活动,整个学校里面洋溢着一股练气功的氛围,什么神电气功、鹤翔桩气功、香功呀。我记得朱菁还练香功呢,我是练鹤翔桩气功,反正什么功都有。那时候学校里面这一块还是很活跃的,我们干了很多类似的活动,包括请一些气功大师到学校做一些演讲。研究生会还组织过研究生和本科生的演讲辩论大赛,这也是以前没有的。我觉得,那时候大学生、研究生的生活还是蛮丰富的。

**问:你现在主要是研究传播学,是不是在读研究生时候就想研究传播学?**

其实那个时候没有什么想法,老师叫我干嘛我就干嘛,没有特别感觉我未来要研究什么。那个时候,我基本的想法是研究生读完以后就到媒体里去工作,因为我有比较强的通过新闻改变社会的理想情结。我根本没有想到要留在高校里当老师,所以那个时候反倒是一些好作品看的比较多,心理学东西看的比较多,像金观涛《走向未来》丛书之类的东西看得很多,主要是想对中国当时的一些社会现象、社会现实有所了解,希望为将来去做一个好记者积淀一些基础。当然,传播学书也看了几本,但是那时候这类的书很少。我觉得当时像施拉姆《传播学概论》,他讲这个社会变迁的东西,没有给我足够的震颤的感觉。心理学的东西,尤其是文化心理学和社会心理学的东西,看完过后,对整个传播学的东西的感觉其实差不多呀。社会学的这个知识框架与传播学的框架很类似嘛。所以,我没有觉得我当时就是要想做传播学之类的研究,没有。

**问:传播学是在你在后来的教学过程当中慢慢地感兴趣起来?**

可以这样说吧。其实,当时读书的时候,我做了很多的笔记。当年中文系还是很有意思的,给我们每一位研究生发了两箱读书卡。我读三年的研究生,做完起码一箱的卡片,一部分至今还留在我的家里呢。其实我是每天都在看书、记笔记、写作。那个时候很少去复印,因为复印舍不得,老贵。所以基本上都是做笔记,好多东西都堆在那儿,搬家的时候丢了一半,最后有点舍不得丢,就留了一点点在那儿。

问：做卡片现在的研究生一点都没有概念。我做是做，但是没有你做得那么多。

我做得挺多的。

问：那你出成果多也是应该的，真的，真的。

你现在去图书馆翻，只要那些书没有丢掉，你还可以看到我很多签名一样的卡片。那些书不是随便签的，签一本就意味真的是看完的。大多数的书我都是精读的。研二的时候，我的导师张大芝老师还要我们读马恩全集，这花了我们很多时间去读。

问：哦？他在要求你们读马恩全集？

张大芝老师有很大的一个想法，他对当时整个中国的新闻理论、党报理论体系非常之不满意，他觉得我们当时那个党报理论其实是假的马克思的理论体系。上课的时有他一门课，他要求我们3个研究生分头去读马恩、列宁、斯大林的著作，要我们弄清楚真正马恩的源头是什么，同时要我们去读共产党新闻工作文献——就是那3卷本的黄色封面的文献。把它们读完，弄懂共产党、党报理论体系，里面那些东西源头到底在哪儿，要求我们分析清楚，当时学界一些论调与马克思的基本理念有什么不一样。所以我们那个时候花了很多精力去读马恩著作。

问：你这点谈得很好，张老师自己没有说起这件事情。

对。张老师比较小心谨慎的，因为毕竟被打成过反革命，他有些事情只是悄悄地去做，不怎么说的，包括他自己写的书，他在复旦大学读书的那些经历。我常常想请他谈谈当时被打成反革命的那些事情，他都不愿意跟我讲，讲得少，偶尔会讲一点。他那确实是受了很大的委屈，差点被枪毙呀。

问：你现在的成就应该说是公认的。那么你认为你现在的成就的取得与当时的研究生的关系深不深？

我也没有多大的成绩，只是一直算比较努力而已。研究生的学习对我的学术生涯来说，意义重大。一是当时心无旁骛读了一些书和文章，这个是很重要的。另一个方面呢，我在读研究生后期去新闻媒体工作的社会实践工作对我也是很有帮助的。因为我是非正规的新闻专业出身的，是半路出家，所以我们那个时候课也很多，本科生新闻专业的所有的学位课程我们都要补，同时研究生的课程也有很多。我记得有一年，一周有23节课，几乎每天都是课，这个印象特别深刻。好在那个时候年轻，体力没什么问题，所以能够撑得过来。整个知识框架、知识体系、学习的习惯，应该说都是在那个时候培养起来的。我以前学理科的,看书没有像文科看得那么多的,后面发现有很多东西、很多想法,甚至每一个学科都让我觉得挺好玩的,所有的东西都有兴趣,所以影响非常之大。在实践的过程中间,发现实践跟我想象的实践也不同,因为在实践中间你就发现哪篇文章放在头版,怎么配合党的宣传政策,做些什么重要的报道和策划,都与课堂上所说的不一样。我实习的时候主要跑科教文卫这条线,我用了一个月的时间,没有考虑写任何文章,把杭州几乎所有的高校和比较重要的研究所都跑了一遍。那是很花工夫的,我骑了一个破自行车,那时像文一路许多地方都是泥泞小道呀,有些研究所很不好找,经常找半天都找不着,那时候又没有手机联系,吃了不少苦头。我这样做,积累了很多的原始材料,应该说对我自己了解那个方面还是很有帮助的。

**问:没想到你实习的时候做了那么多细致的工作。**

对呀,所以我实习成果也不错啊。3个月实习,我和指导老师一起写的一篇报道还拿了一篇浙江省好新闻一等奖,一般的实习生估计拿不到。当然,指导老师跟我关系也很好。所以,我大量的作品都评为《浙江日报》的甲级稿,稿费甚至比我们老师的工资还高呢。

**问:你得新闻一等奖的文章的题目还记得吗?**

记得清楚呀:《为何一家欢乐一家愁》,写的是两个工厂科技创新的比较,一个比较报道,发在《浙江日报》的头版头条,还配发了一条评论。那个影响很大。

**问:你研究生毕业以后你为什么选择留校呢?**

哦,这个其实是被迫的,不是我想的。当时浙报的总编辑江坪专门到学校要过我呢。我实习的指导老师是周荣鑫和程佩霞老师,主要是程佩霞在带我。他们对我比较满意。然后呢,我自己也联系了一下南方日报集团,他们人事部门的人也过来了。当时杨培华也投了简历。

毕业文凭

他们也需要我们,愿意接受我们。但是,我的导师张大芝老师又是系主任嘛,主持系里的工作,他跟我聊了老半天,说希望我留下来工作。我没同意,都不想留下来工作。张大芝老师与我谈了很久,他把我留校的一些基本的表格都填好了,比我们现在教学秘书做的工作都要做得好,什么年龄、性别、论文题目等等,他自己都填好了,说:"吴飞你签个字吧。"我实在是不好意思不留,但是我还是没有签那个字。结果第二天,就是当时校长沈善洪给我打了一个电话。

**问:沈善洪给你打电话的?**

对。沈善洪说:"吴飞,你有没有时间到我办公室坐坐?"然后,我就到他办公室聊了将近一个上午。沈善洪没有直接讲让我留校,但是他讲了很多学校的发展和未来的前景之类的话。后来,我知道其实是张大芝老师让沈善洪给我打电话。我被感动了。我只是一个研究生,跟校长八竿子也打不着,但校长如此礼遇,确实被感动了。

**问:对,你这个礼遇了不得呢。**

校长跟我聊了老半天,给我讲讲说以后进修的事情,出国的事情。嗯,讲了很多吧,就是讲这个学校需要一些年轻人的事。其实他讲得很清楚,我当然可以听得出来话外之音,但是他又没有说他要我留校之类的话。所以我觉得那个时候的校长和现在的校长大概也不一样,很有人情味,张大芝老师这么做,校长也这么做,那最后我想想我就留下来了。

**问:那么浙报知道你留校后有什么反应呢?**

江坪和另一个人专门跑到系里来找了一下张大芝老师,不知道他们具体谈了什么细节,但是最后江坪跟我讲一句话:"你老师要你,我就算了,那我都不好意思抢了。"他们毕竟也是朋友关系。

**问:还有这么个故事呀?**

对。因为张大芝老师当时跟广电、跟浙报、跟新华社的人关系都很好,他们都像兄弟一样的。我留下来后很简单,因为当时没有人教编辑学的课——我们在学习的时候,编辑学的课是《杭州日报》的一个退休编辑来给我们上的。后来,老师因为他年纪大了不能上这门课了。系里没有人能上这门课。张大芝老师就让我留下来上这门课。为上好这门课,我到《浙江日报》又去实习了半年,去做编辑,做了半年的副刊《钱塘江》的编辑。我自己画版样、自己阅稿,把整个报纸的编辑流程学了一遍。然后就开始了备课、上课。

**问:今天回过头来看看你读研时候最大的心得和体会是什么呢?**

我最大的体会是当时读书的氛围很好,整个大学的读书氛围都非常好。我们那些研究生同学,不管是哪个学科的人,大都很努力。当然也有少数的同学开始去搞有点经商味道的事,我记得那个时候政治系的一个同学就是,他是党校的,但是他对商业经营非常有兴趣;历史系的一个同学、中文系的一个哥们儿，去搞什么培训、自学考试、中小学的什么辅导呀，卖卖一些辅导资料，还挺赚钱的。商业性东西开始有了，但是，毕竟还是读书的氛围好像更强。这是第一个很好的背景。第二，我觉得我的导师也挺好。我碰到一个挺好的老师。张大芝老师学识很渊博，思想也很开放的。他以前教大学语文，古代文学这一块还是蛮通的。他自己写杂文。写杂文需要好的文笔、好的思辨能力，包括对哲学的理解，比一般的新闻传播院系老师要好，即使今天来看，可能很多老师都达不到他那个知识的水平。所以，我觉得他是一个好老师。一个好的导师很重要，他没有给我特别大的压力，他每次跟我聊天的时候都轻言细语，但是一讲出来又都是你必须干的活。他叫我去研究新闻心理学，我之所以我看那么多心理学和社会学著作的原因就在这里。将近一年半的时间，我都在看这些东西。那时，刚好新闻心理学开始研究起来，复旦大学、北广有老师写了一两本新闻心理学的书，但写得都不是特别深，所以他希望我做得比较好一点，做得透一点。后来，他又让我去研究舆论学的东西。那时，舆论学国内也就是孟小平和刘建明老师做过一些研究，一个是我们这个学科圈子的，一个是其他学科圈子里的。所以我那个时候看这些老的著作挺多的。我觉得张老师是一个好老师。那个年代，他们这一辈人写论文没什么压力，出书也很少，做课题也不多。当时新闻系编一本有关报刊四种理论的书，张允若老师写一篇，张大芝老师写一篇，桑义燐老师写一篇。第三，整个大学的感觉也不错。那个时候，我跟中文系的那些老师，比如吴熊和老师、金健人老师，还有廖可斌，不管年纪大还是年纪轻的，都有很多的交往。那时候，我们一些诗歌爱好者还创办了一个协会，叫"常新诗社"，专门写古诗词的，用古代的那些所谓的诗歌韵律来写一些新的社会现象，所以叫"常新"，就是复古诗社嘛。不知道现在这个协会还存不存在。成立之后，香港不知道是一个什么基金会还给我们赞助了3000元人民币呀。那是很大一笔钱呀，那个时候老师的工资一个月就两百块钱左右。那笔钱呢，其中有很大的一块是给学校拿去了，但剩下的一块呢，可以让我们这些人到外面去喝喝茶。我们会组织一些活动，比如说到西湖边坐坐，然后几个写诗词的人之间相互唱和一下。像吴熊和老师，快诗手呀，坐在那里，大概真的只要10分钟，一首诗就写出来，一首词就唱出来了。吴熊和老师、陆坚老师、廖可斌老师，都是我们这个诗会的顾问或者指导老师。你看，这些老师们都玩得挺好的，廖可斌老师最后就变成兄弟一样了。我觉得那个是氛围，大学的氛围。老师和学生之间很近，学校里面，你看，校长跟我一个学生之间也能一起沟通。我评副教授的时候——我是破格评副教授的，那个时候没有什么评委那个概念。学校开会,我去答辩的,我记得很清楚哦。但是,我不记得那个时候有没有填什么表格。还真的不清楚,像现在评高级职称有复杂的表格要填写。

**问:表格是有的。**

估计是比较简单的表格,没有什么印象。我只记得进去答辩后,发现30多个前辈坐在那儿,很少有几个人认识。那时对发表文章,没有一级刊物什么这种说法嘛。但是我那个时候是发过文章的,每年都拿到研究生的光华奖学金之类的东西,后面做老师的时候,青年老师里面估计发论文我也是比较多的。答辩的时候,我没有讲几句话,副校长徐辉,教育系出去的一位很有才气的年轻教授,就给我讲了老半天的好话。当时我跟他一点都不认识。他说他看过我写的东西,说很不错。所以我觉得那个时候大学的氛围很好。领导来看我们这些人写的东西,现在评委们能有几个人去看申请人提交的论著呢?当然,现在申请职称提交的材料也多,估计真要看也吃不消。

**问:对了,你现在在决策研究生工作的时候,有没有受到当时读研一些情况的影响呢?**

没有什么特别直接的关联吧。因为现在浙大管理的体系跟当年杭大的管理体系是非常不一样的。我觉得现在行政力量可能比那个时候更强,但那时我作为一个研究生也不大了解整个学校的管理体系会怎么样,可能也是同样厉害的。但毕竟就我当年读书来看,课程那么多,那今天如果排那么多课程,那研究生简直都埋怨死了。你说一周23节课程,那现在哪有学生吃得消?可是我们当年就这么干的,从早上到晚上,几乎每天都要去上课的。研究生的课程你必须要上,不是本专业毕业的,那本科生学位课程你也要去补呀。这样的安排,不知道算不算也是学校的管理体系?那我们学院里面,在管理过程中间,相对比较宽松。各个所有各个所不同的培养体系或者规则,学院整体层面的干预已经是很少。在管理层面,我们没有多少那个年代的烙印。这几年,我在推进整个学院的学术氛围,搞什么传播大讲堂呀、学术午餐会呀、冷餐会呀、学术报告会呀这些东西。我还是希望,我当年在读研究生时受益的那些活动能在研究生里面作一些推广。是不是现在就一定还适合,或者说在今天环境中,当年我受益的东西是不是其他人也能再受益,那是另外一回事情,对吧?

**问:你认为现在的研究生跟你那时的研究生相似和相异较大的地方在哪里?**

首先讲不同。在我自己带的研究生中,就个人感觉而言,我觉得现在很多学生并不是很想读书，他们甚至不知道读书的目标是什么。第二讲相同的地方，就是说你给他们一个任务，他们也会努力给你去做，做不做得好是另外一回事情。当年，我的老师让我写马恩的东西，我记得写列宁《出版自由思想》就写了两三万字，那是用手写的。那时，我们还有一个附带的工作，就是给老师们抄论文呀，就是把他们写的草稿誊写到那个方格纸上，要一字不落。现在，你要他们做，他们也不得不做，但是一般情况下我们也不会让他们做的。

问：我从来没叫过研究生做过这种事情。

所以说，现在的学生跟以前的学生确实不一样了。当然今天的学生所面临的环境和受到的挑战，或者被吸引的东西也太多了。现在的学生有手机、电脑、微博、微信，还有社会活动、商业环境，跟我们当时相对比较纯净的校园比较，是有很大的不同。

问：下面一个问题我想专门问你，其实你刚才已经顺便提到过了，比如说你挂职的事情，你当了老师以后去哪些新闻单位挂过职？对你的科研有哪些帮助？

我当老师后，首先到浙报做了编辑，就是我讲的这个《钱塘江》副刊的编辑，做夜班的编辑。然后，我跟刘清一起创办了《杭州日报》下午版的一个专刊，叫《视网专刊》。整个版面是当时《杭州日报》总编辑冯振德先生完全交给我们两个人来操作的，就是组稿呀、版面设置呀、专栏设计呀，包括发放稿费呀，都是由我们两个人自己做的。具体的事物我做得多一点，刘清因为活动能力比我强，交际的能力比我强，对杭州一些东西了解得比我多，所以我觉得我们两个人是挺好的搭档。这是我最大的一次实践，这个实践让我对整个报业流程，从新闻的、专刊的、副刊的，都有了很大的了解。比如说，我可以完整地来编一份报纸，没有问题。到 1995 年的时候，我们学院跟义乌的《小商品世界报》签订了合作协议，我到那边又去做了一年的副总编辑，所以整个采写编评，包括排版照样，整个流程都学会了。所以我觉得这是一个对新闻实务快速掌握的很重要实践。后来，我们学院又跟《青年时报》，以前是《浙江青年报》签订了合作协议。那个时候，因为已经是学院的院长助理，所以我自己就没有去《浙江青

年报》,但是像沈爱国、潘向光、胡晓芸、钱永红这批人就派过去了,沈爱国做副总编辑,胡晓芸管品牌,管广告品牌这一块。我觉得都很有好处的。

**问:那么这些挂职在你搞科研的时候体现出来了吗?**

嗯,对教学肯定是有体现的。而对科研也有一些帮助,比如桑义燐老师那时和我一起申报一个国家社科基金项目。那个项目主要是我设计的,如果没有业界的经验,那课题的设计就不会那么充分了。

**问:这时你在读研吗?**

那时我刚刚留校。这个项目可以说是我做的第一个国家社科基金项目。对了,做这个项目,我的理念和桑老师不太一样。其实,我当时的理念是写两本书,一本书是有关媒介经营管理的专著,另一本书是有关案例的。但桑老师没有接受我的意见,编了一本论文集。不过,他带着我到广州去做《广州日报》《羊城晚报》的调研。这是一个老教师带着一个年轻老师去做调研,我觉得还是很有收获的。出差中,他跟讲了很多张大芝老师的八卦和对张大芝老师的不满。我跟他在一起住在一个房间呀。我是张大芝老师的弟子呀,估计他希望我有些话委婉地转给张老师。这是题外话了,哈哈。

**问:桑老师曾经带我到宁波去搞过调查,那他从来没有跟我讲过这些。我也跟张老师也出去过,是去金华参加《金华日报》创刊 10 周年的活动。第一次出差,感觉挺好的,但是他没有跟我讲过他的事情。桑老师也从来没跟我讲张老师的事情。可能你与张老师的关系这个因缘在起作用。下面你能不能谈谈?像《杭州日报》下午版的创刊,你是不是参与了?**

嗯,对,不是参与,就是我们给了一个版面来操作嘛。

**问:你能不能比较详细地说说整个过程?**

嗯,也没有什么很详细好说,那时我留校后就跟刘清、朱菁,另外一个叫李俊,可惜李俊英年早逝了,他是出车祸而去世的,太可惜了。反正我们几个人玩得比较多。有一次,我跟刘清在一起聊的时候,我说我们去跟《杭州日报》做一些合作,刘清父亲好像是老编辑。有了一个初步的想法后,我们两个年轻老师就直接去找他们报社的老总,就是冯振德先生。冯振德先生是一个特别好的老总。就是说,他跟现在的老总不一样,他特别有人文气质,对我们也挺放心。当然那个年代,作为一个大学老师,或者一个研究生毕业的大学老师在媒体里面相当少。那个时候我们去的时候,都极受尊重,人家觉得你们很了不起,水平很高。现在,媒体一个普通记者都可能会批评高校老师不懂行业,对吧?尽管我们经验也不丰富,我们没有做过什么东西。我们当时的基本想法是要反映杭州普通市民的一些问题,包括尽可能地用幽默诙谐方式去表达,想追求一种不太一样的风格。冯老总不怎么干涉我们,反而出现了问题他都主动承担。后来,我们发现冯总被批评过好几次。我们曾经发过一些杂文,里面经常会有一些冷嘲热讽的地方,其中有一篇文章我记忆深刻,它冷嘲热讽的,有一点类似现在网络上的段子,说中国是一个很自由的国家,你可以随地大小便,随地吐痰;说新加坡,或者西方国家却不自由,因为你吐口痰就要罚罚钱什么的。那个文章的标题叫《自由与不自由》,被批评了,那冯总从来就没给我们说他受到批评的事情。

问:这篇文章谁写的?

那是自由约稿呀,谁写的现在也记不住了。不过,这篇文章没有被撤版。稿件我们自己把关、自己画清样,最后老总他签发,我们编发的文章几乎没有被他拿下的,对我们很尊重。我记得那个时候和我们在同一个办公室一位中年编辑觉得一个老总把一个版面交给两个从来没有搞过的人,有点冒风险呀。这是后来我们熟悉以后,他对我们讲的。我们不是天天待在编辑部里,因为稿件一个星期才出一次。所以我觉得这个锻炼是蛮大的。搞了这个版面,我们认识了好多人,包括那些文化名人、我们自己学校的老师,甚至有作者今天还跟我在联系。那时他们也不知道我们是谁,给我们写信,比如外语学院那些教授给我们写信、投稿。我觉得特别有意思的,就是我自己策划了一个我认为是比较大的专栏,叫《文化家园》。我是一个在杭州生活的外地人,当时我的一个直接体验就是杭州不是我的家,我讲普通话,而杭州那时多数人讲杭州话,我在浙报办公室或者杭报办公室甚至在学校办公室里,听到基本是讲杭州话的。今天杭州已经变了,已经是一个移民城市了,讲普通话已经很普遍了。那时都是杭州话,几乎听不懂,人们也懒得理你,一个外乡人有被欺负的感觉吧?所以我有一个想法,就是说要把杭州变成一个文化融合的家园。要组织一些外面的人,在专栏上进行讨论。很有意思的。这一点其实对我后面做研究还是有一些想法的,我到现在还在思考这种类似的问题。这种文化融合,或者文化冲突问题,是一个比较难以解决的话题。

问:《杭州日报》下午版的创刊,是杭报还是你们想出来的?

那是《杭州日报》想出来的。那时开始有所谓的数字报纸了,主要是在电视上看看那个东西,网络还不是很发达。但是,已经发现晚报在转型了,晚报早出嘛。《杭州日报》想出一个方法。他们的主要竞争对手是《钱江晚报》,晚报早出,他们来个下午版,下午版的截稿时间是上午12点或者下午1点左右,就可以把后半夜和上午发生的新闻给刊登出来,我们的截稿时间是上午的 12 点,一点钟左右。但是,下午版还是有一些问题,因为很多大事一般不是在上午发生的,而是较晚的时段里发生的,对吧?如何解决这个问题,他们杭报在探索,一直到后面办了《都市快报》,不过,那是另外一回事情。

**问:在创办下午版的过程当中,报社交给你们具体哪些任务?**

我们就是做专刊《视网专刊》。就做这个事情,我们也是他们的一个实验者嘛。下午版本身是实验,它的风格与党报的风格不一样,报道一些有趣味的东西。下午版早期的定位是与日报进行滚动,但是到底怎么做没有现成的东西。我们创办了下午版的第一份专刊性质的副刊,之前是没有专刊,也没有副刊。下午版开始纯粹是新闻的滚动报道,最后觉得好像这样不能够吸引更多人。当时,我们的报纸有个基本理念,叫副刊留人。新闻可以吸引人,但是留人还是要靠副刊的。让一个读者长期订阅某一份报纸,是需要非常好的副刊和专刊才行,比如说,有些人可能就是因为《夜光杯》才去看《新民晚报》,然后变成它的订户。

**问:你有没有读研期间的一些比较有趣的故事啊?我们都不知道的。**

读研的时候能有啥有趣的故事呢?好像真的不多啊,没啥有趣的事。

**问:你们 3 个人互相之间有没有发生过矛盾呀?**

总体还好吧,因为我与他们不是一个寝室,杨培华和陈汉成是一个寝室,我是跟教育系的人住一个寝室,我的隔壁都是历史系、中文系的那些同学,所以我与他俩交往较少。但是,我和杨培华是老乡,交往又多一点。陈汉成是福建人,跟我交往少一点,所以我们没什么冲突。

**问:你刚才讲的陈汉成去世的消息不知道谁告诉你的,是我告诉你的。**

啊,我都忘了。

**问:我到福建开会时,问他们报社的人。听到这个消息,我也很惊讶。**

当时听到这一消息后,我立即打电话给他们《福建日报》的一个刊物,问他们的编辑,可惜刊物的编辑对他没有印象。

**问:我是碰巧的,刚好碰到他们的一个女的副总编。**

不知道怎么回事。陈汉成是平时很少说话,我感觉他有一点比较傲,但是他很会喝酒,他一次能喝 19 瓶啤酒,19 瓶啤酒可以连续喝下去。但是那个时候我们都是穷学生啊,也喝不起。我记得有人还跟他打赌:"你要能喝你就喝下去。"不知道那钱到底是谁出的,反正是买了一堆酒让他喝的,有没有喝掉 19 瓶也记不住了,反正我们当时是很震惊,能喝这么多啤酒不醉的。

问：你这个细节讲得很好，他就是得肝癌去世的。很有可能就是因为喝酒而得肝癌的。

反正是挺能喝的。他用自己的两只书架围一个小小空间，像一个小岔儿，自己躲在里面看书。他们寝室是3个人，还有个许小平，是我们的班长，后来分到江西电视台，现在也去北京了。我与许小平倒还有联系。陈汉成自己把自己关到一个小角落里面，不怎么跟其他两个人交往的，他有点封闭，会不会性格有点孤独啊。不是很清楚。

问：他当时跟我来往还是比较多的，聊天啊，散步啊。

那人总是要跟人交往、交流的，我想。他怎么会跟你聊呢？

问：我也不知道，我日记当中会记载的，现在也忘掉了。他也经常跟我谈你们的事情，什么事情我忘掉了，日记中我肯定会记的。那时我已经留校了。他真的很可惜。

我先前是跟徐小洲住一个寝室，他跟那些管宿舍的人关系还弄得不错。再后来我就与一个化学系的人同住一个房间。这个老兄因为是杭州人，几乎不来的，所以那个房间就是我一个人住。我的房间总是拖得锃亮的，每天都是很干净。那时我不是在报社实习嘛，有一点稿费，而且每年都拿奖学金。奖金是一大笔钱呀，光华奖有500块钱。按规定，3年时间内你不能连续拿同样的奖，我可以，第一年拿了一等奖500元，第二年就只能拿100元，第三年又拿了一等奖500元。这个奖我拿3次。我还有稿费，那时我在浙报的稿费一个月大概也有300元左右，那个新闻一等奖也有500元。所以，那时我在那些同学中间算是比较富有的人。我买了电风扇，买了小的黑白电视机，看看电视新闻。所以我有一个外号叫"小资产阶级"，他们都叫我"小资产阶级"。周明初是海宁人，海宁大概是出产榨菜的，估计他们家也做榨菜，他每次从家里回来，就扛一大包榨菜分给我们，所以我们叫他"地主"。夏天的时候，因为我的那个房间对面就是盥洗室，通风很好。那个时候一般同学没有电风扇，房间通风又不行，所以夏天的时候我房间整个地板上，全是躺着睡觉的人，经常会有七八个人在我的寝室里面。所以我那房间算是一个公共领域。这个还是比较有趣的。

（何扬鸣）

# 邵培仁：在西子湖畔打出传播学的一面大旗

邵培仁，江苏淮安人，先后任杭州大学新闻与传播学系副主任、浙江大学人文学院副院长、浙江大学人文学部副主任。1992年晋升为副教授，1996年晋升为教授，2001年被批准为博士生导师。现为浙江大学传播研究所所长、浙江省传播学会会长、《中国传媒报告》杂志主编、国务院学位委员会和国家留学基金委员会新闻传播学科评审专家、教育部新闻传播学教学指导委员会委员。

**问：邵老师，请你介绍一下你调来我们新闻系之前的一些情况。**

我是1994年3月作为人才引进杭州大学来的，当时我们系是叫杭州大学新闻系。我在传播学研究领域出道算是比较早的，影响也比较大。在1993年之前，已经主撰出版了几本书，它们是《传播学原理与运用》、《经济传播学》、《政治传播学》、《艺术传播学》、《教育传播学》等。我来之前，《光明日报》、《新华日报》等报纸都有报道，有的做了个人物专访，如《邵培仁，传播学领域里的一匹"黑马"》、《著书立业苦作乐——访传播学者邵培仁》等。《徐州师范学院学报》等学刊还先后刊载了《整体互动论：独树一帜的传播模式——略论邵培仁的传播学研究》、《筚路蓝缕，以启山林——略论邵培仁同志的传播学研究实绩》等论文。于是就有好多学校闻风而动，主动跟我联系作为人才引进，其中有南京大学、江苏省社科院，还有东南大学、南京师范大学。因为这些文章一出来，好多人就知道了。但是，我最后没选择在江苏，却选择来到了杭州大学。

**问：那么你为什么选择杭州大学？**

我觉得这边引进人才的力度比较大，领导对人也很热心、真诚，开始主要是新闻系系主任张大芝教授同我沟通和联系,待我正式报到的时候,系主任是李寿福教授,党总支书记是张梦新老师。我很感激他们。

当时,如果我去南京大学,他们只能让我住筒子楼,此时高校都这样。再比如江苏省社科院社会学研究所,如果我要去的话,只能先住在什么礼堂里改造成的一个房子里。而这边呢,答应我的条件是三室一厅。

问:当时三室一厅是很了不起的。

是啊!我只是副教授。当时想,出省就狮子大开口吧,要三室一厅。真答应了,是有点不敢相信的。这是来杭州的第一个原因。第二个呢是老婆的工作安排。像江苏那些地方,除了东南大学同意安排我老婆工作,但是让她在后勤处做行政工作,其他的单位都不同意安排。不安排我肯定不会走的。那么,这边把她安排在宣传部做校报编辑部主任工作,我老婆是比较满意的。她觉得搞文字工作能接受,还不错。第三,孩子上学这边也同意帮助解决。

问:孩子是到浙大附中读书吧?

嗯,是的。所以,房子、妻子、孩子的事都安排得比较满意。至于我自己的位子和票子都没提。竺可桢老校长说,不要当大官,要干大事。对知识分子来说,钱也不是越多越好。所以,我对这些看得比较淡。就在我决定要来杭大的时候,接到南京师范大学一位副校长的电话说,凡是杭大答应的条件,我们南师大不仅全部答应,而且你还可以提新的条件。我说,我已经答应杭大了,答应了就不能变了。这都是因为杭大的热心和真诚感动了我。虽然我来了以后,一开始是住在三十几平方的过渡房,庆丰新村三室一厅住不进去,原因是这个房子原来是校务委员会主任住着,他迟迟不交出来,其实他在另外一个地方更大的房子已经搬进去了,因为他资格比较老,我又不知情,也没催着要房子。所以,我大概有两年时间都住在过渡房里面。

问:这个过渡房是在西溪校区河南还是在哪里?

在曙光新村,浙大求是新村边上。那里有当时杭大的几处房子,我不知道哪些是,但不是整个都是杭大的。我住在那里,每天早上可以到西湖边、到曲院风荷、植物园走一走,到浙大校园散散步,到玉皇山爬爬山呐,有时在山上吼几声,这是锻炼身体的好地方。在这里住的两三年时光是美好的,而后呢,我就搬到庆丰新村的三室一厅了。

问:哦,对,我去过你家呢。

对,你到我家去过。我刚住进去的时候,就发现我当时给杭大提的三室一厅这个条件有点过分了。为什么呢?当时只有老系主任,特别是那些白头发的教授才住三室一厅。你说,我一个满头黑发的副教授竟然也住了三室一厅,周围的那些人看了很不服气呀。

**问:是啊,当时你很年轻呢。**

嗯,不仅年轻,还是副教授,又是外地人,却住三室一厅。当时学校开会的时候,有位系主任也是教授,就讲他们都才住两室一厅,为什么刚来的这位副教授住了三室一厅。比如张大芝教授、李寿福教授都是两室一厅。我凭什么呢?是不是有什么特殊关系呢?我真的没有任何关系的。沈善洪校长,我到杭大好长时间都不认识他。听说当时沈校长在会上讲,我们给邵培仁三室一厅是值得的,他的传播学研究是很强的,他来了会把这个学科给带动起来的,如果我们没有这个价码,他为什么要到浙江来?他为什么不留在江苏?大家觉得是这样一个道理。也许沈校长知道,当时江苏一些高校也都希望引进我。

当时杭大人事处副处长窦香勤,是浙江省委李泽民书记的太太,东北人,待人特别热情、客气,人非常好。我来学校的时候,她亲自帮我去跑各种人才引进手续,她说她去办得快。她帮我去杭州市人才办要指标。当时杭城要进一个人,需要达到一定标准,杭州市人才办才能让你进杭城,否则不让你进杭城的。像这些手续,她全部帮我跑好了,我倒没怎么费事儿。

窦老师有一次跟沈校长讲:我们学校引进邵培仁,好像是引进了一个人才,实际上学校是引进了两个人才,他的太太彭凤仪也是非常优秀的,安排在校报编辑部工作实际上有点委屈她了。

还有到杭州搬家的那一天傍晚,是张梦新老师带着几个学生帮我往楼上搬东西。我记得很清楚,那时候大约是春节过后,三四月份,天也有点热了。我住在那个房间是二楼203室,学生帮我把家具往房间里抬,不一会儿就搬完了。党总支书记做思想政治工作真是细致入微,让人感动啊。

家从江苏搬到浙江,我用一个轻型卡车,但还没装满。好多年后,儿子跟我说:"想当初,老爸你从江苏搬家到浙江,一个轻型卡车都没装满,现在不是什么都有了吗?"我说:"你小子,是不是感觉你老爸当年像逃难一样啊?"他的意思我明白,老爸敢闯荡江湖,能活出人样,我为什么就不能呢!现在他的条件比我当年好,应该干到得比我好。他真是这样说的哦。我说:"你有这个自信当然很好。"其实,当时搬家时丢下了好多东西,只挑了很少的家具,书倒是搬了不少。

来了以后呢,大约有半年时间,清华大学要办新闻系了。当时的系主任是刘建明教授,他找他们校长,说要引进人才。他们校长说:"给你200万元,你引进10个人才。你引进谁,我不管,但我要给你一个进人标准。凡是博士毕业的，要有一本书；没博士学位的副教授，要有 4 本书。"后来，刘建明老师就拿着这个标准去对照，他说在副教授里面超过 4 本书的，全国就是我了。当时是 1994 年年底，钱还是很值钱的。刘建明老师跟我讲，如果我去的话，工资翻一翻，送一台电脑。那时候，电脑还不普遍，他还答应给我电脑什么的，条件是很引诱人的。我真的感激他看中我。我跟他讲："清华是非常好的大学，但我觉得杭大待我不薄了，我不能刚到这儿就走，对不对呀？"后来的托词是："我倒是想去你那里，我老婆说北京风沙大，气候不适应，不愿意去。"差不多有一个月的时间，刘老师老是给我打 BB 机。那时候，电话也没有普及，我刚到这儿，家里还没有安装固定电话，当时装个电话不仅贵，过程还很长，我只有别在腰上的 BB 机，接到他的传呼，我就去找电话打给他。最后，刘老师说："我等你一年。"他认为，等我一年，我肯定会同意去清华大学的。他底气十足的样子。我喜欢清华大学，但刘老师没有等到我，我在这里坚持下来了。

**问：你是从一而终！**

嗯，我是从一而终。后来还有一些机会或引诱，我也没有动心。比如原来浙江广播电视专科学校的校长，是原杭州大学中文系写作教研室主任陈为良教授，后来他年龄到了，要退下来了，也有人推荐我去当校长，认为我毕竟是在杭州大学搞新闻传播学研究的，专业对口，各方面条件不错。当时这个学校是国家广电总局管的，总局人事司来人说要考察我，我婉言谢绝了。我觉得我的这一步走得也对的。后来是彭少健教授去当了校长嘛，他原来是杭州师范学院中文系老师，教文艺理论，对吧？

四校合并以后，还有两件事，也算是小插曲吧！复旦大学新闻学院浙江校友会召开会议，当时复旦大学新闻学院党总支书记燕爽老师前来参加，他现在好像是上海市委宣传部副部长、市社联党组书记。在同桌吃饭的时候，他跟我讲："我们新闻学院准备引进的 5 个人名单里面，有你邵老师的，我们随时恭候你。"我同复旦大学党委书记秦绍德教授也很熟，他与我在家乡的一位好朋友是同学，我在复旦读书时他是宣传部长，我常到他家去喝茶聊天。他一直希望我去复旦。在复旦的一次会议上，他见到我又提及此事，我说："秦书记，如果有一天我揭不开锅了，我一定来投靠你。"有一次，上海大学影视学院常务副院长金冠军教授带着两个人来杭州，在西湖边楼外楼设宴专门请我去，主题就是受领导指示，请我加盟上大，去接替他的位置，他可能另有重用吧。当时各家正在申报博士点，我是学科带头人，关键时刻怎么能掉链子呢！幸亏没去啊，他因为过度劳累不到 60 岁就已经去世了。好人啦！

**问：那么邵老师呀，刚才你讲了来杭以及坚持下来的原因。那么你来之前对我们新闻系了解多不多？**

当时，应该说我对新闻系的了解不多的。最先我就知道德高望重的张大芝教授，而且是通过他的非常有影响的学术专著《新闻理论基本问题》。此书观点鲜明，语言精练，行文流畅，论述严谨，没有半句废话，对我的影响很大。其实，我也不知道杭州大学是省属地方高校，不是部属高校。我当时没有部属高校和省属高校这些概念。

大约是 1985 年 5、6 月份，在去复旦大学读书前，我有机会去黄山、庐山等地调研，一路玩过来，晚上住在杭州大学旁边的酒店。白天在西湖苏堤漫步，就像进入如梦如幻的山水画中。初夏阳光不像现在这么热，那时的游客也没现在这么多，一对对情侣嬉笑着从身边走过，而且旁边会有一些美妙的声音阵阵飘过，让人陶醉！我觉得这个城市太好了。于是我心里就想，如果有一天我有机会来杭州工作，我不会放弃。当时我确实是这样想的。

**问：是什么美妙的声音阵阵飘过？**

哈哈，我真寻声找过去看了，就是坐在亭子里吹笛子、拉二胡、弹琴、唱歌的一些人，都有些文艺爱好或特长，边唱边跳，如诗如画。西湖就像一位美女，让人一见钟情啦。

1993 年 5 月，我去厦门大学参加第三次全国传播学研讨会，会后同原中国青年政治学院李彬老师一起来到杭州，两人住一个房间，聊到深夜两三点钟，他劝我要换一个地方，也认为杭州这地方不错。李彬现在见到我，还经常强调这次夜谈对我人生中的重要意义呢。不过，我在浙大人文学院做副院长时，曾经想通过绿色通道将他引进浙大，清华大学得知消息后同意调进李彬。这也算是我帮了李彬兄的忙吧。呵呵。

**问：邵老师，你讲得挺好的。那么你来之后，觉得学校给你提供的研究平台怎么样？好不好？**

你可能听出来了，我当时带有一种理想化的非理性的色彩，但过来了就过来了。事在人为。我觉得不论是此前的杭大还是现在的浙大，都待我不薄，我是十分感激的，我何德何能，有啥了不起的。房子、妻子、孩子的事情搞定，其他什么位子、票子我倒是无所谓的。平时我就是两点一线：家——教室，教室——家，我不去学校、学院领导办公室，上完课就回家看书。那些所谓的官我是不要当的。后来学院做工作让我做新闻研究室主任，说基本没事干，那我接受了，其他我是不要干的。1996 年底，我评上了教授。校长郑小明教授找我谈话了："你现在还想要什么？你原来不当领导是想要评上教授，对不对？现在你还想要什么呢？应该出来做点贡献了。"呵呵，突然觉得以前好像有点自私似的，那就干吧。于是就让我当了新闻系副系主任，分管教学工作。

分管教学工作后，我就搞了教学改革。这个你记得的。当时杭大教务处管得不死，想改就改了。我把英美的和海外台湾、香港的 32 所大学新闻学系的教学计划下载下来进行研究，参照这些高校的教学计划重新制定自己的本科教学计划。基本思路就是压缩传统新闻学课程，大幅增加传播学和电脑、网络课程。新闻学系开的好多新课，要求年轻老师必须上一门传统课程，再开一门新的课程，我自己除了上新闻写作课，也带头开了《传播学概论》和《媒介经营管理》，后面两门课程我还主编出版了国家面向 21 世纪课程教材和十一五国家重点教材。一大批年轻老师开始上《组织传播》《人际传播》《整合营销传播》《电脑辅助广告设计》《网络传播概论》《媒介战略管理》《公共关系》等等。一开始年轻老师比较抗拒，不愿意上新课。我们经过研究决定：上新课的给你一年时间备课，而备课时间也算上课时间，备一门课有 5000 块钱，算是奖励。所以新课很快都开起来了。

**问：对，是有这个事情，我记得。**

年轻人本来就喜欢新事物，尽管新课有挑战性，但也容易出成果，对吧？这样，新闻系的教学改革就轰轰烈烈地搞起来了。一个人两门课，一门课两个人。我们教学改革成功之后，国内好多高校新闻系来取经、学习，有的直接想方设法找人复印我们的教学计划。这项改革，我们在当时是全国高校新闻传播学系最领先的。

童兵教授是从中国人民大学新闻学院跳槽到复旦大学新闻学院的，他对这项改革过程和成效比较清楚。有一次，我在复旦开会时，童老师和复旦大学党委书记秦绍德在一起聊天，看到了我们互相打招呼。童兵老师说："秦书记，我们复旦大学下面要抓紧引进人才。"秦书记说："对呀，当然要抓紧引进人才了。"童兵老师又说："要抓紧引进青年人才，尤其要引进邵老师手下的副教授。"秦问为什么？童兵说："浙大有一帮副教授都是搞新兴学科的,发展势头很猛啊。"这就从一个侧面说明,我们的教学改革是成功的,是得到外界公认的。

**问:其他平台情况也请你说说**

我简单点。1998 年 10 月四校合并组建新的浙江大学。1999 年 7 月由四校的文史哲和新闻、艺术等系合并成立了人文学院,我被任命为副院长,依然分管教学工作。2006 年,新闻系和国际文化系共同争取从人文学院独立出来,成立了传媒与国际文化学院,校党委张曦书记认为我的性格同徐岱教授比更适合当书记,于是我成了学院首任党委书记,同时兼任学校对外宣传领导小组副组长。2009 年学校成立了 7 个学部,我又到人文学部做了副主任。

传播研究所所长从杭大批准的 1994 年一直做到现在。在此期间,我们研究所不断发展壮大,先后建成了省传播学重点学科,省哲学社会科学重点研究基地——传播与文化产业研究中心,省文化产业重点研究基地——娱乐与创意产业研究中心,省重点创新团队——国际影视产业发展研究中心,负责人都是我。我们办了两本学术刊物——《中国传媒报告》(*China Media Report*)和 *China Media Research*(《中国传媒研究》),我和赵晶晶教授分别是刊物主编。出版了文化产业蓝皮书《中国娱乐与创意产业发展报告》,我和李杰是主编。李杰教授还联络新华社成立了浙江大学海洋文化研究中心,兼任中心主任。可见,平台也需要自己积极、主动地去创建,从无到有,由小到大。

**问:那么邵老师,你来到我们新闻系之后,根据你当时对其他学校新闻系的了解,你觉得我们新闻系最大的特点是什么?**

如果要和其他高校新闻系比,特点是会在比较当中呈现出来的。比如同北方一些高校新闻系比,我们不太左;而同南方一些高校新闻系比,我们又不太右。我们基本上是居于两者之间,不左不右,不偏不倚,不土不洋,公正守中。我们处在中间的一个恰到好处的位置。这点我们做得应该是比较好的。对不对?

**问:对,应该是比较好的。**

是不是这样子?有的学校或研究机构的新闻学教授特别革命,动不动就利用手中那点权力整人,给人穿小鞋,或者向上打小报告,将人弄进黑名单;有的学校的新闻学教授又往往是大嘴巴,乱讲话,甚至在美国之音上说一些过头话,迎合西方媒体。我觉得我们的尺度把握得比较好,恰到好处,是吧?这是一种什么姿态?这就是一种真正做学问的、客观的、理性的、冷静的、中立的学者们应有的学术姿态。我们做到了。你同不同意我这个观点？

**问：嗯，同意。**

我们就是这种样子，我本人也是这样子。我们整个新闻传播学科就是这样子。我们没有那种太风风火火、很革命、很左的人，也没有那种咋咋呼呼的、很反动、很右的人，我们找不到这样的人。这是我们新闻传播学科的第一个特点。

第二个特点呢，就是我们比较扎实，我们不嚣张，也不放肆。我们就是秉持浙大的求是创新的精神，老老实实、踏踏实实做学问、做事情。这也是我们的特点，是吧？但是，我们在竞争比较激烈的环境中把事情做出来了，做得还比较漂亮。学校有人说，浙大传播学科搞传播研究的，最不重视传播了。呵呵，这真是一语中的，但它从一个方面说明我们就是要少说多做。表面上我们是不重视宣传，其实是我们不张扬、不嚣张，做事低调。不像有些地方的某些人，还没做什么东西呢，就已经目中无人、鼻孔朝天了，就以为老子天下第一了。求真务实也是同我们浙大传统一致的，就是实事求是，做实事，求实效。

第三个特点是什么呢？就是我们基本上是团结的，抱团，有集体荣誉感。不像有的学校平时看不出什么，一有事就闹，比如申报博士点了，就会内部跳出一个人来，把它搞掉。你的表情让我看上去不太认可这一点啊，所以我说基本上嘛。一个单位有个把爱挑刺的也不是坏事，让我们做事更谨慎啦。同事之间开开玩笑呀，在一起说说笑笑呀，营造一种宽松和谐友好的环境，我觉得工作起来很舒服，是不是呀？同时，大家也不在意学校那么一点资源，都积极主动地到外面去挖掘和拓展资源，蛋糕越做越大，一个个都过得都很潇洒快活啊！至少有好多同事房子比我大，车子比我好。不过，我乐于做研究所里的中农。

第四个是什么呢？我们一直在创新。我们的教学科研一直在走创新之路的。我们的学术成果，很少有炒冷饭的，很少是重复生产的。基本上是从不同层面、角度和维度研究和创造出来的新的东西，特别是在本土化研究、交叉化研究、国际化研究方面，我们是走在前面的。比如在本土化研究方面，你做的就蛮好，重新改写了世界报业诞生的时间，浙江新闻史做的也不错。我们的华夏传播研究发表了很多 C 刊论文，赵晶晶教授也著译了一本书，我也会有一本。交叉化研究积累的成果比较多，除了我自己，吴飞、李岩、李杰、李东晓、邱戈、章宏、卢小雁等老师都是这个方向的主力军，都有不俗的表现和成果。这些年引进了不少海归博士，韦路、李红涛、章宏、高芳芳等老师在SSCI等国际英文刊物上发表了许多联系中国实际、紧追国际前沿的学术论文，加上研究所主办的两本中英文刊物有较大的海外发行量和传播面,我们基本上把国际化研究这一块做上去了。浙大新闻传播学科在国际上的知名度和美誉度越来越大。

有好长时间,我们的影视传播研究影响不太大。在我做人文学院副院长时,曾从教学角度联合计算机学院申报成功国家广电总局的国家动漫教学基地,但这个平台没有很好地用起来。最近几年,我们的影视动漫研究突然发力了,有不少亮点。在海宁成立浙江大学影视发展研究院,罗卫东副校长任院长。除了拥有国际影视产业研究省重点创新团队,我们还在美国注册成立了"国际华莱坞学会",彭增军教授任董事长,我是创会会长。中国高校影视学会(国家一级学会)也批准我们成立了"华莱坞创研中心"(二级)。范志忠教授的电视剧研究、章宏副教授的电视全球化研究都是很有特色和成效的。中文系盘剑教授的动漫研究也是独树一帜。

同一般的电影研究不同,我们华莱坞电影研究打破了过去多少年来影视传播研究的传统模式和路径,采用立体的、全方位、多维度的研究视角观照和审视大中华地区的电影对象,将社会学、传播学、人类学、政治学、经济学、管理学、生态学和地理学等学科的理论和方法引入电影研究,我们的电影研究还运用大数据对电影片名、情节等进行分析研究,研究成果可用于指导电影生产和营销推广。所以,有的电影研究者说,你们写的东西我怎么看不懂了,感觉断电了。因为我们电影研究思维和路径同他们的根本不一样啊。他们私下说,电影文学艺术研究很难有重大突破了,但研究华莱坞这些人套路他们也无法适应,有种危机感。抛弃传统的思路,采用全新的套路,当然会给人耳目一新的感觉,会有许多新的描述和发现,解读出来的东西就和过去不一样了。对不对?当然传统的研究思路也是需要的。但是,我们在研究的时候,就一直试图创新,避免重走老路,拾人牙慧。

**问:邵老师,你来我们新闻系之前传播学研究已经有成果了,那么来了之后你又继续从事哪些研究?有哪些进展?**

在第一本书《传播学原理与应用》出来以后,我就思考要从不同领域和维度去进行传播学研究。我分析马上就会有人际传播学、组织传播学、大众传播学这些书出来,我不能再做这些研究了,要做也做不成国内第一本,因为我不喜欢跟在人家后面,要做就做国内第一本,于是我从政治、经济、艺术、教育、新闻这几个方面切入做传播学。果然,我做的这些全是第一本,有的在英语世界也是第一本,如《艺术传播学》《经济传播学》。到杭州之后,在 1994 年、1995

年和 1997 年，我分别出版了《传播社会学》、《新闻传播学》和《传播学导论》，2000 年出版了"面向 21 世纪课程教材"《传播学》。所以，在传播学基础理论研究和层级研究方面，我们应该算是没有落后，取得了比较好的成绩。

在本土化方面的研究，我的《传播学导论》以及后来的《传播学》本土化色彩是很浓厚的。如果是细心的人，就会发现我这书跟国内其他的同类书有着明显的不同。他们基本上都是介绍和阐述西方传播学，我在书的每一章都会结合中国传统文化、具体国情和媒体实际，弄出一些自己的东西。我不是简单介绍和阐释，而是会有一些创新和发现，有些章节内容甚至在其他书中是看不到的。从中国传统文化和现代学术中总结和提炼华夏传播理论和理念，从余也鲁先生 1994 年让我做他资助的课题"中国古代受众信息接受特质研究"至今，我一直在搜集和研究相关材料，有一个很大的数据库，已经先后发表了十六七篇论文了，最近还有两三篇要发出来，全部弄出来大约会有 20 篇，都是关于本土化研究方面，最后会做一本书。

在交叉研究方面，我出了一本传播社会学后，又进行传播学与地理学、生态学、舆论学进行交叉研究，出版了媒介地理学、媒介生态学、媒介舆论学、媒介经营管理、媒介战略管理以及电影管理方面的书。这些都是交叉研究。特别是在媒介管理学研究方面，我们这个研究体系不同于西方。在国内第一本《媒介经营管理学》之前，我对西方媒介管理学进行了较为系统地研究，然后西方的媒介管理学和传播学、管理学、领导学、市场营销学、消费行为学等整合在一起，形成了一个全新的媒介管理学研究体系。你看，西方的媒介管理学书籍是不讨论媒介领导者、管理者和消费者的，我书中的要素链条是完整的。我在媒介地理学、媒介生态学研究领域也是开拓性的。《媒介地理学》获得了省社科一等奖、教育部社科三等奖。

**问：你那时候研究传播学是开拓性的，现在的话，传播学已经是遍地开花了。那你看看我们浙大现在在大陆方面处于什么水平？**

有几次参加会议，有朋友开玩笑说，浙大的科研团队已经把前沿性东西都搞了，他们没啥事好干了。这表明，我们的研究团队发表了许多前沿性成果，比如吴飞在新闻编辑学方面很厉害，在传播经济学、传播法学、国际传播研究、新闻专业主义研究和传播民族志研究等方面都有很好的成果。李岩的媒介文化、媒介批评，李思屈的广告符号学、文化产业、数字娱乐产业和海洋文化研究，韦路的新媒体研究、政治传播和媒介社会研究，卫军英的广告学和整合营销传播研究，赵晶晶（J. Z. 爱门森）教授的国际跨文化传播、亚洲传播研究，包括你在内,大家做得都蛮好的。赵晶晶作为联合国秘书长安南的新闻发言人弗雷德里克·埃克哈德先生在浙江大学的合作教授,帮助他整理、翻译出版了两本较有影响的专著《为联合国发言》、《冷战后的联合国》。我们有几套丛书做得也比较好,产生了较大的社会影响,如《21世纪媒介理论丛书》、《当代传播学丛书》、《新经济时代广告学丛书》、《数字未来与媒介社会丛书》、《求是书系·传播学》等,内容都比较新,加在一起规模很可观。

浙大新闻传播学科要想抢占制高点、处于领先位置,必须先"知己知彼"。"知己知彼"就是以一种以诚实、谦逊的态度对自己也对别人作出专业的、理性的、客观的和定量的分析和认识,既充分认识到自己的不足和局限,也客观分析别人的优势和特长,详细了解两者之间的相同和不同、差距和特点。然后确定自己的发展道路。我曾经让我的博士生和硕士生每人负责阅读和跟踪5本新闻传播学类SSCI国际顶尖刊物,共40本,并对其中的12本刊物进行了系统的量化分析研究,收录在我主编的《媒介理论前沿》、《媒介理论前瞻》、《媒介理论前线》3本书中。通过这种研究,试图提供一种国际前瞻性、前沿性的眼光和视界。分析研究这些刊物论文的选取标准是什么?它们是怎么组织策划选题的?有哪些好的论文?我们可不可以跟进?我觉得这个对我们学科建设是有好处的。"知己知彼"的第二个招是看西方新闻传播类书籍。浙大外文图书采购部门,每一两个月会有一期新闻传播类英文图书目录发送给我们来挑选。通过最新的英文图书目录和其他渠道图书信息,我们可以大致了解国际传播学的最新形势。第三招就是通过数字图书馆数据库了解美英澳加等英语国家博士论文情况,探知学术进展。我是让参加博士学位论文开题的学生分别负责把美国、英国、澳大利亚、加拿大的新闻传播类的博士论文能下载的下载,不能下载的将目录和提要复制下来,然后进行分析研究。一般是带大家到外面茶馆,包下一个相对安静的房间,在那里待一天,论文一篇一篇地过。这个过程彻底改变了博士论文写作传统的选题思维方式。第四要鼓励老师和博士生积极参加国内外的重要学术会议,了解学术动态。第五通过学院网页、知名教授博客等了解学科发展的现状和动向。

这是讲如何"知彼"?前面已经讲了不少"知己"。综合起来看,浙大新闻传播学科应该在国内第一方阵。这是我的基本判断。

**问:这都是我们一步一步前进的过程。那么,你觉得我们新闻传播学科怎么样才能更上一个台阶?**

中国传播学的主要问题是西方化,传播学学科建设的着力点是本土化,突破点是交叉化，目标是国际化，但最佳的学术生态是自主、多元与平衡。我们走到今天是不容易的，是全院师生共同努力的结果。

但是，我们在学术研究上还有潜力可挖，有些老师在科研上用力不足，甚至有的人根本不用力，有的人几年没有一篇论文。那么，这些人在干什么呢？精力都用在教学上了？都用在赚钱上了？都用在家务上了？天知道啊！我们学院同其他学院一样，存在"二八定律"，即20%的人完成了80%的科研业绩，而80%的人只做了20%的业绩。所以，我们新闻传播学科要想再上一个台阶，只要有一半的人像20%的人那样干活就可以了。谁能弄出一个机制出来，谁就是学科发展的最大功臣。

今年我们新闻传播学作为一级学科又参加教育部的评估了。上一次我们排在全国新闻传播学科第10名，我感觉上一次评估从学校到学院都有点大意了，没怎么重视，没把它当回事，谁知教育部部长特别重视上次的评估结果，大会小会讲，排名好的也到处讲。浙大吃亏了。这次学校特别重视，书记、校长亲自督战。对我们学科的要求是：进入前5名。

**问：新闻传播学一级学科进入全国前5名，那你觉得有没有这个可能？**

我先说我们如何进入前5名吧。这次评估时段是5年，从2010年1月到2015年12月。可是5年来，我们很多年轻老师一篇论文都没有，一年里啥都没有的占到一半或者三分之一。学科建设就靠几个人怎么行呢？像我这把年纪了还在干呢，年轻人是不是太早休笔了？这次评估本来是要用B刊论文参评的，遭到强烈反对后才改成C刊论文参评。因此，C刊论文越多越好。但我们肯定没法同有C刊的学院比，加上我们有不少没有学术生产力的人。学科要发展繁荣，必须靠大家努力。要抓紧制定教学和科研工作最低标准，比如教授、副教授、讲师每年聘岗应该有一个最低的论文发表的级别、数量标准，达不到标准就低聘或不聘。因为按现在这样下去，我们前10都不一定进得去。人家都在努力，我们没有理由懈怠的。所以，我们要设置一个最低的学术生产量。这是第一。

第二，要有一个激励制度。浙大只奖励权威刊物和SSCI上的论文，评职称也只认这些论文，导致许多人不重视发表低级别论文，这种做法是不对的。我们不是部校共建嘛？拿那么多钱干嘛？为什么不拿来奖励呢？发一篇C刊，奖励两三千元。这样有可能把学术生产量搞上去。

第三，要注意做一些基础性的能够积淀下来的研究，学术研究不要赶时髦。你注意到没有？时髦的研究当时很热闹，但很快就没人理会了，在学术史上很少留下印迹。所以,大家不要一窝蜂地都搞流行的、热门的、时髦的东西,有一些人做就可以了。总是跟风研究,学科的特色也显示不出来。我觉得我们应该好好梳理一下,我们现有的研究成果已经形成了哪些优势和特色,哪些优势和特色应该继续发扬光大,如何动员和组织相关资源来做?经过若干年的努力,外界一提到浙大新闻传播学科就会说,他们在哪些方面很有优势和特色。这就成功了。不搞跟风研究,也是为了学术生态的平衡。现在学术生态失衡了,现在我们学院谁在搞新闻学和新闻业务研究?新闻研究所同传播研究所有啥区别?当然,这也不是我们一家的问题,可能带有一点普遍性。虽然说新闻学与传播学并重,但现在高校新闻传播学院已经很少有人谈论新闻学了,大家都在谈传播学,新闻学好像是一朵不祥的乌云。我认为这是很可怕的事情,学术生态失衡了。李良荣教授有一次在我们学院的座谈会上说,复旦大学新闻学院连续留下 9 位博士都要求研究传播学,当准备留第 10 位博士时就先同他讲,想留下来必须搞新闻学,他答应了,可真正让他去做新闻学时,他反悔了,死活不搞新闻学,坚决要去搞传播学。这是不是一个问题?

第四,要争取在教学上做出一些成绩,搞出点特色。现在全国新闻传播学院培养的本科生都差不多,大同小异,没有特色。如果我们根据自己的力量、优势和特长,大力培育和发展特色专业,闯出一条独特的人才培养之路,就会产生全国性甚至全球性影响,就像国外的一些名校一样,提到这个学校就会立即想到它最好的本科专业。如果人家一说到某个专业就马上想到浙大传媒学院,我们就牛皮啦。我们现在没有这样的专业,但是我们不能先行一步吗?不能预先来做吗?比如清华大学李希光曾经搞过"大篷车新闻",带着学生去新疆、西藏采访,然后一路向媒体发稿。他现在不搞了,去了医学院,如果他继续搞下去就厉害了。我们需要这种人和做法,而且要以制度的形式固定下来,不要受某个人去留的影响。比如说新闻学专业,我们侧重培养某一方面,让别人一想到就向我们学院要人。不仅本科生专业,而且研究生层面的专业硕士培养也要考虑做出特色专业。如果我们在未来几十年坚持这样做,一定会产生巨大的影响。

**问:邵老师,我们是哪一年招博士生的,是在什么情况下招的?**

我们传播学是 2007 年秋开始招收博士生的,这张照片就是 2007 级博士生与开题报告的评委们。但我在 2002 年春季就在中国现当代文学影视传播方向招收了开门弟子樊葵,她现在杭州师范大学教书。其实在当博导之前,我是一直想读博士生的,可是领导不让我到外校去读,只准报考本校的,担心我读完走人吧。我理解领导的苦心。但是，当时杭大文史只有古代研究的博士点，而且队伍排的都很长。后来，四校合并了，我要申请博导资格了。学校就要我先承诺：如果评上浙大博导，我承诺放弃读博。学校意思我明白，如果浙大博导跑到其他高校去读博士生，而且这个学校若还是二流学校，浙大面子往哪搁啊。为了能评上博导，我签了字。

我为什么可以在中国现当代文学申报博导呢？因为2000年在申报中国现当代文学博士点时，当时中文系陈坚教授、吴秀明教授邀请我参加一起申报，他们发现我有不少材料是好用的，比如我有《艺术传播学》及相关论文，有省级社会基金项目，有省市和教育部的科研奖项等。最后博士点批下来之后，他们也告诉我可以一起申请博导资格。当时申请博导审查也是很严格的，批准之后是有公费医疗红本子的。在2007年之前，影视传播方向就我一个博导。这个专业博导也就3个人。按照浙大规定，博导招生名额是根据论文、专著、项目、奖励、学科带头人等等数据折算成分数计算的。我是达到学校要求的最高档次的，即可以一次招3个，春秋两季招生，每次可以招3个。我不是每次都把名额用完的，虽然每次会有30多人报考我的方向，学生还是要精挑细选的，干博导这活很累的。你上网看这些年影视传播方向博士学位论文的题目就知道了，它实际上就是传播学和媒介管理方向啊！说到这里，我得衷心感谢陈坚老师和吴秀明老师，感谢学院学位委员会全体成员。不然会累坏我的。

**问：当时博士点是挂靠在中文系的？他们对你很客气？**

是的，挂靠在中文系，大家都是好朋友。当时，我是人文学院副院长，也是学位委员会成员。开始，在开题报告、论文答辩的时候，我请陈坚教授和吴秀明教授来做评审专家。可是，他们来了一次以后就坚决不来了。认为我做得比较认真、规范，但隔行如隔山，字都认识就是内容听不懂，于是让我放手做。所以，在中国现当代文学博士点和中国语言文学、历史学博士后流动站里，我培养了好多传播学博士和博士后。那么，在新闻传播学界呢？这种挂靠有很多，论文送出去评审和论文答辩大家都是认可的，不会用文学的标准来要求。

2007年秋季,传播学博士点正式招生,但申报和批准时间好像是 2005 年。这个感觉就很不一样了。

**问:我们传播学硕士点是什么时候招生的？新闻传播学一级学科博士点又是什么时候批准的？**

我们在 1996 年获得传播学硕士点,1997 年在此基础上成立杭州大学传播研究所,并正式招收硕士研究生。我的印象,当时教育部批文上的传播学硕士点,就是杭州大学和兰州大学两家,但复旦大学和中国人民大学也在这一年开始招收传播学硕士研究生。又过了一两年,我又有了新闻学硕士点,后来我们又拿到了传播学博士点。这些点的申报过程不细谈了,特别是申报传播学博士点,我、吴飞、卫军英 3 人出了很大的力。2010 年,浙江大学在传播学博士点的基础上审核增列新闻学一级学科博士点,这是国务院学位办和教育部进行的一次改革。申报材料先送校外专家评审,又请专家来浙大评审和现场答辩。现场答辩就是我和吴飞老师两个人去参加答辩的。当时我们想在一级学科下面设 3 个博士点。那些专家提问题是非常尖锐,一针见血,比如有人问:"我不问你别的,我就问你,你们新闻传播学科在全国能排在第几名?"也有人问我:"表格上,你既在传播学专业,又在文化创意产业专业,你认为你最适合在哪个专业?"平时都是朋友,怎么一当评审专家就跟法官似的呢。再后来我们第三次申报新闻传播学博士后流动站成功。从 2002 年到 2014 年我都是中国语言文学博士后流动站传播学专业招收合作博士后。前两次申报书不是我写的,第三次我着急了,自己动手填写申报书,院人事科鲍毅玲老师配合我到校档案馆找到了不少材料。2014 年,在北京评审现场投票刚结束,就有专家打来电话说:"在所有申报材料中,你们新闻传播学科是最强的,通过了。"所以,填写申报书情况熟悉很重要,愿意花力气和时间通过渠道找到佐证材料更重要啊。

**问:当时博导没有现在那么多？**

没有！现在是副教授有博士学位的就可以当博导了。过去的话,你就是教授也不一定能当上,你得有论文、专著、课题、奖项等,还要送到校外评审,如果送审回来有一个是否定意见就完了。而且也不是一评上教授就可以申请博导资格的,通常还要你再等一两年,沉淀一下,有新的业绩才能申报。现在这种做法,对工科来说有其合理性,对文科来说一直有不同意见。博导多了,而招收名额并未增加,僧多粥少是普遍现象。

**问:邵老师,我们再回过头来,你再讲讲你到新闻系之前是在哪里工作的?是做什么的?**

我来杭州之前是在淮阴师范学院中文系任教,先后任中文系党总支副书记、校高教研究室副主任,上过《写作概论》、《公共关系》、《新闻写作》和《电影文学与艺术》等专业课和选修课。1987年从复旦大学新闻学院学习回去之后,就一直有单位联系要作为人才引进,当时正在忙着写几本书根本顾不上。直到1993年年底才考虑这事。其实学校领导对我挺好,校长陈发松教授还是我母校老师。深谈之后,他理解我的选择。我回老家常去看他。我不走也许会当个副校长什么的。但是,这不是我的兴趣所在,我的兴趣是学术研究。

**问:邵老师,你是在什么情况下对传播学开始感兴趣,并进行研究?**

我在去复旦读书前,好像是1983年,中国社科院新闻研究所编的《传播学简介》一书由新华出版社出版了。我在书店看到立即买了,看了两三遍。我对这里面的新概念、新观点和新思想很着迷。当时复旦大学办了助教进修班,这是教育部下文搞的。当时新闻学科教师队伍人才质量急需提升。但是,这个助教进修班和其他进修班不一样,它是要考试的,同今天的研究生考试一样,有考试科目和参考书目,上课很规范、严格,本校的几位老师通过答辩都获得了新闻学硕士学位。当时,丁淦林教授讲新闻史,李良荣教授讲新闻学概论,居延安教授讲大众传播理论,祝建华教授讲传播研究方法,周胜林教授讲新闻写作,师资队伍很强大。名师出高徒。这个班23个人,后来大多是新闻传播学界的教授级甚至博导级人物,如戴元光、刘海贵、程士安、芮必峰、龚炜等。

1986年,《中国大百科全书-新闻学卷》主要编委在复旦开会,就是讨论居延安撰写的"传播学"条目。我在会议现场,很羡慕能在百科全书里面撰写一个条目。当时想,如果我哪天能在大百科全书里面撰写一个条目就好了。谁能想到,我在多年前已在英文中国大百科全书里面撰写过"期刊"条目,现在在《中国大百科全书-传播学卷》中担任跨文化传播分卷的主编。这从一个方面反映出传播学科发展太快了,由过去的一个"传播学"条目,发展成"传播学卷"。人世沧桑,学术之树常青。

我们1986年在复旦读书时开始撰写《传播学原理与应用》书稿时,还有人认为传播学是资产阶级自由化的东西。特别是 1989 年"六四"事件之后的较长时间,是反资产阶级自由化的特殊时期,一些再搞传播学的人有的去了国外,有的放弃不搞了,而我居然能在江苏这个地方出版了《政治传播学》、《经济传播学》、《艺术传播学》和《教育传播学》等书。想想真不容易啊!我要衷心感谢江苏人民出版社和南京大学出版社领导和编辑的眼光和胆识。当时在其他地方,也许我的这些书是出不来的。1997 年我出版《传播学导论》一书时,第一校样拿到省委宣传部审查,校样上的"自由"、"民主"、"人权"等字样上都被画上了一个个圆圈,旁边打了一个个问号。我就跟出版社领导讲:"这位专家一看到这些字眼就生气,就用力打问号,如果他认真地看的话,就会知道我是在质疑和批判,并非赞同,他打问号难道是我错了?"结果拖了好长时间才出版。所以,我后来有两本书还在江苏出版,有的到上海、北京出版。有的地方经济发达,思想却不怎么发达。我们搞传播学研究的真是不容易啊。回首过去,我感觉自己走过了一个地雷阵,走到现在没被炸死,已经不错了,值得庆幸。

**问:邵老师,你今天的成就同你的家庭背景有无关系?**

俗话说,家庭是社会的基本细胞,是人生的第一所学校。我的家庭是革命家庭,党员多,可以组成一个党支部。我父亲是老革命,参加过抗日战争、解放战争,好几次都是死里逃生,他命很大的。父亲是独子,爷爷奶奶就他一根独苗,没哥姐没弟妹的。我父亲也是孝子。当年如果按照组织安排,他是随大军南下去上海工作的。妈妈听说了就闹着不让他走,做了爷爷奶奶工作也不让我父亲走。当时奶奶体弱多病,我父亲就向组织打报告要求留在当地了。因为这事,父亲好像还被降了一级。1985 年我到复旦去读书,特地去看望父亲在上海的老战友,从伯母嘴里才知道伯父是顶替我父亲去上海工作的,后来做了普陀区委书记。爸爸从来没同我们讲过这些事情。大约是 1955 年,党组织送父亲去扬州师范学院读书,就像张大芝、张允若两位老师一样,是调干生。我收藏一张父亲戴着校徽的照片。他在大学中文系读书期间写的文章、读书笔记,毕业后放在家里,我会拿来看。特别是爸爸在文章中写他在革命战争中的几次战斗对我影响很大。在小学读书时,还见过同学书包里有一本淮海解放区识字课本,书中有篇课文也是写父亲单枪匹马英勇杀敌的故事。父亲毛笔字写得也很好,在父亲身边读高中时,他要求我每天写一张大字,给我打分,我不听话,没有坚持,现在每想到这事就后悔、懊恼。父亲爱读书,家中有藏书,也有《新华文摘》、《群众》杂志等。这些书籍报刊对我是有影响的。父亲去世早,临终招手让我到他床前,用尽全身力气交代我三句话:"要听党的话;要把红旗扛到底;不要让妈妈穿带补丁的衣服。"哥哥比我大 10 岁,当时也在他跟前,父亲却只叮嘱我,这是信任我还是不放心我呢?! 母亲是幸福的,享年93 岁。我也没有犯过政治上的错误。

**问:邵老师,你是不是从小就对人文学科感兴趣?**

我从小就喜欢语文,语文成绩不错。小学四年级写的一篇作文——《我与爸爸比童年》,拿到全校去展览,老师说六年级学生写不出来。上初中、高中了,都是办黑板报和文艺专栏的积极分子。上大学了,在学校团委办小报。整个年级到新沂军营学军,校政工组老师带着我一个人办了一张《学军快报》,老师就负责写社论,其他的采写编、插图、刻印、发行等我一人全包。喜欢舞文弄墨,四年级时就有诗歌上了黑板报,大学学军结束时即兴写了一首长诗《离别抒怀》,晚会上由美女同学登台朗诵,台下官兵和同学一个个泪流满面。不仅写诗,还梦想写小说和剧本。后来发现自己不是搞文学创作的料。写诗自娱自乐还可以,而写小说和文学剧本不行,打腹稿还很激动,也很生动很精彩似的,但是一写出来好像就不怎么生动精彩了。我感觉自己的形象思维能力没有逻辑思维能力强,然后就慢慢地不搞了,不过年轻时候玩玩文艺未尝不可。在暑期曾作为县委新闻报道组成员跟随县委书记在淮安县顺河公社农村蹲点搞调查、写报道,跟老同志学到不少东西。毕业工作之后,在高校当班主任曾资助同学办了一张小报,影响很大,最后惊动中宣部下文勒令与全国高校近一百张小报一起停刊。呵呵。后来,我也主编过学报增刊《高教研究》,到了杭州又分别办了中英文两本学术刊物。这就是命啦!

**问:你作为导师,指导研究生有什么招数?**

首先,我让自己指导的研究生一接到录取通知书,就立即进入学术研究的状态。一般情况下,不是在决定录取的时候就定导师吗?所以,当我得知录取通知书已经正式发出后,我就会给自己的研究生一个短信或电话:"你从现在开始不要玩了,请立即着手开始写两篇论文,开学带着论文来报到注册。"通常,推荐免试的和参加考试的学生,在得知自己录取的信息之后,第一选择就是玩,跟疯了似的玩,5 月份一直玩到 9 月份开学,有的推免生甚至从上一年11 月份就开始玩。我用这一招使得跟着我的学生甭想玩了,他们开学要缴两篇论文来报到注册。你说,没题目,我给你题目;你说,没材料,我给你找材料。总之,你必须提前写两篇论文。当然,也有学生被吓跑的,吓跑的都是不会有出息的,跑就跑吧。一般情况下,好多博士生和硕士生在开学前就把论文发给我了,我再提些修改意见,开学后就可以投稿了。这样,入学时间不长就发表两篇论文,会大大激发其科研活力和斗志。

其次,传播研究所硕士论文答辩的标准是发表两篇论文。讨论时有导师说,有的研究所已经不提这要求了,我们为什么还要求发表两篇论文?我说,我的研究生发表四篇论文,这样行吧?大家都同意了。我要求学生发表四篇,他们通常要准备七八篇去攻,结果会都发表出来。博士生的论文数,我也会在学校标准的基础上再加码。我们所这一招还是有效的,逼出了一些科研人才。

第三,我鼓励研究生以研究带动阅读,以写作推动阅读。就是不停地写,不停地看。这同一些导师指导方法不一样。有的导师主张研究生多阅读,慎动笔。要求先大量阅读,到写学位论文时再动笔。结果到答辩时,因为没有完成发表论文的指标,而没有资格参加学位论文答辩。现在优秀的学术刊物论文审稿时间和编辑时间都比较长,有的要一年甚至更长时间,不是你有论文就能马上发表的。这对没有在规定时间内完成论文发表指标的博士生和硕士生来说,是巨大的心理压力。

第四,因材施教,给不同的研究生描绘不同的人生蓝图。我原来培养博士生,总喜欢留在浙江,留在身边;总希望他们传承衣钵,在学术研究方面做出成绩。现在我的想法改变了。他们能到外地去发展的就让去外地,特别是有条件能到985、211高校的,我也想方设法帮助他们。不要都待在身边,否则在好多问题上就是自己的学生相互竞争了。老师当评委也难做人啦!再说,为什么不根据每个学生的兴趣、爱好和特长让他们自己发展呢?学生都挤在学术圈和媒体圈有啥好的。过去,我的研究生在这两个圈子里的蛮多的。后来,我早早改变主意了。八仙过海,各显神通。政产学研,媒文金军,到处都有自己的弟子。桃李满天下即将成为现实。

（何扬鸣）

# 胡晓云：一篇来自广告人的回忆

胡晓云，浙江大学广告学科领头人，浙江大学策略传播系系主任、浙江大学传播研究所品牌研究中心主任，硕士生导师，博士生导师。浙江大学 CARD 中国农业品牌研究中心主任。社会兼取为中国高等教育学会广告学专业委员会副理事长、中国广告协会学委会副主任、中国农产品包装设计大赛组委会主任、全国大学生广告艺术大赛浙江赛区组委会主任、担任各级广告与品牌相关赛事评委。

**问：你与广告学是如何结缘的？**

我 1983 年大学毕业就留校了，进入杭州大学宣传部工作。到了 1993 年，杭州大学新闻系王兴华老师等开辟了广告学专业，我在次年（1994 年）进入该专业担任教师，这算是我和广告学"甜蜜爱情"的起点。当时，广告学的学生招生人数多，前三届（1993—1995）招收的都是专科生，每届的学生数量有浮动，但大多保持在 40 人左右的水平。我当时担任了 1995 级广告班的班主任，班上有 47 位学生。当年，我与学生们水乳交融，成为忘年交。因此，这批学生走上工作岗位的时候，给我提了一个要求，说："胡老师，你能不能以后不要当班主任了？就担任我们一届的班主任。"不舍情谊溢于言表。这个班的学生，现在都在岗位上叱咤风云，但每年都要与我有一个隆重的师生会，十分有情谊。

1996 年开始，广告学专业开始正式招收本科生，当时希望培养高精尖的广告人才，将学生数限定为 20 人。1997 年开始，由我担任广告学专业主任。1998 年，进入新浙江大学。1999 年，我作为浙江大学传播研究所的与广告学方向的硕士生导师，开始招收第一届硕士研究生。2004 年，由当时刚刚引进的李杰老师,开始招收传播学科中广告学方向的博士生。2016年开始,我也担任了传播学科博士生导师,带广告与品牌传播研究方向的博士生。2016年也就是去年,我们学院以广告专业为核心,筹建了策略传播系,任命我担任系主任、何春晖老师担任系副主任。可以说,从1994年进入新闻系广告专业那刻起,这20多年来,我与浙江大学广告学专业相携相伴,一路前行。

**问:浙江大学广告学科在全国的地位如何?**

总体来说,浙大广告学以广告思维为核心,进行延展研究方面是非常出色的,我们以差异化特色和相当的学术地位取胜。我们的广告学专业的办学历史并不算早,厦门大学1983年就有了广告专业,中国传媒大学也在1984年成立了广告学专业,我们起步比他们晚了10年。但是,我们的广告学是非常有特色的专业,其他学校就广告做广告,很少从广告这个点上深发开来做相关延伸研究,相比之下,我们很早发现了广告技术的局限性、广告思维的广阔性,因此,较早就从战术层面的广告研究延伸到战略层面的品牌传播及其视觉传播、形象传播等研究。拿我自己的例子来讲,在90年代末,我就为硕士生开设了"品牌传播研究"这门课,现在,这门课也为所有的广告专业本科生上,目的就是从本科阶段就让他们开始接触"品牌传播与策略传播"。我在2003年就与李一峰先生出版了《品牌归于运动》一书,并于2003—2006年间,与我的研究生们一起,出版了《品牌榜样》系列丛书,学生们的研究水平得到提升不说,为我国品牌研究的深入提供了重要的研究成果。2004年之间,同时并行研究城市品牌与并农业品牌传播。可以说,无论是在理论体系构建方面还是品牌实践方面,我的相关研究在全国都是领先的。还有,像何春晖老师的城市传播研究、卢小雁老师的形象传播研究、章燕老师的新媒体与消费心理研究、刘于思老师的社交媒体传播研究、黄桑若老师的广告数据化研究等等,都非常有特色。虽然,由于进人难,浙江大学广告学专业的在编老师不多,但老师们都在各自的研究领域发挥专长,卓有建树。

**问:广告学科的师资力量如何?**

广告学在编老师的学历水平较高,基本上是博士毕业。学术能力和社会拓展能力强,在全国甚至国际上也具有相当的影响力。目前,我担任中国高等教育学会广告学专业委员会的副理事长,何春晖老师担任新闻史学会的公关专业委员会的副会长,这在某种程度上,证明了我们学科、老师在全国同行当中被公认的学术地位和教学研究能力。不过,客观地说,在20多年的发展过程中,浙江大学的广告学师资在数量没有太大进展,每个老师基本都处于超负荷的工作状态。除去王兴华老师退休之外，一些业界优秀的老师因政策制度限制问题无法引进，更有原广告专业的邵大浪等老师的不得已调离，实为可惜。其实，广告学是应用传播学科，不仅仅需要高学历，更需要高水平的策略思维与策划能力。目前，浙江大学人才引进的学历标准是至少博士生，没有考虑到学科特殊情况，确实压缩了我们这类学科扩充师资的空间。另外，令我扼腕叹息的是，浙江大学广告学科发展20多年中，我们有两位老师英年早逝，一位是潘向光老师，另一位是黄孝俊老师，这两位老师都是极其优秀的老师，是浙江大学广告学的栋梁。他们的逝去，使浙江大学广告学遭受了前所未有的重大损失。面对目前师资人才短缺的局面，我们一方面积极引进优秀的青年教师，给予更多的机会培养他们，为师资队伍注入新生力量；另一方面，积极采取"校内校外结合"、"学界业界结合"等应对措施，从业界聘请导师进课堂讲课，以另一种方式补充师资力量，同时也使学生的社会化程度提高。

**问：广告学科的生源和学生质量如何？**

看一个学科发展好不好，学生层面最直接的表现是生源数量和学生质量是否有提升。上世纪90年代，广告学科发展刚刚起步，还没有多少人理解，报考广告学专业的学生不多，但现在，选广告专业的学生越来越多，而且生源质量越来越好。就拿去年专业申请的例子来讲，广告专业报名的学生数量明显多于专业招收的名额。从后期培养看，观察历届学生的专业课表现、实习成果和毕业去向，学生质量确实越来越高了。我因为担任中国广告协会学委会的副主任，同时也是浙江省广告协会学委会的副主任，与业界接触多，所以得到的业界反馈也多。大多评价我们的学生底子扎实、后劲足而上手相对也较快。

不过，其中有两年时间，业界评价不太高。当时，恰好是学校开始大类招生的时候，学生专业课还没学就去实习了，所以业界反馈说："胡老师，你现在的学生专业程度比以前要弱了啊。"对此，我把学校实施大类招生的具体情况告诉了他们，但学校里的政策没法改，我们只能积极适应、实施调整，开始在课堂内外进行创新改革。2005年开始，引进全国大学生广告艺术大赛，鼓励学生积极参与，指导学生参赛，在历届校赛、省赛乃至国赛中，我们学生都获得了不错的成绩。通过这些赛事，学生提前介入实战学习，动手能力大大增强，由此带来的社会声誉度也比较高。

**问：与其他专业相比，广告专业学生有什么特点？**

相比于别的专业学生，我认为广告学专业的学生创造性强、动手能力强，社会化程度相对较高。一些比较传统的学科,学生走向社会还有可能出现与社会脱节的现象,广告学学生相对来讲与社会脱节的现象比较少。选择来读广告学专业的学生,有许多本来就喜欢创造性的工作,比如写写文案、画画、做些设计等,所以他们的创造性思维特别发达,创业能力也就相对强一些,毕业后涌现出许多创新创业的人才。

我们广告专业毕业的学生大概有五类去向,第一类是进入大企业做品牌、市场等相关工作,除世界五百强之外,像阿里巴巴、网易、腾讯、百度等这些互联网公司也有许多我们的学生。第二类是进媒体,分布在新闻、广告策划、广告经营等领域,现在许多学生都是这些媒体里面的中坚力量,比如浙江经视副总裁吴伟成、浙江卫视广告部策划部主任郑丽萍等,就是我们的校友。第三类是创业,许多学生很有创新力,创业做企业、电商、媒体公司等都获得了成功,好几个校友是上市公司 CEO 或董事了。例如 1999 级的吴艳,以 8.6 亿美元的身价位列亚洲十大年轻富豪第七名;1995 级的余玲兵创立了"宋小菜"公司,是目前农业电商中非常典型的企业,他本人也身家过亿。第四类是高校任教。前些年,很多高校都大力发展广告学专业,我的硕士生大部分都进了高校当老师,比如浙江工业大学、浙江理工大学、浙江财经大学、温州大学、浙江大学城市学院、中国计量学院、宁波理工大学等高校都有我的硕士生,好几个都当上副教授了。第五类是升学。我们的学生送到别的学校读研也蛮受欢迎的,所以升学率也不低。当然,广告学的学生因为平时动手实践经验比较多,毕业后更倾向于直接就业。

**问:广告专业培养学生的理念是什么?**

我要求广告学专业希望学生努力做到"三心三力","三心"指的是敬畏之心、感恩之心、恻隐之心,"三力"指的是文化力、创意力和沟通力。我认为,广告专业的学生最重要的是学习一种创造性的思维方式,我称之为"广告思维"——这是一种横向、水平、整合性的思维模式,这种思维模式不仅可以应用于广告领域,而是放之四海而皆准,即学生无论走进哪个领域都能运用广告思维进行创业和创作,不断释放创新力。所以,我们上课都是从策略开始讲,教导学生用策略眼光去看传播,而不单单是技术性的指导。同时,广告专业学生需要有较强的动手能力,我们的培养模式也非常具有"实践性"。一方面老师课程中有许多实践性很强的课,比如文案课、策划课、调研课、媒体投放课等,另一方面学生在本科 4 年能够至少经历 3 次实习:第一学年的暑假有小实习,第二学年有专业中期实习,最后是毕业实习。1997 年我担任广告专业主任后,利用社会资源设立了相关的实践基地,近年还设立了纽约广告奖媒体中心等,经常请一些业界导师为学生讲课。所以,这些学生与行业、市场接触机会比较大,动手能力会强一些,社会化程度也会高一些。

**问:为何成立策略传播系,未来打算如何发展?**

2016 年,学院站在学科未来发展的高度,根据当下应用传播趋势的变化,决定以广告专业为核心,筹划建立策略传播系。广告学的课程也作了相应的调整,在策略传播这个方向增加了内容。当时,成立策略传播系是院里做的决策,学院开党委会议决定任命我担任策略传播系的系主任,何春晖老师担任副主任。我个人认为,院里的决策是正确的,有前瞻性和趋势性的。从学科发展角度讲,这是一种非常有价值的探索。因为一个学科要发展,整个学院也要发展,必须对接当下的大趋势;从另一个角度看,短时间内发生这么多改变,也说明我们学院、学科发展得比较快。从现实角度考虑,策略传播与广告传播紧密相连,学生们走出去也名正言顺。

针对策略传播系的未来的发展规划,我想,是否可以这样想:对内,在策略传播的框架下,形成广告传播、品牌传播、形象传播、商业传播、公益传播等方向的互动和整合;对外,推动策略传播的国际化与学科体系化,形成如美国一些学校的策略传播系一样的格局,有本科、硕士、博士,完善好策略传播学科体系,培养更多的策略传播人才。当然,这一切,都需要学校的支持、学院的科学决策。我是干事情的人,会努力地去做,不辜负自己的理想,更不辜负责任。真如你说的,教师这个职业,就应当"春雨绵绵润物生",用心为学生创造更好的环境,让他们在知识的沃土中脱颖而出。

(林琰旻 、何扬鸣)

# 何春晖:有一种缘分叫钟情

何春晖,浙江大学传媒与国际文化学院副教授,硕士生导师,策略传播系副主任。兼任浙江大学经济与文化研究中心执行主任、浙江大学亚太休闲教育研究中心公关策划部主任、中国公关学会(PRSC)副会长、中国国际公共关系协会学术委员、复旦大学信息与传播研究中心特聘研究员、中国人民大学城市营销研究中心副主任、浙江省形象设计协会副会长、杭州市城市品牌促进会副会长,主要研究方向为公共关系学、品牌传播管理、城市形象(品牌)传播管理等。

**问:你与"公共关系"是如何结缘的?**

我是杭州大学中文系 81 级学生,1985 年毕业之后便留在杭州大学中文系工作,转眼已成为有 30 年教龄的老师了。真正成为专业老师还是因为结缘公共关系学。1986 年随着国家改革开放的春风,源于美国的公共关系进入中国,当时"公关"这个词是非常时髦和新鲜的,一方面 80 年代中期,刚改革开放,加之自己刚留校,对来着西方的新概念特别敏感和好奇。当时最早被翻译进来的英国公关学者的弗兰克·杰夫金斯的《公共关系学》引发了我浓厚的兴趣,不曾想这样的兴趣居然伴随了我一身。1987 年 8 月浙江省公共关系协会成立,我成为首批会员。当时的杭大的中文系在 1988 年就由我开设了公共关系学这门课,当时绝对是摸着石子过河。浙江省公共关系协会是全国范围内最早成立的公共关系协会,杭州大学的公共关系教学研究和实践也是走在全国最前列的,自己也算是国内最早一批进入公关教学和研究领域的开垦者。随着公共关系这个产业逐渐被社会接受和认可,公共关系这门课被纳入了教育部所规范的新闻传播、市场营销、广告、公共管理、旅游管理、行政管理等专业的必修课，各个学校纷纷上马公关以及与公关相关的专业。杭大中文系在 80 年代末便成立了公关文秘专业（3 年制专科），我直接参与了这个专业的建设，除开设公共关系学概论、现代社交礼仪等课程外，还带领学生开始公共关系的一些社会实践。当时公关文秘专业的学生大量进入了政府和企业，作为秘书职业起步，尤其进入企业的，因为经过专业化的公关策略的思维训练和实战训练，有很大一部分成为企业公关营销的总监，有些自己创业成立了公司。由于有中文系的课程体系的功底，加之公关等课程的训练，学生们表现出了相当好的发展后劲，广受用人单位的好评。记得自己最早参与撰写的一部公共关系著作是 1992 年由人民出版社出版的《公共关系学通论》，这是中国公关学界最早的公关著作之一。其中作为该书编委的还有一位卫军英老师，当时是中文系古代文学教研室老师，后来也成为我院广告专业研究整合营销传播的专家。记得 1994 年还与当时杭州大学的公关同仁一起，作为副主编策划编写了一套 3 本现代公共关系丛书：《现代公共关系原理》、《现代公共关系实务》《现代公共关系案例评析》，由浙江大学出版社出版，相当长时间成为不少学校公关通用教材。最近几年还出版了《中外公关案例宝典》、《中外公关经典案例解析》等著作，曾获浙江公关学术奖、浙江公共关系 20 年公关理论创新成果奖等。

**问：浙大的公共关系专业在全国的影响力如何？**

我院在本科阶段并没有专门设立公共关系专业，倒是原来的老杭州大学的哲学系成立过公共关系专业，现在我们学院的徐敏老师就是哲学系公关专业的筹建者之一，她也是中文系的学科背景，当时不少早期的公关学者最早的学科背景均来自中文系，像前面提及的卫军英老师就是中文系唐宋文学博士。不过在新闻系从中文系独立出来后，我们一批与公关结缘的老师也陆续汇到了新闻系，共同推动了公共关系的理论研究和大量的公关实践。我和徐敏老师在教学之余，在 90 年代中后期开始，共同开展了大量的公关的实践探索，比如为桐乡菊花节做全案策划，策划项目获得"中国第五届全国优秀公共关系案例优秀奖"（中国国际公关协会），桐乡菊花节电视晚会项目策划获得"飞天奖"三等奖（国家广电总局）。曾为中国海南养生堂公司全案策划的"30 集大型儿童益智游戏电视节目《成长快乐》"项目，获国家广电总局"金童奖"二等奖。

近 10 年来，本人在公关研究和实践领域更加向品牌传播管理方向发展，尤其是关注城市传播管理，即城市形象的品牌传播管理。杭州的城市品牌的传播管理是自己深耕的一块土壤，作为杭州城市品牌促进会的副会长，是杭州城市品牌建设和传播管理的核心专家之一,10 年间与一群志同道合者孜孜不倦的推动者这座城市形象的传播策划和营销管理,正如 2017 年初杭州城市品牌促进会成立 10 周年活动中,本人代表学界的演讲题目就是《城市品牌的力量》,以品牌引领城市的发展,以品牌凝聚城市的价值,杭州在城市品牌的建设和传播推广在全国是发挥了引领作用的,我们作为学界的智库力量功不可没。近年来与中国社会科学院、中国人民大学、中国传媒大学等学术机构开展紧密合作,推出了《中国城市营销发展报告 2015》、《中国城市营销发展报告 2016》、《中国城市影响力指数排行榜》等。这些成果均取得了很好的社会影响力和社会关注度。

我们学院老师无论在业界还是学界均拥有相当的影响力。像胡晓云老师的农业品牌传播、卫军英老师的整合品牌传播、徐敏老师的公关策划、卢小雁老师的视觉传播、章燕老师的市场营销、鲁晓笑老师的视觉传播,还有海龟的黄桑若、刘于思老师等等。尽管我们的公关学从中文系和新闻系分家后,没有成立新的公关专业,但是学院在传播学硕士方向专门开辟了公共关系方向的硕士研究生,我从 2000 年开始招收首届传播学公共关系方向硕士,10 多年共培养公关硕士 35 名(包括现在在研的)。从设立公共关系学硕士点的时间上来说,我们学院也是走在全国前列的。所培养的学生有进入高等院校从事公共关系学教学和研究的,也有在企业从事品牌营销策划的,也有在中央机关从事国际传播工作的,等等。学生张园毕业后进入了杭州电子科技大学当老师,第一年就被评为学生最喜爱的老师,全校青年教师技能比赛一等奖。当年在校时,他就是因为成功地为联合国安南的首席新闻发言官艾克哈德先生做同声翻译深受赞誉,因为英语一流棒,现在他自己创业,成为英语培训机构的创始人。

目前我担任了中国新闻史学会公共关系专业委员会(PRSC)副会长,胡晓云老师担任了中国高等教育学会广告学专业委员会的副理事长,在某种程度上也证明了我们浙江大学传媒与国际文化学院在公关学科和广告学科的发展得到学界同行的高度认可。浙江大学要建设世界一流大学,首先需要学科发展在全国是一流的。我们学院现在以有 25 年办学历史和经验的广告专业为基础,整合公共关系的学科力量,在全国 985 高校率先提出规划发展策略传播系,这是非常有前瞻性的举措,策略传播所涵盖的公关和广告的整合是最容易与国际对话接轨的专业发展方向。我们既然在策略传播学科发展的起跑线上开了"第一枪",在全国跑出了第一步,我们也相信在大家的共同努力下,必然会跑出浙大特色。

**问：浙大成立策略传播系的意义在哪里？**

筹办"策略传播系"的基本动因，是因为社会发展已经呈现出对"策略传播"的迫切需求。21世纪是互联网经济和形象经济大行其道的时代，大至国家、政府、城市，小至企业、学校等各种社会组织机构，均迫切需要有效的策略传播管理提升形象。"策略传播"，英文表述为 strategy communication，指的是有策略的进行各种传播活动。相关调研发现，基于社会需求，不仅传统的广告公司、咨询公司、公关公司等需要将单一的广告、公关、策划人才转型升级，需要具有策略传播思维、策略传播能力的专门人才。一大批新型的如互联网机构、新媒体机构，也需要大量的策略传播人才，才能解决品牌化、电商化进程中的人才需求问题。同时，政府和各级社会组织，不仅需要在形象提升和维护中更加专业化和职业化，更需要引进策略传播人才在政府形象的传播管理，在政府危机的媒体应对等等问题中提供专业化的解决方案。基于这样的研判，2016年3月25号学院召开了"浙江大学传媒与国际文化学院策略传播系筹建论证会"，邀请了包括北京大学新闻与传播学院党委书记陈刚、中国传媒大学广告学院院长丁俊杰、中国公关学会陈先红会长、肯塔基大学新闻学院院长 Lars Willnat、美国密歇根州立大学传播学院李海容教授、新西兰梅西大学的洪君如教授等19位学界嘉宾，互动通控股集团总裁邓广梼、数字新思CEO谭北平、蓝色光标数字营销总裁丁晓东等3位业界嘉宾在内的国内外专家学者共同探讨建立策略传播学科的必要性、重要性。论证会就4大议题展开了热烈研讨：策略传播时代的理论转向与新范式；策略传播时代的学科整合与新理念；策略传播时代的市场发展与新需求；策略传播时代的专业定位与新使命。参会嘉宾一致认为在全国所有985高校中，浙江大学是第一所创设策略传播系、提出策略传播专业培养方案的高校，专家们高度评价了浙大在学科建设上的创新，并坚信这个学科培养的人才不仅能更好地满足市场的需求，更能引领社会的需求，在全国同类学科的发展中必将产生深远的影响。

**问：策略传播系未来打算如何发展？**

策略传播系的架构不会是一个由公关和广告的简单相加。在筹建前期，我们就充分的调研了海外高校的策略传播专业的定位、课程设置、师资配备等问题，共调查研究了全美19所高校，这些学校属于全美新闻和大众传播教育及研究的佼佼者，具备一定的说服性。调查表明，全美19所新闻与大众传播高校中，本科设有策略传播专业方向的学校有5所，分别是明尼苏达大学双城分校、俄亥俄州立大学、威斯康星大学麦迪逊分校、普度大学、密苏里大学,学生获得的学位为新闻学学士或传播学学士学位。硕士设有策略传播学专业的学校有4所,分别为明尼苏达大学双城分校、爱荷华大学、俄克拉荷马大学、俄勒冈大学,获得的学位为策略传播学硕士学位。其他学校虽然没有明确地指出"策略传播"的专业方向,但是几乎每个学校都下设广告专业方向、公共关系专业方向或广告和公关专业(二合一)方向,以及其他与策略传播相关的方向,表现出对复合型策略传播人才的培养趋势。在传播学领域,美国的学科建设一直以来是我国相关学科的借鉴,从某种程度上,美国高校的课程设置的今天就是我们发展的方向。当然我们在相应的课程改革和设置上,紧密围绕我国社会经济发展的未来需求,抓住社会需求的脉搏,洞察学科发展趋势,进行专业升级,实现学科发展。在人才培养模式方面建立和完善"本硕博"三位一体的人才培养体系,可以先行招收广告学、广告学(策略传播方向)本科学生,并协同新闻传播学一级学科的力量,招收策略传播硕士研究生、策略传播博士研究生,并形成本科、硕士、博士3级学科梯队,培养以策略传播为核心体系的,不同学术水平与实践能力的学生,满足并引导社会需求,获得专业的全方位提升。尤其在师资力量的匹配上会创新"三教统筹"的教学模式,指以本专业的主干专业教师的教学为主体,外请业界导师(公关广告界的董事长、总经理以及政府官员)讲座为补充,学生参与教师和业界导师的合作课题为实践训练为手段,强调培养学生的战略思维与策略能力,实践力和执行力,形成专业老师为主、业界导师为辅的教育生态体系。

其实,对于当下的学生培养,无论是教还是学,都非常需要跨界和整合的理念,比如新闻传播和策略传播就是不分家的,前者培养学生在传统媒体和新媒体领域的新闻传播的理念和技能,那么策略传播专业的学生同样需要这些技能。近年来,新媒体的冲击,导致诸多从事传统媒体的从业者转型去了企业和公关公司做营销总监、策略总监等。这些从业者一旦兼具了新闻传播和策略传播的双重思维和技能后,就更有了开阔的发展空间。其实我们依托新闻传播一级学科的力量整合的策略传播的架构是把未来的需求提前输送给我们的学生,这样学生们的发展空间和后劲将更大。

尽管策略传播系现在还很年轻,但我们坚信,她总会在长大中变得更美丽。

(林琰旻 、何扬鸣)

# 附录:杭州大学新闻系文本

**1958 年的文本:**

## 新闻系十天工作计划

### 一、情况

省整风检查组来校前,本系做了一些工作,讨论了如何以实际行动来迎接检查,张贴标语,利用黑板报宣传,大家都表出决心,订出学习计划,搞好菜园管理和大扫除等。检查组来校后,大家欢欣鼓舞送喜报和决心书。存在问题还是有的,如,对这次整风检查意义宣传不够深不够广,因此有些同学认为这次检查是以浙师为主,整风为主,对我们关系不大,没有作为推动今后工作的动力,对工作布置简单、不明确。校党委召开的各系总支负责人会议精神在总支委员会上做了传达,经过认真的讨论,并进行检查对照,大家一致认为这次整风检查对新闻系也有很大关系,特别是推动今后工作的动力。

经总支研究,定出今后十天计划如下:

### 二、目的要求

在校党委和省委高等学校整风检查组推动下,使工作搞得更好,在明确整风大检查意义的基础上肯定成绩,总结先进经验、找出问题,开展竞赛,克服有些同志的骄傲自满、轻政治重业务、纪律松弛等不正确思想,形成学先进、赶先进、超先进的政治空气,掀起工作、学习、生产的热潮。

(一)具体步骤时间安排(仅有(一)——编者注)

1.步骤做法:

(1)进一步宣传整风检查的意义,采取自下而上进行"四找":找成绩、找缺点、找原因、找解决办法的群众性总结方法。

通过这次总结出：

A、两个月的工作经验教训。

B、先进人物、先进事迹。

C、支部领导学习经验。

(2)通过第一步总结，自上而下的总结经验教训，介绍先进，除本系先进人物介绍外，还请浙师红旗手一人来介绍，找出先进原因，学习先进事迹，订出班、排、系竞赛指标，(指标内容是以科研、学习、生产为主，其次是体育、除四害讲卫生等)订出系的放"卫星"计划。

2.时间安排(11.13—22)：

13日进一步说明检查意义，提出十天计划和这次总结的主要内容，进行讨论，表明决心，建立材料组。

14—16日，14日到工厂劳动一天，开展群众性四找，总结出两个月来工作总结一份和两个专题材料。

17日总支研究，第一步工作小结，研究下一步工作。

18日自上而下进行总结，介绍先进。

19—21日，参观本校展览馆，开展学先进赶先进，开展竞赛，拉出系、排、班个人放"卫星"计划。

**四、组织领导问题**(没有三——编者注)

1.在校党委领导下，总支进行具体抓，分支进行一定的活动。

2.严格遵守向校党委请示汇报制度，加强总支集体领导，明确分工，具体负责。

3.发挥班、排干部作用，发动大家搞好工作。

以上计划是否妥当，请校党委指示。

中共新闻系总支

58.11.13

# 总结纲要

## 一、基本情况

全系师生共 81 人,内学生 73 人。党支部两个,党员 62 人,团支部一个,团员 16 人,群众 3 人。同学来自各级报社和宣教部门,都经过一段实际工作,现在学习情绪很高。

## 二、两个月工作成绩与存在问题

1. 成绩方面:在校党委统一领导下,坚决贯彻了党的教育方针,全体同学积极投入了政治学习和政治活动,参加了建设共产主义的劳动和义务劳动,发扬了我为人人,人人为我的共产主义风格。在政治觉悟、劳动观点,都有了很大提高,表现在如下:①开展了共产主义教育运动和党的教育方针的学习,进行鸣放辩论,贴出大字报一千多张。经过学习,提高了认识,掀起学习热潮,100%的同学订出学习计划,班订出学习公约,收效很大。②在劳动方面获得很大成绩,先后参加迁厂、建高炉、秋收冬种、印刷等各项劳动,共计 2046 个劳动日,每人平均已做 28 个劳动日。③积极参加了"四红"运动。在 21 个小时100 名同学达到普通射击手,50 名同学达到劳卫制一级,部分同学在不少项目上达到劳卫制一级水平,并在向等级运动员奋进。④建立了经常卫生制度,已养成爱清洁讲卫生的习惯。

2. 存在问题:由于入学前,不少同学对学习观点不明确,是为了来求书本知识的。这种思想,虽然通过共产主义教育运动和党的教育方针的学习,解决一些不正确思想,但还不够彻底,目前表现如下:①重业务轻政治。认为自己是党团员,政治觉悟比社会知识青年高,因此有些同学,产生重业务学习,轻政治学习(的思想),如 XXX 同学说:"红是没有什么问题,就专起来好啦。"有的对体育锻炼无为,如 XXX 同学说:"体育什么用,我不想做体育老师,体育不及格,出去当编辑是有资格的。"②骄傲自满。认为自己政治条件好,有少数同学摆老资格,说什么高中新上大学来的同学比不上他。有的对全校性活动不感兴趣,共同办学校认识不足。③纪律松懈,对"三化"不习惯,行动不一致,有的人反映集合排队是形式,早晨出操比各系迟,体育课每次迟到的有四、五个同学,迟则差十几分钟。④有少数同学执行总支决议不够坚决,讨价还价。⑤

政治思想工作做得不够。班和分支一级干部对工作不够大胆。

### 三、经验教训

1.政治挂帅,加强计划性。

2.走群众路线,系有(试验班)基础班,常倾听同学意见,不断进行改正。

3.经常开展批评与自我批评,加强团结。

说明:同学们在总结是不要按提纲总结,先作为讨论线索。在总结是一定要通过从个人到班、排直至全系的从下而上进行总结,一定要通过"四找"来总结。这样能达到提高认识,不是为总结而总结。

中共新闻系总支

11.13

# 新闻系今后工作计划（草案）

最近，本系通过找成绩、找缺点、找原因、找解决办法的群众性工作总结，提高了思想认识，树立了巩固成果，继续前进的决心与信心。个人、班都订出计划，开展了同学与同学、班与班的友谊竞赛。在这一基础上，系里订出在明年十月一日前的放卫星规划，搞出显著成绩向国庆节献礼。我们的计划是：

## 一、指标与要求

教育改革和科研方面：积极进行教育改革，提高教育质量，大搞科研。在明年"五一"前编写一本"怎样办县报"，发行一千册；元旦前编辑一本"范文选"发行 600 册；元旦前编一本"新闻学习资料"发行 300 册；明年二月前编好一本"评报与读报"发行 600 册。在国庆节前创办两种刊物，"新闻学报"和"新闻学习"。以上书籍和刊物，发行对象是本省各县报及新闻爱好者。另外写出政治、新闻专业论文 59 篇，文学创作 106 篇，诗歌和民歌 1000 篇，各种小册子七本。质量要求在省报各种报纸杂志上发表的达 30％以上。

政治思想与劳动生产方面：办一所印刷厂，在今年底搭起架子，有二副字架，一架机器，明年逐步扩大设备。办一所墨水厂，在明年国庆节前试制出新产品。在技术上要求每个同学基本上掌握排字或印刷技术。在农业上，积极参加季节性劳动外，二亩菜地计划亩产二万斤。不断学习政治，关心国家大事，树立集体主义思想，积极完成各项任务，争取全体同学分别称为班、系、校、一、二、三等模范，在国庆节前吸收一批优秀分子入党。

文娱体育卫生方面：活跃文娱生活，成立一个宣传队。在十二月底达到"四红"，国庆节前出现一级运动员 2 名、二级运动员 13 名、运动健将 3 名。清洁卫星经常化，争取获学校一面红旗。

## 二、措施

1.坚决执行校党委指示，加强政治思想工作，严格"三化"制度。建立定期总结评比检查制度。

2.人人献计献智，人人动手，依靠群众实现指标。

3.大办工厂的资金,用勤工俭学方法解决。

4.建立组织。编辑组三个组,一个办厂领导小组。

5.开展学先进、赶先进、超先进运动。

中共新闻系总支

11.20

# 中共新闻系总支今后二个月工作计划

## 一、工作概况

新闻系总支成立以后，在校党委直接领导下，紧密结合教育任务和劳动生产，加强了政治思想领导，通过大办钢铁运动和党的教育方针的学习，每个同志的思想觉悟都有显著提高。（总支前已作专题总结）特别是十一月中旬，在省委整风检查组的督促帮助和鼓舞下，全系的教学、科研、劳动都投入了共产主义竞赛的热潮，在短短几个星期的时间内，我们的思想面貌和各项工作都出现了新气象。同时，对福利工作也进行了许多工作。

涌现出来的这些新气象，主要是这样三个方面。学习教育方针后，热情高涨，思想解放，大搞文艺创作，开展科学研究，文体卫生都出现跃进的新气象。

但是，在取得显著成绩的同时，总支工作还存在计划性不强，解决问题还不够及时等缺点，这些问题在今后工作中注意解决。

## 二、今后工作意见

根据校党委的指示和本系情况，总支的任务，是及时贯彻党委的意见，加强政治思想工作，正确贯彻党的教育方针，依靠全党，发动群众，完成教育任务。并以社会主义和共产主义教育为纲，带动以教学为中心的各项工作全面跃进，着重搞好教育改革，科学研究，劳动生产三结合工作。

我们的口号是：

人人思想插红旗，学习成绩满堂红。

个个争先搞科研，出色捷报迎新年。

（一）加强共产主义教育和政治思想工作。根据校党委"深入开展共产主义教育运动"的指示，加强政治学习的领导，及时端正学习态度，对每个学习阶段中的思想动态加强分析研究，解决当前存在的错误思想，对共产主义的模糊认识和各种资产阶级个人主义思想，插红旗，拔白旗。通过批判资产阶级的思想观点，克服骄傲自满，浮夸作风和畏难思想，使社会主义和共产主义思想深入人心，红旗飘扬在全系各个角落。

（二）正确贯彻党的教育方针，全面完成教育计划。根据省委和校党委的指示，并参考外校的经验。在学习教育方针的基础上，我系进行了教育改革，制定了新的教育方案。在新的教育方案中,体现了"政治第一、业务第二,政治指导业务,业务为政治服务"的精神。在贯彻中必须体现教育、科研、劳动三结合的要求。因此,要正确对待新的教学方案,集中精力学好必修之课,不但学习理论,而且改造思想。作到政治挂帅,四面开花,贯彻领导与群众结合,教与学结合,能者为师,互相学习,人人献计,不断革新的群众路线的办学方针。

哲学学习中,要防止脱离实际,要求过高,树立学习哲学的正确态度。为加强学习领导成立"哲学学习的领导小组",由总支教师、同学参加,设正副组长,具体负责哲学学习中的思想工作和辅导工作。

发动全体同学,根据新的教育方案,人人修订个人跃进规划,做到思想好、工作好、联系群众好、学习好、生产劳动好、科学研究好。互教互学团结友爱好、体育锻炼好、除四害讲卫生好、爱护公共财物好、生主意想办法好、遵守制度好、尊师爱生好。通过社会主义、共产主义学习和党、团活动等,经常进行教育,开展群众性的表扬和批评,树立榜样,推动一般,也可以展开相互检查、督促、红旗竞赛等活动。使全体同志情绪饱满、意志昂扬、身心舒畅,自觉地为全面完成教育计划而奋斗。

(三)通过学习,使同志们具有坚定的无产阶级立场、观点、思想方法和具有明确的无产阶级的新闻观点,能编写各种通讯和消息,学会写言论,能独立设计报纸版面,并熟悉报纸生产的主要过程。这就是说在二年内为本省基层新闻单位培养出具有一定马列主义水平和新闻业务知识的干部。这就是我们工作和学习的奋斗目标。

人人动手搞科研,放出卫星向元旦献礼。根据上级党委的指示和本系新的教育方案,对科学研究提出了新的要求,必须修订科研规划。要根据我系特点和做什么研究什么,需要什么研究什么的精神,实事求是的修订出新的科研计划(计划另订)。必须着重研究如何办好县报为中心内容。

为了加强对科学研究的领导,决定成立系科研领导小组,每班设科研员一人。科研领导小组由五人组成,设正副组长,负责制定科研计划,布置、检查和总结科研工作,负责上报科研的情况和下达上级对科研工作的指示等。

科研的时间应给以保证,规定每周保证有两个晚上时间作为科研活动时间,没有特殊情况不得任意占用。(科研时间根据课程表排定)

(四)逐步建设新闻系。教学设备与资料工作,根据需要与可能和节约的原则,逐步地进行购置。同时与各地新闻单位建立密切联系,互通有无,交流经验等,以利教学。师资培养是我系迫切需要解决的问题,从现在入手必须进行培养教员工作,今后自己能开出业务课。因此,必须在党委领导下,与报社进行密切联系,使我系的教(育)学实践化,不脱离党的政治运动,方针政策和中心任务。以保证搞好教学,培养出质量较高的基层新闻工作者。

(五)加强体育锻炼,年底基本上实现"五红"。在体育锻炼中,继续加强政治思想工作,克服部分同学的畏难情绪和无所谓思想,发动群众,再鼓干劲,苦学苦练,加强互助,突破难关,在1959年元旦前基本上实现"五红"。

(六)几项经常性工作

1.组织工作方面:

加强对预备党员的考察教育工作,本学期内做好二个预备党员的转正。在党的工作中,作出一年建党工作的规划,采取分工联系,负责培养,做好政治审查工作,通过日常学习、科研、劳动等方面,加强考察教育,在本学期内计划发展党员一人。加强对组织生活的领导,开展批评与自我批评,及时端正学习与劳动态度,学习党的方针政策,加强共产主义的思想修养。不断地学习先进,克服缺点和错误。教育同志提高警惕,做好保卫保密工作,同时做好关心人的工作——福利工作。

2.宣传工作方面:

宣传工作是搞好一切工作的前提,因此必须加强宣传工作。除经常进行社会主义和共产主义思想教育外,主要是办好"新闻尖兵"报、黑板报和搞好一切文娱活动。促使同学们积极地工作、学习和劳动,调节精神、活跃学习生活,为教学服务,加强时事政策学习,每月举行一次测试,每天应有一个小时以上读报时间。并做好元旦演出的一切准备,争取演示节目得到好评。此外,大办报纸的准备工作必须注意,在办好"新闻尖兵"的基础上逐步过渡到大办报纸。

# 中共新闻系总支第一学年的工作计划

## 一、工作概况

新闻系总支成立以后,在校党委直接领导下,紧密结合教育任务和劳动生产,加强了政治思想指导。通过大办钢铁运动和党的教育方针的学习,每个同志的思想觉悟都有显著提高(总支前已做专题总结)。特别是十一月中旬,在省委整风检查组的督促帮助和鼓舞之下,全系的教学、科研、劳动都投入了共产主义竞赛的热潮,在短短几个星期的时间内,我们的思想面貌和各类工作都出现了新气象。同时,对福利工作也进行了许多工作。

涌现出来的这些新气象,主要是这样三个方面:学习教育方针后,热情高涨,思想解放,大搞文艺创作,开展科学研究,文体卫生都出现跃进的新气象。

但是,在取得显著成绩的同时,总支工作还存在计划性不强,解决问题还不够及时等缺点。这些问题在今后工作中注意解决。

## 二、今后工作意见

根据校党委的指示,和本系情况,总支的任务,是及时贯彻党委的意图,加强政治思想工作,正确贯彻党的教育方针,依靠全党,发动群众,完成教育任务。并以社会主义和共产主义教育为纲,带动以教学为中心的各项工作全面跃进,着重搞好教育改革,科学研究、带动生产三结合等工作。

我们的口号是:

人人思想插红旗,学习成绩满堂红。

各个争先搞科研,出色捷报迎新年。

(一)加强共产主义教育和政治思想工作。根据校党委"深入开展共产主义教育运动"的知识,加强政治学习的领导,及时端正学习态度,对每个学习阶段中的思想动态加强分析研究,解决当前存在的错误思想,对共产主义的模糊认识和各种资产阶级个人主义思想,插红旗,拔白旗,通过批判资产阶级的思想观点,克服骄傲自满,浮夸作风和畏难思想,使社会主义和共产主义思想深入人心,红旗飘扬在全系各个角落。

(二)正确贯彻党的教育方针,全面完成教育计划。根据省委和校党委的指示,并参考外校的经验,在学习教育方针的基础上,我系进行了教育改革,制定了新的教育方案。在新的教育方案中,体现了"政治第一,业务第二,政治指导业务,业务为政治服务"的精神。在贯彻中必须体现教育、科研、劳动三结合的要求。因此,要正确对待新的教学方案,集中精力学好必修之课,不仅学习理论,而且改造思想,做到政治挂帅,四面开花,贯彻领导与群众结合,教与学结合,能者为师,互相学习,人人献计,不断革新的群众路线的办学方针。

哲学学习中:要防止脱离实际,要求过高,树立学习哲学的正确态度。为加强学习领导成立"哲学学习领导小组",由总支教师、同学参加,设正副组长,具体负责哲学学习中的思想工作和辅导工作。

发动全体同学,根据新的教育方案,人人修订个人跃进规划,做到思想好、工作好、联系群众好、学习好、生产劳动好、科学研究好、互教互学团结友爱好、体育锻炼好、除四害讲卫生好、爱护公共财物好、生主意想办法好、遵守制度好、尊师爱生好。通过社会主义、共产主义学习和党、团活动等,经常进行教育,开展群众性的表扬和批评,树立榜样,推动一般,也可以开展互相检查、督促、红旗竞赛等活动。使全体同志情绪饱满,意志昂扬,身心舒畅,自觉地为全面完成教育计划而奋斗。

(三)通过学习,使同志们具有坚定的无产阶级立场、观点、思想方法和具有明确的无产阶级的新闻观点,能编写各种通讯和消息,学会写言论,能独立设计报纸版面,并熟悉报纸生产的主要过程,这就是说在二年内为本省基层新闻单位培养出具有马列主义水平和新闻业务知识的干部。这就是我们工作和学习的奋斗目标。

人人动手搞科研,放出卫星向元旦献礼。根据上级党委的指示和本系新的教育方案,对科学研究提出了新的要求,必须修订科研规划,要根据我系特点和做什么研究什么,需要什么研究什么的精神,实事求是的订出新的科研计划(计划另订),必须看重研究如何办好某报为中心内容。

为了加强对科学研究的领导,决定成立系科研领导小组,每班设科研员一人,科研领导小组由五人组成,设正副组长、秘书各一人。该领导小组在党总支领导下,负责制定科研计划,布置、检查和总结科研工作,负责上报科研的情况和下达上级对科研工作的指导等。

科研的时间应给以保证,规定每周星期保证有两个晚上时间作为科研活动时间,没有特殊情况不得任意占用。(科研时间根据课程表排定)

(四)逐步建设新闻系。教学设备与资料工作,根据需要与可能和节约的原则,逐步地进行购置。同时与各地新闻单位建立密切联系,互通有无,交流经验等,以利教学。师资培养是我系迫切需要解决的问题,从现在入手必须进行培养教员工作,今后自己能开出业务课。因此,必须在党委领导下,与报社建立密切联系,使我系的教学实践化,不脱离党的政治运动,方针政策和中心任务,以保证搞好教(育)学,培养出质量较高的基层新闻工作者。

(五)加强体育锻炼,年底基本上实现"五红"。在体育锻炼中,继续加强政治思想工作,克服部分同学的为难情绪和无所谓思想,发动群众,再鼓干劲,苦学苦练,加强互助,突破难关,在一九五九年元旦前基本上实现"五红"。

(六)几项经常性工作。

1,组织工作方面:加强对预备党员考察教育工作,本学期内做好二个预备党员的转正。建党工作中,作出一年建党工作的规划,采取分工联系,负责培养,做好政治审查工作,通过日常学习、科研、劳动等方面,加强考察教育,在本学期内计划发展党员一人。加强对组织生活的领导,开展批评与自我批评,及时端正学习与劳动态度,学习党的方针政策,加强共产主义的思想修养,不断地学习先进,克服缺点和错误,教育同志提高警惕,做好保卫保密工作。同时做好关心人的工作——福利工作。

2,宣传工作方面:宣传工作是搞好一切工作的前提,因此必须加强宣传工作。除经常进行社会主义和共产主义思想教育外,主要是办好"新闻尖兵"报、黑板报和搞好一切文娱活动,促使同志们积极地工作、学习和劳动,调节精神,活跃学习生活,为教学服务。加强时事政策学习,每月进行一次测验,每天应有一小时以上读报时间。并做好元旦演出的一切准备,争取演出节目得到好评。此外,大办报纸的准备工作必须注意,在办好"新闻尖兵"的基础上逐步过渡到大办报纸。

3,加强对青年团工作的领导,除了吸收他们参加一些党的组织活动外,必须对团员进行党的基本知识和共产党员的教育,发挥团的作用,使之成为党的有力助手,团支部应根据党总支、支部的计划,订出团的工作计划,使每个团员在支部领导下,积极工作和学习。

4,除四害讲卫生工作方面:做到除四害、讲卫生工作的经常化,防止前紧后松,按照挑战的各项指标,争夺全校第一面卫生红旗。做到四洁、四无、四化。四洁是:教室整洁、宿舍整洁、包干地区和个人卫生清洁;四无是:无鼠、无蝇、无蚊、无蟑螂;四化是:美化、诗歌化、全面化、制度化。个人卫生要做到五勤(勤洗澡、勤换衣、勤剪指甲、勤洗晒棉被、勤理发),三不(不随地吐痰、不乱抛污物、不乱放书籍用品)。

### 三、做好工作的几个问题

（一）经常向党委反映本系的情况，加强请示报告，做到工作安排、检查、总结都有报告，及时贯彻党委的指示。

（二）加强党的集体领导，实行统一领导分级负责制。在总支统一领导下，组织人事工作和保卫保密工作中由总支组织委员徐达会同志具体负责；宣传、学习工作由总支宣传委员方明祥同志具体负责，民兵、文娱、体育由总支委员万荣林同志具体负责；劳动、卫生、生活、科研由总支委员邬武耀同志具体负责。统一领导主要是计划、布置、检查、总结等工作，在统一领导下按分工推动各项工作。

（三）发挥支部的战斗堡垒作用和党员的模范作用，全党动手搞好党的工作，支部应根据总支计划，提出贯彻这一计划的具体措施和意见。每个党员应该积极地自觉地工作、学习和劳动，在各项工作中起模范作用和带头作用，成为群众的榜样，严肃地对待党的各项工作，虚心向群众学习，诚恳地接受群众的监督与批评，戒骄戒躁，团结群众，完成党交给的任务。

团员同志们也要发挥积极性和创造性，为完成党交给的任务而忘我地工作和学习。

（四）在工作方法上，要善于抓先进，推动一般，带动落后，始终贯彻大放大鸣、大争大辩的群众路线的领导方法。

中共杭州大学新闻系党总支

一九五八年十二月二十一日

# 新闻系教学改革情况汇报

1958.12.29

本系根据党的教育方针和省委指示,学习了北京人民大学新闻系的教学经验,在校党委的领导下按照教学劳动科研三结合要求,经过全系师生共同辩论研究,已于 1958 年 12 月 14 日开始,实现了新的教学方案。现在把教学改革的基本情况汇报如下:

## (一)教学方面

在教学改革之前,我们的教学计划内容大体有三方面,第一政治。包括全校师生的社会主义思想和共产主义思想教育、哲学等共占全部课口口。第二基础课如毛泽东文艺思想、当代文选、习作、近代史、汉语等占全部课时的口口。第三新闻专业课程如读报与评报、采访、写作等。共占全部课时的口口。这些基础课程,全由中文、历史系负责教授。经过二个月学习,同学们都获得了不少的成绩。很多同学对毛泽东文艺思想一课已有深厚的感情,认为它对自己正确认识文艺观点上的帮助很大。其他课程都有不同程度的收获。

在学习过程中,当课程逐步深入的时候,同学们普遍觉得有些课程的内容,不很适合于我们二年制新闻专业的需要,如当代文选、习作、汉语基本上是按中文系的教学内容进行的。学习时间的安排上也开始出现一些矛盾。如我们是每周有一天劳动,但中文系每二周劳动一周,由于有些课是和中文系合并上的,因而在中文系劳动的时候,我们的部分课就要停顿。当时同学们纷纷提出要求,希望领导上能立即改变这种被动的情况。那时我们分析了具体情况和学习的要求,认为从二年制的实际情况出发和新闻专业的需要,确应采用另外的办法使同学们在短短的二年中学到更多的东西。同时,这些学生全部是原来有五年到八年的工作经验的干部,他们的理解力强,不一定和高中毕业生一样上同样的课程内容,但是如果外系马上单独为我们开设一些适合我们新闻专业要求的基础课,实际上因时间急迫也有困难。这时我们就下定决心进行教学改革。

正在这时刚好省委指示下来了。指示明确指出要我们加强政治学习,具体规定哲学学习二个月,政治经济学学习四个月,新闻采访、编辑等课要各有三个月的实习时间，同时交给我们一项评选县报的任务作为日常主要的专业课程，要求我们学生在二年毕业以后马上能投入实际工作。在这同时，我们又学习了人大新闻系单课独进的教学方法，于是我们在向全体师生贯彻省委指示之后，在系内展开了展开了轰轰烈烈的教学改革的辩论大会。

教学改革运动开始时，我们首先学习了陆定一同志关于教学方针的报告和有关指示，传达了省委的指示、要求，然后把初步拟出的新的教学方案，印发给群众充分讨论。同学们听了省委指示以后鼓舞很大，深切的体会到领导上对我们的关心，表示定要好好学习。在讨论过程中，极大部分同学一致拥护省委对我们的具体指示，认识到加强政治课的必要性和重要意义。但是也有少数同学认为政治课过多，主张减少政治课的时间，增加文科等基础课的时间，理由是：我们当前迫切需要解决的问题是写作表达能力，学会文艺理论知识，免得在工作中把诗当作民歌，把民歌当作诗。也有少数同学认为政治是主要，但是这样做法是否有点像党校和干校。以后经过大小会议辩论之后，认为新闻工作特别需要学习政治，如果政治思想水平不高就很难做好党的新闻工作。最后两种不同的认识才统一起来，认为新闻工作者的写作表达能力固然重要，但这首先建筑在政治的基础上。此外同学们还提出如下补充修改意见：

1，第二学期应该增加劳动时间，要求在哲学学习最后二周下去调查研究，联系实际搞总结。

2，减少当代作品选一课，可以采用讲座形式参插在第二学期的课程中。增加毛泽东文艺思想、语法修辞、逻辑等课的时间（从原有二周增加到四周）。新闻专业课待以后再作具体安排，减少了政治经济学的四周时间。这样，我们整个教学计划中的政治占□□，基础课占□□，专业课占□□。

### （二）劳动

根据省委、校党委指示，我们系的体力劳动要紧紧结合专业。我们根据党的教育方针和本系具体情况，进行了研究，认为我们在原则上应该多参加体力劳动，但按二年制的具体条件，和学生都系调干的具体情况和新闻专业的特点，决定我们的劳动的基本内容是大办报纸。第一学期因开学后我们已劳动一个多月的时间，决定在这学期中不再安排劳动时间。第二学期，在哲学课的最后二周下乡下厂集中劳动。同时办好系里的两种刊物"县报研究"和"新闻尖兵"。第三学期，一面是办校外的报纸，通过办报参加体力劳动，另一方面把政治经济学搬到农村去上，边劳动边学习。第四学期全部分配到各报社，边上课边搞新闻业务的实习。

### (三)科学研究

我们新闻系科学研究的方向主要是环绕如何办好报纸提出科学研究的项目。这大体上可以分为下列几方面：

1，根据"县报研究"这一课程，可以提出科研项目如如何办好县报研究评比县报在各个时期的内容、言论、消息、通讯、版面编排印刷等。

2，研究浙江的革命报刊史。

3，汇编有关办县报的资料。

4，编写新闻教材等等。

目前我们已初步提出全系的主要科研项目，正在发动群众制订各排班以及个人的科研计划。


附：

（一）新的教学方案一份

（二）系的科研规划一份

# 杭州大学新闻系教学计划表

一、培养目标：基层新闻工作者

二、修业年限：二年

三、教学进程表

| 顺序 | 科目 | 按学期分配 | | 时数 | | | | 第一学年 | | 第二学年 | |
|---|---|---|---|---|---|---|---|---|---|---|---|
| | | 考试 | 考查 | 总计 | 其中 | | | 第一学期 19周 | 第二学期 20周 | 第三学期 14周 | 第四学期 8周 |
| | | | | | 讲授 | 实验 | 实习课堂讨论及练习等 | 每周学时 | | | |
| 1 | 科学共产主义概论讲座 | | | 39 | | | | 1 | 1 | | |
| 2 | 哲学 | | | 123.5 | | | | 6.5 | | | |
| 3 | 政治经济学 | | | 130 | | | | | 6.5 | | |
| 4 | 中央党史 | | | 98 | | | | | | 7 | |
| 5 | 体育 | | | 78 | | | | 2 | 2 | | |
| 6 | 时事政策 | | | 122 | | | | 2 | 2 | 2 | 2 |
| 7 | 文学基础知识 | √ | | 66.5 | | | | 3.5 | | | |
| 8 | 当代作品选 | | √ | 38 | | | | 2 | | | |
| 9 | 逻辑学 | √ | | 70 | | | | | 3.5 | | |
| 10 | 语法修辞 | √ | | 100 | | | | | 5 | | |
| 11 | 读报和评报 | | | 122 | | | | 2 | 2 | 2 | 2 |
| 12 | 新闻学概论 | | | 70 | | | | | | 5 | |
| 13 | 记者工作 | | | 98 | | | | | | 7 | |
| 14 | 编辑工作 | | | 80 | | | | | | | 10 |
| 15 | 群众工作 | | | 48 | | | | | | | 6 |
| 16 | 摄影 | | | 24 | | | | | | | 3 |
| 17 | 广播 | | | 24 | | | | | | | 3 |
| 18 | | | | | | | | | | | |
| | 总学时 | | | 1331 | | | | 19 | 22 | 23 | 26 |

**续　表**

四、实习

| 顺序 | 项目 | 学期 | 周数 |
|------|------|------|------|
| 1 | 教学实习 | 1 | 10 天 |
| 2 | 教学实习 | 2 | 10 天 |
| 3 | 教学实习 | 3 | 14 天 |
| 4 | 教学实习 | 4 | 72 天 |
| 总计 | | | 15 周(106 天) |

五、劳动

| | | 集中 | 分散 | 总计 |
|------|------|------|------|------|
| 第一学年 | 第一学期 | | | |
| | 第二学期 | 1 天 | | 15 天 |
| 第二学年 | 第三学期 | 20 天 | | 30 天 |
| | 第四学期 | 15 天 | | 15 天 |
| 60 天 | | | | 二年总计 |

说明：

　　一、假期、生产劳动、教学的总比例为 1∶1∶10。

　　二、政治理论、基础课、专业课目、占总学时的百分比为 29.3％,29.8％,35％。

**1959 年的文本：**

# 杭大新闻系第一学期工作总结

一九五九年二月六日

## 一、概况

本系创办于 1958 年秋季，学制二年，本学期有学生 73 人，其中有中共党员 60 人，团员 12 人，群众 1 人。学生来源：全部调干学习，其中有一半是原任地、市、县级报社的在职干部，一半是县的宣传、文教部门的在职干部，全系有干部四人，教师五人，其中有教授一名长期养病，有助教三人，在浙江日报实习。

本学期自 1958 年 9 月 5 日开学，同年 10 月 13 日正式上课。在这一学期中，我们在校党委的领导下，加强了党总支的领导，发动群众，前后经过半山劳动，大炼钢铁，整风大检查，教学改革，贯彻党的教育方针，向元旦献礼等几件重大事件，使全体师生正确的认识了教育方针的精神实质，逐步使教学、劳动、科研三者结合起来，确立了理论联系实际的基础，重视了学习政治，同时又不放松业务。

## 二、获得的成绩

我们在校党委的领导下和全体师生职工的共同努力下，在政治思想工作、教学工作等方面都有了不少成绩。

（一）政治思想工作

在校党委正确领导下，本学期我们在贯彻党的教育方针、进行教学改革以及开展各种运动中，我们一般都注意做到政治挂帅，发挥组织作用，从而不断改进教学工作，提高教学质量，使同学们的学习、劳动、生产、科研等情绪始终饱满、政治热情高涨。

回顾这学期以来，我们在贯彻执行党的教育方针的过程中，曾经在思想认识上碰到过不少障碍，如：刚开学时，同学们一致的愿望是好好在新闻系里多读几本业务书，可是到学校以后却首先要参加半山钢铁厂的劳动，接着又要大炼钢铁。当时就有不少同学思想不通，部分同学认为我们是干部，又是党团员，红的问题已不大，主要是加强新闻业务学习。还认为我们过去已经劳动过,今后还可以劳动。这二年中不一定要参加劳动。我们针对这些思想进行了党的教育方针的学习,辩论了新闻系同学到底要不要劳动,以及教学和劳动的关系,最后才初步解决了这些认为不需要劳动的错误思想,从而端正了劳动态度。接着在 10 月 13 日在上基础理论课以后,同学们又普遍的出现了另一种现象,这就是一头钻进各种课程里忽视了政治学习,有时连报纸也很少看。当时客观上原因也较多,如多课并进内容多,未摸索到好的学习方法,但是有部分同学思想实质上是有重视业务课忽视政治学习的偏向。哲学学习开始时,有部分同学对学习哲学有神秘观点,怕钻不进去,学习的信心不足。已初步学过哲学的同学怕自己提不高,个别的同学对学习要求有不够切合实际的现象,以后经过鸣放辩论,通过党的组织生活分析批判,通过交流经验等方法进行解决。

本系的具体情况是工作人员不多,教学力量少,学生都是有一定实际工作经验的干部。由于工作人员少,这就迫使我们要充分的发挥各级组织作用,发挥集体领导的力量。同学们有一定的实际工作经验,就更有可能充分运用学生自己的力量进行工作,使他们在边学习边工作中锻炼和成长。这一学期以来全系两个党支部和一个团支部在总支的领导下,及时正确地贯彻了校党委和总支的意图。在教学改革、劳动生产、科学研究等方面起到了积极的具体领导作用,尤其是在哲学学习期间,党支部几乎天天研究,经常关心学习中的问题。他们常常利用休息时间,千方百计认真搞好工作。在 1958 年 11 月间,曾有半个月的时间,全系同学能够在系里同志出发,没有专职干部的情况下,就依靠几个总支委员(全部是同学)和二个党支部的领导下,发挥了全体党团员的积极性,自觉的团结了全系同学,维持了日常教学工作。同时还领导大家在全系掀起"迎接省委检查团"的大竞赛运动,使教学工作大大推进一步。

当前这些班、排长、支部委员以上的干部,大部分都能从整体利益出发。搞好工作、又努力学习,受到同学们的好评。

另外在这一学期中,我们通过了一个同志入党,讨论三个预备党员转正。

(二)教学方面

在这学期中,我们不断的贯彻和学习教育为无产阶级政治服务,教育与生产劳动相结合的教育方针。又经过了教学改革,加强了政治理论学习,进一步贯彻教学、劳动生产、科研三者结合的精神,使全体同学通过政治理论、时事政策、基础课,以及新闻专业课等的学习,获得了巨大的成绩。

1,政治理论方面:课程的比重,原来是占 19.2%,在教改以后增加到

49％。我们在社会主义和共产主义教育中主要学习了党的教育方针、关于人民公社问题、八届六中全会的公报和决议。在哲学课程中，我们学习了"改造我们的学习"、"实践论"。时事政策方面，我们学习了工农业等各方面的政策方针和国内外的时事，学习了这些课程之后，主要是进一步明确了无产阶级的立场、观点和方法，和党的政策方针。具体的说是：①使我们明确了党的教育方针的基本精神实质。解决了我们思想上只想读书不想劳动，怕劳动要影响学习的错误思想。②明确了社会发展中二个过渡的必要性，澄清了认为现在已经向共产主义过渡的糊涂思想，批判了部分同学以个人主义出发要求搞供给制的思想。③认识到应该以唯物主义观点去看问题，懂得了认识来源于实践，和认识发展的二个基本阶段。不少同学在学习"实践论"以后，深深感到过去在工作岗位上，因为不懂这一原理而犯了不少主观主义的错误，现在大家迫切要求自己能够用这些基本原理来分析事物。有些同学已能开始从理论联系实际，写出比较深刻的体会。有的同学纠正了自己原来主观上的急躁情绪，如丁冬青同学本来性情急躁，看问题比较简单化，现在他认为看问题要全面，不能光凭感性认识。因此现在对待问题也比较能够冷静的思考。④明确了党在工农业等方面的政策方针，及时学习了解国内外的重大事件的动向，从而推动了学习，如在学习台湾海峡形势之后进一步引起对美帝国主义的仇恨，很多同学提出要多炼钢打击美国狼。现在时事政策学习已经常化了，一般的每人每天都保证有一定时间看报。全系平均每人订报刊 5.5 份，三次考试全系平均得到 78、85、92 分

　　2，基础课：课程内容是学了毛泽东文艺思想、当代作品选、习作、现代汉语、近代史等。通过这些课程的学习，我们获得不少成绩。明确了毛泽东文艺思想的基本内容和党的文艺方针。初步的学习了如何分析作品，和如何写作文章的方法。基本上弄清楚中国近百年来社会历史发展的规律，初步学会用辩证唯物主义观点去分析历史发展规律和历史人物。全系考试的成绩，5 分的有 22 人，占 31％；4 分的有 47，占 65％；3 分的有 3 人，占 4％。

　　3，新闻专业课：课程的内容主要是读报和评报。前一阶段读评浙江日报，后一阶段读评县地报纸，学了这一课之后，普遍感到懂得评报的作用，进一步领会毛主席提出："比较又比较、分析又分析"的重要意义，开始摸到了评报的方向是县报，而评报的内容应该要有中心。特别对那些以前没有做过报纸工作的同学，开始明确了应该如何读报，以及报纸的作用等。教改以后，我们对新闻专业课又做了修改，主要是确定了第三学期增加办报的任务。从实践办

报中来提高大家的业务水平。同时准备把专业课适当的逐步提前学习,以便适应评报的需要。

4,公共体育课:课程比例占 7%,全系同学原来一般都有五年以上工作时间,由于长期做机关工作,因此对体育活动不习惯。但是经过一学期锻炼之后,成绩很大。首先增强了体质,大家原来跑 1500 公尺就要头晕、呕吐,现在一般都能一次跑 1500 公尺,最多的可以一次跑 3000 公尺以上。目前有六个同学马拉松赛跑及格,体质增强以后,学习的精神旺盛。本来整天学习,一到下午就头晕打瞌睡。而现在能做到精神饱满,记忆力也增强了。通过体育锻炼,也锻炼了意志和毅力。如朱林、高正生等同学为了跑一百公尺,前后共好了跑了七八十次,最后终于胜利及格了。这说明了要克服困难,一定要有坚强的决心。目前同学们锻炼身体已养成了一种习惯,体重普遍增加。据统计,全系平均每人重四、五斤。张广富体重增加最多——七斤。全系有一级劳卫制的 43 人,二级劳卫制的 7 人,等级运动员 6 人,其中二排二班全班九人,有二个一级劳卫制,二个二级劳卫制,三个等级运动员。

(三)劳动生产方面

本学期按 1、3、8 的比例,共劳动了 45 天左右。劳动内容有:到半山钢铁厂去劳动、大炼钢铁、到各印刷厂去学习排字印刷等技术、种菜等。在劳动中涌现出不少积极分子。在半山劳动时,曾经表扬了二批二十多人。在大炼钢铁中,普遍的认识到钢铁的重大政治意义。很多同学经常日夜的忘我劳动,建造小高炉炼铁。有部分同学过去虽然参加过劳动,但没有像参加过炼铁中那样长的时间,那样强的劳动强度的劳动。这次他们深深的体会到劳动的重要意义。从而加强劳动观念,表现在日常对待种一亩多的青菜能经常不断的培育。爱国卫生做到经常化,常常受到好评,此外还在不同程度上摸到排字印刷的生产技术。据统计,现有人已懂得排字和印刷的技术。

(四)科学研究

在这一学期中,我们逐步明确了科研的方向,是以评比研究县报为中心,围绕这一中心研究报纸,在各个时间的宣传内容、报导形式,从而写了有关的文章来丰富教学。在明确这一方向的基础上,我们就以"读报与评报"课程作为科研的具体内容。自从评报内容由浙江日报改为县报以来,我们共评比研究三次,全系同学初步写出了四万多字的文章。归纳起来,我们得到如下几方面收获:

1,为"三结合"找出正确的方向;

2、发动群众、解放思想,破除迷信、敢说敢做;

3、评报的意见给各办报工作起了一定的推动作用。

### 三、存在的缺点和原因

(一)在教学领导上,缺少预见、不够有计划,具体安排上不够科学。这主要表现在有关课程之间未能很好配合,如新闻专业课跟不上评级的需要;哲学的资料印得不够及时,数量不够精;此外一般是交代任务多,具体督促检查少。

教学方法上,尚需要进一步的改进,如哲学学习,如何在短时间中学到更多的东西,评比县报的方法,如何更好更正常些。

(二)思想领导方面:不够细致深入。如对教师职员的思想领导抓的不紧,共青团的工作关心不够,对少数长期不很安心学习新闻专业的同学,没有更多地从思想上帮助他们认识,有少数干部的作风浮漂,领导上也未能及时帮助他们改正。

产生上述缺点的主要原因:

客观上:本系系去年创办,缺少办学经验,领导水平不高,工作人员少。

主观上:领导干部没有很好抓紧政治理论学习,领导作风不深入。

### 四、体会

(一)坚决贯彻上级党委的指示,进一步争取上级党委的领导。

在省委和校党委正确的领导和关怀下,使我们系的工作顺利进行,不断的改进教学方法,提高教学质量,如省委领导上对我们的教学工作作出具体指示,提出增加政治课,首先从政治思想上提高,使我们更明确了政治挂帅的重要,提出新闻专业课的学习方向。实习期间,增设评比县报的一课,给了我们光荣的任务,使更好地进行"三结合",校党委在重大问题上都给以具体领导和大力支持,如全校布置教育方针的学习,使我们逐步正确领会方针的精神,解决一些不正确的思想:教改时,指示"三结合"的做法,劳动生产、科研的时间和内容,指出二年制的特点,劳动时间可以根据需要适当安排,科研的方向应该是研究报纸,在配备干部和培养干部上不断的设法支持,我们和报社取得密切联系,大力支持我们请外地有关同志来讲课。

我们根据上级党委的指示贯彻得比较坚决及时,因此使我们少走了许多弯路。碰到了一些困难也能即时得到解决,在一学期中取得了巨大的成绩。由此,我们体会到今后应更好的听党的话,更多的争取上级党委的领导。

（二）关于群众路线，从这一学期的实际教学工作中，我们深深体会到党所提出从群众中来到群众中去，相信群众自己能解放自己的群众路线的方法，在我们实际教学工作中，又具体地明确了它的正确和重要。在这一学期中，凡是系里有关重大的事情一般都通过群众充分讨论放鸣，然后得到比较完善的解决，现在回顾起来感到有几点体会：

1，相信群众力量和智慧，有问题要和群众商量，把问题都摆出来给群众看。在进行教学改革的时候，我们按照省委校党委的指示和教育方针的精神，用单课独进的教育方法首先草拟了一个教改方案，但当时在草案中还有几个问题没有很好解决，主要是劳动生产的时间过多；基础课种类多学习时间少；新闻专业课完全安排在第四学期太集中。当时，我们就把草案交给群众，让群众充分讨论，强调大家想办法，个个搞方案，群众在讨论过程中十分认真负责，有不少同志为了解决这些问题，自己都在细细的计算时间，计划安排课程，如一排许绪檄同学计划了一张方案，比原来的计划更紧凑，一排一班通过算账提出不少合理化的建议。最后大家根据提出的建议重新修改了草案，增加了劳动时间，适当的延长主要课程的学习时间，缩减当代文选一课用讲座形式加以补充；第四学期专业学习时间根据评报的需要适当提前。其他如培养目标、评报方法、为刊物定名等等，都经过群众讨论，我们认为这样做的好处是问题更完善和正确，群众都明确了自己的努力方向，可以更好地发挥大家的主观能动性。

2，相信群众自己能解决问题，有领导的让群众自己教育自己，在教改中也体现了这个精神。当领导公布教改草案的时候，群众中有了各种不同的看法，大多数同学认为草案基本上体现了政治第一、业务第二和"三结合"的精神，但也有不少同学认为政治挂帅固然重要，但认为我们搞过报纸工作的人，最主要的是写作表达能力。有的同志认为这样做似乎成为党校或干校了，言外之意是政治多了些。不少同志都能以自己的切身体会来从正面讲道理，最后对这两者关系取得了统一的正确的认识。此外，在学习教育方针时，对于我们新闻系要不要劳动的认识也由群众自己通过鸣放辩论后解决，其他如抓住群众中的先进人物介绍推广先进经验等。总体来说，我们是采用如下几种方法：

（1）让群众大放大鸣，大争大辩。运用多种形式，有班、排、系的辩论会，有大字报形式。

（2）抓先进，学先进，推广先进。如上基础课初期和哲学课期间，学习方法上有困难，就抓住同学中的先进人物介绍经验。

（3）开展览会,让同学们自己展览自己的作品、笔记,起到了促进和监督推动作用。

（4）典型试讲摸索经验,如评比县报先在一个班里实验取得初步经验,然后全面推广。

（5）召开小型座谈会,事先征求群众对教课的要求和意见,然后再集中大家的意见作出计划。

（6）成立各种"三结合"组织,让学生教师参加工作,现有的科研小组、县报研究小组、哲学领导小组、资料工作小组等等。

### 五、做得不够的地方

（一）总支确定的点,"试验田"也是群众路线的一种工作好方法,但是长期未加有计划的具体培养和运用。因此,对于究竟如何搞"试验田"尚未摸经验。

（二）教学联系实际和各方面挂钩,丰富教学内容

回顾这一学期来,我们和浙江日报、杭州日报、人大新闻系、中国新闻协会红专学院、南大中文系新闻专修课、新闻学校、新华日报、上海求新造船厂、本省各县都挂上了钩。以上这些单位现在有常送给我们有关新闻专业的材料,给我们做报告,或要我们参加有关的会议,大大丰富了我们的知识,如浙江日报送给我们各种内部刊物和学习资料已成为制度。人大新闻系常寄给我系的内部刊物。有的县报送给我们报纸和内部工作总结等文件。

（三）单课独进的教学方法好

教改以前,我们的教学方法是采用多课并进,最多的一天要上五种课程。由于课程种类多,学习的时间就分散,同学们的精力也分散,结果弄得精疲力竭学习效果不好。教改以后,我们采用了单课独进的方法,让同学们的学习时间集中,精力集中,学习的效果就较好。如学习近代史在多课并进时,大家感到内容多,复习时间少,讨论时间少,所上的课消化不了,而在单课独进以后,由于时间集中,准备讨论等时间也充裕,同学们的精力也集中,所以学习的效果也较好。单课独进以后师生关系也更密切了,因为接近的机会就更经常,联系也更紧密,因而关系也更融洽。

### 六、今后工作的打算

（一）教学方面:1,进一步贯彻党的教育方针,使教学、劳动生产、科研更好的结合,具体的安排第二学期的教学工作,做到计划具体,措施有力,基本上尽

力做到定人定事。2,具体安排哲学课程,要求做到在更短的时间学更多的东西。3,加强评比县报工作领导,改进评报方法,不断提高评报的能力和写作水平。4,继续加强对六中全会的文件学习,继续加强对时事政策的学习,使全系师生员工全部组织起来进行有计划有领导的学习。5,整顿资料室工作,使资料室员工发挥应有的作用。

(二)党的领导方面:1,继续做到政治挂帅,发挥集体力量,发挥组织作用,走群众路线。2,改进领导作风,改进工作方法,深入群众,多和群众谈心,多参加群众性活动,尽量做到和群众打成一片。3,加强对团的领导工作,发挥党的助手作用。

# 新闻系教学工作总结（草案）

我们根据党的教育方针和本系的具体情况，着重总结和研究了学制、培养目标、课程设置和比例；理论联系实际；关于教师工作等三个问题。这些问题，有的是属于认识上的，有的属于做法上的，现把这几个问题分述如下：

## （一）关于学制、培养目标、课程设置和比例问题

本系学制两年，1958 年提出的培养目标是：具有一定马列主义水平和新闻业务能力的基层新闻工作的骨干，使他们具有坚定的无产阶级立场、观点、方法；能编写各种通讯、消息和言论；能独立设计报面；熟悉报纸生产的主要过程，成为热爱劳动、深入群众的新闻战线上的多面手。

教学、劳动生产、假期的比例是：1∶2∶9（现改为 1∶1∶10）。

课程设置有：政治理论——哲学、政治经济学、社会主义和共产主义教育，占总学时的 28.1％；基础课——毛泽东文艺思想、文学基础知识、语法修辞、近代史等，占总学时的 15.7％；新闻事业课——读报和评报、新闻学概论、记者工作、编辑工作、群众工作、摄影、广播等；占总学时的 32.1％；公共体育课占总学时的 1.8％，实习占总学时的 22％（如实习不计算在内，则三者的比例是 36.1％、20.1％、41％）。

根据一年来实际教学过程中，关于上述问题到底如何恰当的要求和合理的安排，有了一些体会，同时也有些问题，尚待研究改进。

### 一、年制

为了适应大跃进形势的发展和报纸工作的需要，省委宣传部、校党委曾指出我们新闻系的任务主要是：以培养和轮训基层新闻工作者为主。学制两年，学生来源以抽调具有高中文化水平的在职干部为主，和有培养前途、相应文化水平的其他干部入学，（关于杭州大学发展方向的意见草案）从系的任务，教学对象和当前新闻工作干部的需要等情况出发，我们认为二年制还是比较合适的，因为：

1. 现在全省约有 57 个县报和四个地委报，二个市报，共约有新闻干部700 余人，如果我们以两年制来算，每年调干 70 人来学习，则要十年（到 1969）来能轮训完毕，这样对于培养干部的速度并不是快而嫌慢。

2. 从各个地方县报社需要干部的情况来看,目前受过新闻专业知识或比较系统地学习政治理论的干部不多。报社领导上认为要提高报纸的质量,首先就要提高干部的政治业务水平,这些干部本人也普遍要求学习。1958 年底本省有些地县合并以后,有许多报社也合并了,人员比过去又增加,但也有些报社人员还是比较少。在这两种不同情况的报社中,他们对于送干部到杭大新闻系来学习,也有不同的看法。鄞县报社编辑部共有 17 个工作人员,是宁波地区中县报人员最多的一个单位,这 17 个人当中做了二年半(最长的)新闻工作的人只有一个,他们深深感到工作中困难较多,迫切要求学习,他们说:杭大新闻系二年太长了,何时才能轮到我自己。昌化县报编辑部人员较少,共五人。他们就不敢把干部送来学习,认为到新闻系学习是好事,但要学习两年,是远水救不了近火,其它有些报社也有类似反映。

3. 从学生的对象来分析,他们(指第一届)有一半是地市县级报社的在职干部,一般都是有三～五年的实际工作经验,也具有一定的政治觉悟水平。他们之中,中共党员就占全体学员的 80％以上,其余除一个群众外,都是共青团员。他们在工作岗位时,对党的方针政策接触较多,经过各种政治运动的锻炼,多多少少读了一点政治理论书。因此,他们的理解就比一般的学生强,他们欠缺的主要是什么呢? 第一,是缺乏比较系统的政治理论知识;第二,是缺乏一般的文学知识、词章修养和一般的新闻理论知识;第三,写作表现能力较差。为此,我们就要在这两年中着重给他们一些最迫切最需要的东西,这就是可以有条件选择重点,解决几个主要问题,不必像其他系那样,从头学起,这就可以缩短时间,两年制还是合适的。

那么,是不是需要考虑增设五年制或研究班呢? 这要根据上级给我们系的任务情况而定。如果全省需要培养新的新闻工作干部,则我们再研究考虑。不过,这里先提出建设性的意见。

增设研究班,学员来源是从两年制的毕业生中挑选优秀的干部若干人,进一步提高他们的政治、业务水平,甚至可以考虑按新闻专业项目分别钻研。一年或两年后,再选择适合做教学工作的干部留下当本系的师资,其余,可分配到省报当编辑、记者或给县报当主编。这样做的好处是:很快解决我们系里的师资问题,特别是在目前本系师资特别缺乏的情况下,采用这种办法,似乎更好些,同时也为省、地、县报培养一批骨干力量。困难的是:有些单位不愿放干部;本系现在的教学力量较薄弱。

### 二、培养目标

从本系的任务、学制和学生对象等情况来看，我们觉得在一九五八年提出的培养目标（见第一页），不够具体，不够全面，不够明确。如：

1.“多面手”的内容，应该包括什么？看来就觉得很抽象，而且要求太高，不够实事求是。

2.对于基础知识方面，要求培养到什么水平呢？没有提到。

那么怎么样的培养目标才切合实际，又具体又全面呢？在研究这个问题时，就得首先分析一下同学的情况和本系的现有条件。

第一，学生原有的政治、文化、业务水平。

政治水平：全系六十九个学生，其中有80％以上是中共党员，他们一般都能认清国内外的重大形势，对问题的认识较尖锐、敏感，有一定的政治觉悟水平。

文化水平：极大多数是初中程度，少数是高中毕业或高小毕业生，也有个别的是初小程度。所以一般来说，文化水平基础是较差的。

新闻业务水平：有一半人没有做过新闻工作。这些人，多数是小学教师、秘书工作人员等调来的。少数的原任机要、税务等工作的。有一半做过新闻工作，时间最长的二年到三年，这是少数。一般都是一年上下，最少的是刚进报社二、三个月后就调来学习了，这也是少数。从他们原任职务看，大多数是地、县报社的编辑、记者，少数是正副主编或办公室主任、编委等。

第二，系里的现有条件。

本系是1958年创办的。一年来，师资逐步增加，现在已有讲师一人，助教四人（其中三人是1958年毕业的）。目前能讲课的只有讲师一人。本系的政治、基础、专业课等，完全是依靠外系和有关新闻单位来教的。因此，本系的师资大大缺乏。由于依靠外系及新闻单位来教课，在课程内容上就难于完全适合本系的具体需要，难有更好的系统性。

根据这些情况，我们认为新闻系的培养目标，应该从县报和学生的具体情况出发。这样提是不是比较妥当：有比较系统的政治理论和政策水平，一般的文学基础知识，掌握新闻业务的基本理论，使它们在原有基础上提高一步，具体的说，经过两年学习，学生应该达到如下水平：

①有坚定的工人阶级立场，有一定的政策水平，基本上能运用唯物主义辩证法去观察问题和分析客观事物。同时，具有深入群众，密切联系群众的工作

作风。

②有一般的文学基础知识。有一般的词章修养和较好的文字表达能力，有新闻的基本理论和采编、摄影等的基本知识。

③有编写报纸基本的能力（包括编写通讯、消息、言论和设计版面等）。成为比较称职的县报工作者。

### 三、课程的设置和比例

从两年制的培养目标的要求出发，本系课程设置及比例原则上应该是从县报工作要求和学生适应需要而迫切感到最缺少方面考虑。

1959 年所设的课程（见第一页）在今天看来，有些地方应当调整，事实上有些课程已经调整了，有些尚待进一步研究。各种课程的比例，也有重新研究的必要。

关于课程设置方面：已经调整的有①1958 年设置的近代史 1959 年改为中共党史；②1958 年设置的毛泽东文艺思想、文学基础知识两种课程，1959 年合并改为文学基础知识（以毛主席讲话为纲）。尚待研究的课是新闻专业课到底怎么上较好，现在还没有经验。

关于课程比例问题：1958 年是政治 36.1％，基础 20.1％，新闻专业 41％，1959 年是政治 29.3％，基础 29.8％，专业 35％。

从这两年比例对照来看，后者是加强了基础课，适当减少了政治和专业课，其精神基本上还是符合省委宣传部以及校党委所指示的："新闻系学生首先是要学习政治，解决无产积极的立场、观点等问题"的精神的。

我们为什么这样做呢？我们认为作为一个新闻工作者，他所需要的知识是多方面的，如果写一条消息，他首先有政治、立场、观点问题，同时，也有文学和词章修养、新闻业务问题。至于应该各占多少比例，就难以具体说清。实质上这是政治和业务的关系问题。一般来说，政治是统帅，是很重要的。文字结构，表达能力视为政治服务的，也很重要。但是对各种不同的具体的人来说，如第一期党员占多数的同学，他们已经具有一定的政治觉悟水平，也有共产主义的人生观的无产阶级的立场、观点。但他们最缺乏的是比较系统的政治理论知识。他们往往知道应该怎样做工作，但说不清理论上的道理，这就需要我们从理论上去提高他们的革命自觉性，更快地提高他们的政治水平。因此，我们认为领导上强调提出首先学好政治是完全必要的。

我们系的文化水平差。这是调干生的特点，以及两年制时间和一个新闻工作者应该具有的文化水平要求。我们认为加强基础课就显得重要，一九五八年，因为缺乏教学经验，把基础课的时间安排的少，内容不够精炼，某些课程有消化不良的现象。如逻辑课、文学基础知识，学时少，内容多，学了之后，同学们普遍觉得印象不深。当然，要教好这些课的因素是多方面的，内容、时间、教学方法都有关系，但就时间来说，适当增加还是需要的，因为基础课程究竟不易来用突击方式或短时间内所能学好的。至于，现在1959年所提出的比例是不是就很适合，也有待于实践过程中摸索调整。

新闻业务课程中，有政治问题，这一类到底如何安排，现在还没有实际经验。根据人大新闻系两年制的课程来看，他们安排的比例是：政治37％，基础37.5％，新闻专业22.7％。从浙江日报同志为我们备课的情况估计，我们现在安排的专业比例可能大了一些。总的感觉似乎新闻专业课程的比例多于政治，恐怕不一定恰当。

这三方面比例怎样才算妥当呢？我们提出的大体上的意见是：政治38％，基础35％，新闻专业27％。

### （二）关于理论联系实际问题

教学、劳动生产、科学研究在我们新闻系应该如何合理安排和结合？经过一年来的教学实际活动，我们认为劳动生产和科学研究的内容和做法都有值得研究的地方。

一九五八年，我们安排的劳动生产内容有：印刷厂劳动、农业劳动、大炼钢铁以及全校性的集体劳动。这些，除了印刷厂劳动和报纸工作有些关系以外，其它劳动就没有有机的和新闻业务工作结合起来。在科研方面，过去我们对它的内容和意义是认识不足的，以为人家有科研，我们也要搞科研，于是就把同学们平时所写的文字作品及哲学体会，读报札记的文章，为报社写的新闻或通讯等都算作了科研。其实这些内容是不能算科研的，因为一般的说，科学研究应该是新闻科学方面，经过研究之后，有新的科学成就。

那么，我们新闻系到底怎么来合理安排这三者的内容和管辖呢？在劳动方面，我们认为也要和县报工作联系起来。内容着重以农业劳动为主，因为在和农民共同劳动过程中，不仅能锻炼自己的思想，同时也可以多接近农民群众，结合做些社会调查工作，以便和报纸的宣传工作有机地结合起来。劳动的时间和其他干部一样，每年一个月。在科学研究方面，因为受两年的时间限制，对于学生一般不作什么要求，教师方面可以具体研究、计划。

新闻系如何提高教学质量的关键问题,是理论如何联系实际,根据一九五八年的教学活动情况,我们着重总结和研究教学如何联系社会实际和课程实际。教学如何联系报纸实际,教学如何联系实习采访活动实际等三个问题。

第一,教学如何联系社会实际和课程实际。

一年来,我们结合课程内容曾经邀请了工人、农民、浙江日报负责同志,省宣传部负责同志等到我系来做报告;同时还派人到北京、上海去录有关录音报告,给同学们听,更主要的是我们派人到北京人大新闻系、南大新闻专修科去"取经"学习他们的教学经验,改进我们自己的工作。各种课程的具体内容,我们也力求切合新闻专业的实际需要,如请北大中文系副教授来讲语法修辞课,其内容比较切合新闻专业的需要。其他如哲学、毛泽东文艺思想、逻辑等课程,也力争做到联系新闻专业实际。

做得不够的是:①第二学期中请外来同志作报告不够经常。②有些报告听了之后缺乏深入细致的讨论、进一步领会报告的精神。③请各方面同志来做报告的人,面不够广,如还可以请省市各业务部门的负责同志经常给我们谈谈问题。

第二,教学如何联系报纸实际。

读报与评报是教学联系报纸实际的最集中的表现。关于这一课程的办设和做法经过一年摸索,觉得有些经验可以肯定下来,有些问题还要进一步研究改进。

读报和评报的目的要求,方法究竟应该怎么样呢?

关于目的要求,以前有两种想法,一种是,完成省委宣传部给我们的评报任务,同时如何学习县报贯彻党的方针政策,后来改为以学习县报如何贯彻党的方针政策为主,同时完成省委宣传部的评报任务。现在看来,原来这些目的要求的基本精神是恰当的,因为本系的同学来自县报,毕业后仍是回县报工作,所以学习这一课程也应该从这个具体情况出发。现在,我们对这门课的要求这样说:学习县报如何贯彻党的方正政策,不断了解和研究全国、本省及本县的工农业生产发展情况,及时了解县报的宣传报导情况,以便毕业后即可投入报纸工作。

关于方法问题。读报评报的方法,有过两种做法。第一种是每班以专区为单位,每人经常要阅读全专区的报纸,加以比较研究,这样的好处是看报的面广了,但是缺点是不深不透。花工大收获小,后来改为每人每天看三份县报,在这三份报纸间加以比较论评,这样做好处是精力集中了,可以看得细一些,但缺点是讨论起来有困难,仅能限于三个人的水平,不能使更多的人参加讨论。

我们认为县报的份数多,内容多样化,要全面照顾到是有具体困难的。现在打算以专区为单位每班每人看四份县报(其中三份是全班共同要看的,另一份是自己县的报纸)。这样,既抓住了几个县报的重点,同时又照顾到各县报纸实际,便于集体讨论分析研究。

为了进一步搞好这一课,有几点做法比较好,今后可以继续做下去,有的在认识或做法上,有矛盾需要改正。

可以肯定几点是:(1)读报评报一定要有具体的、明确的任务。(2)继续请报社、有关新闻单位的负责同志来作报告,增强同学们的政治敏感性。(3)经常要举行集体讨论。(4)县级一定要多看几份,不要限于1份,以便有比较,可以研究。

要改正的是:(1)加强对党的方针政策的学习,领会它的精神实质,以便更好的研究县报如何贯彻党的方针政策。具体办法之一是经常组织同学学习人民日报、浙江日报、地委报等的主要问题的报导言论和指示;(2)加强和地县报社联系,经常了解他们的宣传报导要求和具体情况。

这一课程,对于一、二两个年级来说,它的具体要求是应该有所区别的。我们认为一年级一般的只要求读报、听报告、讨论,不要求写什么文章。二年级在上述活动基础上,更深入一步研究,并要求每月能写出一篇文章。

关于时间安排,另行研究。

第三、教学如何联系实习、采访实际。

一年来,我们有过一次规模较大的采访活动,这就是全系同学和老师分别到浙江日报和杭州日报组织版面和采访会议消息等,此外还有三、四次规模不大的(十余人)采访活动。现在总结起来也有几点体会:

(1)这种大规模的活动形式是比较好的,尤其是采用包一个版的办法,好处是能充分发挥每个同学的作用;能采用师傅带徒弟的办法,给没有办过报的同志也可得到锻炼的机会;同时又不会影响课程的进度。

(2)锻炼了同学们的写作能力,很多同学在采访活动之后,对学习业务的决心和信心更强了,也初步懂得了新闻工作的重要意义。

存在的问题是:(1)这种活动计划不强,不能经常。(2)在采访活动以后,对于已利用的或未用的稿件,没有具体分析研究,对同学们缺乏具体的帮助。(3)采访活动的时间以某种课程告一段落时为宜,否则要影响课程的连贯性。

（4）组织还不够具体、严密。

## （三）关于教师工作问题

我系的主要任务，是培养和训练本省的基层新闻干部。从一年的教学情况来看，由于上级党的正确领导，认真地贯彻党的教育方针和全体师生的努力，基本上完成了教学计划，普遍提高了一步，这是基本的。但是，因为缺乏教师，经常不能按计划进行教学，影响教学质量的提高。我系的专业课由报社负责同事上。他们的任务繁重，工作紧张，无空备课，影响教学计划的贯彻。专业课本来计划在第二学年初上，但是因无备课准备，只好先集中八月上政治经济学，然后再上专业课，基础课都是外系开的。外系开课一个很大问题是教师不固定，影响质量。这一学年开了哲学、近代史、毛泽东文艺思想、文学基础理论知识、逻辑学、读报与评报等课。同学反映：学了哲学（政治系开）、毛泽东文艺思想（林校长开）、近代史（历史系开）三门课收效大；学了其他课程印象不深，这说明了教学质量不高，因此要想教好学，保证不断提高教学质量，必须要有自己的教师队伍，必须提高现有的教师政治水平和业务能力。

现有十位教师（讲师一人、助教四人、团员三人、群众二人）在整风反右斗争后，政治方向明确了，来系一年经过许多工作，在政治上、思想上和业务能力上都有很大提高。但是由于工作不周，在领导与教师间、新老教师间、教师和学生间还存在一些问题。

一、教师与领导的关系问题。教师与领导的关系基本上是好的，但由于对教师的政治教育和业务领导不够，也存在一些问题。系里老师少，情况简单，又不开课，因此领导工作的重点是学生，加强对教师的教育和培养做的不够。教师思想比较混乱，工作急躁，影响积极性。另外，因工作方法简单，谈心少，要求高而急，再加上旧知识分子的偏见，或多或少有些隔膜，亦影响积极性。团结、教育、改造知识分子工作，是一桩细致、复杂和长期的工作，也包含着无产积极的立场、观点、方法和非无产阶级的立场、观点、方法和斗争。因此做好知识分子工作必须正确而全面地贯彻党对知识分子的政策，不能抓住一面而忽视另一面。对老师应着重立场、观点的改造和充分调动他们的积极因素，在方法上要多谈心、启发教育诱导，也要通过工会活动、总结研究工作等方法适当的开展批评与自我批评，促使其自我改造。对青年知识分子，要加强政治思想教育和对他们的业务领导，在实际工作中帮助他们克服缺点、发扬优点做好工作。

二、老教师与新教师的关系问题。我系讲师一人,助教四人,讲师与助教在来校前系师生关系,老教师认为应当以他为主的进行工作和进修,新教师也能尊重老教师,但有的认为老教师思想落后,因而不够服气。再加上领导上未很好安排教师的工作,因此教师们在业务上联系不够,更谈不到师傅带徒弟了。

三、教师与学生的关系问题。自从贯彻党的教育方针以来,师生关系较前密切了,教师基本上起到了在教学上的主导作用,主动地联系同学,深入到班了解情况,解答问题,和同学一起研究报纸等。外系来开课的教师亦是如此。但是外系教师来开课,不能结合专业课上,同学有意见,而外系来开课的教师畏难,怕教不好,本系教师认为同学们政治水平高,又是党员,而自己政治水平低,又不是党员,也有畏难情绪。

这三个问题搞不好的原因有三个:(一)领导对团结教育改造知识分子的政策认识不足,由于教师少,情况简单而忽视对教师的培养工作;(二)领导上对组织教师进修、备课无经验。(三)教师本身受旧社会影响较深,剥削阶级的思想意识未彻底改造。

加强对教师的培养工作,除做好政治思想教育外。着重做好如下几点工作:

一、充分发挥教师的作用,使他对新教师的进修和工作多加指导,方法可通过读报与评报这门课使他们组织起来,互相帮助,也适当安排各教师的工作,争取开课。

二、和报社挂钩,在报社备课、工作和学习,参加报社的互动、谈心,打破思想顾虑,调动积极性。

三、发动教师修订红专规划。

新闻系

新闻系党总支

1959.8.5

**1960 年的文本：**

# "新闻学概论"课教学工作总结

## （一）基本情况与主要收获

杭州大学新闻系开办一年多来，在新闻业务课方面，只开过"读报与评报"一门课，比较系统比较集中的新闻业务课还没有上过。我们是在师资力量薄弱而又缺乏教学经验的境况下，开了"新闻学概论"这门课重点课。但是在省委、校党委的直接领导与浙江日报的热情帮助下，在学习中体现了毛主席的思想，有着明确的目的、方向和正确的学习方法，终于取得比较显著的成绩，达到预定的要求。这就是说：经过学习，批判了资产阶级新闻观点，肃清了右倾机会主义思潮对同学的影响，辨清了大是大非，真正从思想上初步树立了无产阶级的新闻观点。根据原来的计划，我们预定在学习中着重解决这样的问题，即：第一，党对党报的绝对领导问题。在第一个问题上，经过反复的辩论，同学们对党报是党的驯服工具，必须接受党的绝对领导，认识都是比较深刻的。"必需接受党的具体领导"和"听党的话"这两个观点，可以说也是深入人心。在报纸的作用问题上，经过反复的辩论，批判了报纸只有讲缺点才能发挥指导作用的谬论，明确了报纸在当前的主要任务是大讲成绩，大抓先进。原来有些同志缺乏阶级斗争的观点，看不清当前形势的主流，片面强调在报纸上展开批评，学习后在思想上，形成了一个 180 度的大转弯，有破有立，实际上上了一次生动的政治课，印象比较深刻，意义也是很大的。在政治与业务红与专的关系问题上，开始解决了过去一年多来所没有解决的问题。不少同学原来只想从看小说提高写作技巧上提高自己的业务水平，重专轻红，经过鸣放辩论听报告，在学习结束时，政治挂帅，以红带专的风气已经形成，订理论刊物学习时事，政治上严格要求自己，出现一片新气象。在解决以上三方面的问题时，大家都提高到立场、观点与对当前形势的看法。对三面红旗和革命群众运动的态度上去分析问题，因此在解决自己的立场观点和过社会主义关上，都大大地前进了一步。林淡秋副校长指出的"概论课的学习关系到每个人一辈子的事情。"这句话在同学们的印象中非常深刻，大家也真是根据这句话进行了学习，并且写了小结。由于真正从思想上、从立场观上解决了一系列的问题。我们认为这才是真正地有效地提高教学质量。

概论课的学习是通过大搞群众运动的方式进行的。但是在为时 40 天的学习中，运动的发展始终是健康的，没有发生过什么偏差。而且初步摸索到一整套在教学中大搞群众运动的经验。在学习刚刚开始的时候，报社的负责同志（系主任）根据省委宣传部的指示向我们提出，要研究讲新闻业务课特别是概论课的特点，研究如何确定教学的指导思想，确立采用什么方法来学。当时，对学习的目的与方法的都做了十分详尽的指示。在一个多月的实践中，我们体会到这些指示是非常正确的，对新闻业务课的特点和与之相适应的教学方法都有了一定的认识并且取得了比较系统的经验。

### （二）成绩的获得是毛泽东思想的胜利，是党的正确领导的结果

概论课的学习获得很大成绩，我们认为首先是毛泽东思想的胜利，是在新闻教学工作中贯彻体现了毛泽东思想的结果，这些成绩的获得应该归功于党的正确领导，当然和同学们的努力和自觉革命是分不开的。

我们这次学习是在省委、校党委的直接领导下进行的。学习期间省委陈冰秘书长、宣传部高副部长、校党委第一书记陈烙痕同志都对我们做了具体的重要指示。校委常委重新研究了我们的教学计划，以后由林淡秋副校长代表常委会领导我们的学习。浙江日报社长江牧岳社长（系主任）曾给我们作过详细的指示并在教师与学生干部中做了动员。浙江日报副总编辑杨子毅同志以后直接领导我们的学习，担任领导小组组长，作过多项重要指示。上级党委的重要指示都是在重要的关键性问题上发出的。系总支差不多天天开会讨论概论课教学工作中的各种问题。有时一天数次，总数无法计算。

在同学鸣放辩论的基础上，我们还听了一下一些负责同志的报告 X 计：省委书记处书记林乎加同志的报告一次，宣传部盛华副部长的报告一次，林淡秋副校长的报告一次，浙江日报于冠西社长的报告一次，浙江日报副总编辑杨子毅同志的报告二次，（其中三次报告是在参加全省报纸工作会议期间听的）。这些报告都是针对着同学们在鸣放辩论中提出来的问题进行了深刻的分析，详细阐明了党报工作的基本原则和今后的宣传任务，同学们听报告后又进行了讨论，所以普遍反应收到了难以忘怀的深刻教育。

就我们新闻系来讲，我们主要是作到了以下几点：

第一，做到了听党的话，不折不扣地按照领导上的指示去做，同时发挥了总支的集体领导作用。贯彻执行了集体的决议。

第二，书记挂帅，学生支部全力以赴。各级党组织都起了领导和保证的作

用。学生班,由学生支部直接出面指导。小组中组成以支委、党小组长、学习组长为核心的小组领导。

第三,政治挂帅,思想先行,坚持作好思想工作。抓先进立标兵,层层拨动、步步深入。反复说明学习的目的与政策,解除顾虑,因而比较深入地发动了群众。

### (三)对新闻业务课教学方针方法的一些体会

在教学工作中我们体会比较深刻的主要由以下两个方面的问题:第一,用毛主席的思想作为指导思想,根据新闻业务课的特点进行教学,方能有效地提高教学质量;第二,在教学中理论联系实际大搞群众运动,不仅是完全可能的,而且可以找到一套比较系统的工作方法。

现在先谈第一个体会:

过去我们也知道新闻学是政治性极其强烈的一门学问,但是在实际教学工作中,却不能把它作为指导思想来进行工作。在开始准备概论课时,我们只是想向同学灌输一些东西,擅于排课请人,所担心的怕只是排少了,不系统,讲课人不来等等,至于在学习中要解决哪些问题,怎样解决,心中无数。虽然也意识到要解决两条思想路线斗争问题,但盲目性很大。经过省委和报社负责同志的指示,并经过一段时间的摸索,我们明确了这样几个观点。

(1)新闻学概论课既是一门政治性及其强烈的课程,因此在学习中就不能仅是传授知识而应该是树立一种思想。毛主席在"改造我们的学习"一文中早也指出,我们的学习目的应该是为了解决工作中的实际问题而去找立场,找观点,找方法。因此,我们学习的要求也应该是,不仅让同学知道道理,而且要真正接受这些道理,作为自己的立场、观点。新闻学概论课是一门政治课,其他新闻业务课中的主要问题也是政治、观点问题。同时也要注意到,要立一种思想,首先必须破另外一种思想,不破就不能立。我们认为概论课之所以获得如此深刻的影响,首先站在于贯彻了毛主席的思想,不是把它作为一门知识课而是当作一门政治课、观点课来做的结果。学习后,同学们之所以感到收获大而永志不忘,也是因为思想观点上进行了一系列的斗争,明确了一些观点,提高了某些认识。

(2)在确定了概论课是解决观点问题的大前提以后,就要进一步地研究具体地破哪些观点、立哪些观点。在学习中我们有一个体会,就是应该从当前的政治形势出发,以同学的实际情况出发来,确定需要解决的问题和学习重点。

方向对头了,事情才好办。学习概论课时,正处在反右倾的高潮,形势摆得有明显。省委指示,这次学习要以两条路线的斗争作为指导思想,贯彻八中全会精神反右倾,这是时代的特点,同时我们的学习对象又是在职干部,右倾思源不能不在同学中有所反映,因此能否完成学习的任务,关键在于我们是否贯彻了反右倾,解决了有关的思想问题。我们认为,根据当前形势特点来确定学习的重点,把学习和当前的斗争结合起来,有的放矢地解决问题,这是一条重要经验,也是新闻学是政治性极其强烈的一个具体表现。当时省里新闻界反右倾的斗争,集中在党对报纸的领导和报纸的作用两个问题上,我们也选择了这两个问题作重点,另外又根据同学中的实际情况加上一个政治与技巧、红与专的关系问题。当时我们也曾经顾虑这样选题,能否达到全面系统的学习要求。事后证明这样做是先进、正确的,这样重点地解决问题,才真正达到了观点上系统全面解决问题的要求。以后从同学中鸣放中摆出的问题中看,同学中存在的问题也正是上述的几个方面。由于我们的学习和反右倾斗争紧密结合,因此学习起来内容丰富,正面反面材料都容易找,请人上课十分方便,参加省里报纸工作会议也结合得很好。这次概论课的学习,形势条件特别好,但是如果不政治挂帅,没有省委的指示,我们自己也不一定抓得牢。我们的经验是:在今后的学习中一定要政治挂帅,既要从总的形势(大局)出发,又要进行详细的调查研究,来确定学习的重点,这是学习前最重要的准备工作。

(3)上面的两项要求也决定了我们的学习方针和学习方法。学习开始,同学们由于对学习要求、目的不够明确,将一种听讲、带讲义、带笔记回报社的想法。他们的要求讲得越多越好,消化不了带回去慢慢学,就怕没"货色"。当时的报社负责同志就向同学指出:带得去最好是理解后把观点装在脑子里,把学的东西真正和自己的想法结合起来。我们的学习方针是理论和我们的思想实际、工作实际相结合,不是学教条,理解了才算成功,才算有收获。根本问题在于从基本原则上如何理解它,这是学习的基本方针。为了在学习中有破有立,更好地贯彻这样的学习方针,省委宣传部最后又指示我们要通过大搞群众运动,鸣放整风的办法来进行学习。事后证明这是贯彻党的教育方针,提高教学质量的一个重要关键。同学们反映,先把自己的观点想法拿出来,实行鸣放辩论才能更好地解决问题,拿别人的材料辩论好是好,但收效差些。在发现问题以后,为了准备辩论,找文件和资料看,比单单阅读文件要亲切而又能解决问题,这时候文件中的话好像活了,这是活读书、读活书,收效大。这些都说明了,通过鸣放辩论然后读文件听报告,可以加深同学们的认识,是提高教学质量的重要关键。

### (四)我们是怎样在概论课的学习中发动中发动群众步步深入,大搞群众运动的

我们是怎样在概论课的学习中大搞群众运动的呢? 总的说来是:政治挂帅,思想先行,联系实际,大立标兵,层层发动,步步深入。

这次概论课的学习,大体上可以分成:放、辩、讲、写四个阶段。四个阶段中,鸣放辩论是贯彻始终的。四个阶段之前,又有一个"序幕"。

1,"序幕"——所谓"序幕"就是首先鸣放辩论学习的目的要求以及学习方法,端正认识,扫清一些思想障碍。这些思想障碍首先是对概论课的重要意义,对概论课要解决问题,认识不足。有的同学认为,概论课很浅,没学头,不如编辑记者课实际,能解决问题。有的说,两条道路的斗争就是那么一套,不学也知道。思想障碍的另外一个方面是对怎么学,认识不一致,只想掌握书本知识,只要求听课怕讲课少了、教师不来质量不高等。解决这些思想认识问题的办法,首先是在学生干部中酝酿,以及开大会动员。针对第一种思想情况,说明概论课是新闻业务课中元帅课,是解决立场观点与基本原则问题的。要学好新闻业务,胜任新闻工作,首先要挂这个帅,关系到一个人一辈子的事情。针对第二种思想情况,着重阐明了毛主席所指示的联系实际、有的放矢的正确的学习方法,也说明了运用大鸣大放大辩论整风学习方法的伟大意义及其效果,并指定同学阅读毛主席"改造我们的学习"和"整顿党的作风"两篇文章。以后出了题目进行鸣放辩论。晚上举行汇报誓师大会,各支部、小组提出了学好这门课的计划和保证。大会不但进一步提高了同学们的思想认识,而且形成了这个群众运动一开始就是轰轰烈烈的良好局面。事后证明,通过这个"序幕"来统一认识是完全必要的,这是解决观点问题的序幕,也是解决观点问题的开始。这个教育是以领导教育与群众自我教育相结合的。群众自我教育不但可以采取小组讨论的方式,也可以通过大会发言的形式,来扩大我们曾经有意识地运用了这个经验。可是也应该看到在这一阶段,思想认识的统一只是初步的。事后证明,这些思想工作必需长时期地做,贯穿着整个的学习过程,层层发动,步步深入,需要坚持不懈,这样才能保证学习的顺利进行。

2,鸣放辩论阶段。目标方针确定之后,开始鸣放。在具体方法上,首先碰到的问题是:专题鸣放还是一揽子鸣放。这个问题曾经引起争论。争论的结

果,大家认为还是专题鸣放的好。理由是:基本情况已经掌握,便于引导,问题集中,节省时间。既然专题鸣放,是不是要出题目?怎样引导鸣放呢?省委宣传部高副部长对这个问题曾经做了具体的指示,这个指示成为我们掌握鸣放的基本思想。高副部长指示的精神是:不要为放而放,不要引导同学向坏的方面去放,在鸣放中既要总结经验,也提出前进道路上应该解决的问题,研究怎样把工作做得更好,根据这种精神,系总支与报社杨子毅同志以及报社两位主编共同研究了鸣放题目,最后确定的题目是:

(1)党和党报是什么关系? 过去发生了什么问题? 应当怎样解决?

(2)你认为党报应该发挥哪些作用? 哪些方面发挥得好些,哪些地方不够? 你认为应该怎么办?

(3)你认为实际工作中最迫切需要解决的问题是什么? 过去发生过哪些问题? 你认为应该怎么解决?

(4)你对新闻工作是怎样看的? 你在培养和巩固自己的专业思想中有哪些体会? 还有哪些地方需要加强?

我们对出题目的要求是:既有正确的引导,又有启发性,便于同学的鸣放。鸣放的具体办法是:小组漫谈与写大字报相结合,在漫谈对题目认识的基础上写大字报。一年级支部曾经采用先写后谈的方式,效果不好,走了一些弯路。

鸣放开始,同学中有些人有顾虑,主要是怕鸣放之后受批判,有的自觉革命精神差,不肯苦思苦想,也不愿意暴露问题,有的则是打不开思路,提不出问题。针对这种思想状况,从总支、支部到小组都做了缜密细致的思想工作。首先是说明学习的目的,说明政策,保证不戴帽子,不斗争任何人,同时又千方百计帮助同学打开思路,尤其是对没有做过报纸工作的,引导他们联系读报,联系对报纸工作的看法等来提出问题。为了做好这两项工作,我们运用了抓先进立标兵的办法,一二年级中都有暴露思想摆问题的比较好的,我们就请他们在班里大会上讲自己的看法,一方面启发思想,一方面树立榜样,解除某些同学的顾虑。以后发现二年级一组、二组掌握鸣放各有一手套经验办法,小组里发言十分活跃,于是又召开了学习骨干、组长会,请他们介绍经验,会后进行讨论。在转入辩论的时候,进修班金华小组创造了先进的经验,问题抓得好,辩得好,我们也请他们的全体同学作了典型介绍,从而推动了辩论的开展。在领导学习中,我们深深体会到,不但在报纸上要抓先进,在教学工作和学习中也都要抓先进。鸣放开展之后,大家都忙于做思想工作,设法打开思路,注意力集中在放得出放不出的问题上,这是对的,但同时对放出来的问题,没有归纳、分析、研究,不知道哪些是重要的哪些是次要的,芝麻西瓜不分,目的性不明确,有为放而放的倾向。至于怎样才叫放得透了,也心中无数。《浙江日报》的同志向我们提出这个问题,大家感到非常适时,于是一方面训练骨干,明确主要问题,同时更抓紧了材料工作。

在学习的开始,我们就建立了材料组,从支部到每个学习小组都有专人负责材料(会议记录等)工作的记录,整理与汇报。根据校党委的指示,我们还出了"情况简报"(前后共出了 13 期)。此时我们把鸣放中的问题进行了排队、分类、整理,从而确定哪些问题、哪些论点需要抓住进一步放深放透。陈冰秘书长曾对这些材料如何整理作了具体指示。关于怎样才算放透,确是为以下数点:(1)大家都充分地谈自己的思想、看法,能够联系思想,好坏都讲;(2)观点明朗,主要论点明确,每人态度鲜明;(3)领导心中有数,知道有哪些问题,哪些是重要的,哪些是次要的,应该组织哪些专题辩论。这时候也就可以转入辩论了。

鸣放中有些组对某些问题已经展开了初步的辩论,我们认为,在鸣放开始,有一个时期着重在放而不辩或少辩,这是完全需要的,但是放到适当的时候,放辩就应该结合起来,这样可以促使得更透,不但有观点,而且也可以摆出较多的论点来。这样从鸣放转到辩论,也比较自然。辩论开始之后,观点论点都有,重点也确定了,但问题都一能即能,辩论进行得异常迅速而"顺利"。以后发觉,就原则谈原则,确实比较容易统一,道理一般都会讲,但是碰到具体问题,看法就不一定一致。进修班抓住了《龙游报》修改县委口号的事情,就发现有不同的看法,辩论展开了。《龙游报》修改县委口号原来是该报前来参加学习的同志作为经验介绍的。他认为,改改县委的可以使报导留有余地,发挥报社的主观能动性,但大部分同志不同意这样做,于是就辩开了。我们推广了这个经验,要同学们不要只谈理论,而要从具体问题着手,选择典型事例开展辩论。这样各个年级都抓住了一两个典型事例辩论开了。从具体事情入手,抓住典型事例,这是开展辩论的一个关键性问题,也是搞好鸣放辩论的一个重要环节。辩开之后的问题是如何保证质量,把问题提高一步,辩深辩透。有的班做到了从具体问题入手,但辩的质量不高,主要原因是他们仅是:就事论事,没有就实论虚,问题提不高。于是及时提出了要从具体问题着手,但又反对就事论事的做法。经过这一发动,辩论又深入了一步。为了把辩论再提高一步,我们还组织了同学认真阅读文件。此时为了寻找论据,大家都在到处找武器,读书的要求非常迫切,马上就形成了一种新的读书风气。为了扩大群众自我教育的效果,在最后我们又组织了几次大会汇报,出了一些专题,发动同学写发言稿,进行帮助之后选择其中质量比较高的在大会上发言,实际上等于做小报告。辩论中,这种大会共组织了两次,效果很好。

3、"插曲"在鸣放辩论大体上结束以后,我们向同学发了一份反面材料,让大家讨论批判。事后证明这是一个好办法。第一,这等于一次活的测验,许多同学一看就说这是毒草,感觉到自己的眼睛的确比以前亮了,看到了前一阶段的学习成绩。大家都说,如果没有前一阶段的学习,不可能如此迅速敏锐地辨清关系。第二,使大家看到了自己原来一些错误看法的严重性和它的社会的阶级的根源。第三,大家对这个反面教材进行了新的批判,等于练了一次兵,把自己的思想认识和分析能力,又提高了一步。

4、讲课(包括参加报纸工作会议)。讲课是在鸣放辩论的基础上提高同学思想认识水平的一个重要关键。不在鸣放辩论的基础上讲课,收获不大,但是鸣放辩论之后而不讲课也将大大影响学习的实际效果。辩论之后,有些同学认为自己的看法、认识已经差不多了,再也提不高了,但是听过报告才知道自己的认识很差,还可以大大地提高一步。同学们反映,听报告锦上添花,这样就克服了某些自满情绪,加强了不断革命的学习要求。根据这种情况,我们在听课之后继续组织了鸣放辩论,以报告作为新的武器来解决自己的思想认识问题,坚持有的放矢,从而提高大家的思想认识。

在这一阶段的学习中,我们全体同学参加了省里的报纸工作会议。这是一个好办法。请报社的同志来讲课,这也是很好的办法。这些同志的报告,政治性指导性强,质量很高,对大家的帮助很大,今后我们还要请这些同志来讲课,而且根据他们的时间来安排课程,不强求什么顺序、系统。但是,新闻系应该有自己的专业教师队伍(这支教师队伍应该充分了解报纸实际工作情况和当前新闻界的动向),也应该有自己的基本教材,而且要以自力更生的精神,逐步由新闻系把教学工作全部担负下来。教育者必须首先受教育,自己学好。在这样的教学工作中,由于常常是根据当时实际情况来进行教学,解决同学们临时提出的问题,所以对教员的要求是比较高的。但是这种要求必须适当地逐步地满足。因为只有这样,才能把群众自我教育与领导教育结合起来,从而有效地提高教学质量。在培养自己的教师队伍与教材建设方面,我们还有许多工作要做,应该积极迅速地建立师资队伍并进行教材建设。

5、写小结写文章。学习最后阶段,同学们都写小结。写小结是一种巩固学习成绩,明确问题,明确今后努力方向的有效措施。写小结也是一个再提高过程,我们动员同学认真地写,认真地讨论,因此质量一般不错。此外,两个班级的同学还写了论文 124 篇。这些论文的观点、论点基本上都是 正确的,有一定的材料,联系思想也好。这是组织同学通过大搞群众运动的办法来进行科学研究活动的一种办法,今后应该更好地有计划地去做。

### (五)其他两项经验

第一,在这次概论课的学习中,根据省委宣传部的指示,浙江大部分市、专区、县报都派出一定的骨干前来参加这门课程的专题进修学习。各报派来进修同志共 35 人,组成一个进修班,其中 60% 编委、班长、主编。这些同志前来学习,对新闻系来说是一个很大的帮助,因为他们刚从工作岗位上来,经验丰富,具体材料多,学习质量高,从而也推动了同学们的学习。在问题辩论汇报大会上,他们的专题发言有理论有实际,同学们听后反映很好。我们认为,这是新闻系教学联系实际、内外结合的一个好办法,同时也为长期轮训和短期专题轮训相结合培养新闻干部创造了经验。浙江省轮训新闻干部的任务是很重的,在职干部迫切地要求学习与提高,同时又需要新的血液来扩大新闻工作者的队伍,但以新闻系现有人力来说,远远不能满足这个要求,根据这次学习的实际经验,我们认为今后如能继续根据省委的指示,来用长期培养与短期轮训相结合两条腿走路的方法来培养,提高新闻干部,是符合党的多快好省培养干部的方针的。这种鸣放辩论的学习方法,时间短,收效快,也可以作为报社进行业务学习的一种办法。温州市报的同志在新闻系学习回去后,就运用了同样的办法,在报社组织了一次学习。

第二,我们新闻系目前采用着"单课突进"的办法上课,一个时期专上一门课。这个办法适合于集中时间,集中力量在教学中大搞群众运动。我们的教学对象是在职干部,看来在一个时期集中上课方法是好的,是适合于大搞群众运动提高教学质量的要求的。

### (六)关于在其他新闻业务课中大搞群众运动的问题

新闻学概论课学习实践说明,联系实际,有的放矢在教学中大搞群众运动的教学方针和办法是正确的,可以大大提高教学质量。这些经验可否在其他新闻业务课的教学中运用呢? 对此曾有过不同的看法,也引起过争论。我们认为,新闻学的概论课的教学经验的基本点是精神和办法,在其他新闻业务课的教学中也是适用的。当然概论课有它的特点,其他业务课也有它的特点,但是前面说过，新闻业务课也有它的基本的共性，就是它是，党性极其强烈的学问，其中心点是解决立场观点问题的，因此，这些课基本上也都可以采用鸣放辩论的大搞群众运动的办法进行学习。此外，其他新闻业务课，如编辑工作、记者工作等，尚有一大部分实践中的工作方法与经验积累问题。根据这种情况，我们认为学习这些课程，除了基本上采取鸣放辩论的方针外，还需要通过实践与总结经验来比较全面地达到学好这些课程的要求。概论课结束之后，我们就是以这种办法开始了我们的"记者工作"课的学习。记者工作课的学习，大体上分这样几个阶段，辩论题目是：（1）记者工作的性质与任务，对党报记者的要求；（2）新闻报道的基本要求；（3）采访写作的指导思想。鸣放辩论的办法与概论课相同。

第二步，讲授采访，写作的基本知识与经验，请报社有经验的记者谈自己采访写作中的体会。第三步，到专区报、县报去实习记者工作，一方面学习各地报社记者工作中的先进经验，一方面锻炼同学们的实际工作能力。第四步，总结经验，对有些专门问题进一步地鸣放辩论，请报社同志来系解答问题并与同学座谈，最后写出小结。对没有做过报纸工作的同学，我们在各个环节上都尽量地给予照顾，比如实习中与做过报纸工作的同学搭配，原则上二人共同活动，而经过实习，他们也就有了一定的经验和锻炼，在这个基础上再参加鸣放辩论以及听课，实际效果要比单纯听课好得多。

怎样在新闻系教学中全面贯彻毛主席的思想，贯彻党的教育方针，大搞群众运动提高教学质量，这是一个新的重要的课题，我们的工作刚刚开始，我们的教学力量也很薄弱，但是我们坚信，在党的正确领导下，以毛主席的思想为武器，师生结合，共同努力，将不断获得新的经验和成就，以至能较熟练地掌握新闻业务课的教学规律，为本省培养更多又红又专的新闻干部。

中共杭州大学新闻系总支委员会
1960 年 1 月

# 新闻系二年级同学的实习计划

正当全国的技术革命和技术革新进入一个新阶段的时候,新闻事业也随着形势的迅速发展,在飞跃前进。我们新闻系的教学工作,必须在新的形势下进一步贯彻党的教育方针。我们二年级同学到目前为止,除了群众工作和摄影等课还没有学习以外,其他的课程已基本结束,现在正逢全国这个大好形势,校党委又一再号召要立即行动起来,因此,现在提前下去实习,正是大好时机,是机不可失,时不再来。对于还未学的这些课程,待我们实习回来后再补。下面是我们准备下去实习的计划。

(一)目的

进一步贯彻党的教育方针,贯彻教学、科学研究、劳动生产相结合,贯彻党领导下的师生三结合。具体的是到基层报社去参加实际工作,投入轰轰烈烈的技术革命和技术革新的群众运动中去,扎扎实实的锻炼自己的政治立场,提高觉悟,学习新闻工作的实际业务知识,结合总结工作经验,搜集教学材料。

(二)要求

在报社统一领导下,根据报社实际工作需要进行工作。实习期间尽可能对编辑、记者、摄影等工作都能得到锻炼的机会。实习时间共计二个半月,从三月八日起到五月二十日止。要求全系学生(二年级)教职工每人都有下去的时间。

(三)实习的地区分布和教师、学生干部的配备情况

为了便于领导和联系,我们打算集中在宁波地区十一个报社,其中以宁波大众报为实习联系的中心地点。这是一个报社,分为三种情况:先进的、中间的、落后的。就各县的农作物来说有粮、棉、渔。就地势说有山区和平原。

教师力量和学生干部力量适当搭配。学生中设正副小组长各一人,每组(连组长)约六至七人。教师有六人(其中一个是资料员)相对固定在一个实习小组里参加报纸实际工作和帮助解决同学在实习中的困难。另有孟还、洪晨洋两同志作为机动力量,一面了解实习的实际情况,一面照顾一年级的有关课程,现将教师、学生干部、实习地区列表入下:(另附)

(四)几种制度:

一、为了经常取得各报联系,预定下去后半个月开一次会,以后每隔二十天左右开一次会。

二、经常出版实习通讯，情况集中在宁波大众报。

| 地点 | 学习组长 | 教师 | 地点 | 学习组长 | 教师 |
|---|---|---|---|---|---|
| 象山报 | 徐达会 | | 余姚报 | 蔡体谅 | |
| 绍兴报 | 寿邦宁 | 朱振华 | 鄞县报 | 高逸中 | 陈裕祥 |
| 宁波大众 | 朱林 | | 上虞报 | 张广富 | 赵贯东 |
| 宁波市报 | 陈绍夫 | | 奉化报 | 陈岩森 | |
| 诸暨报 | 何圣校 | 孙洁（资料员） | 天台报 | 谢宗有 | 华祝考 |
| 慈溪报 | 丁冬青 | 王丹凤 | 舟山报 | 谢禹文 | |

**1962 年的文本：**

# 中共浙江省委宣传部

杭大党委：

你校关于延长新闻系 1960 年入学普高生学习年限的报告，收悉。

经省委研究决定：新闻系学习年限四年，学生毕业后见习一年，学制作为四年。其中没有培养前途的则不必延长，仍旧三年毕业。

特此函复。

中国共产党浙江省委员会宣传部

1962.1.16

## 关于延长新闻系 1960 年入学普高生学习年限的通知

新闻系总支，

省委宣传部 1 月 16 日关于你系 1960 年入学普高生学习年限问题，批复如下：

学习年限四年，学生毕业后见习一年，学制作为四年。其中没有培养前途的则不必延长，仍旧三年毕业。

希你系按上述批示执行。

中共杭州大学委员会

1962 年 1 月 18 日

抄送：校长办公室、教务处人事处。

# 新闻传播学科发展大事记

1958 年 9 月，杭州大学创建新闻系（浙江日报社筹建负责），当年即招收 2 年制专科学生。这是浙江省第一个全日制大学新闻系。新闻系系主任先后为林淡秋（1958 年，兼）、李文放（1959 年）、江牧岳（1959 年，兼）、于光（1960 年）。

1960 年 9 月，新闻系开办本科。当年，共招收学生 100 名，其中 70 人为调干生，30 人为统考生。

1962 年 7 月，新闻系停办。

1978 年 4 月，杭州大学与浙江日报社联合举办新闻专科班。新闻专科班共招收高考统考生 40 人，1980 年 7 月毕业。新闻专科班负责人为谷云冰。班级设在浙江日报社内，学制两年半，由杭州大学老师和《浙江日报》资深采编人员分别授课，这是大陆新闻单位与高校联合培养新闻工作者新模式的首创。

1982 年 9 月，杭州大学在中文系筹建新闻专业，学制 4 年，新闻专业负责人为邬武耀。次年 10 月，新闻专业获教育部批准。

1985 年 3 月 6 日，西湖通讯社成立。

1988 年 5 月，新闻系正式恢复建制，张大芝、邬武耀为系副主任，次年 11 月，张大芝被任命为系主任。除全日制本科生外，是年新闻系还招收了第一届新闻夜大生 26 人。

1989 年 9 月，新闻系招收第一批新闻学硕士研究生，共 3 人。

1989年,新闻系招收了新闻函授大专生30名。

1990年,浙江省教委确定杭大新闻与传播学院为全省文科教改试点单位,全面贯彻中共中央有关决定精神,探索同经济社会发展相适应的办学新路子。

1990年,杭州大学新闻传播研究所成立,其建制始属杭州大学新闻系,继归于杭州大学新闻与传播学院。新浙江大学成立后,研究所归属于浙江大学新闻与传播学院。历任所长为张大芝、桑义燐、邵培仁、吴飞、韦路等。

1993年11月,杭州大学与浙江日报社等18家新闻单位联合办学,在原新闻系基础上组建新闻与传播学院,后改制为浙江大学新闻与传播学院。其中浙江日报社为董事长单位,其余5家为副董事长单位。另有浙江电视台、浙江人民广播电台、杭州日报、杭州电视台、杭州人民广播电台等18家单位为董事单位。由中共浙江省委宣传部常务副部长马守良、副部长沈晖任顾问,浙江日报社社长江坪任院长,省新闻工作者协会常务副主席杜加星、省广电厅厅长方文、新闻系原主任张大芝教授和新任系主任李寿福教授任副院长。这是中国大陆最早由新闻单位与新闻院校联合成立的董事会形式的新闻与传播学院。

1993年11月,新成立的新闻与传播学院开设函授新闻第二专科班和大专起点的新闻本科班,当年分别招收学生40名和67名。

1994年9月,新闻与传播学院开设广播电视专业,大专学历。

1994年,新闻与传播学院开设函授广告专业,大专学历,广告第二专科也开始招生。

1995—1998年,老浙江大学与《浙江日报》《杭州日报》、杭州电视台等媒体联合举办了3期新闻传播大专教学班,学制一年半,半脱产。教学班由中文系主任孙沛然负责,教师有当时浙大和杭大等单位的胡志毅、张允诺、洪佳士、刘云等。其后,中文系又为广播电视系统举办了一期"专升本"教学班,负责人孙沛然,教师以广播电视专业的为主。

1995 年以来,新闻与传播学院开办研究生学位课程班,学习期限为一年半。

1995 年 9 月,新闻与传播学院广电专业由大专改为本科。

1996 年 1 月,新闻与传播学院被国务院学位委员会增列为新闻学硕士学位授予单位。

1996 年 9 月,新闻与传播学院传播学硕士研究生开始招生。

1996 年 9 月,新闻与传播学院广告专业由大专改为本科。

1997 年,新闻与传播学院领导班子换届,新班子由浙江日报社长张曦任院长,原新闻系主任李寿福和新任命的新闻系负责人张梦新任副院长。这一年,新闻与传播学院的董事单位又增添了各地市的日报、电视台等,一共 35 家。这样,学院的董事单位覆盖全省 11 个地市。参加联合办学的新闻单位,既是学院董事单位,又是学院的教学实习基地,并共同设立新闻教育基金,资助学院改善办学条件、提高办学效益。

1997 年 10 月,杭州大学新闻与传播学院"新时期新闻人才培养模式和实践"获得国家级教学成果二等奖。

1998 年 9 月 15 日,新浙江大学成立。新浙大成立后,新闻系与中文、历史、哲学、社会学、国际文化、艺术等 7 个系以及古籍研究所、日本文化所、韩国研究所一起,共同组建了人文学院,金庸任院长。新闻系原来主持工作的张梦新和副主任邵培仁分别被任命为人文学院党委书记和副院长,黄旦接任新闻系主任。

2005 年,新闻与传播学院被国务院学位委员会增列为传播学博士学位授予单位。同年 9 月,传播学博士研究生开始招生。

2006 年 6 月 21 日,浙江大学传媒与国际文化学院成立,它是浙江大学的第 23 个二级学院,下设新闻传播学系、国际文化学系、影视艺术与新媒体学系等。

2010 年,浙江大学传媒与国际文化学院新闻传播学博士研究生开始招生。

（何扬鸣）

# 后 记

何扬鸣


从史海中发现新闻，从实录中见证历史，是目前大陆学术界的一种新常态。为传承浙江大学的求是文化传统，弘扬老一辈浙大人创建、发展浙江大学新闻传播学科的精神，为迎接 2017 建校 120 周年校庆、为迎接 2018 年新闻系成立 60 周年，2015 年 1 月 6 日学院院务会议决定，启动浙江大学新闻传播学科发展口述史工程项目。通过这个项目，抢救性挖掘浙江大学新闻传播学科发展历史，扎实推进院史文化建设。现在，口述史工程已经接近杀青阶段了，我奉命作个后记，对这个口述史的工程向大家作个汇报和交代，并顺便谈点感想，求教于大家。

口述历史与新闻事业的关系密切。美国最早的口述历史学者艾伦·内文斯（Allan Navins）曾是一名新闻工作者，他曾与李普曼一起任职于普利策的《世界报》社论版。1948 年，艾伦·内文斯于哥伦比亚大学创立第一座口述历史档案馆，从还健在的美国风云人物口中和文件中，系统地、尽可能完整地获取他们最近 60 年来参与政治、经济、文化活动的记录。今天，这些活动被认作是现代口述新闻与口述历史研究问世的标志性事件。现在，海外许多国家和地区，有专门的高校和机构利用口述史，对本国和它国的文化历史进行专题的研究。与之相比，同样进行新闻事业的我们，不仅对口述史了解不多，而且从事这项工作也是迟了。当年，在做《东南日报》类似的工作时，我感到我做迟了，现在我在新闻传播学科口述史的时候，又一次感到了这一点。但是，迟做总要比不做要好。因此，从这一点来说，学院的决定是十分明智的。

根据笔者的调查和考证，从至今所发现的资料来看，浙江的新闻教育至少在 1934 年已经起步了，当年浙江大学外国语文学系设立了新闻学一科。是年底，该科学生分别向体育课、医务科、图书馆、游艺委员会及农学院各方面负责人进行采访，以检验和提高自己所学的新闻学知识。这是浙江最早学习新闻的学生。众所周知，1949 年 7 月 15 日，杭州新闻学校正式开学。来自社会的

270 多名学员,在该校接受了中国革命和"为人民服务"的思想政治教育,并学习了新闻专业知识。该校在第二年 4 月份便结束了,但是却是浙江历史上第一个专门的新闻教育机构,在新形势下为发展浙江新闻教育事业起了重要的作用。

我们的新闻传播学科历史始于 1958 年 9 月 5 日。那一天,杭州大学新闻系第一届的学生正式开学,也标志着杭州大学新闻系正式成立。这是 1949 年以后大陆不多的几个最早问世的新闻系之一,大陆 1949 年以后的新闻史教材或者通史上,都有记载。但是仅记载而已,披露的内容无几。就是我们在新闻系工作了几十年的人,对于我们新闻系的历史都知之不多,甚至似是而非。随着老同志的一个又一个离世,这个问题变得日益严重起来了。这次借迎接学校建校 120 周年和新闻系建系 60 周年之际,新闻系历史终于大致梳理清楚了,新闻系幸之,学校幸之,大陆新闻教育幸之。因为,这本口述史不仅反映了新闻传播学科的基本历史,而且从不同的侧面反映了学校历史的发展,反映了浙江内外新闻业界、新闻教育界,甚至其他行业的一些情况,有一定的价值,也有一定的意义。

搞过口述史的人都知道,这个工作十分繁琐,从接受采访计划进行准备,到接受采访(有的需要好几次采访),劳神劳心,需要花费大量的心血。我们的口述史也不例外。口述史实行之前,我们先拟出了名单,很幸运的是,绝大部分采访者都欣然接受,十分配合,尤其是那些老教师全然不顾自己的身体状况(有的还身患重病),口述史历时一年多时间,先后采访了华祝考、洪晨洋、章贤采、范育华、朱林、郑梦熊、张大芝、俞月亭、沈爱国、钟洪祥、李寿福、张梦新、张允若、张英华、朱菁、吴飞、邵培仁、何春晖、胡晓芸等。像张大芝老师的几次采访就是在医院里进行的。他们中间年龄大的已经 90 岁了,年龄小的也超过了 50 岁。口述史杀青之际,不仅我们口述史工作人员要感谢他们,不仅我们新闻传播学科要感谢他们为新闻传播学科的历史的保存作出了贡献,而且中国的新闻教育史也应该铭记他们。

口述史有一个特点,即它重视的是重现历史,而不是解释历史。中国现代史的口述史名家唐德刚先生,在回答人们的提问时就明确地说过:"口述历史并不是一个人讲一个人记的历史,而是口述史料。"(《大家来做口述历史》,当代中国出版社 2006 年版,第 2 页)新闻系的口述史虽然比不上那些划时代的大事,但是也要尽量地还原真实的历史。这是我们进行这项口述史的最初打算,出版以后也希望大家(包括那些被采访者)也如此来对待我们这个口述史。

新闻系成立于 1958 年,本身就是大跃进的产物,后来又随着大跃进的下马而下马。之前与之后,新闻系的师生又随着大陆剧烈的政治动荡而动荡,就像风浪之中的一页树叶,完全不能控制自己的命运。新闻传播学科的口述史不应也难以回避这些政治动荡的背景,否则不仅难以反映真实的历史,而且也毫无意义。也只有将口述史放在这些政治动荡背景下(虽然一些敏感问题的处理可以"宜粗不宜细"),新闻传播学科的历史才能成为大陆高等教育(尤其是新闻传播类)的一个缩影,我们才能认识到那些老同志当年工作和生活的艰辛与不易,年轻同志在感谢老同志为新闻传播学科打下基础的时候,也会感觉到自己幸运地在改革开放年代从事新闻传播学科的教学与研究,能比较充分有效地挖掘和发挥自己的能力。

口述史有各种各样的范式,本口述史的范式主要是以点带面。我们的新闻传播学科自始至今已经约 60 年了,中间时断时续,政治动荡不停,要全面地、通史式地记述新闻传播学科的历史是不可能的,也是不必要的。因此,构思口述史结构的时候,考虑要通过用新闻传播学科历史中几个重大节结,比如1958 年新闻系的成立、1962 年新闻系的解散、1982 年中文系设立新闻专业、1988 年新闻系恢复、1998 年新闻学院成立等,来反映新闻传播学科的基本沿革,再比如用专科生的招生和学习、本科生的招生和学习、研究生的招生和学习,来反映新闻传播学科的基本情况。新闻传播学科能发展到今天,是经过几代人的努力,一步一步地走过来的。也正因为如此,口述史人员的编排秩序,是按照新闻传播学科发展的时间顺序而大致决定的。

口述史的方式通常是以个人的感受和经历为主,即它用第一人称讲个人生活、工作和命运,对大历史进行一个个点的补充和注释,比大历史更具体和生动,因而也更吸引人。同样,编写我们新闻传播学科的口述史,并不是编写新闻传播学科的正史或者官史,也不是通过某个人来编写新闻传播学科的正史或者官史。我们的出发点是以那些在正史或官史不太可能出现的小人物,来叙述那些不太会在正史或官史出现的小事且较为生动有趣,来从某个方面反映历史。当然能否每一个人、每一篇口述史都能够达到这个目标,又是另一回事情了。这不是编者随心所欲而决定的,这是口述史的上述特点所决定的。因而,本口述史中个人的历史不是新闻系、学校的正史,更不是国家的正史,但反映了它们的历史,对普通读者来说,这可能要比干巴和抽象的文字更能理解,因为这些口述史是可触摸可感叹的、有痛感有喜悦的历史。这也希望大家(包括那些被采访者)能够理解和支持。还有,由于年代久远,一些老同志在叙述中会有一些误差,几个老同志在叙述同一件事情的时候,也会有不同的说法,这些我们均不予纠正,原汤原汁地奉献给大家。然而,为了有一个大致的参照数,我们特意编了一个大事记,供大家参考。

幸运的是,我们又在学校档案馆找到新闻系成立初期留下的几份文件,向吴飞院长请示后,全文抄录作为口述史的附录。虽然把这些文件抄录下来花费了大量的时间和精力,但是还是值得的。这些文件真实地保留了当年的历史,有着浓厚的时代特点,也有较高的史料价值,尤其是文件中的一些细节,是我们向老前辈采访时所努力追求而不易获得的内容。也正是为了保持历史原貌,除了明显的标点符号、段落划分及用词造句的错误之外,其他的内容和格式我们基本未予改动。因此,这些文件与老前辈的口述史对照起来读,别有滋味。它们也可从一个侧面反映老前辈做口述史态度的认真、内容的基本可靠。

先后参加口述史各种不同工作的有本科生姜嘉琪、胡梦婕、叶娜妮、陈露丹、茹雪雯、刘向、余晓宇、李戈辉、李灿、洪雅文、陈瑜思等,研究生孙晨颖、杨睿洁、张方颖、孙荧晨、张国诏、林琰旻等,这些本科生和研究生做的工作不一样,多少不一样,成绩大小也不一样,但是都是在自己学习学业紧张的情况下,毅然决然地投身到口述史的工作,期间遭到不少失败和挫折,甚至委曲,因为她们太年轻,对整个中国的大历史和新闻系的小历史了解有限,甚至许多采访对象她们都不认识,加之有些老同志普通话不太标准(甚至有较重的口音),但是她们工作是负责的,为了真实地反映历史,尽了最大的努力。

新闻传播学科的口述史之所以能完成,还有赖于学院各套班子的支持。学院不仅专门作出了决议,还成立了专门的口述班子,制定了专门的项目预算,院长、书记时不时地过问指导,具体负责口述史工作的王玲玲副书记更是操劳(节假日也时常来电话),她不仅时时对口述史进程督促,还是口述史工作组与学院各套班子之间的"桥梁",把我们遇到的各种问题及时向学院反映,以求得最快的解决,需要有关部门配合的时候,则一路绿灯。新闻系的老领导张梦新老师最后对口述史的全稿进行了通读——无论从哪方面讲他是进行这项工作最合适的人选,为口述史的质量,做了有益的工作。

2017 年 5 月 1 日夜

于教学主楼 526B